国家级教学团队
国家级特色专业·东北财经大学金融学系列教材

INTERNATIONAL FINANCE
国际金融学

（第五版）

贺铟璇　王月溪　编著

东北财经大学出版社
Dongbei University of Finance & Economics Press
大连

图书在版编目（CIP）数据

国际金融学 / 贺钢璇，王月溪编著．—5版．—大连：东北财经大学出版社，2024.8
（国家级特色专业·东北财经大学金融学系列教材）
ISBN 978-7-5654-5282-6

Ⅰ.F831

中国国家版本馆CIP数据核字第2024WP3951号

东北财经大学出版社出版
（大连市黑石礁尖山街217号　邮政编码　116025）
网　　址：http://www.dufep.cn
读者信箱：dufep@dufc.cdu.cn
大连日升彩色印刷有限公司印刷　　东北财经大学出版社发行
幅面尺寸：185mm×260mm　字数：424千字　印张：18.75　插页：1
2024年8月第5版　　　　　　　　2024年8月第1次印刷
责任编辑：时　博　　　　　　　　责任校对：石建华
封面设计：潘　凯　　　　　　　　版式设计：原　皓

定价：49.00元

教学支持　售后服务　　联系电话：（0411）84710309
版权所有　侵权必究　　举报电话：（0411）84710523
如有印装质量问题，请联系营销部：（0411）84710711

国家级特色专业·东北财经大学金融学系列教材编委会

总　序

金融体系与金融能力的竞争是当代世界各国竞争的重要领域，也是支持各国在政治、经济、军事、文化等方面有效竞争的重要基础。随着我国对外开放的逐步深入和社会主义市场经济体制的逐步确立，我国经济和金融日益融入世界经济和金融一体化进程，特别是我国加入了世界贸易组织和近年来人民币国际化进程加快，我国金融体系和金融能力迅速提升，同时也面临着来自世界金融强国的前所未有的挑战与压力。如何抓住机遇、迎接挑战，加快完善我国金融体系、提升金融竞争能力和确保国家金融安全，是我国各级政府和金融界的重大课题。这一问题的解决有赖于加快金融体制改革、完善金融体系、提高货币宏观调控能力和金融风险管理水平、增强金融创新能力等诸多方面。而解决问题的关键是培养一大批掌握现代金融技术、具备先进管理知识的高素质金融人才。因此，大力提高我国金融学教育和研究水平，推进金融学教育与研究的现代化和国际化，是实施我国金融发展战略的重要举措。

金融学教学与科研能否为金融发展提供有效支撑是当前中国金融学科面临的根本性挑战。近年来，我国高等院校金融教育规模迅速发展，质量有了较大的提高，为经济社会发展以及高等教育自身的改革与发展做出了重要贡献。特别是2007年，教育部、财政部决定实施"高等学校本科教学质量与教学改革工程"（简称"质量工程"）以来，在国家级特色专业、国家级教学团队、精品课程建设和教材建设、人才培养模式改革创新方面取得了显著成果，带动了我国高等院校本科教育水平和科研实力的提升，产生了良好的社会效益。

教育部"质量工程"提出，启动"万种新教材建设项目"，加强新教材和立体化教材建设，鼓励教师编写新教材，积极做好高质量教材推广和新教材选用工作。在此背景下，东北财经大学以金融学和保险学两个国家级特色专业、金融学专业教学团队和证券投资学课程教学团队两个国家级教学团队为平台，组织编写了"国家级特色专业·东北财经大学金融学系列教材"。在本系列教材之前，我们已编写出版了三套系列教材。20世纪90年代初期的第一套系列教材，是解决由无到有的问题；20世纪末期的第二套系列教材是解决全和新的问题；21世纪初期的第三套系列教材是解决体系和质量的问题；目前陆续出版的这套系列教材是要解决突出质量和特色的问题。

教材建设是教育部"质量工程"的一项重要内容，是学校课程中最重要的物质条件之一，直接关系到教学质量和教学效果。但是，教材建设不可能一蹴而就，而是动态的、渐进的、连续的过程，这个过程的每一个环节都对作者提出了新的要求，它是作者教学、实践和科研成果的体现。因此，我们在教材编写过程中力求达到三个目的：一是教材的编写是围绕着"知识、能力、素质"的人才培养目标来展开的；二是教材能够体现金融类专业培养方案中对人才培养规格的要求；三是教材能够反映新的教育思想，处理好现代与传统、理论与实践、技术与应用的关系。我们在教材建设中努力做到四个同步：一是教材建设与金融发展改革相同步；二是教材建设与教学改革相同步；三是教材建设与人才培养目标相同步；四是教材建设与科学研究相同步。同时，在教材建设中我们注重了以下五个方面：第一，教材编写应明确三个问题，即由谁编写、为谁编写和如何编写；第二，教材编写者应具备三个条件，即编写者应具有编写高水平教材的经历、具有一定的科研水平和实践的经历；第三，教材编写应做到三个结合，即理论与实践相结合、定量分析与定性分析相结合、综合练习与实验实训相结合；第四，教材编写应体现三个特性，即系统性、新颖性、实用性；第五，教材编写应突出三个特色，即教材结构设计特色、体例设计特色、内容编写特色。在突出特色的同时，形成集主教材、多媒体教材、辅助教材、电子教案于一体的有机结合的立体化教材。

本次系列教材的推出，是为了适应国内国际金融业发展的新形势，满足高等院校经济管理类专业和金融学科相关专业的教学需要以及金融实务部门从业人员培训的需要。编写者是一批学术水平高、教学经验丰富、实践能力强的高校教师，具有理论与实践相结合的双重背景，为编好系列教材提供了保障。本系列教材包括：《金融学（货币银行学）》《金融经济学》《金融学教程》《金融市场学》《国际金融学》《商业银行经营管理学》《证券投资学》《公司金融学》《金融工程学》《国际银行管理》《保险学》《利息理论》等。我们期待着，在教学改革和教材建设中与专家学者们达成共识，真诚地合作，使教材建设的成果能够及时反映学科的最新进展。

由于我们的时间和精力有限，教材中难免存在缺点和不完善之处，我们欢迎各院校师生、金融业界同仁和广大读者批评指正。

国家级特色专业·东北财经大学金融学系列教材编委会

第五版前言

自《国际金融学》一书1998年出版至今,国际金融市场变幻莫测,国际经济、金融格局出现了前所未有的巨变。进入21世纪20年代,受新冠病毒感染以及地缘政治冲突的影响,全球经济在经历深度调整后复苏依然缓慢,世界贸易结构重构,全球供应链脱钩与"短链化"趋势明显。国际金融市场呈现"紧平衡"特征,强美元周期延续。硅谷银行破产引爆欧美银行业危机,金融风险外溢效应蔓延。全球资产定价之锚"美国国债收益率"再掀波澜,全球债市"风暴"再度上演,金融脆弱性攀升。

面对严峻复杂的国际环境和艰巨繁重的国内改革发展稳定各项任务,中国经济发展动能进一步巩固和增强。我国跨境资金流动总体平稳,人民币汇率在合理均衡水平上基本稳定。外汇市场发展迅速,人民币成为全球第五大交易货币。央行数字货币跨境支付由实验阶段进入试行阶段,多边央行数字货币桥项目真实交易试水,数字货币国际合作提速。国际原油跨境数字人民币结算首单交易落地,谱写了未来跨境支付的新篇章。

错综复杂的国际金融新格局,对"国际金融学"的教学内容、师资队伍提出了新要求、新挑战。在党的二十大精神的指引下,向着培养新时代高质量的国际金融专业人才的目标,我们教学团队一如既往地不断努力探索和孜孜以求。

第五版《国际金融学》在上一版的基础上进行了系统的修订,具有以下特点:一是进行国家金融层面的理论和实践探讨,在教材中增加了国家金融政策导向等内容。通过拓展,在经典国际金融学分析框架的基础上,引导学生关注国家金融层级发展、国家金融内外联动、国际金融参与等问题,落脚点在于提升中国金融竞争力,实现金融强国。二是以"坚持立德树人,把培育和践行社会主义核心价值观融入教书育人全过程"为指引,深入挖掘本门课程的思政元素,从敦本务实、国际视野、家国情怀、使命担当、道路自信、理论自信、制度自信七个维度建构全方位、多层次、立体化课程思政体系。三是依托数字技术,调整完善了二维码资源,在每章后增加了即测即评和综合训练参考答案,以期实现理实一体、融会贯通、逻辑内容严谨的写作理念。

在本书编写过程中我们参阅了大量的相关文献和资料,在此向有关作者表示感谢并于书后列出了主要参考文献;感谢东北财经大学出版社编辑和相关人员的努力及帮助;

感谢刘军善教授、孙刚教授一直以来的点拨与培养；感谢从教以来历年历届学生们的支持！

限于我们的水平，书中的疏漏在所难免，敬请读者提出宝贵意见。

编　者

2024年6月

国际金融学

- 敦本务实
  - 第1章 —— 国际债权与债务支付方式
  - 第2章 —— 外汇交易的程序 / 外汇期货交易流程
  - 第3章 —— 汇率变动影响一般物价水平的间接渠道和机制
  - 第4章 —— 巴拉萨-萨缪尔森效应（BSE）
  - 第5章 —— 特别提款权
  - 第6章 —— 适度货币区理论的一次伟大创举
  - 第11章 —— 丁伯根法则在N种目标下的应用

- 国际视野
  - 第1章 —— 多边央行数字货币桥项目提速数字货币国际合作
  - 第2章 —— 无本金交割的远期外汇交易
  - 第4章 —— 主要央行推超宽松政策应对疫情冲击
  - 第7章 —— 欧美金融制裁全面升级，国际政经格局面临诸多挑战
  - 第9章 —— 国际金价攀升至历史新高，全球央行外汇储备安全性受关注
  - 第12章 —— 新兴市场货币走软，经济体面临更高风险溢价压力 / 欧美央行放缓加息步伐，国际资本流动呈现新动向
  - 第14章 —— 全球债务总额不断攀升，政府财政可持续性面临新考验

- 家国情怀
  - 第5章 —— 布雷顿森林体系的演变与美元霸权
  - 第8章 —— 经常账户顺差与对外净资产变动的关系
  - 第10章 —— 我国国际收支结构的阶段演进
  - 第14章 —— 从次贷危机看美元霸权

- 使命担当
  - 第2章 —— 汇率双向波动环境下企业避险意识仍需增强
  - 第3章 —— 美联储加息周期对新兴经济体跨境资本流动的差异化影响
  - 第8章 —— 近年来中美贸易的发展变化
  - 第9章 —— 中国外汇储备投资情况概览

- 道路自信
  - 第7章 —— 进一步促进跨境投融资自由化便利化 / 国际原油跨境数字人民币结算首单交易落地，谱写未来跨境支付新篇章
  - 第9章 —— 如何看待近期我国黄金储备变动
  - 第12章 —— 把握节奏力度扩大金融开放

- 理论自信
  - 第10章 —— 我国经常账户保持基本平衡具有长期基础
  - 第11章 —— 新兴市场国家宏观经济政策组合调整的理论与实践

- 制度自信
  - 第5章 —— 人民币加入SDR的影响和意义
  - 第7章 —— 中国人民银行新闻发言人就完善人民币汇率中间价报价问题答记者问 / 中国与共建"一带一路"国家的经济交往日益加深
  - 第8章 —— 解码中央金融工作会议：金融制度型开放释放鲜明信号
  - 第10章 —— 中国仍是外商投资兴业沃土

课程思政与专业教育融合思维导图

目 录

第1篇　汇率

第 2 篇　国际货币体系

第 1 篇

汇率

第1章

外汇汇率

目标引领

☑ **价值塑造**

本章引导学生在学习知识的同时，能够深入实践、敦本务实，了解国际债权债务的支付方式，了解由中国人民银行数字货币研究所、香港金融管理局、泰国央行及阿联酋央行共同发起的多边央行数字货币桥项目，探索央行数字货币在跨境支付中的应用。

☑ **知识传授**

通过本章的学习，从不同角度理解外汇的含义，进而掌握外汇汇率的概念及汇率种类；熟知外汇汇率升贬值、实际汇率、有效汇率、美元指数和实际有效汇率的含义。

思维导图

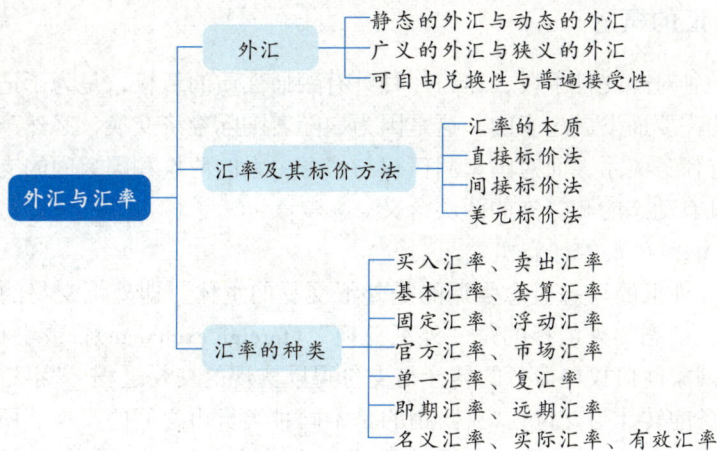

开篇导读

2023年人民币对美元汇率保持稳定，在全球货币中表现稳健。2023年，美元指数虽然呈现一波三折格局，全年在99~108区间波动，但仍然继续保持相对强势。新兴市场货币指数（EMCI）下跌3.5%，人民币对美元汇率中间价贬值1.7%，其中下半年升值2.0%，中国外汇交易中心编制的CFETS人民币汇率指数下跌1.3%。人民币汇率总体保持稳定，较新兴市场货币表现相对偏强。

人民币汇率继续保持基本稳定有坚实基础。从国外看，主要发达经济体货币政策转向，外部环境边际趋于改善。从国内看，我国经济基本面较好，是汇率稳定的重要基础；

金融市场对外开放稳步推进，人民币资产对国际投资者吸引力增强；跨境贸易和投融资便利化程度提高，人民币国际使用占比提升，汇率稳定的微观基础持续稳固。中国人民银行也坚持汇率主要由市场供求决定，保持人民币汇率弹性，同时坚持底线思维，对顺周期行为进行纠偏，防范汇率超调风险。

从中长期趋势和多边汇率角度看，2005年以来，国际清算银行（BIS）公布的人民币名义有效汇率和实际有效汇率分别升值45.9%和38.8%。

评析：汇率是重要的经济变量。汇率是经济体之间经济与金融的联系中枢，各经济体的宏观经济、金融条件的变化会通过汇率中介传递及影响另一经济体。在开放经济条件下，每一个经济体都必然要同其他经济体进行经济交往与金融交易。出于满足人们不同需求与互通有无方面的考虑，一些经济体需要出口某些种类的商品，同时也需要进口某些种类的商品。出于资源配置效率与市场方面的考虑，一些经济体会到国外进行投资，同时也会吸引其他经济体到国内进行投资。国际经济交往涉及不同货币的兑换问题，货币兑换必然涉及汇率及汇率变化问题。当前，汇率更为重要的作用就是充当各国政府的宏观政策调控工具，为各国政府实现内外均衡服务。

1.1　外汇

1.1.1　外汇的概念

外汇作为一种对外支付手段，作为一种具有融通性质的债权，是为了适应国际商品流通和劳务交换的需要而发展起来的。这是因为，随着国际经济交换，必然产生与之相关联的国家间债权与债务关系，而对国家间债权与债务关系的清偿和国家间的支付行为就会涉及外汇。外汇具有动态的和静态的两层含义。

1）外汇的动态概念

启智增慧 1-1
国际债权与
债务支付方式

外汇的动态概念强调的是外汇交易的主体，即外汇交易的参与者及其行为。动态的外汇指的是"外汇兑换"（foreign exchange），或者称为国际汇兑，即国家间债权与债务的转让与支付得以实现的交易过程。"汇"指的是债权与债务的转让与支付，"兑"指的是不同种类货币之间的交换。所以，外汇的动态含义又可以指通过交换与汇兑方式对国家间债权与债务进行清算的活动过程。

2）外汇的静态概念

外汇的静态概念侧重于外汇交易的客体，即外汇交易的对象。静态的外汇概念又有广义和狭义之分。

广义的静态外汇泛指可以清偿对外债务的一切以外国货币表示的资产。2008年8月修订颁布的《中华人民共和国外汇管理条例》第三条规定：外汇是指下列以外币表示的可以用作国际清偿的支付手段和资产：

（1）外币现钞，包括纸币、铸币；

（2）外币支付凭证或者支付工具，包括票据、银行存款凭证、银行卡等；

（3）外币有价证券，包括债券、股票等；

（4）特别提款权；

（5）其他外汇资产。

这个规定是建立在广义的外汇概念基础之上的，泛指一切对外金融资产。

狭义的静态外汇是人们最经常使用的关于外汇的概念，它是指外币和以外币表示的可以用于对国家间债权与债务进行结算与清算的手段与资产。不是所有的外国货币都能称为外汇，只有为各国普遍接受的支付手段，才能用于国际结算。以外币表示的有价证券，不能直接对外支付，不属于外汇。需要注意的是，正常的国际交易使用银行存款而非现钞，因此现钞也不能算作外汇，现钞贷记在银行账户上后，才能称为外汇。因此，在这一范畴中，外汇主要指以外币表示的银行汇票、支票、银行存款等。

3）IMF的外汇定义

国际货币基金组织关于外汇的解释为"外汇是货币行政当局（中央银行、货币管理机构、外汇平准基金组织和财政部等）以银行存款、财政部国库券、长短期政府债券等形式保有的、在国际收支逆差时可以使用的债权"。该定义强调外汇的官方持有性，实际上将外汇等同于外汇储备。

1.1.2　外汇的属性

虽然外汇的概念有多种，但是我们在本书所使用的和人们在经济活动中所经常使用的是外汇的狭义概念。根据这一概念，并不是所有的外国货币都是外汇，也不是只有外币现钞才是外汇，只有满足如下条件的外币与以外币形式表现的支付手段与资产才是外汇：

1）可自由兑换性

按照《国际货币基金协定》的规定，可自由兑换货币是指无须货币发行国批准，在国际金融市场可以自由兑换成其他国家的货币，或用于对第三国进行支付的货币，接受方应无条件接受并承认其法定价值。

就可兑换性来讲，世界各国的货币可以分为两类：一类是可以自由兑换货币；另一类是不可兑换货币。前一类货币可以在国际金融市场上不受任何限制地自由兑换，可以用来进行国家间的债权与债务的清算与支付。这类货币包括美元、欧元、英镑、日元、瑞士法郎、加元、澳元等。而后一类货币由于其发行国或者经济实力较弱、在国际经济活动中所起的作用较小，或者因为市场经济化程度不高、金融市场不够发达、国内市场还处于保护阶段等原因，这些国家的货币是不可以在国际金融市场上自由兑换并用来进行国际支付的。因此，这类货币不具有可兑换性，因此它们也就不能充当外汇。

2）普遍接受性

外汇必须在国际经济交往中能为各国普遍接受和使用。目前世界上有50多种货币是可自由兑换货币，但是真正用于国际结算的可自由兑换的货币只有10多种。一个国家的货币能普遍地为其他国家接受作为外汇，这实际上反映了该国的经济实力，如果一个国家具有相当规模的生产能力和出口能力，或者该国具有其他国家需要的丰富的自然资源，其货币就具有了可靠的物质偿付保证，就会被普遍接受。反之，缺少物质偿付保证的货币就不会被其他国家接受作为价值符号。

1.1.3　外汇的种类

根据不同的标准与角度，外汇可以分为不同的种类。

1）根据可兑换程度不同，可以将外汇分为自由外汇、有限自由兑换外汇和记账外汇

自由外汇（free exchange）是指不需要经过货币发行国管理当局的批准，可以自由兑换成任何一种外国货币或用于第三国支付的外国货币及其支付手段。它的特点是具有可自由兑换性，并在国际结算与国家间债权与债务的清偿中被广泛使用。目前一般被公认为自由外汇的货币主要有美元、欧元、日元、英镑、加拿大元、瑞士法郎、澳大利亚元和港元等。

有限自由兑换外汇（货币）是指兑换与国际清偿能力都有一定限制的外汇（货币）。大体分为两种形式：（1）在一定条件下的可自由兑换外汇。比如，我国于1996年12月宣布接受《国际货币基金组织协定》第8条，实现人民币经常项目可兑换。目前人民币属于有限自由兑换货币，即可从事即期外汇交易和远期外汇交易，并在我国周边国家的边境贸易中充当结算货币与支付手段。（2）区域性的可自由兑换外汇。在一些货币区域（如美元区、欧元区等）内，各成员国的货币钉住区域内关键货币，同其保持固定比价，并可自由兑换为关键货币，区域内资金移动不受限制。但如果将各货币区域内的货币兑换成关键货币以外的货币，或将资金转移到区域外的国家或地区，则要受到各种不同程度的限制。

记账外汇（account exchange）又称协定外汇和结算外汇，是指两国根据国际支付协定进行国际结算时，指定用作计价单位的外汇。

一般是根据两国政府协定，在双方银行开立专门账户，所有进出口货款，只需在双方银行开立的专门账户记账，计价货币由双方协定，可使用本国货币也可使用对方国货币或第三国货币。记账外汇只能用于贸易协定国之间的贸易收支与清算，当一笔进出口业务完成时，有关国家银行根据协定分别记账，到了一定时期，双方对债权债务进行集中冲抵，发生的差额由双方协商解决，一般是将本年差额转到下一年度的贸易项目下平衡。这种记载在双方银行账户上的外汇就是记账外汇。它的作用主要是为签有清算协定的国家提供清算上的便利。如果不经过货币发行国货币管理当局的批准，拥有该种货币的国家不能自由将其兑换成其他国家的货币或者用于对第三国进行支付。

2）根据外汇买卖交割期限的不同，可以将外汇分为即期外汇和远期外汇

即期外汇，又称现汇或外汇现货，是指国际贸易或外汇买卖中即期进行收付的外汇，是在买卖成交后立即交割，或在第一或第二个营业日内完成交割的外汇。即期外汇交易是外汇市场上最常用的一种交易方式，占外汇交易总额的大部分。主要是因为即期外汇买卖不但可以满足买方临时性的付款需要，也可以帮助外汇买卖双方调整外汇头寸的货币比例，以避免外汇汇率风险。

远期外汇，又称期汇或远期汇兑，买卖双方先订立买卖合同，规定买卖外汇的数量、汇率、期限等，在约定到期日，依照合同规定的汇率进行外汇交割。远期外汇的期限一般为1~6个月，也可长达1年。

3）根据外汇的形态不同，可以将外汇分为外汇现汇和外币现钞

外汇现汇是指由国外汇入，或由境外携入、寄入的外币票据和凭证，经本国银行托收后存入金融机构形成的外汇。

外币现钞是指由境外携入或个人持有的可自由兑换的外国货币，简单说来就是外国钞票、铸币。

外币现钞在我国境内不能作为支付手段，只有在境外才能成为流通货币，银行在使用外币现钞时需要支付包装、运输、保险等费用，而外汇现汇作为账面上的外汇，它在出境流通转移的过程中只需进行账面上的划拨就可以了。

1.2 汇率及其标价方法

1.2.1 汇率

清偿国家间的债权债务关系，需要通过外汇的买卖来完成。而买卖外汇需要有价格，汇率就是买卖外汇时的价格。外汇与汇率这一组概念紧密联系，外汇解决了两种货币兑换行为的工具问题，汇率则解决了两种货币兑换的比率问题。因此，被广泛接受的汇率的含义就是两种货币兑换的比率，或者说是一种货币表示的另外一种货币的价格。例如，2017年 9 月 19 日，某银行的美元对人民币的现汇买入价为$1= ¥ 6.5712，即该银行接受的买入 1 美元的人民币价格为 6.5712 元。

在不同的环境下，汇率有不同的名称。汇率是一国货币折算成另一国货币的比率，因此汇率又被称为兑换率；在外汇市场上买卖外汇，汇率是买卖时的价格，称为汇价；外汇市场上的供求会影响到汇率，因此又称为外汇行市；在一些国家，如我国，汇率通常在银行挂牌对外公布，这时汇率也被称为外汇牌价。

汇率是两种货币交换的比价，因此汇率在国际经济活动中具有重要的作用。汇率的第一个作用是充当价格尺度，即衡量不同种类货币的价格，并使不同种类之间的货币兑换可以进行，从而完成国家间债权与债务的支付。汇率可以用来进行国际比较。由于汇率的存在，以本国货币表示的各种商品及服务的价格可以转换成其他外币的价格，这样，消费者可以通过汇率来判断如何购买不同国家生产的商品与服务，企业可以通过汇率来计算同国外竞争者相比较的成本与收益，以及考虑如何在国家间进行资源配置等策略。在当代，汇率的另外一个十分重要的作用就是充当各国政府的宏观政策调控工具，为各国政府实现内外均衡服务。

1.2.2 汇率的标价方法与报价

在外汇交易中，买卖的对象都是货币，由于两种货币本身都有价值尺度的作用，因此汇率的标价方法同一般商品交易的方法有所不同。在一般的商品交易中，商品的价值是由货币来度量的，而在外汇交易中任何一种货币都可以充当价值尺度，来衡量另外一种作为商品货币的价值。

在外汇交易中，把各种标价方法下数量不变的货币称为基准货币，被作为商品来看待。把数量随市场变化不断变化的货币称为计价货币，充当价值尺度。

在计算和使用汇率时，由于确定的标准不同，因而就形成了不同的标价方法，有直接标价法、间接标价法和美元标价法三种。

银行外汇报价是在一定标价法下，外汇银行对其他银行或客户报出的愿意买入外汇和愿意卖出外汇的价格。国际金融市场的惯例要求从事外汇交易的银行报出外汇交易的双向价格，既报买价也报卖价，价差是银行外汇交易的主要利润来源。对于外汇银行而言，其外汇兑换交易可以分为两类：一类是本国货币与外国货币之间的兑换，各国银行与其国内客户之间的外汇交易多属于这类交易；另一类是一种外币与另一种外币之间的兑换，国际金融市场上的外汇交易多属于这类交易。这两类货币兑换的报价方法不同。

1）各国外汇市场上的标价方法

各国外汇市场上的外汇交易活动通常局限在一定的国家或地区，多数是银行与工商企业、个人等客户进行本币与外币买卖，此时银行的报价既可以用本国货币表示外国货币的价格，也可以用外国货币表示本国货币的价格，这反映为两种标价方法，即直接标价法和间接标价法。

（1）直接标价法（direct quotation）

直接标价法又被称为应付标价法，源于买入 1 单位的外币需要支付多少单位本币这样一种直观现实。在直接标价法中，外币是基准货币，而本币则被当作计价货币来反映外币的价值。直接标价法的特点是，外币的数量是固定的（一般以 1 或者 100 为单位，个别的有用 10 000 或者 100 000 为单位），而本币兑换外币的数量随着本币或者（和）外币币值的变化而变化。例如，2024 年 4 月 30 日，我国银行间外汇市场美元对人民币的中间价为 100 美元兑换 7.1063 元人民币，这种标价方法就是直接标价法。目前，世界上大多数国家实行直接标价法。中国人民银行授权中国外汇交易中心公布的外汇牌价采用的也是直接标价法，见表 1-1。

表1-1　　　　　　　　　2024年4月30日的人民币汇率中间价

标价	价格（人民币元）
美元/人民币	7.1063
欧元/人民币	7.6548
100日元/人民币	4.5770
港元/人民币	0.9080
英镑/人民币	8.9594

资料来源　国家外汇管理局网站，www.safe.gov.cn。

在直接标价法下，如果 1 单位的外币兑换本币的数量增加，体现为外汇汇率的上升，它同时也表示为本国货币相对于外国货币在贬值，外国货币相对于本国货币在升值。反之亦然。

（2）间接标价法（indirect quotation）

间接标价法又被称为应收标价法，源于卖出 1 单位的本币可以获得多少单位外币这样一种直观现实。同直接标价法相反，在间接标价法下，本币是基准货币，被作为商品来看待，而外币则被当作计价货币，充当价值尺度。

在间接标价法下，本币的数量是固定不变的（同样，一般以 1 或者 100 为单位，个别的有用 10 000 或者 100 000 为单位），而外币兑换本币的数量随着外币或者（和）本币币值的变化而变化。例如，以上面人民币与美元的汇率为例，如果用间接标价法来表示美元的汇率，则是￥100=\$15.4851。目前，世界上只有英国、美国和欧元区少数国家和地区使用间接标价法。

在间接标价法下，如果1单位的本币兑换外币的数量增加，其含义同直接标价法正好相反。例如，人民币对美元的汇率由原来的￥100=\$15.4851上升到￥100=\$15.4951，虽然也体现为汇率数字的变大，但它表示的却是本国货币相对于外国货币在升值，外国货币相对于本国货币在贬值。反之亦然。

直接标价法虽然与间接标价法基准不同，但站在一个国家的角度来看，二者是互为倒数的关系，因此，掌握了一种标价法下的汇率值，就可以套算出另一种标价法下的汇率值。为了避免混淆，一般惯例认为，无论在哪一种标价法中，外汇汇率都是指外币对本币的比率，如我国公布的外汇牌价，就是指美元、欧元、日元等外币对人民币的汇率。在纽约市场上，外汇汇率是各种货币对美元的汇率。在伦敦市场上，外汇汇率是各种货币对英镑的汇率。本书中对汇率的分析，如无特别说明，均以直接标价法为准，即外汇汇率上升指本币价值下降或外币升值。

2）国际金融市场上的汇率标价方法

国际金融市场上的外汇交易通常是跨国或跨地区的业务。交易的金额大、币种多，既做本币兑换外币的交易，也做一种外币兑换另一种外币的交易。在国际金融市场上，各种货币汇率的报价方法已经形成国际惯例，大家共同遵守。

在第二次世界大战后兴起的欧洲货币市场上，由于银行相互间买卖的都是外币没有本币，无法用直接或间接标价法来判断。因此，各种货币的报价都以当时的世界货币体系的中心货币——美元作为基准，形成了所谓的美元标价法，其他货币之间的汇率则按照各自对美元的汇率进行套算得出。

美元标价法由美国在1978年9月1日制定并执行，目前是国际金融市场上通行的标价法。美元标价法是以一定单位的美元为标准来计算应兑换多少其他货币的汇率的表示方法。根据这种方法，在外汇交易中，美元除对英镑、欧元、澳元和纽币用直接标价法外，对其他外国货币均采用间接标价法。

在外汇交易中普遍采用美元标价法的主要原因是美元在全球外汇市场的交易量数额巨大，且一直占据统治地位。2022年10月27日，国际清算银行（BIS）公布外汇调查报告（每3年1次），美元仍保持全球货币主导地位，在所有交易货币中占比88.5%。

1.3 汇率的种类

外汇汇率的种类极其繁多，按照不同的标准，汇率可以区分为不同的类型。可以根据外汇交易对象、交割期、交易时间、汇兑方式、外汇管制宽严、计算方法和外汇资金性质不同等进行划分。

1.3.1 买入汇率和卖出汇率

这是按照银行交易报价的性质来划分的。

买入汇率（buying rate or bid rate）也称银行的外汇买入价，是指报价银行从客户手中买入外汇时所使用的汇率。卖出汇率（selling rate or offer rate）也称银行的外汇卖出价，是报价银行向客户卖出外汇所使用的汇率。

在外汇市场上，银行报价通常采用双向报价，即同时报出买价和卖价。从数字的排列上看，总是前一数字小，后一数字大。在直接标价法下，前一个为买入价，后一个为卖出价。例如，在纽约外汇市场上，欧元对美元的汇率为1.2338/1.2370，即报价银行买入1欧元的价格为1.2338美元，卖出1欧元的价格为1.2370美元。

买入价和卖出价都是从银行的角度出发的，所以客户到银行用本币兑换外币时，适用的是银行的卖出价；而用外币兑换本币时，适用的是银行的买入价。

外汇银行等金融机构买卖外汇的目的是盈利，其卖出价与买入价的差价构成其经营外汇的成本和收益，因此银行的外汇卖出价必然高于其买入价。外汇买卖的差价一般在1‰~5‰，外汇买卖差价越小，说明银行外汇业务的竞争性就越强。影响外汇买卖差价的因素有很多，主要有：（1）外汇交易的数量。一般来说，适用于银行柜台上的零售交易的买卖差价比较大，而银行相互间开展的批发业务所适用的同业汇率（inter-bank rate），其买卖差价总是要小得多。（2）金融市场的发达程度。世界上最发达的外汇市场要数伦敦、纽约和东京外汇市场，在这三个市场上进行外汇交易所涉及的买卖差价肯定要比法兰克福、巴黎和新加坡等外汇市场上的小。（3）交易的货币在国际经济中的地位和重要性。任何货币与美元的交易涉及的买卖差价总是相对要小一些，而任何两种非美元之间的交易所涉及的买卖差价则比较大。（4）货币汇率的易变性和波动性。货币汇率的易变性比较大，其买卖差价相应也较大；反之，如果实证检验表明某两种货币的汇率易变性比较小（如加拿大元对美元的汇率），其买卖差价相应也会较小。（5）外汇交易所涉及的支付工具的类型。由于外币现钞不能通过电子系统进行转移，因此，它的买卖差价总是要比现汇（如银行存款、信汇或汇票等）交易的买卖差价大。

与买入汇率和卖出汇率相联系的另外两个汇率分别是现钞汇率和中间汇率。

现钞汇率（foreign currency or banknote rate）是指银行买卖外汇现钞所使用的汇率，分别为现钞买入价与现钞卖出价。通常，银行在买入外汇现钞时的汇率要比一般的外汇买入价低，而卖出外汇现钞的价格要与卖出现汇的价格相同。这意味着银行在进行现钞买卖时要获取更高的价差收益。这是因为：（1）银行在各种货币买卖中，现钞的交易量十分小，而交易所负担的成本与银行间大宗交易所需成本几乎相同。（2）要进行现钞交易，银行必须持有一定数量的各种货币的现钞，以便随时按客户要求提供各种货币的现钞，而这些现钞是没有利息的，银行需要负担机会成本、存储成本以及承担因汇率变动而产生的外汇风险。（3）一般各国均不允许外国货币在本国境内流通。银行买入的外币现钞大部分要运送到货币发行国使用或者进行投资，这样就会产生对外币现钞的保管、运输与保险等费用，从而增加了银行经营外币现钞的成本。因此，银行的现钞买入价要低于其现汇买入价，而现钞卖出价与其现汇卖出价相同。

中间汇率（middle rate）也称外汇的中间价，是银行买入价与卖出价的平均值。

中间价=（买入汇率+卖出汇率）÷2   (1-1)

中间汇率并不是外汇交易的实际成交价，而是为了方便计算或报道使用的汇率，人们在进行经济分析时经常使用这一汇率。

1.3.2　基本汇率与套算汇率

这是按照汇率计算的方式来划分的。

世界目前至少存在着 150 种货币。从理论上讲，每两种货币之间就会形成一个汇率，150 种货币就会形成 C_{150}^2 种汇率。但是很多货币之间并不经常形成兑换关系，所以从事外汇交易的银行和一个国家的外汇管理当局没有必要也不可能把所有的汇率都标示与公布出来。一般的做法是，在众多的外国货币中选择一种货币作为关键货币，同时确定本国货币同关键货币的汇率，并把这种汇率当作基本汇率，而其他汇率往往是通过基本汇率间接计算出来的。

1）基本汇率（basic rate）

所谓关键货币是世界各国普遍接受的，在国际贸易与国际收支中使用数量最多的，而且能够迅速转化为其他资产形式的货币。各国选择关键货币主要依据三条原则：第一，必须是该国国际收支中，尤其是国际贸易中使用最多的货币；第二，必须是在该国外汇储备中所占比重最大的货币；第三，必须是可自由兑换的、在国际上可以普遍接受的货币。在不同时期，世界不同国家使用的关键货币是不同的。目前，美元是全球国际经济交往与国际收支中使用最多的货币，所以一般国家都把美元作为制定汇率的关键货币，从而把本币对美元的汇率作为基本汇率。

2）套算汇率（cross rate）

套算汇率又称交叉汇率，是指两国货币通过各自对关键货币的汇率套算出来的汇率。目前在国际金融市场上，一般都报各国货币对美元的汇率，而美国以外的这些国家之间的汇率，则由它们对美元的汇率套算出来。

套算汇率的计算方法有：

（1）交叉相除法

此种方法适用于关键货币均为基准货币或计价货币的情形。

例如，某银行的即期汇率行情为：

USD1=CAD1.0055/1.0066

USD1=JPY82.6850/82.6960

那么我们可以通过交叉相除计算加元和日元之间的汇率。在这个例子中，加元的买入价，相当于外汇银行从客户手中买入加元付给客户日元，该银行在外汇市场上以 82.6850 日元可以买入 1 美元，而 1 美元又可以买入 1.0066 加元，于是该银行每买进 1 加元需要花费 82.6850÷1.0066=82.1429 日元。同理可得，加元的卖出价为 82.6960÷1.0055=82.2437 日元。由此可以套算出加元对日元的汇率为：

CAD1=JPY82.1429/82.2437

在上述套算过程中，套算汇率是根据两个已知汇率相除得来的，且是其中一个已知汇率斜线前的数字，除以另一个已知汇率斜线后的数字，得到的数字放在套算汇率的斜线前；一个已知汇率斜线后的数字除以另一个已知汇率斜线前的数字，得数放在套算汇率的斜线后。这种套算方法称为交叉相除法。

当关键货币都是计价货币时，经过适当的变形可以转换为关键货币都是基准货币的情形。

（2）同边相乘法

这种方法适用于关键货币在已知汇率中既充当基准货币又充当计价货币的情形。

例如，某银行的即期汇率行情为：

USD1=CAD1.0055/1.0066

GBP1=USD1.5566/1.5577

那么，我们就可以采用同边相乘法来求得英镑对加元的汇率。在这个例子中，英镑的买入价，相当于外汇银行从客户手中买入英镑，付给客户加元，银行花费1.0055加元可以买入1美元，花费1.5566美元又可以买入1英镑，因此，银行买入1英镑付给客户的加元数量为1.0055×1.5566=1.5652加元。同理可得，当银行从客户手中买入加元，付给客户英镑时，数量为1.0066×1.5577=1.5680加元。由此可以套算出，英镑对加元的汇率为：

GBP1=CAD1.5652/1.5680

在上述套算过程中，套算汇率是根据两个已知汇率相乘得到的，而且是已知汇率中斜线前的两个数字相乘后，乘积仍然放在斜线前；已知汇率斜线后的两个数字相乘后，乘积仍然放在斜线后。故这种套算汇率的计算方法被称为同边相乘法。

1.3.3 固定汇率与浮动汇率

这是按照国际货币体系或者采用的汇率制度划分的。它可以指不同的国际货币体系，也可以指一个国家所采取的汇率制度。

固定汇率（fixed exchange rate）是指一国货币同他国货币的兑换比率基本固定不变或者仅仅在规定的幅度内波动的汇率。

如果泛指国际货币体系，它表现为，在这种制度下，世界各国之间的汇率均保持固定不变，或者仅仅允许在很小的范围内上下波动。金本位制和布雷顿森林货币体系下通行的汇率制度均为固定汇率制。

如果是指一个国家所采取的汇率制度，则表现为，采取这种制度的国家公开宣布该国货币与某一外国参照货币或一篮子货币保持一个固定的比率，并由该国货币当局运用经济、行政或者法律手段来进行维持。

浮动汇率（float exchange rate）是指一国货币同他国货币的兑换比率没有上下限波动幅度限制，政府货币当局也不对其运行进行干预，而由外汇市场的供求关系自行决定的汇率。它同样可以泛指国际货币体系和单指一个国家所采取的汇率制度。

目前，国际货币体系处于浮动汇率制下。在这种大背景下，世界大多数国家实行浮动汇率制度，只不过多数实行的是有管理的浮动汇率制。

1.3.4 官方汇率与市场汇率

这是按照各国对外汇管制的程度来划分的。

官方汇率（official rate）又称法定汇率，它是指由一国货币当局（如中央银行、财政部或国家外汇管理部门）所规定和公布的汇率。在外汇管制比较严格的国家，禁止外汇的自由交易和外汇市场，因此不存在市场汇率，官方汇率就是该国的现实汇率。

市场汇率（market rate）是指在自由外汇市场上买卖外汇而自发形成的汇率。这种汇率基本上是由各种货币所具有的购买力和供求关系来决定的。在外汇管制较松的国家，市场汇率往往就是外汇交易的现实汇率。

在一些逐步放松外汇管制的国家中，可能会出现官方汇率和市场汇率并存的局面，在官方规定的一定范围内使用官方汇率，在外汇市场中使用由供求关系决定的市场汇率。

1.3.5 单一汇率与复汇率

这是按照一国政府允许使用汇率的种类来划分的。

单一汇率（single exchange rate）是指一个国家的货币对外国的每一种货币只有一种兑兑比率，该种汇率适用于该国国际收支所有账户与其所有的国际经济交往，各种不同来源与用途的收付均按此计算。

复汇率（multiple exchange rate）又称多种汇率，是指一个国家的货币对外国的某一种货币有两种以上兑兑比率，不同的汇率适用于不同的国际收支账户与不同的国际经济交往。例如，在一些对外汇管制较严的国家常常对进出口贸易和非贸易使用外汇规定不同的汇率，区分为贸易汇率和金融汇率等。

贸易汇率和金融汇率是复汇率中最常见的两种汇率形式。

贸易汇率（commercial exchange rate）是专门用于进出口贸易货价及从属费用的计价、交易、结算和结汇的汇率。实行贸易汇率，主要是为了推动本国出口贸易的发展，改善国际收支状况。

金融汇率（financial exchange rate）又称非贸易汇率，是指用于资本国际转移、国际旅游业及其他国际非贸易性收支的计算和结汇时所使用的汇率。

实行复汇率的国家一般对贸易汇率控制较严，而对金融汇率控制较松，汇率常常是根据市场供求关系自由波动。

1.3.6 即期汇率与远期汇率

这是按照外汇交易的交割期限标准来划分的。

即期汇率是指外汇买卖在成交后，买卖双方在两个营业日以内办理交割的外汇交易所使用的汇率。在外汇市场上挂牌的汇率，除特别标明远期汇率以外，一般指即期汇率。

所谓交割，是指交易双方履行交易契约，进行钱货两清的授受行为。外汇买卖的交割是指交易一方支付给对方交易合约约定的币种与数量并收受对方付给的另外一种货币的行为。

所谓远期外汇交易，是指外汇买卖双方在成交后并不立即交割，而是约定在未来某一特定日期再进行交割的外汇交易。这种交易在交割时，双方按原来合同约定的汇率、币种和数量进行交割，不受交割时市场现汇率的影响。

远期汇率是远期外汇买卖所使用的汇率。远期汇率是以即期汇率为基础的，但往往与即期汇率有一定的差价，其差价称为升水、贴水或平价。如果外汇的远期汇率高于即期汇率，则该差价称为升水；如果外汇的远期汇率低于即期汇率，则该差价称为贴水；如果外汇的远期汇率与即期汇率恰好相等，差价为零，则称为平价。

一般情况下，远期汇率的标价方法是仅标出远期的升水数或贴水数。在直接标价法的情况下，外汇的远期汇率等于即期汇率加升水或减贴水；在间接标价法下，由于汇率的数值反映的是本币汇率的高低，因此外汇远期汇率等于即期汇率减升水或者加贴水。

1.3.7 名义汇率、实际汇率与有效汇率

这是按照经济、金融分析需要来划分的。

1）名义汇率（nominal exchange rate）

名义汇率是指由官方公布的或者在外汇买卖交易时使用的汇率。由于其表示的是一单位某国货币可以兑换到多少单位的另一国货币，但兑换到的另一国货币在实际中能够购买多少商品和劳务，则未能表示出来，即名义汇率不一定体现不同国家的价格水平变动，不一定真正反映货币的实际价值。

2）实际汇率（real exchange rate）

实际汇率是把名义汇率和其他有类似作用的因素结合在一起的理论汇率。实际汇率是能够反映国际竞争力的汇率，它有两种基本表达方式：一是反映物价因素即价格水平对汇率的影响；二是考虑财政补贴和税收减免等因素对汇率的影响进而对进出口的实际影响。

用价格水平加权的实际汇率可表述为：

$$e_r = e\frac{p^*}{p} \tag{1-2}$$

式中，e_r为实际汇率；e为名义汇率；p^*为外国的价格水平；p为本国的价格水平。实际汇率等于名义汇率用两国价格水平之比调整之后的值。

实际汇率反映了一个国家针对价格竞争的国际竞争力。在其他条件不变的前提下，外币实际汇率上升，即本币实际汇率下降，表示该国国际竞争力提高。从实际汇率的定义可知，名义外汇汇率上升、外国物价水平上升、本国物价水平下降都是表现本国商品国际竞争力提高的核心因素。

鉴于价格水平的数据难以获得，人们使用价格指数替代价格水平，但是各国在编制价格指数时，选择的基期不同，容易造成混淆，只适用于跨时分析。

另一种实际汇率是把名义汇率和财政补贴以及税收减免等因素结合在一起，考察其对进出口的实际影响。用公式表示为：

实际汇率=名义汇率±财政补贴或税收减免 (1-3)

我国为了鼓励某些产品的出口，实施了出口退税政策。假设名义汇率为1美元等于6.5元人民币，生产商每获得1美元的出口收入，政府给予0.1元的人民币退税，那么对该厂商而言，实际的汇率相当于1美元等于6.6元人民币。同样的原理可用于分析进口关税。如果本国的进口商每1美元的进口需要支付0.15元人民币的进口关税，则对进口商而言，实际汇率相当于1美元等于6.65元人民币。

3）有效汇率（effective exchange rate）

名义汇率和实际汇率都是双边汇率，只能表示一种货币相对于另一种货币价值的变化，却不能反映一种货币价值的总体变化趋势，因此引入了更为宽泛的有效汇率概念，来衡量一国货币价值相对于其他货币价值的变化与其自身价值总量的变化趋势。

有效汇率是一国货币对一篮子货币经过加权平均计算后得到的汇率，通常以指数形式

表示。有效汇率综合反映一种货币对多种货币的多边汇率平均值。

有效汇率作为某种加权平均汇率，其权数可根据需要选择不同的指标，最常用的权数是贸易值，即：

$$A币有效汇率 = \sum_{i=1}^{n} \frac{A国与i国的贸易值}{A国的贸易总值} \times A币对i币的汇率 \tag{1-4}$$

除了以贸易比例为权重的有效汇率以外，还有以各个国家的国家竞争力、劳动力成本和各种价格指数为权重的有效汇率。美元指数是最著名的有效汇率。CFETS人民币汇率指数也是有效汇率，于2015年12月11日由中国外汇交易中心正式发布。

有效汇率可以分为名义有效汇率和实际有效汇率。名义有效汇率是用名义汇率进行加权平均计算得到的，而实际有效汇率是用实际汇率进行加权平均计算得到的。

实际有效汇率指数上升代表本国货币相对价值的上升，下降表示本币贬值。由于实际有效汇率不仅考虑了一国的主要贸易伙伴国货币的变动，而且剔除了通货膨胀因素，因此能够更加真实地反映一国货币的对外价值。当一国的实际有效汇率下降时，意味着该国货币的贬值幅度较其主要贸易伙伴国货币贬值的幅度更大，该国商品的国际竞争能力相对提高，有利于出口而不利于进口，贸易收支容易出现顺差，反之则相反。美元指数是最有实际运用价值的有效汇率。

启智增慧 1-2
多边央行数字货币桥项目提速数字货币国际合作

本章小结

外汇是商品经济发展到一定程度，即商品国际化阶段之后的产物，人们对于外汇有不同的表述方式与理解，但是普遍使用的汇率概念是它的狭义概念，即指外币和以外币表示的可以用于对国家间债权与债务进行结算与清算的手段与资产。根据不同的标准与角度，外汇可以分为不同的种类。

汇率是外汇汇率的简称，也可以称为外汇汇价或者外汇交换比率。目前，大家普遍接受的汇率概念是以市场交换为基础的，即把汇率看成是某一种货币的价格。汇率至少有两种标价法：直接标价法和间接标价法。外汇汇率的种类极其繁多，按照不同的标准，汇率可以区分为不同的类型。

关键概念

外汇　汇率　直接标价法　间接标价法　基本汇率　套算汇率　官方汇率　市场汇率　即期汇率　远期汇率　名义汇率　实际汇率　有效汇率

综合训练

✓ 思考题

1）外汇期权交易的特点是什么？

2）比较外汇期货交易与外汇远期合约的差异。

3）请解释外汇期货的逐日盯市制度。

4）什么是外汇掉期？请举例说明。

5）企业产生外汇交易风险的原因是什么？

6）某日在新加坡外汇市场中，即期汇率为 USD/SGD=1.4166，12个月远期汇率 USD/SGD=1.4024，美国年利率 2.5%，新加坡年利率 1%。请问：是否存在抵补套利机会？

即测即评 1

综合训练参考答案 1

第2章

外汇交易风险

目标引领

☑ **价值塑造**

本章引导学生理论和实践相结合，在掌握基本原理的基础上，能够了解外汇交易的程序、外汇期货交易的流程。同时，能够开阔国际视野，理解离岸金融市场中的重要金融工具——无本金交割的远期外汇交易。进一步地，将理论融入中国故事，探索在汇率双向波动的背景下如何增强企业的避险意识。

☑ **知识传授**

通过本章的学习，了解全球外汇市场外汇交易的基本情况；初步掌握外汇市场中各种主要金融工具的工作原理和功能；了解外汇风险的基本概念及构成要素；了解外汇风险的类型，掌握汇率风险的管理方法。

思维导图

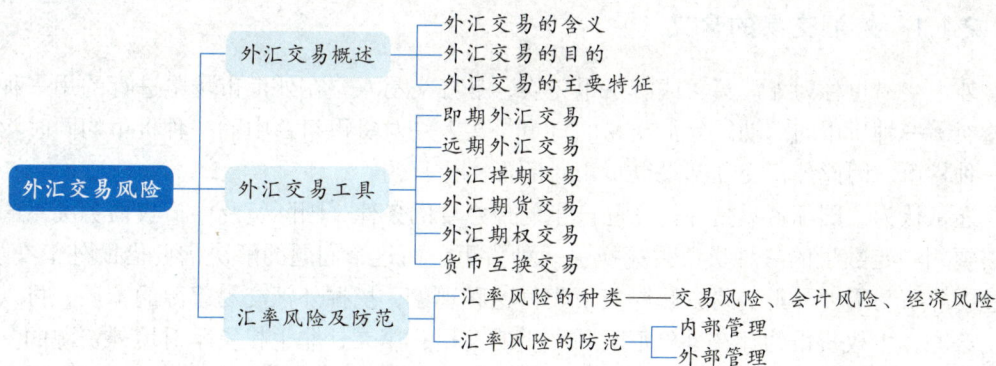

开篇导读

索罗斯在东南亚金融危机中对外汇衍生工具的使用

索罗斯在阻击泰铢的过程中，并不是只使用单一的外汇，而是利用三个或者三个以上的金融工具之间的相关性进行金融投机。

1997年上半年，以量子基金为代表的一些大型基金大规模运用"杠杆"不断挤压泰国金融市场，它们以自有资本作为抵押，从银行借款购买证券，再以证券抵押继续借款，迅速扩大了债务比率。不仅如此，它们还将借款广泛投机于具有"高杠杆"特点的各种衍生工具，从而进一步提高了杠杆比率。据《经济学家》报道，量子基金确实早在

1997年3月就大量买入看跌期权，以掉期方式借入大量泰铢，卖出泰铢期货和远期，因料定交易对手要抛出泰铢现货为衍生合同保值，轻而易举地借他人之手制造了泰铢贬值压力。

值得一提的是，他在香港的做法更是立体投机的经典例子。随着各种金融衍生工具及其市场的诞生和发展，外汇即期市场、远期市场、货币市场、资本市场、衍生市场之间环环相扣，节节锁定，牵一发而动全身。1997年10月以后，几次国际投机家冲击香港金融市场，料定对香港外汇市场发动攻击将引起连锁反应，国际投机家进攻香港金融市场时充分运用了这种"立体投机"策略：首先，在货币市场上拆借大量港币，在股票市场上借入成分股，在股票期指市场累计期指空头。然后，在外汇市场上利用即期交易抛空港币，同时卖出港币远期合约，迫使港府提高利率捍卫联系汇率。接着，在股票市场上将借入成分股抛出，打压期指……综合看来，基于金融市场之间的密切联系，"立体布局"使杠杆投机威力和收益大增。

评析：索罗斯在东南亚金融危机的过程中几乎用所有的外汇市场中的金融工具作为武器，来完成他的预期目标，这充分说明了金融工具，尤其是衍生金融工具在一定的条件下，具有很大的投机性和破坏性。因此，从监管的角度，应该建立硬制度，以保证金融工具尤其是衍生金融工具正面功能的发挥，规避负面效应。

2.1 外汇交易概述

2.1.1 外汇交易的含义

外汇交易也称为外汇买卖或者货币兑换，是指交易双方在外汇市场中进行的用一种货币兑换另一种货币的活动。外汇交易的特点是买入一对货币组合中的一种货币的同时卖出另一种货币，因此外汇交易都是以货币对的形式进行的。

通常认为，国际贸易是外汇交易产生的最主要的条件。国际贸易中债权债务关系的清偿需要用一定数量的一种货币去兑换另一种货币，而这个问题的解决需要借助外汇交易。透过国际贸易需要外汇交易去解决货币收付这种现象，挖掘外汇交易起源的本质，可以看出：第一，主权货币的存在是外汇交易产生的前提；第二，非主权货币对境外资源的支配权和索取权的存在；第三，外币资产的加入能够降低投资组合以本币计量的回报的整体波动性；第四，投机获利动机的存在，交易者也许仅仅是为了赚取高额的回报而要求持有外汇。

2.1.2 外汇交易的目的

一般来讲，在外汇市场进行外汇交易主要出于以下几个目的：

（1）国际清算。由于外汇是清偿国家间由于各种经济往来而形成的债权债务关系的支付手段，所以国际清算实现了购买力的国际转移，是外汇交易最基本的功能。

（2）提供外汇资金融通。外汇市场的通信设施完备，经营手段先进，资金融通便捷，因此是理想的外汇资金集散中心，并成为资本再分配的重要渠道。外汇市场借助于外汇交易，为外汇需求者提供了越来越多的可筹资金，极大促进了国际贸易和投资国际化的发展。

（3）套期保值。浮动汇率制下，汇率经常性的剧烈波动直接影响到国际贸易和国际资本流动。外汇交易具有使外汇收入或支出确定、使企业不会因日后汇率的波动而遭受损失的功能，对进出口商来说具有重要的作用。

（4）投机。借助外汇交易，通过外汇市场的低买高卖，以及对未来汇价的合理预期，交易者可以谋取利润。

（5）干预外汇市场。中央银行或者货币管理当局是市场活动的领导者，它在外汇市场价格出现异常变化时，或是汇率单方向的剧烈波动时，往往会干预外汇市场，试图缓解汇率的剧烈波动。所谓干预外汇市场是指货币当局在外汇市场上进行任何外汇买卖，以影响本国货币的汇率。其途径可以用外汇储备、中央银行之间调拨或官方借贷等。根据中央银行进行外汇交易时是否对货币政策产生影响，可以分为冲销式干预和非冲销式干预。所谓冲销式干预，也称为"消毒的干预"，即不改变现有货币政策的干预，是中央银行认为外汇价格的剧烈波动或偏离长期均衡是一种短期现象，希望在不改变现有货币供应量的条件下，改变现有的外汇价格。换言之，一般认为利率变化是导致汇率变化的关键因素，而中央银行试图不改变国内的利率而改变本国的汇率。非冲销式的干预，又称为"不消毒的干预"，就是改变货币政策的干预。它是指中央银行直接在外汇市场买卖外汇，而听任国内货币供应量和利率朝有利于达到干预目标的方向变化。

2.1.3　外汇交易的主要特征

国际清算银行 2022 年 10 月 27 日发布了三年一度的外汇市场交易调查，该调查是目前最权威的外汇市场调查报告。通过该报告提供的外汇市场交易数据，政策制定者和市场参与者可以更好地了解外汇市场的规模和结构，从而更准确地观察和预测全球外汇市场的发展趋势。

启智增慧 2-1
外汇交易的程序

1）外汇交易规模

全球化趋势下，世界各国逐渐放松了资本项目的管制，开放了本国的外汇市场，全球外汇交易的数量十分巨大，外汇市场是全球交易规模最大的金融市场。

根据国际清算银行的统计数据，2022 年 4 月，全球外汇交易的日均交易量为 7.5 万亿美元。在上一个调查周期中，该交易量仅为 6.6 万亿美元。两个调查周期之间，外汇交易明显增加。继 2016 年的下跌之后，外汇交易量上升趋势明显。

2）外汇交易工具

根据国际清算银行的统计数据，当前的外汇交易集中于即期交易、远期交易、掉期交易、货币互换以及外汇期权和其他衍生工具。

在 2022 年的调查周期中，掉期交易成交量最大，占比 51%；即期交易占比 28%；远期交易占比 15%；期权及其他衍生品占比 4%；货币互换占比 2%。

即期外汇交易的成交量相对于 2019 年有所下降，占比从 30% 降到 28%。相比之下，外汇掉期市场份额持续增长，日均交易量升至 3.8 万亿美元，超过全球外汇交易的一半。外汇掉期交易成为市场中交投最活跃的工具，被广泛地用于流动性管理和风险对冲。远期外汇交易的市场份额保持不变，日均交易量达到 9 990 亿美元，无本金交割远期合约在持续增长后保持相对稳定的市场份额。各交易工具的具体交易额见表 2-1。

表2-1　　　　　　　　　全球外汇市场主要外汇交易工具的交易额　　　　　　　　单位：十亿美元

项目 年份	2001	2004	2007	2010	2013	2016	2019	2022
外汇交易工具	1 239	1 934	3 324	3 973	5 357	5 066	6 590	7 508
即期交易	386	631	1 005	1 489	2 047	1 652	1 987	2 107
外汇远期	130	209	362	475	679	700	999	1 163
外汇掉期	656	954	1 714	1 759	2 240	2 378	3 202	3 810
货币互换	7	21	31	43	54	82	108	124
期权及其他衍生品	60	119	212	207	337	254	294	304

3）外汇交易币种

从调查结果（见表2-2）可以发现，2019—2022年人民币跻身全球第五大交易货币。2022年4月，人民币日均交易额为5 260亿美元，比2019年增加85%；在总体中所占的份额为7.0%，上升2.7个百分点，为近年来的最高水平。

2022年，美元依旧是全球交易最为广泛的货币，占比遥遥领先，达到88.5%，较上一个调查周期持续上升0.2个百分点。

2022年4月，欧元是全球交投量第二大的货币，在全球交易中所占的比重微降至30.5%。2010年，欧元在外汇交易中占比高达39%，之后连续两个调查周期占比下降，2019年微升后，2022年成交量又有所下降。

2022年4月，日元尽管仍然是全球第三大交易货币，但在外汇市场中的份额持续下降，降至16.7%。日元交易量的下降主要是由于欧元日元货币对的低波动导致的交易量萎缩。相比之下，其他受欢迎的日元货币对，如美元/日元、澳大利亚元/日元的交易量在过去的3年反而有所上升。日元和一些新兴市场的货币（如土耳其里拉、南非兰特、巴西雷亚尔等）交易，也颇具吸引力，尽管相对于日元交易总额来说规模较小，但其增速显著高于全球平均水平。

2022年4月，其他交投活跃的发达经济体货币的市场份额情况如下：英镑为12.9%，澳大利亚元为6.4%，加元为6.2%，瑞士法郎为5.2%。

4）外汇交易的地理中心

2019年4月，英国、美国、中国香港、新加坡和日本五个国家或地区完成了79%的外汇交易。英国和中国香港的交易活动增长高于全球平均水平。中国内地的交易活动也显著增加，成为全球第八大外汇交易中心。

表2-2　　　　　　　　　　全球外汇市场各国货币交易额占比表（部分）

币种	2007		2010		2013		2016		2019		2022	
	份额	排名	份额	排名	份额	排名	份额	排名	份额	排名	份额	排名
USD	85.6	1	84.9	1	87.0	1	87.6	1	88.3	1	88.5	1
EUR	37.0	2	39.0	2	33.4	2	31.4	2	32.3	2	30.5	2

币种	2007		2010		2013		2016		2019		2022	
	份额	排名	份额	排名	份额	排名	份额	排名	份额	排名	份额	排名
JPY	17.2	3	19.0	3	23.0	3	21.6	3	16.8	3	16.7	3
GBP	14.9	4	12.9	4	11.8	4	12.8	4	12.8	4	12.9	4
CNY	0.5	20	0.9	17	2.2	9	4.0	8	4.3	8	7.0	5
AUD	6.6	6	7.6	5	8.6	5	6.9	5	6.8	5	6.4	6
CAD	4.3	7	5.3	7	4.6	7	5.1	6	5.0	6	6.2	7
CHF	6.8	5	6.3	6	5.2	6	4.8	7	5.0	7	5.2	8
HKD	2.7	8	2.4	8	1.4	13	1.7	13	3.5	9	2.6	9
SGD	1.2	13	1.4	12	1.4	15	1.8	12	1.8	13	2.4	10
SEK	2.7	9	2.2	9	1.8	11	2.2	9	2.0	11	2.2	11
KRW	1.2	14	1.5	11	1.2	17	1.7	15	2.0	12	1.9	12
NZD	1.9	11	1.6	10	2.0	10	2.1	10	2.1	10	1.7	13
NOK	2.1	10	1.3	13	1.4	14	1.7	14	1.8	14	1.7	13
MXN	1.3	12	1.3	14	2.5	8	1.9	11	1.7	15	1.5	15

注：表格数据为各报告年度4月份日均交易额占比，按照2022年4月交易额占比排序，来源于BIS。

2.2　外汇交易工具

外汇交易工具具有多样化的特点。除了最传统的即期外汇交易之外，其他交易品种也日渐丰富。一方面，国际贸易的发展对外汇交易提出了多种的要求，尤其是在浮动汇率制成为主要货币制度的背景下，汇率的频繁波动成为常态，进出口商因而产生了规避汇率风险的需要，远期外汇交易等工具便应运而生。另一方面，随着金融业的发展，多样化的金融产品不断涌现，相互渗透。例如，随着大豆、棉花等商品期货的发展，外汇也加入了期货的行列。随着股权交易的发展，外汇交易也引进了权利的交易，从而产生了外汇期权。

从外汇交易的数量来看，由国际贸易而产生的外汇交易占整个外汇交易的比重不断减少。可以说，现在外汇交易的主流是投机性的，是以在外汇汇价波动中盈利为目的的。下面介绍几种主要的外汇交易业务。

2.2.1　即期外汇交易

1）即期外汇交易的基本含义

即期外汇交易（spot exchange transaction），又称现汇交易，是指外汇买卖成交后，在两个营业日内办理交割的外汇交易。

一般而言，在国际外汇市场上进行的外汇交易，除非指定日期，否则都视为即期外汇交易。交割日，又称为有效起息日，是指交易双方将资金交于双方的日期，通常是在成交日之后的第二个营业日，也称标准交割日。目前大部分的即期外汇交易都采用这种方式。此外还有隔日交割和当日交割两种方式，隔日交割是指在成交后第一个营业日交割。某些国家，如加拿大由于时差原因采用这种方式。当日交割是指在成交当日进行交割。如在中国香港的外汇市场上，美元对港元的交易可在成交当日进行交割。

即期外汇交易采用的汇率被称为即期汇率（spot exchange rate），采用双向报价法，同时报出买价和卖价。即期汇率是最基本的汇率，其他交易的汇率都是以即期汇率为基础计算出来的。

即期外汇交易的基本作用包括以下几个方面：

一是满足临时性的付款需要，实现货币购买力的转移。具体包括：满足进口商品和劳务所需的现汇支付；满足对外直接投资和间接投资的外汇需求；满足外国金融资产交易产生的现汇交易；满足跨国公司资金在国家间流动的需要；满足归还外汇贷款的需要；满足各国政府或中央银行干预外汇市场的需要。

二是调整各种货币头寸，用于防范汇率风险。涉外公司、外汇银行、跨国公司或其他经济实体为防范外汇汇率风险常常用即期外汇交易进行外汇头寸的调整。

三是进行外汇投机。即期外汇交易可以随时买卖外汇，便于进行短期外汇投机。

2）即期外汇交易的常见方式

即期外汇交易的方式可以分为汇出汇款、汇入汇款、出口收汇、进口付汇四种形式。

（1）汇出汇款。汇出行受客户的委托，根据国外代理行的业务安排，办理电汇、信汇和票汇等各种外币汇出汇款业务。电汇是指汇款人以本国货币向外汇银行购买外汇后，由该银行用电报或电传的方式通知收款人所在国的分行或代理行立即支付外汇的业务。信汇是指汇款人向当地银行交付本国货币，由银行开具付款委托书并将其航寄给国外代理行，以办理外汇支付业务。票汇是指汇出行应汇款人申请，开立以汇入行为付款人的汇票，列明收款人的姓名、汇款金额等，交由汇款人自行寄送给收款人或亲自携带出国的一种汇款方式。

（2）汇入汇款。汇入行根据国外代理行的业务安排，办理国外行汇出的各种电汇、信汇和票汇的解付业务。收款人收到国外以外币支付的款项后，可以存入自己的外币账户，也可将外汇收入结售给银行取得本币。

汇出汇款和汇入汇款是两种单纯而又基本的外汇交易方式，可以用于一切目的，如交易结算和资本投资、投机等。

（3）出口收汇。出口收汇常见的有信用证和托收两种方式。在信用证方式下，进口商开出信用证交给出口商，出口商根据信用证条款规定，于货物运出后，签发即期跟单汇票，交当地银行议付。银行审核单证相符，就办理付款，并以电报或航寄跟单汇票，向国外银行索取出口外汇货款。在托收方式下，出口商根据合同，于货物运出后，签发即期跟单汇票，申请出口地银行办理托收。进口地代收银行收到托收委托书后，通知进口商支付进口货款后交付进口跟单汇票，凭此办理提货。

（4）进口付汇。在信用证方式下，进口商开出信用证后，进口地开证行收到国外行议付通知和跟单汇票，经审核相符后，偿付进口外汇货款。在托收方式下，进口地代收银行收到托收委托书后，通知进口商支付进口货款后交付进口跟单汇票，凭此办理提货。

3）利用即期外汇交易进行套汇

套汇是指利用两个或两个以上不同市场的汇率差异，在低价市场上买入某种货币，同时在高价市场上卖出该种货币，以赚取利润的活动。在现实的外汇市场上，通信技术的高度发达使得在各个市场上交易的成本非常小，所以各地外汇市场的汇率差异非常小，而且这种差异转瞬即逝，因此只有交易设备精良、资金雄厚的大银行才有可能通过套汇交易赚取利润。同时，套汇交易的存在也使得各外汇市场的汇率迅速趋于一致。

根据涉及外汇市场的多少，套汇交易一般可分为直接套汇和间接套汇。

（1）直接套汇。直接套汇又称为两角套汇或双边套汇，是指利用两个外汇市场上的汇率差异进行低买高卖，以获取利润的交易行为。

假设在纽约外汇市场上，GBP1=USD1.4220/1.4240，而在伦敦外汇市场上，GBP1=USD1.4260/1.4270。假设这两种报价正好出现在伦敦和纽约交易时间重叠的时候，并且假设交易成本为0，某银行的交易员就可以用1亿美元在纽约市场买入 $\dfrac{1}{1.4240}$ 亿英镑，然后把英镑在伦敦市场上卖出换取 $\dfrac{1.4260}{1.4240}$ 亿美元，和投入的1亿美元相比，赚取了140 449美元。如果套汇交易继续进行，则伦敦市场上对美元的需求增加，对英镑的供应增加，则英镑贬值；同理在纽约市场上对美元的供应增加，对英镑的需求增加，则英镑升值，从而使两地的汇率趋于一致。

（2）间接套汇。间接套汇又称为三角套汇或多角套汇，是指利用三个或更多不同地点的外汇市场的汇率差异，同时在这些市场贱买贵卖，以赚取利润。

判断三个市场是否存在套汇机会的基本步骤是，先选择其中的两个汇率，套算出第三种汇率的表示方式，再与第三种汇率进行比较，以判断是否存在套汇机会。

假设三个不同的外汇市场上的即期汇率为：

纽约	EUR1=USD1.2278/1.2293
法兰克福	GBP1=EUR1.1525/1.1545
伦敦	GBP1=USD1.4220/1.4240

首先，利用纽约市场欧元对美元汇率和法兰克福市场英镑对欧元汇率套算出英镑对美元的汇率，GBP1=USD1.2278×1.1525/1.2293×1.1545=1.4150/1.4192。

其次，把该套算汇率和伦敦市场上的汇率比较，可以看出存在套汇机会，因为套算汇率中英镑的美元卖价明显低于伦敦市场上英镑的美元买价。

具体的套汇过程为，在纽约的市场中将1亿美元换成 $\dfrac{1}{1.2293}$ 亿欧元，在法兰克福市场上再将欧元卖出，获得 $\dfrac{1}{1.2293 \times 1.1545}$ 亿英镑，最后在伦敦市场上将英镑换成美元，最终可得 $\dfrac{1.4220}{1.2293 \times 1.1545} = \dfrac{1.4220}{1.4192} = 1.001973$ 亿美元，套汇的收益为197 300美元。

综上所述，套汇交易产生于各个市场上的汇率不一致，使在不同市场上低买高卖有利可图，而套汇活动本身又会使市场不均衡消失，促使市场实现均衡。进行套汇交易时还要把握以下两点：第一，套汇交易只有在没有外汇管制、没有政府干预的条件下才能进行。第二，由于现代通信技术发达，不同外汇市场之间的汇率差异日益缩小，因而成功的套汇须有大额交易资金和传递速度的外汇信息系统及其分支代理机构，才能及时捕捉和把握，并在抵补成本的基础上获利。

2.2.2 远期外汇交易

1）远期外汇交易的基本含义

远期外汇交易，又称期汇交易，是指交易双方按照事先约定的汇率，在未来某一确定的日期交割一定数量的某种货币的外汇交易。

在国际外汇市场中，7天以内的远期外汇交易占比为38.6%，7天至1年的远期外汇交易占比58.9%，1年以上的远期外汇交易占比2.5%。在远期合约中，合同的金额、到期时间、约定汇率等都可以由签约双方协商确定，这种非标准化的合约一方面可以满足进出口企业个性化的交易需求，另一方面也使得其流动性很差，难以转手。远期合约非标准化的特点决定其一般采取场外交易的方式。

远期外汇交易可分为固定交割日期的远期外汇交易和不固定交易日期的远期外汇交易。固定交割日期的远期外汇交易又称为定期远期外汇交易，是典型的远期交易，指双方在成交的同时就确定了未来交割日期。不固定交易日期的远期外汇交易又称为择期交易，指在零售外汇市场上，银行在约定期限内给予客户交割日选择权的外汇交易。也就是说，从成交后的第三个营业日起至约定日期止，客户有权在其间的任何一个交易日按照事先约定的远期汇率完成交割。在国际贸易中，许多时候很难知道付款或收款的确切日期，而只知道大约在哪一时间段之内，择期交易就是为这种情况提供方便的外汇交易。

2）远期汇率的报价

（1）定期交易的远期外汇交易的报价方法

远期汇率的报价一般分为两种，一种是直接报出远期汇率，称为完全报价，瑞士和日本等国采用这种方法。完全报价也适用于银行对一般客户的报价。例如，某日苏黎世外汇市场的报价为，3个月远期汇率USD1=CHF0.8646/0.8666，说明银行与客户签订3个月的远期交易，银行买入1美元支付给客户0.8646瑞士法郎，而银行卖给客户1美元需要客户支付0.8666瑞士法郎。

另一种报价方法为差价报价法，也称为掉期率报价法，是指银行只在即期汇率之外，标出远期升贴水或掉期率。客户必须先计算实际使用的远期汇率才能进行外汇交易。英国、美国、法国和德国均采用该种报价方法。

在远期差价报价法下，有升水、贴水和平价三种情况。升水是远期外汇比即期外汇贵，表示外汇汇率趋升；贴水是远期外汇比即期外汇便宜，表示外汇汇率趋降；平价是指远期外汇与即期外汇相等，表示两种货币的相对价值不变。

多数情况下，升贴水是以一国货币单位的百分位来表示的。例如，美国的百分位是美分（penny，USD1=100penny）。少数情况下，如果一国货币面值较低，则直接以货币单位作为升贴水的单位，如日元。

例如，多伦多外汇市场上，某外汇银行公布的加元与美元的即期汇率为USD1=CAD1.7814/1.7884，3个月远期美元升水CAD0.06/0.10，则3个月远期汇率分别为USD1=

CAD1.7820（1.7814+0.06/100）和 USD1=CAD1.7894（1.7884+0.10/100）。又如，在伦敦外汇市场上，某外汇银行公布的即期汇率为 GBP1=USD1.4608/1.4668，3 个月远期英镑贴水 USD0.09/0.07，则 3 个月的远期外汇汇率为 GBP1=USD1.4599（1.4608−0.09/100）和 GBP1=USD1.4661（1.4668−0.07/100）。

在全球主要外汇市场上，除了采用报远期升贴水数的做法，也可以采用报标准远期升贴水数的做法。所谓标准远期升贴水，是指在计算远期升贴水率的基础上，分别进行年度化和百分化处理而得到的数字。其计算公式为：

$$标准远期升贴水 = \frac{F_N - S}{S} \times \frac{12}{N} \times 100\%$$

(2-1)

式中，S 为即期汇率；F_N 为 N 个月远期汇率。值得注意的是，远期汇率表明一种货币远期升水时，必然同时意味着另一种货币远期贴水，但标准远期升贴水的数值并不相同。例如，若伦敦外汇市场报英镑对美元即期汇率 1.4780，已知 6 个月远期汇率为 1.4685，则可以计算出 6 个月英镑的标准远期升贴水为−1.2855%（说明英镑有贬值趋势）、6 个月美元的标准远期升贴水为 1.2938%（说明美元有升值趋势）。

掉期率报价法是银行间外汇市场上常见的远期汇率报价方法，通常用基本点（basic point）表示。汇率数字中，小数点后第 4 位为一个基本点。外汇银行为外汇远期交易报价时，一次性给出两个大小不相等的基本点。这时，计算远期汇率要根据掉期率的排列方式来决定。如果掉期率是前小后大排列，远期汇率应等于即期汇率加上相应的远期基本点。如果掉期率是前大后小排列，远期汇率等于即期汇率减去相应的远期基本点。无论直接标价法还是间接标价法，均按此原则计算。

举例来说，若纽约外汇市场上，某外汇银行公布的美元对瑞士法郎汇率如下：

即期汇率　　　　　　　　　　　　　　3 个月掉期率

USD/CHF　1.4510/1.4570　　　　　　　100/150

则美元对瑞士法郎的 3 个月远期汇率为：

1.4510+0.0100=1.4610/1.4570+0.0150=1.4720

尽管掉期率报价法比远期差价报价法更加简便，但基本点的经济含义仍然需要以升水、贴水的方式加以说明。这是因为，使用远期汇率的主要目的是判断外汇走势。当基本点前小后大排列时，远期汇率等于即期汇率加上基本点。此时，如果采用的是直接标价法，则基本点表示外汇升水；反之，如果是间接标价法，则基本点表示外汇贴水。当基本点前大后小排列时，则基本点的经济含义刚好相反。仍以上例说明，已知外汇银行所给基本点是 100/150，并且已知市场上采用间接标价法，从而很容易知道 3 个月远期的瑞士法郎对美元有贴水。

（2）择期交易的远期外汇交易的报价方法

在择期交易中，由于客户拥有选择具体交割日的主动权，银行处于被动地位，易蒙受汇率变动带来的损失。所以，总的原则是，银行将选择从择期开始到择期结束时期最不利于客户的汇率作为择期交易的汇率。具体来说，银行卖出远期外汇，若远期外汇升水时，银行按最接近择期期限结束时的远期汇率计算；若远期汇率贴水时，则银行按最接近择期开始时的汇率计算；银行买入远期外汇，若远期外汇升水时，银行按最接近择期开始时的远期汇率计算；若远期汇率贴水时，则银行按最接近择期结束时的汇率计算。

例如，美国进口商同德国客户于3月1日签订进出口合同，从德国进口100万欧元的货物，合同约定货到后1个月付款。按合同约定，货物必须在两个月以内到达，但在哪一天到达无法事前确知。已知3月1日的汇率报价为：

EUR/USD

即期汇率：1.2280/1.2290

2个月远期：20/10

3个月远期：50/30

美国进口商为防范欧元升值的风险，则做一笔5月1日到6月1日的择期交易，买进欧元，银行就会在2个月期和3个月期中间选择对自己最为有利的价格卖出欧元。把上述汇率改为直接报价为：

EUR/USD

即期汇率：1.2280/1.2290

2个月远期：1.2260/1.2280

3个月远期：1.2230/1.2260

显然，银行会用最贵的价格卖出欧元，即1.2280，而美国进口商虽然支付了较高的价格，却获得了时间上的灵活性。

3）远期外汇交易的功能

随着浮动汇率制的实行，按什么汇率进行交易成为外汇交易中的核心问题。人们开始主要为防范风险或从汇率的变动中获取收益而进行远期外汇交易。这样，远期外汇交易在传统的外汇市场中迅速发展起来，在其发展过程中派生出以下三个主要功能：

（1）套期保值

外汇套期保值是指采取某种措施减少由汇率变化的不确定性引起的汇率风险。由于汇率变化具有不确定性，外汇交易者面临着交易风险，汇率的变动会使存在外汇结算的企业可能因其外汇收支以本币计算的价值发生变动而蒙受损失。远期合同是最传统的套期保值的方式但不是唯一的方式。货币市场工具、期货、期权等也可用于相同的目的。远期合同的优势在于交易成本低，可以不涉及现金流动。

客户为避免未来外汇收支风险而进行远期外汇交易。客户在未来一定日期，有一笔确定的外汇收入或外汇支出时，利用远期外汇交易固定汇率，从而无论到期日汇率如何变化，当事人支付或收到的本币数量是确定的。例如，某中国公司A欲从美国进口价值2 000万美元的一批设备，3个月后付款。为了避免美元升值，A公司可从美国花旗银行购买2 000万美元的3个月远期外汇，价格为6.2325CNY/USD。合约到期后，A公司向花旗银行支付12 465万元人民币取得2 000万美元用于进口支付。如果3个月后美元果然升值，价格为6.3150CNY/USD，则远期外汇合约使该公司避免了165万元人民币（（6.3150-6.2325）×2 000）的损失。相反，如果3个月后美元贬值，价格为6.1835CNY/USD，那么，A公司需要多支付98万元人民币（（6.2325-6.1835）×2 000）。因此，在远期外汇合约避免交易中产生汇率风险的同时，也有带来损失的可能性。

在上例中，A公司把汇率的风险转嫁给了花旗银行。如果花旗银行也不愿自己承担汇率变化的风险，则也会利用远期外汇合约，在当天买入一笔2 000万美元的3个月远期美元，价格可能小于或等于6.2325CNY/USD。因而，银行业也需要利用远期外汇合约来规避风险。

银行为平衡自身远期外汇持有额而进行远期外汇交易。银行与客户进行各种交易，会产生外汇持有额不平衡的现象，即现汇和期汇超买或超卖的情况。经营外汇业务的银行大部分只起到代客户买卖的中介作用，本身并不承担风险，其从事外汇业务的目的是要通过业务赚取买卖价差，所以一般银行的外汇持有额要有意识地处于平衡状态。当然对于少数进行外汇投机的银行，则会有意识地根据对汇率的预测持有多余头寸。银行调节远期外汇持有额的办法是与其他银行进行远期外汇交易；当银行超买远期外汇时，则出售一部分远期外汇；当银行超卖远期外汇时，则买进同额远期外汇。

（2）投机

外汇投机是利用汇率波动而获利的行为。投机者根据对有关货币汇率变动趋势的分析预测，通过买卖现汇或期汇的方式故意建立起某种货币的敞口，或故意保留在对外经济交往中正常产生的外汇头寸，以期在汇率实际变动之后获取风险利润。从事现汇投机时，买卖双方必须持有本币或外汇资金，交易额受到资金持有额的限制。而远期外汇交易的投机不涉及现金和外汇的即期收付，因此不持有巨额资金也可进行巨额交易。

利用远期进行外汇投机的基本操作有两种：一种是买空，也叫作多头，即在预测外汇汇率将上涨时，先买后卖的投机交易。另一种是卖空，也叫作空头，即在预测外汇汇率将下跌时，先卖后买的投机交易。

例如，6月15日，纽约外汇市场上3个月港元远期汇率为7.8125HKD/USD，据投机者预测，港元将在3个月中升值，即美元对港元的远期汇率下降。于是，决定买入1 000万3个月远期港元，交割日为9月17日。如果港元果然升值，如8月17日，1个月远期美元汇率为7.8105HKD/USD，则该投机者将签订另一份合约，卖出1个月远期港元，交割日为9月17日，到期将获利约0.03万美元（（1/7.8105-1/7.8125）×1 000）。如果判断失误，3个月后港元贬值，则该投机者遭受损失。

投机是一种建立在心理预期的基础上，通过主动承担风险以获得利润的理性行为。市场上的投机活动有正反两个方面的作用，有时能起到稳定市场的作用，有时也会动摇市场的稳定。就经济整体而言，风险只能转移，而不能消除。因此，正是外汇市场中大量投机活动的存在，才使得风险规避者的保值目的得以达到。因此，适当数量的投机者对市场的存在和发展是至关重要的。

（3）套利

套利（arbitrage）是指利用两地间的利率差异而赚取利润的行为，交易者利用两个不同金融市场上短期资金存贷利差与远期掉期率之间的不一致进行谋利性质的转移资金，在谋取利率差或汇率差的过程中派生出来的外汇交易。

套利交易存在的前提是，外汇市场上同一货币的即期汇率和远期汇率的差距与同期的两种货币利率差不相等，包括汇率差小于利率差的情况和汇率差大于利率差的情况。

根据套利者在套利活动中是否进行远期交易，套利交易可分为无抵补套利和抵补套利。无抵补套利又称为单纯套利，是指套利者在套利过程中要承担汇率变化的风险。具体而言，套利者在套利开始时，把利率低的货币兑换成利率高的货币，并存入利率高的银行。在存款期届满时，套利者再在届满时的即期外汇市场上，将到期存款的本息和兑换成利率低的货币。显然，这种套利方式建立在套利投资者对汇率预期的基础上。如果投资人预期即期汇率的变动率为0，那么套利者应该将资金从利率低的国家调往利率高的国家。

抵补套利是指套利者在套利过程中进行远期交易，在套利活动开始时就锁定存款期届满时的汇率水平，从而实现不承担汇率风险的套利外汇交易。对抵补套利进行可行性分析时，采用的一般原则是：

第一，如果利率差大于较高利率货币的贴水幅度，那么应将资金从利率低的国家调往利率高的国家，其利差所得会大于高利率货币贴水给投资者带来的损失。

第二，如果利率差小于较高利率货币的贴水幅度，则应将资金由利率高的国家调往利率低的国家，货币升水所得将会大于投资在低利率货币上的利息损失。

第三，如果利率差等于较高利率货币的贴水幅度，则人们不会进行抵补套利交易。因为它意味着利差所得和贴水损失相等，或者是升水所得与利差损失相等。无论投资者如何调动资金，都将无利可图。

第四，如果具有较高利率的货币升水，那么应将资金由低利率国家调往高利率国家，这可以获取利差所得和升水所得双重收益。但是，这种情况一般不会出现，因为它所诱发的抵补套利交易会影响到各国货币的利率和汇率。如果不考虑投机因素的影响，抵补套利的最终结果是使利率差与较高货币的贴水幅度趋于一致。

启智增慧 2-2
无本金交割的
远期外汇交易

套利活动以有关国家对资金的自由兑换和转移不加任何限制为前提，实施外汇管制的国家之间不会发生套利活动。抵补套利涉及的投资活动是短暂的，期限一般不超过1年，因为抵补套利是市场不均衡的产物，而且套利者没有任何市场风险，随着巨额资金的交易和转移，市场很快就会恢复均衡，因而，抵补套利的机会很短暂。抵补套利也涉及一些交易成本，如佣金、手续费、管理费、电信费等，由于交易成本的影响，利差与远期升（贴）水率不必完全一致，抵补套利也会停止。

2.2.3　外汇掉期交易

1）掉期交易的概念

外汇掉期交易是指买入或卖出某种货币的同时，卖出或买入期限不同的同种货币。掉期交易包含两笔币种相同、金额相同但是交易方向相反、期限不同的外汇交易。掉期交易有一前一后两个交割日和两个约定的汇率水平。在掉期外汇买卖中，客户和银行按约定的汇率水平将一种货币转换为另一种货币，在第一个起息日进行资金的交割，并按另一项约定的汇率将上述两种货币进行方向相反的转换，在第二个起息日进行资金的交割。

根据交割期限的不同，掉期交易可以分为以下三种基本类型：

（1）即期对远期的掉期交易（spot against forward），是指买进或卖出某种即期外汇的同时，卖出或买进同种货币的远期外汇。这是最常见的掉期交易形式。这种形式可分为：买入即期外汇/卖出远期外汇、卖出即期外汇/买入远期外汇。

（2）即期对即期的掉期交易（spot against spot），是指买进或卖出一笔即期外汇的同时，卖出或买进币种相同、金额相等的另一笔即期外汇，但具体交割日不同。这种类型的掉期交易常见的有隔夜交易和隔日交易。隔夜交易，也称今日对明日掉期，是指前一个交割日是交易日当天，后一个交割日是明天，即交易日后的第一个工作日。隔日交易，也称明日对次日掉期，是指前一个交割日是明天，即交易日后的第一个工作日，后一个交割日是交易日后的第二个工作日。

（3）远期对远期的掉期交易（forward against forward），是指完成货币、金额相同但方向相反的两笔远期外汇交易。交易商出售一份价值 2 000 万英镑并以 GBP1=USD1.8420 的价格交割的 2 个月远期合约，用来购买美元；同时买进一份相同价值并以 GBP1=USD1.8400 价格交割的 3 个月远期合约，从而卖出美元买入英镑。买入和卖出之间的价格差相当于息差，也就是这两种货币之间的利率平价。因此，该种类型的掉期交易可以看作拥有全额担保的外币借款交易。

2）掉期交易的报价

影响掉期交易价格的是即期汇率和掉期率。与其他外汇交易形式一样，掉期交易的报价也采用双向报价法。类似于远期外汇交易中的点数报价法，掉期率的计算也遵循"前小后大，基准货币升水；前大后小，基准货币贴水"的原则。

例如，即期汇率为 USD1=CHF1.5103/1.5113

3 个月掉期率	65/54
6 个月掉期率	77/60

如果某一客户要求做买/卖即期对 3 个月远期美元的掉期交易，这笔交易对于报价银行来说，是在即期卖出美元，在 3 个月远期买入美元。根据即期与 3 个月的远期汇率，即期与远期的成交价格应该为 1.5113 和 1.5038（1.5103-0.0065）。但是这样做，是将一笔掉期交易分成即期与远期两笔交易，买卖价差也考虑了两次，这对银行有利，对客户不利。实际外汇交易中，掉期交易是一笔交易，不破坏银行的头寸，买卖价差也只损失一次。因此，客户要求做买/卖即期对 3 个月远期美元的掉期交易，成交价格分别为 1.5113 和 1.5048（1.5113-0.0065），这样对客户有利。在掉期交易的报价中，是在近端汇率的基础上，根据掉期率的计算原则得到相应的远端汇率。

3）掉期交易的功能

进口商、投资者、借贷者以及投机者可以通过掉期交易达到以下目的：

（1）套期保值

外汇掉期交易的功能之一是防范风险。若客户目前持有甲货币而需使用乙货币，但在经过一段时间后又收回乙货币并换回甲货币，也可通过掉期外汇买卖来锁定换汇成本，防范风险。例如，一家日本贸易公司向美国出口产品，收到货款 500 万美元。该公司需将货款兑换为日元用于国内支出。同时公司需从美国进口原材料，并将于 3 个月后支付 500 万美元的货款。此时，公司可以采取的措施为，做一笔 3 个月美元对日元掉期外汇买卖，即期卖出 500 万美元，买入相应的日元，3 个月远期买入 500 万美元，卖出相应的日元。通过上述交易，公司可以轧平其中的资金缺口，达到规避风险的目的。

（2）调整起息日

外汇掉期交易的功能之二是调整起息日。客户做远期外汇买卖后，因故需要提前交割，或者由于资金不到位或其他原因不能按期交割，需要展期时，都可以通过做外汇掉期买卖对原交易的交割时间进行调整。例如，一家美国贸易公司在 1 月份预计 4 月 1 日将收到一笔英镑货款，为防范汇率风险，公司按远期汇率水平同银行做了一笔 3 个月远期外汇买卖，买入美元卖出英镑，起息日为 4 月 1 日。但到了 3 月底，公司得知对方将推迟付款，在5月1日才能收到这笔货款。于是公司可以通过一笔1个月的掉期外汇买卖，将4月1日的头寸转换至5月1日。

（3）调整外汇资产结构

外汇掉期交易的功能之三是银行能利用掉期交易调整外汇资产结构，消除与客户和其他银行单独进行即期、远期交易产生的风险头寸，平衡外汇交易中的交割期限结构。当然，由于客户与银行的交易有各种各样的金额、期限、方向，能在一定程度相互抵消风险，但总会有承担汇率风险的头寸暴露。为了抵补头寸，银行间交易必须达到相当的规模和数量，才能获得报价优势和利率优势，而各种借款的增加必然又会改变银行资产负债结构，给资本比率、负债管理带来压力。相比之下，采用掉期交易具有更好的适应性和灵活性。例如，银行3个月远期美元超买100万元，6个月远期美元超卖100万元，银行对多头、空头分别进行抵补需要很多笔交易，付出较高成本；而利用远期对远期的掉期交易，卖出3个月美元期汇，同时买入6个月美元期汇，能以一笔交易和较低费用实现抵补。

2.2.4 外汇期货交易

1972年5月16日，芝加哥商品交易所国际货币市场（International Money Market，IMM）率先开办了包括英镑、德国马克、加元、意大利里拉、日元、瑞士法郎、墨西哥比索、澳大利亚元等币种在内的外汇期货合约，创立了世界上第一个外汇期货交易市场。

外汇期货，是指外汇买卖双方在有组织的交易市场内，以公开叫价方式确定价格（汇率），买入或卖出标准交割日期、标准交割数量的某种外汇。

1）主要特征

外汇期货交易和远期外汇交易都是在未来日期按约定价格交割一定数量的标的物。但二者之间也存在许多重大区别，这主要是由期货市场运行规则决定的。外汇期货合约被视为标准化了的外汇期货合约，同时还有效地规避了外汇期货合约交割日期不灵活和违约风险较高等缺点。

（1）交易合约标准化。外汇远期交易的合约金额和交割日期是交易双方协商确定的。而外汇期货合约的金额、期限、交割日等要素却都是标准化的，由各期货交易所统一制定。所有交易者在此基础上选择交易。例如，在IMM交易的货币期货，每份英镑合约价值62 500英镑，每份欧元合约价值125 000欧元，每份瑞士法郎合约价值125 000瑞士法郎，每份加元合约价值100 000加元，每份日元合约价值12 500 000日元。

（2）集中交易和结算。远期外汇市场是无形的分散市场，客户通过电信工具私下联络达成交易。期货交易则是在有形的交易所进行，所有交易者通过会员公司在交易所场内集中、公开地进行交易。外汇远期交易的结算，由交易双方通过银行转账完成。期货交易则由期货交易所专门设立的独立的清算机构为买卖双方分别结算。

（3）市场流动性高。外汇期货合约一般不能转让或直接对冲平仓，远期合约到期交割的比率在90%以上。期货合约的市场流动性很高，交易人可以随时通过交易公司买进或卖出特定的期货合约品种。绝大多数期货合约都在到期日之前通过对冲交易的方式平仓。

（4）价格形成和波动限制规范化。外汇远期交易所使用的远期汇率由外汇银行报出，交易额大的客户还可以与银行讨价还价，协商确定交割汇率。期货合约的价格形成遵循公开集中竞价制度，在交易所内统一挂牌交易。此外，期货交易所还为每个外汇交易品种规定合约价值的最小变动和单日最大变动限额，见表2-3。

表2-3　　　　　　　　　　　　IMM外汇期货合约的价格变动规定

外汇品种	最小变动		单日最大变动	
	每一货币单位	每份期货合约	每一货币单位	每份期货合约
英镑	$0.0001	$6.25	$0.01	$625
欧元	$0.0001	$12.50	$0.01	$1 250
瑞士法郎	$0.0001	$12.50	$0.015	$1 875
加元	$0.0001	$10.00	$0.0075	$750
日元	$0.000001	$12.50	$0.0001	$1 250

（5）履约有保证。相对而言，外汇远期交易的违约风险较高，所以银行对客户信用等级的要求比较严格，以此作为履约保证。期货交易所的清算机构要求经纪公司按照交易规则开立保证金账户，缴纳保证金。经纪公司要求委托交易人分别开立保证金账户，作为履约的保证。期货交易所一般有初始保证金和维持保证金的规定。例如，IMM规定，每交易一份英镑期货合约，应缴纳初始保证金2 000美元，并要求整个交易期内保证金账户余额不低于1 500美元。所有未平仓的外汇期货头寸，都需根据每天的市场结算价计算账面盈亏，并相应调整保证金账户金额。当期货合约的保证金账户余额低于维持保证金要求时，必须追缴差额，否则将被强行平仓。因此，期货交易的保证金制度是维持期货市场安全性和流动性的重要保证。表2-4对外汇远期交易与外汇期货交易进行了比较。

表2-4　　　　　　　　　　　　外汇远期交易与外汇期货交易

项目	外汇远期交易	外汇期货交易
交割日期	将来	将来
合约特点	量身定做，满足多样化需求	高度标准化
交易地点	场外交易	交易所内交易
交易信息	通常不公开	公开、透明
保证金要求	无	有初始保证金和维持保证金
合约实现方式	到期交易	提前对冲平仓或到期交割
组织	由双方信誉保证	清算所组织结算，为所有交易者提供保护
价格确定	银行报价或双方协商	公开叫价，撮合成交
价格波动机制	无	有

（6）投机性强。保证金制度虽然有效防范了违约风险，但同时也刺激了投机性交易。

与合约价值相比，外汇期货的保证金比率一般不超过 10%。这说明期货交易有较强的杠杆效应，对那些以小博大的投机者来说很有吸引力。投机性期货交易往往有很大的破坏力，被视为外汇期货交易风险的主要根源。但同时应该看到，投机交易的广泛存在也是市场高度流动性的有力保障。如果没有必要的投机交易，那些出于套期保值目的进入外汇期货市场的交易者们就未必能够顺利完成交易。

2）清算机制和保证金制度

（1）清算机制

一项交易的发生，首先必须有买方和卖方。场外交易难以消除双方的履约风险，是因为双方相互不了解，或者即使了解但相互之间缺少制约。期货交易可以通过独特的清算机制为买卖双方解除这种不便。清算所作为期货合约各方的交易对手出现：对于合约的买方来说，清算所是卖方；对于合约的卖方来说，清算所是买方。不论进行多少次交易，也不论交易何时进行，始终存在一个共同的交易对手——清算所。因此，对于外汇期货买卖双方来说，根本无须考虑对方的身份，无论从哪里买进还是卖向哪里，最终都要在清算所实现集中清算。显然，这种清算机制提高了市场的流动性，也使买卖双方再无履约风险的顾虑。

（2）保证金制度

外汇期货的清算机制，将交易所会员公司承担的交易风险转移到了清算所。为防止会员公司发生违约风险，清算所通过"保证金制度"来为自己提供保障。保证金是会员公司提供给清算所的财务保证。当然，会员公司也对自己客户提出相似的保证金要求。表2-5是 IMM 英镑期货的保证金账户。

表2-5　　　　　　　　　　　　　　IMM英镑期货的保证金账户

时间	市场报价	合约价格	保证金变动	追加（+）/减少（−）金额	保证金账户余额
T_0	$1.4700/£	$91 875.0	0	+$2 000.00	$2 000.00
T_1	$1.4714/£	$91 962.5	+$87.50	0	$2 087.50
T_2	$1.4640/£	$91 500.0	−$462.50	0	$1 625.00
T_3	$1.4600/£	$91 250.0	−$250.00	+$625.00	$2 000.00
T_4	$1.4750/£	$92 187.5	+$937.50	−$937.50	$2 000.00

①初始保证金。初始保证金是指只在外汇期货建仓时缴纳的保证金。不同交易所，对不同外汇期货合约有着不同的初始保证金规定，一般是固定金额或是合约价值的5% ~ 10%。

初始保证金的数额，至少应该足以抵付交易所制定并公布的每日最大价格波动。初始保证金以现金支付，存在机会成本。所以美国的外汇期货交易所允许在部分现金支付以外，用生息的联邦政府债券或特许银行发行的信用证形式支付，不过，追加保证金仍必须以现金支付，平仓时，清算所要向会员公司返还初始保证金。

②追加保证金。除了初始保证金外，交易所一般还规定有追加保证金。这是因为，期货合同在持有期内，价值每天发生变动，潜在损失可能是巨大的。为了使保证金制度有

效，一个不可缺少的步骤是采用每天"钉住市场"（market-to-market）的办法，即在每个交易日结束后，期货交易所将公布当天"结算价格"或正式收盘价。所有未清仓合约都需按此价格计算账面盈亏。任何损失都会记入会员公司保证金账户的借方，并在第二天早上，由会员公司将其损失补上；任何盈利都会记入会员公司保证金账户的贷方，从而使保证金账户余额增加。若会员公司未能及时补充保证金，交易所有权在市场上将其持有的外汇期货头寸变现，以弥补应追加的保证金，并将剩余资金返还给会员公司。

③维持保证金。维持保证金是指在保证金账户余额不低于这个水平时，则无须追加保证金。维持保证金通常规定为初始保证金的75%～80%。因此，会员公司在建仓时存入初始保证金；当保证金余额下降到维持保证金数额之下时，需要追加保证金，并将保证金余额恢复到初始保证金水平。所以，外汇期货合约持有期内，会员公司的保证金余额通常处于初始保证金和维持保证金之间。这就减少了会员公司追加保证金的频率和金额，特别是在期货价格波动比较剧烈时，更是为会员公司节约了账户管理成本和行政负担。

启智增慧 2-3
外汇期货交易
流程

3）外汇期货合约的应用

（1）套期保值

例如，3月20日，美国进口商与英国出口商签订合同，进口价值125万英镑的货物，约定6个月后以英镑付款提货。签订合约日现汇市场上英镑的汇率是GBP1=USD1.6200，需要支付202.5万美元（1.6200×125）。为预防汇兑成本上升，美国进口商可以买进20份价格为GBP1=USD1.6300的英镑期货合约（因为IMM每份英镑期货合约价值62 500英镑）。按照这个汇率，需要支付203.75万美元（1.6300×125）。在合约到期时可能出现两种情况：

一是外汇市场和期货市场上英镑汇率都上升，分别升至GBP1=USD1.6325和GBP1=USD1.6425。这时，进口商如果在现汇市场上购买英镑，需要花费204.0625万美元（1.6325×125），与3月份购买的即期英镑相比，多付1.5625万美元（204.0625-202.5）。而在期货市场上，美国进口商如果卖出20份英镑期货合约，与初始头寸对冲，可以净盈利1.5625万美元（1.6425×125-203.75）。进口商在现汇市场上的损失由期货市场的盈利来弥补，见表2-6。

表2-6 利用外汇期货套利交易

项目	时间	现货市场	期货市场
汇率	3月20日	GBP1=USD1.6200	GBP1=USD1.6300
	9月20日	GBP1=USD1.6325	GBP1=USD1.6425
交易过程	3月20日	不做任何交易	买进20张英镑期货合约
	9月20日	买进125万英镑	卖出20张英镑期货合约
结果	现货市场上，与预期相比，损失1.5625万美元（1.6325×125-1.6200×125）；期货市场上，通过对冲，获利1.5625万美元（1.6425×125-1.6300×125）。亏损和利润相互抵消，汇率风险得以转移		

另一种情况恰恰相反，两个市场的英镑汇率同时下跌，则进口商在现汇市场上获利，同时在期货市场上亏损，两者同样可以相互抵消。显然，套期保值在转移风险的同时，一并将可能的盈利也转移出去，但是却将不确定性转变成确定性，这正是套期保值的本质特征。

外汇期货套期保值有两种基本类型：

买入套期保值（long hedge），也称多头套期保值，是指债务人为避免将来支付外汇时汇率上涨的损失，通过先买后卖的交易，利用外汇期货市场与现货市场的盈亏相抵补，实现保值的交易。在国际经济活动中，进口商和借款人常常利用买入套期保值的方法，使未来将要支付的外汇避免遭受汇率上升的损失。

卖出套期保值（short hedge），也称空头套期保值，是指债权人为避免将来收入外汇时汇率下跌的损失，通过先卖后买的交易，利用外汇期货市场与现货市场的盈亏相抵补，实现保值的交易。在国际经济活动中，出口商和投资者常常利用卖出套期保值的方法，使未来将要收入的外汇避免遭受汇率下降的损失。

（2）投机

如果预期汇率上升或下降，就可以通过外汇期货交易进行投机。多头方预测某种货币汇率将上升时，先买进该种货币的期货合约，然后再卖出该种货币的期货合约，将先前设立的多头地位了结，从中谋取盈利。与多头投机相反，空头投机是预测某外汇汇率下跌，先卖后买，了结先前的空头地位，从而获利。投机盈利与否是建立在预测是否准确的基础之上，预测准确就可获利，否则将遭受损失。利用外汇期货投机获利有明显的优势：第一，与现货市场相比，期货交易成本较低；第二，期货的保证金要求使其能够以小博大，发挥杠杆效应；第三，在期货市场上卖空比在现货市场上更加容易。

例如，某投机者预计 3 个月后加元会升值，可预先买进 10 份 IMM 加元期货合约（每份价值 100 000 加元），价格为 CAD1=USD0.7165。如果在现货市场上进行买卖，需要支付 716 500 美元（0.7165×100 000×10），但购买期货合约只需要支付不到 20% 的保证金，大大节约了资金。3 个月后，如果期货合约价格上升到 CAD1=USD0.7175，则卖出 10 张期货合约进行对冲。投机者可以从中盈利 1 000 美元（（0.7175−0.7165）×100 000×10）。相反，如果预期错误，投机者就会发生亏损。如果届时加元汇率跌至 CAD1=USD0.7155，投机者就将亏损 1 000 美元。

（3）价格发现功能

价格发现功能是指在一个公开、公平、高效、竞争的期货市场中，通过集中竞价形成期货价格的功能。期货市场之所以具有价格发现功能，是因为其市场将众多影响供求的因素集中于交易场所内，通过买卖双方公开竞价，集中转化为一个统一的交易价格。如此循环往复，使价格不断趋于合理。

期货价格并非时时刻刻都能准确地反映供求关系，但这一价格克服了分散、局部的市场价格在时间和空间上的局限性，具有公开性、连续性、预测性的特点，比较真实地反映出一定时期内世界范围内供求关系影响下的金融资产的价格水平。因此，期货交易在一定程度上起着价格晴雨表的作用。

2.2.5　外汇期权交易

外汇期权交易是继外汇期货之后在 20 世纪 80 年代开展起来的一项衍生金融业务。随着布雷顿森林货币体系的解体，国际金融市场的汇率波动日益增长，同时国际上的商品和劳务也迅速增长，越来越多的交易商面对汇率波动的风险，寻求避免外汇风险的更为有效的途径，在这样的背景下，外汇期权应运而生。自从 1982 年费城股票交易所引进英镑期权以来，外汇期权交易迅速发展，随后增加了日元、瑞士法郎、加元等期权交易。交易的机构也日益增多，目前主要的交易机构有芝加哥商品交易所、纽约商品交易所、加拿大蒙特利尔交易所、温哥华交易所、伦敦股票交易所、伦敦国际金融期货交易所、阿姆斯特丹交易所等，其中，费城股票交易所的外汇期权最为活跃。

期权又称选择权，是指在约定的期限内，按照事前确定的价格，买入或卖出一定数量的某种商品、货币或金融工具契约的权利。外汇期权交易是指外汇期权合约购买者向出售方付出期权费后，即可在有效期内享有按协定价格和金额履行或放弃买卖某种外币权利的交易行为。期权交易不仅能规避汇率风险，而且能在市场汇率向有利方向波动时获得好处，从而因其执行灵活的特点得到国际金融市场的青睐。对于那些应急交易，诸如竞标国外工程或海外子公司分发红利等不确定收入或投资保值来说，期权交易尤其显示出优越性。

1）外汇期权的类型

（1）按期权赋予持有者买入或卖出标的物行为的不同，可分为买入期权（call option），也称看涨期权，以及卖出期权（put option），也称看跌期权。看涨期权是指外汇期权的购买者有权在规定的时间内按照执行价格从期权卖方购买一定数量的某种外汇。看涨期权的购买者通常是对其所负外汇债务进行保值，以免因外汇价格上涨而遭受损失；其也可能是为了进行外汇投机，在外汇价格上涨期间有权以执行价格（较低）买进外汇，同时以市场价格（较高）卖出外汇，以赚取利润。看跌期权是指外汇期权的购买者有权在规定的时间内按照执行价格向期权卖方出售一定数量的某种外汇。看跌期权的购买者通常是对其所拥有的外汇债权进行保值，以免因外汇的价格下跌而蒙受损失；其也可能是为了进行外汇投机，在外汇价格下跌期间有权以执行价格（较高）卖出外汇，同时以市场价格（较低）买入外汇，以赚取利润。

（2）按产生期权合约的原生金融产品的不同，可分为现货期权（options on spot exchange）和外汇期货期权（options on foreign currency futures）。现货期权以外汇现货为期权合约的基础资产，外汇期货期权以货币合约为期权合约的基础资产。

（3）按期权持有者可行使交割权利的时间的不同，可分为欧式期权（European options）和美式期权（American options）。欧式期权交易，指期权持有者只能在期权的到期日当天纽约时间上午 9 时 30 分以前，决定执行或不执行期权合约。而美式期权交易，指期权持有者可以在期权到期日以前的任何一个工作日纽约时间上午 9 时 30 分以前，选择执行或不执行期权合约。美式期权较欧式期权更为灵活，故其期权费较高。

（4）按期权的交易场所，可分为场内期权（exchange traded option）和场外期权（over the counter）。场内期权又称为交易所期权，在固定场所内进行交易，是标准化的期权合约，其各项内容均由交易所制定，交易者只需考虑合约的价格和数量，交易程序和外汇期货的交易程序大体相同。只有交易所的会员才有资格进入交易所，非会员需要通过会员进行交易。场内期权交易有专门的期权交易所进行清算，信用风险由清算所承担。场外期权又称为柜台期权，是非标准化期权，交易双方通过电话、电传等通信网络相互联系进行交易，其交易执行价格、到期日等由买卖双方自行商定，具有很大的灵活性，场外期权交易没有担保，期权卖方违约的风险完全由期权买方承担。

2）交易特点

（1）期权费不能收回。期权购买者，也就是持有者，无论是执行还是放弃合约，他向外汇期权出售者所交付的期权费均不能收回。

（2）期权费的费率不固定。期权业务所交付的期权费反映同期远期外汇升贴水的水平，费率高低主要受到以下因素制约：

①货币期权供求关系：货币期权需求大于供给，则期权费趋高；货币期权供给大于需求，则期权费趋低。

②期权的执行汇率（exercise exchange rate）：执行汇率越高，则买入期权的期权费越低，而卖出期权的期权费越高；相反，执行汇率越低，则买入期权的期权费越高，卖出期权的期权费越低。

③期权的时间价值（time value）或期间（maturity）：期权合约期限越长，期权费越高；反之越低。

④期权货币的汇率波动性（excepted volatility）：一般来说，期权货币的汇率较稳定，期权费越低；期权货币的汇率波动较大，其期权费越高。

（3）外汇期权交易的对象是标准化合约。通常，期权交易中期权合约的内容实现标准化，如货币数量、到期日等。

（4）外汇期权具有更大的灵活性。外汇期权的买方无须缴纳保证金，并且能自由决定是否执行合约权利。不必每日清算盈亏，在各种金融保值工具中灵活性是较大的。外汇期权合约的买方购买的是一种权利即选择权。在合约的有效期内，或约定的到期日，如果汇率对合约买方有利，即可行使权利，按约定汇率买进或卖出外汇。如果汇率对合约买方不利，则可放弃期权。因此，外汇期权弥补了远期外汇交易的某些弱点，更具灵活性。它常常作为可能发生但不一定实现的资产或收益的最理想的保值工具。

3）基本交易策略

（1）买入看涨期权

买入看涨期权赋予期权持有者在到期日以前按协定价格购买合约规定的某种外汇的权利。买入看涨期权的投资者通常是预测某种外币币值未来会上涨，当市场汇率变动方向与投资者预测一致时，其收益是不封顶的，当市场汇率反向变动，即该种外汇币值趋于下跌时，投资者可以不执行期权，损失的只有期权费。如果市场对外汇汇率有牛市预期，为了在外汇汇率上升中寻求收益或避免损失，可以购买外汇看涨期权，从而将损失风险限制在期权费范围之内，而同时享有无限的收益潜力。但是，市场的牛市预期越强，期权买方得到的执行价格就越高。

例如，某机构预期欧元会对美元升值，但又不想利用期货合约来锁定价格。于是以每欧元0.06美元的期权费买入一份执行价格为EUR1=USD1.18的欧元看涨期权。由图2-1可知，欧元看涨期权购买方的盈亏平衡点为B点（1.24美元），收益情况见表2-7。

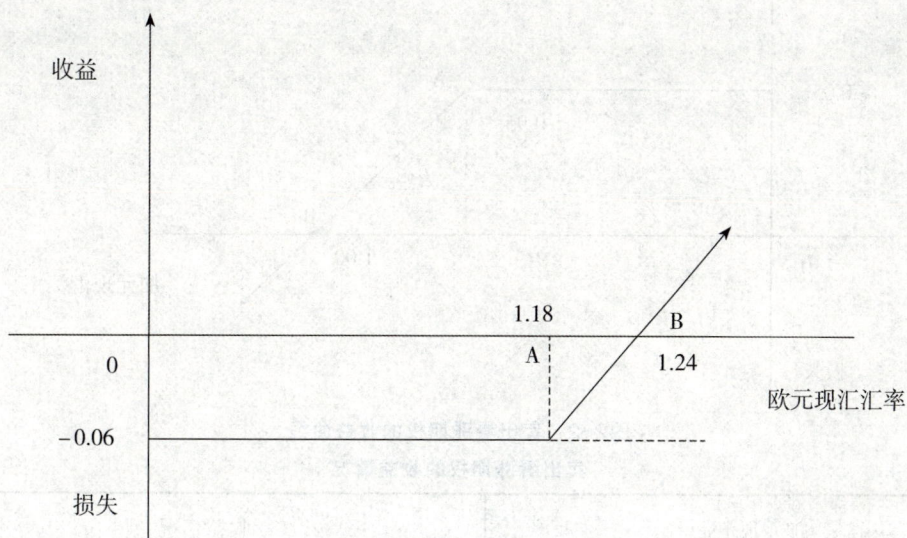

图2-1 买入看涨期权的收益曲线

表2-7   买入看涨期权的收益情况

欧元现汇汇率	收益情况
>1.24	收益随欧元升值而增加，潜力无限
=1.24	盈亏平衡
（1.18，1.24）	损失随欧元升值而减少
<1.18	最大损失限定在期权费以内

（2）卖出看涨期权

卖出看涨期权的卖方收取买方支付的期权费，在买方要求执行合约时必须履约，在到期日前按照合约协定的汇率把规定的外汇出售给买方。卖出看涨期权的投资者通常是预期某种外汇汇率在未来会下跌，如果预测准确，其获得的最大收益就是期权费，但是一旦预测失误，外汇汇率不跌反涨，该投资者的损失就随着汇率的上升而不断加大，并且不封顶。

如果某商业银行认为未来几个月内加元对美元汇率将保持稳定或略微下降，可以考虑卖出执行价格为CAD1=USD0.95的加元看涨期权，并收取每单位加元0.05美元的期权费。加元看涨期权出售者的收益曲线如图2-2所示，收益情况见表2-8。

（3）买入看跌期权

买入看跌期权赋予期权持有者在到期日以前按协定价格向期权卖方出售合约规定的某种外汇的权利。买入看跌期权的投资者通常是预测某种外汇汇率未来会下跌，当市场汇率变动方向与投资者预测一致时，收益随汇率变动增大。当市场汇率反向变动，即该种外汇汇率趋于上升时，投资者可以不执行期权，损失是有限的，最大损失只是期权费。

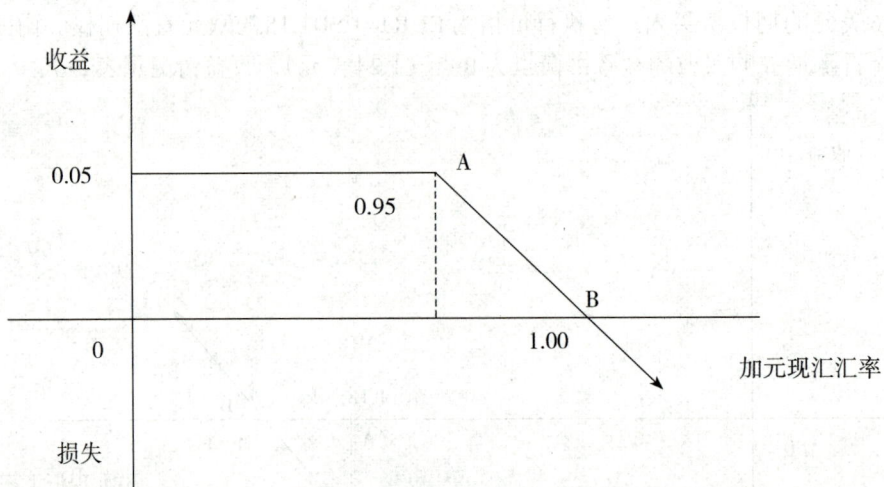

图2-2 卖出看涨期权的收益曲线

表2-8   卖出看涨期权的收益情况

加元现汇汇率	收益情况
>1.00	损失随加元升值而增加
=1.00	盈亏平衡点
（0.95，1.00）	收益随加元升值而减少
<0.95	最大收益等于期权费

假定某美国公司向某英国公司出口电脑，货款将在4个月后用英镑支付。因为担心3个月后英镑汇率下降，美国出口商随机购买一份执行价格为GBP1=USD1.66的英镑看跌期权，并支付了每英镑0.03美元的期权费。该出口商购买看跌期权的收益曲线如图2-3所示，收益情况见表2-9。

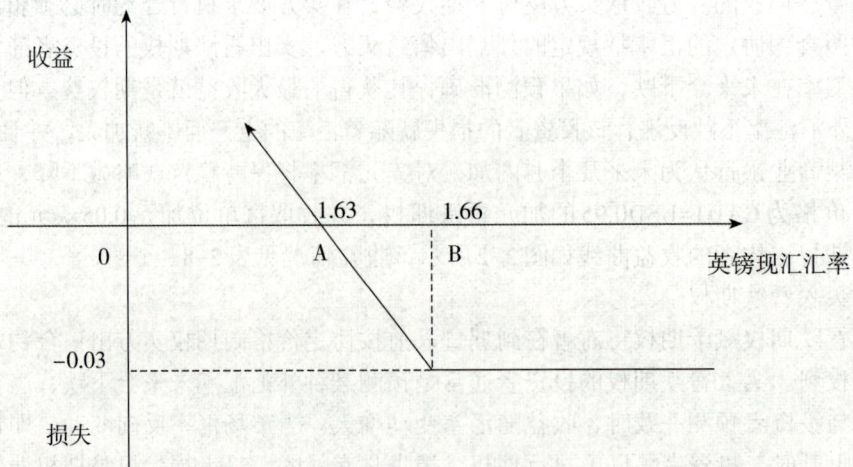

图2-3 买入看跌期权的收益曲线

表2-9 买入看跌期权的收益情况

英镑现汇汇率	收益情况
>1.66	最大损失等于期权费
（1.63，1.66）	损失随英镑贬值而减少
=1.63	盈亏平衡点
<1.63	收益随英镑贬值而增加，潜力无限

（4）卖出看跌期权

卖出看跌期权的卖方收取买方支付的期权费，在买方要求执行合约时必须履约，在到期日前按照合约约定的汇率从买方处购买规定的外汇。卖出看跌期权的投资者通常是预期某种外汇汇率在未来会上涨，如果预测准确，其获得的最大收益就是期权费，但一旦预测失误，该投资者的损失就会随着汇率的下跌而不断加大。

若某基金公司发现一段时间以来英镑对美元贬值幅度已经超过10%，尽管仍有继续贬值的可能，但认为短期内不会跌破GBP1=USD1.60，而且应该很快回升。为了在此判断基础上谋利，投机者可以卖出以该汇率水平为执行价格的英镑看跌期权，并收取每单位英镑0.10美元的期权费。上述投资策略比较适合预期外汇汇率稳定或者轻微上升的情况。英镑看跌期权出售者的收益曲线如图2-4所示，收益情况见表2-10。

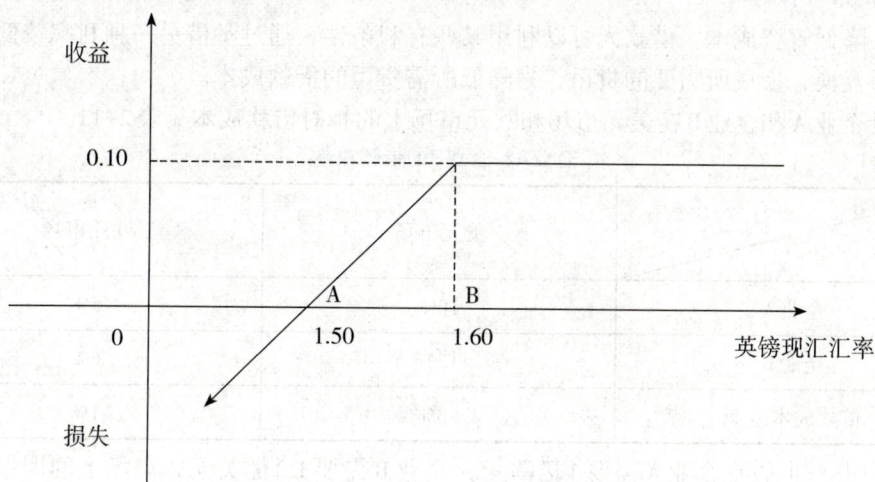

图2-4 卖出看跌期权的收益曲线

表2-10 卖出看跌期权的收益情况

英镑现汇汇率	收益情况
>1.60	最大收益等于期权费
（1.50，1.60）	收益随英镑贬值而减少
=1.50	盈亏平衡点
<1.50	损失随英镑贬值而增加

2.2.6　货币互换交易

1）货币互换的概念

所谓货币互换，是指以一种货币表示的一定数量的资本额及在此基础上产生的利息支付义务，与另一种货币表示的相应的资本额以及在此基础上产生的利息支付义务进行相互交换。因此，货币互换的前提是存在两个在期限与金额上利益相同而对货币种类需要相反的交易对手，然后双方按照预定的汇率进行资本额互换，完成互换后，每年按照约定的利率与资本额进行利息支付互换，协议到期后，再按原约定将原资本额换回。货币互换除不同货币之间的本金互换外，利息方面可以使不同货币之间的浮动利率/浮动利率互换，不同货币之间的固定利率/固定利率互换，不同货币之间的固定利率/浮动利率互换。

货币互换主要有以下几个基本步骤：

第一步，本金的初期互换，指在互换交易初期，双方按协定的汇率交换两种不同货币的本金，以便将来计算应支付的利息再换回本金。初期交换一般以即期汇率为基础，也可以交易双方协定的远期汇率做基准。

第二步，利率的互换，指交易双方按协定的利率，以未偿还本金为基础进行互换交易的利息支付。

第三步，到期日本金的再次互换，即在合约到期日交易双方换回期初交换的本金。

2）货币互换的功能

（1）降低筹资成本。借款人可以利用某些有利条件，通过举借另一种利率较低的货币进行货币互换，换成所需要的货币，来降低所需货币的借款成本。

假设企业A和企业B在美元市场和欧元市场上的相对借款成本见表2-11。

表2-11　　　　　　　　　　　　　**企业A和企业B的借款成本**

企业 　　　　　　　市场	美元市场	欧元市场
企业A	10%	5%
企业B	13%	6%
借款成本差额	3%	1%

我们进一步假定企业A需要1亿欧元，企业B需要1.2亿美元，市场上的即期汇率正好是EUR1=USD1.2。这里存在两种选择，第一种选择是企业A以5%的利率直接到市场上去借入欧元，而企业B直接以13%的利率去借入美元。另一种选择是A与B之间进行固定利率货币互换交易。

固定利率货币互换的基本流程是，企业A和企业B分别在各自具有相对优势的市场借款并交换。然后在互换交易的期限内（假设是5年）进行利息支付，假设互换交易的安排为企业A支付给企业B 6.5%的美元利息，企业B支付给企业A 12.5%的欧元利息。最后在互换结束时双方再进行本金的互换，双方相互偿还对方的本金，再分别还给市场。

由表2-11可知，企业A在美元市场上有比较优势，企业B在欧元市场上有比较优势。所以企业A以10%的利率在美元市场上借入美元，然后以12.5%的利率贷给企业B。企业

B 则从市场中以 6% 的价格借入欧元，然后以 6.5% 的利率贷给企业 A。经过互换交易后，企业 A 借得欧元的贷款成本为 4%（10%-12.5%+6.5%），小于直接到市场上借款的成本 5%。同理，企业 B 借得美元的实际成本为 12%（6%-6.5%+12.5%），小于直接到市场上借款的成本 13%。双方经过互换节约的成本共为 2%，这是由 A、B 两家企业在美元市场和欧元市场借款成本差额的差（3%-1%=2%）决定的。

（2）规避汇率风险。例如，某涉外公司 C 有一笔日元贷款，金额为 10 亿日元，期限为 7 年，利率为固定利率 3.25%，付息日为每年 6 月 20 日和 12 月 20 日。2016 年 12 月 20 日提款，2023 年 12 月 20 日到期归还。公司 C 提款后，将日元兑换成美元，用于采购生产设备。产品出口得到的收入是美元。

从以上的情况可以看出，公司 C 的日元贷款存在汇率风险。2023 年 12 月 20 日，公司 C 需要将美元收入换成日元还款。到时，如果日元升值、美元贬值，则公司需要用更多的美元来购买日元。

为了规避汇率风险，公司 C 可以做一笔货币互换交易。双方规定，交易于 2016 年 12 月 20 日生效，2023 年 12 月 20 日到期，使用的汇率为 USD1=JPY103。这一货币互换过程为，在 2016 年 12 月 20 日，公司 C 提取贷款本金支付给对手，同时获得对手支付的相应的美元。在付息日，公司 C 与对手互换利息，对手按日元水平向公司支付日元利息，公司将日元利息支付给债权人，同时按照约定的利率水平向对手支付美元利息。在到期日，公司 C 与对手再次互换本金。

可以看出，由于在期初与期末，公司 C 与对手均按预先约定的同一汇率互换本金，而且在贷款期间，公司 C 只支付美元利息，而收入的日元利息正好用于归还原日元贷款的利息，从而使公司完全避免了未来的汇率变动风险。

（3）调整资产和负债的货币结构。借款人可以根据外汇汇率和各种货币的利率的变化情况，不断调整资产和负债的货币结构，使其更加合理。

2.3　企业的汇率风险及防范

汇率风险是当今跨国企业必须面对的经营风险。进入 21 世纪，在经济全球化的浪潮下，组建跨国公司、经营国际业务成为一股不可阻挡的潮流。与之伴随的就是需要运用多种货币。在越来越多的国家采用浮动汇率制的背景下，汇率的波动给跨国企业的经营带来了风险，使得它们的现金流不确定、企业的价值受到不利影响，即承担了汇率风险。

2.3.1　汇率风险和含义及构成

汇率风险，又称为外汇风险，是指在不同货币的相互兑换或折算中，因汇率在一定时间内发生始料未及的变动，致使有关国家金融主体实际收益与预期收益或实际成本与预期成本之间发生背离，从而遭受经济损失的可能性。

尽管汇率风险与外币资产和负债相关，但并不是所有的外汇资产或者负债都要承担汇率风险。例如，以某种外汇表示的资产和负债可以相互抵消时，国际经济交易主体就不会面临汇率风险，因为汇率波动时资产和负债所受的影响可以相抵。当外汇资产和负债不能相抵且存在一定的差额时，企业将暴露在外汇风险之中。这部分差额，即承担外汇风险的部分通常称为"受险部分""敞口""风险头寸"。具体地讲，在外汇买卖中，风险头寸表现为外汇持有额中超买或超卖的部分，在企业的经营中则表现为外币资产和外币负债不匹配的部分，如外币资产大于或小于外币负债，或者外币资产和外币负债在数量上相等，但是期限长短不一致。

在国际经济活动中，若以本币收付，不存在货币兑换的问题，就没有汇率风险；若出口商要求进口商在签订贸易合同时预先支付外币，出口商可以按当时的汇率兑换，对出口商来说也没有汇率风险；若进口一批货物，不使用本币，如美国的公司用出口得到的英镑购买等额的英国商品，也不存在汇率风险。但是，在进出口双方中，一方不存在汇率风险并不意味着另一方也不存在汇率风险，可能是一种风险的转嫁。例如，使用本币计价，本国的经济主体可以摆脱汇率风险，但本币对外国企业来说仍是外币，因此外国企业仍然会面临汇率风险。汇率风险的高低与时间成正比，时间越长，汇率变动的可能性越大，汇率风险也越大。但是，在同样长的时间内，汇率波动并不一样，因为影响汇率的各项因素处于不断运动的过程之中。因此，构成汇率风险的要素有四个：风险头寸、两种以上的货币兑换、成交与清算之间的时间差以及汇率波动。缺少其中任何一个因素，企业便不会面临汇率风险。

2.3.2　汇率风险的种类

根据汇率风险的作用对象、表现形式，可以将汇率风险分为三种类型，即交易风险、会计风险以及经济风险。

（1）交易风险

交易风险是指在以外币计价或结算的过程中，从交易发生到交易完成这段时间里由于外汇汇率波动而引起的应收资产和应付债务价值变化的风险，是一种流量风险。除了一般的商品进出口以外币结算由于汇率变动可能产生交易风险之外，以外币收支的股息、利息、租金、专利费等也会由于汇率变动产生交易风险。凡是涉及外币计算或收付的任何商业活动或投资行为都会产生交易风险。

在进出口贸易中，如果在支付外币货款时，外汇汇率较合同签订时上升了，进口商就会付出更多的本国货币或其他外币；如果在收进外币货款时，外汇汇率较合同签订时下跌，进口商就会兑换到更少的本币或其他外币，从而产生交易风险。

在资本输出中，如果外币债权债务清偿时外汇汇率下跌，债权人只能收回相对更少的本币或者其他外国货币；在资本输入中，如果在外币债权债务清偿时外汇汇率上升，债务人将付出更多的本币或其他外币，从而产生交易风险。

（2）会计风险

会计风险，又称为折算风险、换算风险、转换风险或账面风险，是跨国公司与海外子公司合并财务报表时，由于汇率变化而引起资产负债表中某些以外币计价的资产、负债、收入、费用等项目在折算为本币时产生的金额变动的风险。会计风险是一种账面损失的可能性，是一种存量风险。

涉外企业在进行会计处理以及进行债权债务决算的时候，经常会遇到如何以本国货币评价这些对外经济活动的价值和效益问题。比如在进行财务决算时，由于汇率一直处于变化之中，经济活动发生日的汇率与决算日的汇率已经不一样了，选用不同时点的汇率评价外币债权债务，往往会产生差异很大的账面损益。会计风险就是汇率波动造成的会计账面损益。

（3）经济风险

经济风险是指外汇汇率变动使得企业在将来特定时期的收益发生变化的可能性，即企业未来现金流量折现值的损失程度。收益变化幅度的大小，主要取决于汇率变动对企业产品数量、价格成本可能产生影响的程度。

汇率发生变化时，对企业产品的销售额、利润率、成本价格的影响程度决定了经济风险的高低。例如，当一国货币贬值后，出口商一方面因出口货币的外币价格下降，有可能刺激出口使其出口额增加而获益；另一方面，如果出口商在生产中使用的主要原材料为进口品，因本国货币贬值会提高本币表示的进口价格，出口品的生产成本增加。结果该出口商在将来的纯收入可能增加可能减少，该出口商的市场竞争能力、市场份额将发生相应的变化，进而影响到该出口商的生存与发展潜力，这种风险就属于经济风险。

2.3.3　汇率风险的防范

1）交易风险的防范

交易风险是现实中最常见、最普遍的风险，企业对它的管理由来已久，管理方法大体可分为内部管理和外部管理两大类。

（1）外汇风险的内部管理

①选择有利的计价货币

企业在交易过程中，选择合适的计价货币至关重要，一般应遵循以下原则：

第一，选择本币计价。这一方法适合于货币自由兑换的国家。在签订进出口合同时，进出口商应尽量使用本国货币计价结算，这样就避开了汇率兑换问题，也就完全规避了汇率风险。其实质是将汇率风险转嫁给了交易对方。

第二，出口时选用硬币结算，进口时使用软币结算。硬币是指汇率稳定并且具有升值趋势的货币。软币是指汇率不稳定并且具有贬值趋势的货币。出口商以硬币作为计价结算货币时，由于硬币不断升值，将来出口商收到货款时，就可以将这笔货款兑换回更多数额的本国货币；同样，进口商在以软币作为计价结算货币时，由于软币不断贬值，将来进口商支付货款时，就可以用更少的本国货币兑换到这笔货款。此方法的实质是希望将汇率变动的好处留给自己，而将汇率波动带来的损失推给对方。采用此方法，一方面要受到贸易双方交易习惯的制约，另一方面各种货币的硬或软不是绝对的，其软硬局面往往会出现逆转，因此并不能够保证完全避免汇率风险。

第三，选用"一篮子"货币计价结算。对于贸易双方来说，采用此方法不失为一种防范汇率风险的有效方法，但此方法在"一篮子"货币的组成以及货款的结算方面比较复杂。

②货币保值法

货币保值法是指企业在进出口贸易合同中签订适当的保值条款，以防范汇率风险的一种方法。常见的保值条款有黄金保值条款、硬币保值条款和"一篮子"货币保值条款。

黄金保值条款是指在贸易合同中，规定黄金为保值货币，签订合同时，按当时的黄金市场价格将应付货币的金额折算成一定数量的黄金。到实际支付日时，如果黄金的价格上涨，则支付货币的金额相应增加，反之相应减少。黄金保值条款盛行于固定汇率制时期，在浮动汇率制下，由于黄金自身价格不稳定，因而黄金保值条款已经很少使用。

硬币保值条款是指交易双方在合同中规定以硬币计价，用软币支付结算，签订合同时，按当时软币与硬币的汇率，将货款折算成一定数量的硬币，到货款结算时，再按此时的汇率，将硬币折回软币来结算。这种方法一般同时规定软币与硬币之间汇率波动的幅度，在规定的波动幅度范围之内，货款不做调整；超过规定的波动幅度范围，货款则要做相应的调整。

"一篮子"货币保值条款是指在贸易合同中，规定某种货币为结算货币，并以"一篮子"货币为保值货币。具体做法是，签订合同时，按照当时的汇率将货款分别折算成保值货币，到货款支付日，再按此时的汇率将各保值货币折回计价结算货币来结算。

③期限调整法

期限调整法是指进出口商根据对计价结算货币汇率走势的预测，将贸易合同中所规定的货款收付日期提前或延后，以防范外汇风险、获取汇率变动收益的方法。

一般来说，如果预计计价结算货币的趋势趋跌，那么出口商或债权人则应设法提前收汇，以避免应收款项的贬值损失。进口商和债务人则应设法拖后付汇，或延迟向出口商购货，以便在计价货币贬值后，能用较少的本国货币换取计价货币进行支付。反之，如果预计计价货币趋升，出口商或债权人则应尽量拖后收汇，以期获得计价货币汇率上升的收益。进口商或债务人则应尽量设法提前付汇，或在条件相宜的情况下预付货款，以免汇率上升后使进口成本提高。

严格地说，期限调整法中只有提前结清外汇才能彻底消除汇率风险，因为提前结清外汇使得受险部分提前消失，汇率风险也就随之不存在了。延期结汇延长了受险部分的持有时间，汇率风险依然存在。在延期结清外汇期间，一旦企业预测的结果与汇率的实际变动情况正好相反，则必然遭受损失，故延期结清外汇具有投机的性质。

④配对管理法

配对管理法的基本思想是使外汇的流出和外汇的流入在币种、金额和时间上相互平衡的做法。配对管理分为平衡法和组对法两种。

平衡法是指在同一时期内，创造一个与风险资金相同货币、相同金额、相同期限的反方向资金流动，使外币债权通过外币债务或外币债务通过外币债权相互抵消，从而消除外汇交易风险的管理方法。但是在具体实施中，平衡法有很大的局限性。一个企业很难实现外币资产和外币负债的完全匹配。只有一个企业的商品能向世界任何地方以任何货币售出，或从任何国家以任何货币计价购买时才能达到。一个国际公司采用平衡法，既取决于该企业的充分国际经营，还有赖于公司领导下的采购部门、销售部门与财务部门的密切合作。

组对法是企业针对其自身存在的某种外汇敞口头寸，创造一个与该种货币相联系的另一种货币的反方向流动来消除某种货币的外汇风险的方法。组对法中收入和支付的不是同一种货币，作为组对的货币为第三国货币，但它与外币的汇率通常具有固定的或稳定的关系，当外币对本币升值或贬值时，作为组对的第三国货币也随之升值或贬值。组对法较平衡法灵活性更大，但是，实现组对法有一个前提条件，那就是存在外汇交易风险的货币必须具备一个与之存在密切关系的货币。组对法只能减缓风险货币的潜在影响，却不能消除全部风险。借助于组对法，有可能以组对货币的得利来抵消某种具有风险的外币的损失。但是，如果选用的组对货币不当，组对货币与存在风险的货币没有按预期出现同向变化，那么还可能给企业带来两种货币对本币都发生价值波动的双重风险。

⑤价格调整法

价格调整法是指企业通过调整商品的价格来防范外汇风险的做法。在国际贸易中，由于受到交易意图、市场需求、商品质量、价格条件等因素的制约，企业在出口时采用软币、进口时采用硬币来计价结算，这时就可以采用调整价格的方法来抵消一部分风险。具体来说，出口商可以采取加价保值，将使用软币计价结算所带来的汇价损失摊入出口商品的价格中。同理，进口商可以采取压价保值，将使用硬币计价结算所带来的汇价损失从进口商品的价格中剔除。

（2）汇率风险的外部管理

①利用外汇交易进行套期保值

外汇交易的套期保值功能在本章的第 2 节已经做了详细的介绍，这里只做总结性的概述。利用外汇交易进行套期保值主要通过创造与未来外汇收入或外汇支出相同币种、相同金额、相同期限的债务或债权，以消除外汇风险。

具有远期外汇债权或债务的企业可以与银行签订远期外汇交易，通过买卖远期外汇来消除外汇风险。目前在我国外汇市场可利用的交易工具较少的情况下，远期交易是我国企业防范外汇风险用得最多的一种方法。

企业目前持有一种货币甲而需要另一种货币乙，经过一段时间又将收回乙货币并换回甲货币，这种情况就可以通过掉期交易来固定换汇成本，防范风险。

买卖外汇期货也可以达到套期保值的目的，进口商为防范付款日计价结算货币汇率上升带来的风险损失，可以进行买进外汇期货的多头套期保值；出口商为防范收款日计价结算货币贬值带来的风险损失，可以进行卖出外汇期货的空头套期保值。

外汇期权也可以用于套期保值，进口商可以买进看涨期权，出口商可以买进看跌期权。

货币互换同样也可以防范汇率风险。

②借款法与投资法

借款法与投资法通过创造与未来外汇收入或支出相同币种、相同金额、相同期限的债务和债权达到消除外汇风险的目的。

在借款法下，具有远期外汇应收账款的企业向银行借一笔与其远期外汇收入相同币种、相同金额、相同期限的款项，以通过改变外汇风险时间、币值结构的方法，来达到融通资金与避免外汇风险的目的。

在投资法下，具有未来的应付外汇账款的企业可将一笔闲置的人民币资金换成外汇投放于某一金融市场，到期后连同利息收回这笔资金。而这笔资金的流入刚好与未来的应收账款的资金流出相对应，因而可以改变外汇风险的时间结构。

借款法是将未来的收入移到现在，而投资法是将未来的支出移到现在。

以上我们列举了众多的有关企业防范汇率风险的方法，而实际上避险方法不限于此。

例如，防范交易风险还有外币票据贴现、出口信贷、福费廷、保理和保险手段等，这些措施都可以起到减小汇率风险的作用。对企业来说，需要在众多的方法中选择一种或几种，既可单独采用，也可配套采用。企业要根据自身经营中汇率风险的不同特点，具体问题具体分析，争取以最小的成本达到管理汇率风险的目的。

2）会计风险的防范

会计风险防范的基本原则是增加强势货币资产，减少弱势货币资产，增加弱势货币负债，减少强势货币负债。通常的做法是实行资产负债匹配保值。这种方法要求在资产负债表上以各种功能货币表示的受险资产与受险负债相等，以便其会计风险头寸为零。

除此之外，会计风险与交易风险管理方法一样，也可在远期市场、期权市场、期货市场等使用合同来避险。

3）经济风险的防范

对经济风险的管理非常复杂。经济风险不单来自国际经济合同签订之后，甚至跨国公司早在决定在海外投资设立分公司前，就已经面临经济风险了。防范经济风险的目标是预测和防止非预期汇率变动对企业未来净现金流的影响。这一目标要求跨国公司从长期入手，从经营的不同侧面全面考虑企业的发展。

经营多样化可以降低企业面临的经济风险。经营多样化是指跨国公司在生产销售等方面实行分散化策略，在全球范围内分散其销售市场、生产基地和原料来源，或随汇率变动及时调整原料来源、销售价格和数量等。

启智增慧 2-4
汇率双向波动环境下企业避险意识仍需增强

融资多样化同样可以降低企业面临的经济风险。融资多样化是指企业在多个资金市场上寻求多种资金来源和资金去向，在筹资和投资两方面都做到多样化。多样化的融资货币，通过升值贬值的相互抵消可以降低经济风险。

本章小结

为了满足现实中的具体需要，人们设计出了各种各样的外汇交易方式，总体而言，可以分为即期外汇交易、远期外汇交易、掉期交易、外汇期货交易、外汇期权交易、货币互换等。

汇率风险又称外汇风险，是指在不同货币的相互兑换或折算中，因汇率在一定时期内发生始料未及的变动，致使有关主体实际收益与预期收益，实际成本与预期成本之间发生背离，从而遭受经济损失的可能性。

汇率风险主要分为交易风险、折算风险与经济风险三大类，交易风险是现实中最常见、最普遍的风险，企业对它的管理由来已久，管理方法大体可分为内部管理和外部管理两大类。

关键概念

远期外汇交易　外汇期货　外汇期权交易　汇率风险　交易风险　会计风险　经济风险

综合训练

✓ 思考题

1）外汇期权交易的特点是什么？

2）比较外汇期货交易与外汇远期合约的差异。

3）请解释外汇期货的逐日盯市制度。

4）什么是外汇掉期？请举例说明。

5）企业产生外汇交易风险的原因是什么？

6）某日在新加坡外汇市场中，即期汇率为 USD/SGD=1.4166，12 个月远期汇率 USD/SGD=1.4024，美国年利率 2.5%，新加坡年利率 1%。请问：是否存在抵补套利机会？

即测即评 2

综合训练参考答案 2

第3章

汇率的决定与变动

目标引领

☑ 价值塑造

本章引导学生关注一个现实问题——"输入性通胀"。在多方因素影响之下，2024年全球通胀持续蔓延，大宗商品、粮食等原材料价格接连上涨。汇率变化影响一般物价水平的间接渠道和机制，为这一讨论提供了重要的视角。同时，理解美联储加息对新兴经济体的差异化影响，认清美元霸权的事实，激发学生的家国情怀和使命担当也是本章学习的重要收获。

☑ 知识传授

通过本章的学习，了解不同货币制度下汇率决定的基础；理解影响汇率变动的主要因素；掌握汇率变动对一国对内对外经济的主要影响；运用相关理论与原理分析汇率决定与变动问题。

思维导图

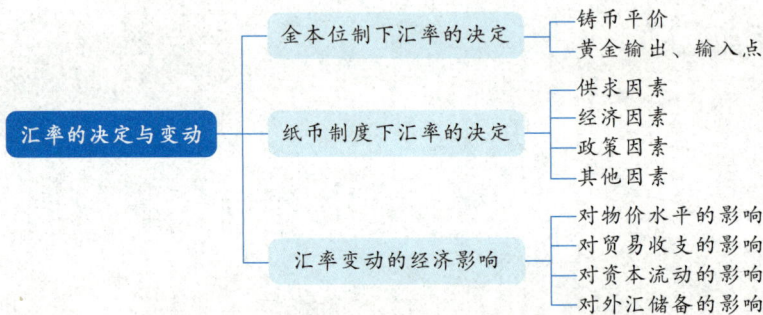

```
                        ┌─ 金本位制下汇率的决定 ─── 铸币平价
                        │                          黄金输出、输入点
                        │
汇率的决定与变动 ────────┼─ 纸币制度下汇率的决定 ─── 供求因素
                        │                          经济因素
                        │                          政策因素
                        │                          其他因素
                        │
                        └─ 汇率变动的经济影响 ───── 对物价水平的影响
                                                   对贸易收支的影响
                                                   对资本流动的影响
                                                   对外汇储备的影响
```

开篇导读

2022年3月以来，日元开始陷入贬值通道，被称为有史以来最严重的日元贬值外汇波动之一。根据日本银行统计，美元对日元汇率由2022年3月初的114.92贬值至4月末的129.81，贬值幅度近13%，远超同期亚洲其他货币跌幅。

日元持续贬值，贬值成本逐渐抵消其附带优势，引发政府担忧。2024年3月19日，日本央行召开货币政策会议，决定将政策利率从-0.1%提高到0~0.1%区间。这是日本央行自2007年2月以来时隔17年首次加息，为过去8年多的负利率政策画上休止符，也标志着其货币政策从超宽松回归传统的重大转折。但日元却并未得到有效提振，美元对日元汇率一直徘徊于 150~151 的数十年低点附近。基于此，日本高级外汇官员对外汇市场的投机行为发出了几个月来最严厉的警告，并暗示当局可能将采取干预举措，支撑日元汇价。

汇率是货币的一种价格，它的不断波动或变动应该是很自然的事情。汇率变动的原因是多方面的，然而，究竟是何主要原因引起了汇率变动、其变动程度怎样、汇率变动的影响如何则是需要认真研究的事情。这就是研究汇率变动的因素与汇率变动对经济影响理论所要解决的问题。

评析：关于汇率决定问题有多种学说或理论，本书将在专门章节阐述，这里仅就汇率决定的一般原理展开说明。经济生活中很多因素会影响到汇率的变动。各种因素对汇率的影响交织在一起，错综复杂，使得汇率的波动常常捉摸不定、难以预测。在分析影响汇率变动的因素时，很难用一种因素去解释汇率的变动，因此，不仅要对单个因素进行分析，而且要进行综合分析，以便做出正确的判断。

3.1　汇率的决定

各国货币之间具有可比性，在于它们都具有同质的东西，即都具有或者代表一定的价值。从本质上说，货币所具有或代表的价值是决定汇率的基础。换言之，汇率的本质是两国货币所具有的或所代表的价值相交换。不同时期，两种货币的兑换比率即汇率有差异，是不同时期两种单位货币所代表的价值量不同所致。在不同的货币制度下，货币所具有或代表的价值量的测定不同，或者说具体表现形式不同，因此，决定汇率的基础也有所不同。

3.1.1　金本位货币制度下决定汇率的基础

金本位货币制度下决定汇率的基础是铸币平价。在第一次世界大战前后，西方许多国家普遍实行金本位货币制度，即以贵金属黄金作为货币材料，金币可以自由铸造、银行券可以自由兑换黄金、黄金可以自由输出或输入国境，是这一货币制度的典型特征。在金本位制下，各国都规定每一单位货币或金币所含有的黄金重量和成色。金币或货币含有的黄金重量和成色叫作含金量（gold content），也称为金平价（gold par）。显然，在国际结算中，两种货币的比价要根据每一货币的含金量来计算。两种货币的含金量对比称为铸币平价（mint par）。铸币平价或两种货币含金量的对比是决定两种货币兑换率的物质基础和标准。例如，在金本位制下，英国货币 1 英镑的重量为 123.27447 格令[①]，成色为 22 开[②]金，即含金量为 113.0016 格令（123.27447×22/24=113.0016 格令=7.32238 克）纯金；美国货币 1 美元的重量为 25.8 格令，成色为 90%，即含金量为 23.22 格令（25.8×90%=23.22 格令=1.50463克）纯金。根据含金量的对比，英镑与美元的铸币平价是 4.8665（113.0016/23.22），这说明 1 英镑的含金量是 1 美元含金量的 4.8665 倍，因此，1 英镑=4.8665 美元。可见，英镑与美元的汇率——1 英镑=4.8665 美元，是以它们的铸币平价为基础或标准决定或计算出来的。

---

① 格令，金衡制的一种计量单位，15.4323584 格令=1 克。
② 开，英文 karat（carat）的字头译音，金的纯度单位，纯金为 24 开（K）。

然而，由铸币平价决定出来的汇率只是基础汇率或法定汇率或名义汇率，还不是实际汇率。由于受外汇供求关系的影响，实际汇率有时要高于或低于铸币平价，实际汇率总是与基础汇率略有差异。

但是，实际汇率一定不会偏离铸币平价太远，或者说，金本位制下的汇率或由铸币平价决定的汇率是比较稳定的。这是因为，在金本位制下，进行国际支付或结算总是有两种手段——外汇和黄金可供选择，加之黄金的价值是相对比较稳定的，因此，受供求关系影响的实际汇率就不会偏离铸币平价太远，总是在一定的界限或范围之内围绕铸币平价上下波动。而这个界限或范围是由黄金输送点（gold transport point）决定或左右的。如果汇率变动对以外汇结算方式进行交易的某一方不利时，交易的这一方就可以采用直接运送黄金的办法来结算，这样也就约束了汇率的波动幅度。然而，运送黄金是需要费用的，如运费、包装费、保险费及运送期间的利息等。假定在英国和美国之间运送一英镑黄金的费用为0.03美元，那么，铸币平价加上或减去运送黄金的费用（4.8665±0.03）就是英镑和美元两种货币的黄金输送点。铸币平价4.8665美元加黄金运送费0.03美元等于4.8965美元就是美国对英国的黄金输出点，如果1英镑的汇价高于4.8965美元，美国债务人就会认为购买外汇不合算，而宁愿在美国购买黄金运送到英国偿还其债务；铸币平价4.8665美元减去运送费0.03美元等于4.8365美元就是美国对英国的黄金输入点，如果1英镑的汇价低于4.8365美元，美国的债权人就不会出售英镑外汇，而宁愿在英国用英镑购买黄金运回美国。黄金输出点和黄金输入点统称为黄金输送点。汇价的波动，总是以黄金输出点为上限，即铸币平价加上黄金运送费是汇价上涨的最高点；而总是以黄金输入点为下限，即铸币平价减去黄金运送费是汇价下跌的最低点。可见，黄金输送点限制了汇率的波动幅度，在金本位制下汇率是比较稳定的。

在金本位制下，尽管黄金是世界货币，但由于在国际结算中用黄金作为支付手段比较烦琐且费用很高，如运费、包装费、保险费等，所以一般的贸易往来都采用非现金结算，即用汇票作为支付手段，而汇票结算就必然带来汇率波动问题。

从债务人或进口商的角度来看，如果汇率上涨到黄金输出点以上，则意味着用汇票形式清偿债务或支付货款不如用黄金形式直接进行清偿和支付更划算，所以债务人或进口商就不去购买汇票，而以直接向对方运送黄金的方式来清偿或支付。由此，发生黄金输出及汇票由于需求减少而价格回落的情况。

从债权人或进口商的角度来看，如果汇率下跌到黄金输入点以下，则意味着用汇票形式清偿债务或支付货款不如用黄金形式直接进行清算结算收益更大，所以债权人或出口商就不收汇票，而直接要求对方以黄金的方式来清算结算，收到黄金后自行运回国内。由此，发生黄金输入及汇票由于供给减少而价格回升的情况。

因此，汇率的变动以黄金输送点为上下限，在黄金输出点和黄金输入点的范围内上下波动。一旦越过此范围，就会引起黄金的输出和输入，从而使汇率又回到以黄金输送点为界限的范围之内。

在金块本位制下，黄金已经很少直接充当流通手段和支付手段，金块的绝大部分为政府所掌握，其自由输出入受到了限制。同样，在金汇兑本位制下，黄金储备集中在政府手中，日常生活中，黄金失去了流通手段的地位，输出入也受到了限制。

在这两种货币制度下，货币汇率由纸币所代表的含金量之比决定，称为法定平价。实际汇率因供求关系围绕法定平价上下波动。但此时，汇率波动的幅度已不再受制于黄金输送点。黄金输送点存在的必要前提是黄金的自由输出入。在金块本位制和金汇兑本位制下，由于黄金的自由输出入受到了限制，因此，黄金输送点实际上已不复存在。在这两种削弱了的金本位制下，汇率的波动幅度由政府来规定和维护。政府通过设立外汇平准基金来维护汇率的稳定。当外汇汇率上升时，卖出外汇；当外汇汇率下降时，买入外汇。显然，在这两种制度下，汇率的稳定性已经大大降低了。

3.1.2 纸币制度下决定汇率的基础

纸币制度下决定汇率的基础是纸币实际代表或具有的价值量。纸币是价值符号，最初是金属货币的代表，代替金属货币执行流通手段的职能。在目前世界各国普遍实行的纸币本位货币制度下，纸币已与贵金属或黄金脱了钩，已不再代表或代替金币流通。纸币是国家发行强制通用的货币。那么，在纸币本位下，决定汇率的基础是什么呢？任何纸币，只有在它现实地作为价值的代表，发挥交易媒介功能，实现自己的购买力时，它的货币作用才能得以充分体现。正是不同货币都具有的这种现实的购买力，才奠定了不同货币之间可以比较、可以兑换的基础。在纸币流通条件下，汇率实质上是两国货币以各自代表的价值量为基础而形成的交换比例。而纸币价值量的具体表现就是在既定的世界市场价格水平上购买商品的能力，即纸币的购买力。因此，在纸币制度下或纸币本位下，纸币所代表的价值量或纸币的购买力是决定汇率的基础。

至于在纸币流通制度下，黄金为什么不能继续成为决定汇率的基础，从根本上说，是由于黄金已经退出流通界，黄金的货币作用已经不复存在的缘故。黄金作为货币退出历史舞台，是经济发展的客观要求，是商品生产高度发展的必然结果。因为，最起码的，黄金无论在数量上还是在价值上都满足不了随商品生产发展而日益增大的流通界对它的客观需求。在各国国内，黄金的货币作用早已被纸币所彻底取代是十分明显的事实。既然黄金已不能在一国国内发挥价值尺度、流通手段、支付手段等货币职能，又怎么能成为决定世界范围内货币兑换的基础呢？当然，不能否认，失去了货币作用的黄金，仍不失为具有国际通用性的高价值的贵重商品，在各国的国际储备中仍占有重要的地位，对稳定汇率仍具有重要的作用。但应当清楚，高价值的贵重商品与货币商品毕竟不是一回事，稳定汇率与决定汇率也不尽相同，作为稳定汇率的手段，不一定能成为决定汇率的基础。贵重商品、稳定汇率的手段可以多种多样，而货币商品、决定汇率的基础则要求专一。

3.2 影响汇率变动的因素

汇率既然是货币的一种价格，它的不断波动或变动就应该是很自然的事情。然而，究竟是何主要原因引起了汇率变动、其变动程度怎样、影响如何则是人们需要认真研究的事情。汇率变动的原因是多方面的。

3.2.1　影响汇率变动的表面因素

引起汇率变动最直接最表面的因素当属外汇供求关系变化。如同商品市场上某种商品供大于求这种商品价格就要下降一样，外汇供求关系变化会引起汇率变动（一般应在自由兑换的条件下）：若外汇需求增加供给不变或外汇供给减少需求不变，外汇汇率上升。相反，若外汇需求减少供给不变或外汇供给增加需求不变，外汇汇率下降。外汇供过于求，该种外汇价格下降；外汇供不应求，该种外汇价格上升，这是外汇市场上供求关系变化对价格影响的一般趋势与基本原理。

需要指出的是，外汇供求引起外汇价格即汇率发生变动只是基础的，许多时候，汇率变动本身也会影响外汇供求发生变化。这就是说，汇率变动从来都不是消极的，外汇汇率变动对外汇供求也有反作用。在直接标价法下，汇率变动对外汇需求的影响一般是：外汇汇率越高，外汇需求越少；外汇汇率越低，外汇需求越多。同样，汇率变动对外汇供给的影响一般是：外汇汇率越高，外汇供给越多；外汇汇率越低，外汇供给越少。可见，对于汇率变化的原因与影响分析，需始终注意它的相对性。

3.2.2　影响汇率变动的主要经济因素

综合分析影响一国汇率变动的经济因素，集中到一点，就是一国的经济实力或综合国力。如果一国国内产业结构合理、科学技术进步、产品质量过硬、经济增长强劲、财政收支良好、物价稳定等，即一国的经济形势较好、经济实力较强，其商品在国际市场上的竞争能力就强，出口就会增加，其货币汇率必然坚挺；相反，如果一国国内生产停滞或衰退、财政状况恶化、物价上涨、通货膨胀等，即一国的经济形势较差、经济实力较弱，其商品在国际市场上的竞争能力就弱，出口就会减少，其货币汇率必然疲软。

体现一国经济实力的因素是多方面的，需要进行具体及重点分析：

1）国际收支

一国的国际收支状况会使一国的汇率发生变化。一国国际收支持续顺差，外汇收入相应增多，国际储备随之增长，就会引起外国对该国货币需求的增长和外国货币供应的增加，在其他条件不变时，该国货币汇率就会上升，外汇汇率就会下降。反之，一国国际收支持续逆差，以致对外债务增加，或国际储备随之减少，就会导致该国对外汇需求的增加而使本国货币汇率下降，外汇汇率上升。国际收支是影响汇率变动的重要经济因素，但需要指出的是，国际收支状况是否必然都会直接影响到汇率发生变动，还要看国际收支差额的性质。长期的巨额的国际收支逆差，一般来说肯定会导致本国货币汇率下降，而暂时的、小规模的国际收支差额可以较容易地为国际资本流动等有关因素所抵消或调整，不一定会最终影响到汇率发生变动。

2）相对通货膨胀水平

在纸币流通条件下，两国货币的兑换比率是根据各自所代表的实际价值量决定的，因此，一国货币价值的总水平是影响汇率变动的重要因素。在一国发生通货膨胀时，该国国内物价总水平趋于上涨，货币所代表的价值量减少，实际购买力降低，直接影响一国商品及劳务在世界市场上的竞争能力，从而引起出口商品的减少和进口商品的增加，使外汇供求关系发生变化导致汇率变动，使本国货币汇率下跌和外汇汇率上涨。需要指出的是，在目前世界各国普遍实行纸币制度的条件下，分析汇率的变动因素，不仅要分析本国的通货膨胀率，还应考察其他国家的通货膨胀率，即相对通货膨胀水平。分析时值得注意的是，一国货币的对内贬值转移到货币的对外贬值乃至对其他国家发生影响，需要有一个相应的传递渠道和一个相对较长的时间过程。

3）资本流动

资本在不同国家间大量流动会使汇率发生重大变动。资本的大量流入，会增加对流入国货币的需求，使流入国的外汇供应增加，外汇供应的相对充足和对流入国货币（本币）需求的增长，会使本币汇率上升、外汇汇率下降；相反，一国资本大量流出，就会出现外汇短缺、对本币需求下降的情况，使本币汇率下降、外汇汇率上升。

3.2.3　影响汇率变动的主要政策因素

影响汇率变动的政策因素，是指一国政府为稳定本国经济及汇率而采取的一些经济政策，包括利率政策、汇率政策和外汇干预政策等。

1）利率政策

利率政策是指一国采取的通过调整本国银行利率水平来对本国经济加以调整的经济政策。一些国家为了使汇率朝着有利于本国经济发展的方向变动，往往利用利率政策加以调节。在短期内，利率政策在汇率变动中的作用是很明显的。利率作为货币资产的一种价格，在开放经济和市场经济条件下，相对利率水平的高低会引起汇率的变化。如果一国的利率水平相对于他国提高，就会刺激国外资本流入增加，本国资本流出减少，由此改善资本与金融项目收支，促使本国货币升值，导致外汇汇率下降；反之，如果一国的利率水平相对于他国下降，就会引起资本流出，外汇需求增加，恶化资本项目收支，使本国货币贬值，导致外汇汇率上升。

利率对于汇率的另一个重要作用是导致远期汇率的变化。根据利率平价理论，外汇市场远期汇率升贴水的主要原因在于货币之间的短期利率差异。相对高利率货币会引起市场上对于该货币的需求，以期获得一定期限的高利息收入。但为了防止将来到期时该种货币汇率下跌带来的风险和损失，人们在购进这种货币现汇时往往会卖出这种货币的远期，从而使其远期贴水。同样，相对低利率货币则有远期升水的预期。

2）汇率政策

汇率政策是指一国政府通过公然宣布本国货币对外贬值或升值的办法，即通过明文规定来宣布提高或降低本国货币对外国货币的兑换比率来使汇率发生变动。法定货币升值是一国调整基本汇率使其货币的对外价值提高；法定货币贬值是一国使其货币的对外价值降低。当然，还有更宏观层面上的汇率政策，例如一国是否将稳定价格看得很重要而采取稳定汇率的总方针、一国采取何种汇率制度——是追求相对固定还是宁愿相对浮动还是其他等等。

汇率的变动表现为货币的对外升值或贬值。货币的对外升值或贬值在不同的汇率制度下有不同的方式，固定汇率制下习惯称为法定升值（revaluation）或法定贬值（devaluation），浮动汇率制下称为汇率上升（appreciation）或汇率下降（deppreciation）。不管在哪种汇率制度下，一种货币的升值或贬值都是相对于另一种货币而言的。

对外升值和贬值的幅度可以通过式（3-1）、式（3-2）进行计算：

基准货币对计价货币汇率的变动率=（新汇率/旧汇率−1）×100%　　　　　　（3-1）

计价货币对基准货币汇率的变动率=（旧汇率/新汇率−1）×100%　　　　　　（3-2）

例如，1994年1月1日，人民币官方汇率进行了调整，由原来的$100=￥580.00调整到$100=￥870.00，人民币对美元汇率的变化幅度为：（580.00/870.00−1）×100%=−33.33%，即人民币对美元贬值33.33%，而美元对人民币汇率的变化幅度为：（870.00/580.00−1）×100%=50.00%，即美元对人民币升值50.00%。

3）外汇干预政策

外汇干预政策是指一国政府或货币当局介入外汇市场，直接进行外汇买卖来调节外汇供求以影响汇率，从而使汇率朝着有利于本国经济发展的方向变动。但是，政府出售外汇的努力取决于其持有的外汇储备的规模，其购买外汇的行为也要受到外汇储备机会成本的影响。在中央银行参与外汇交易不足以实现政府的汇率目标时，政府可以借助外汇管制来限制外汇供求关系，以使汇率变动在政府可以接受的范围之内。当然，许多实践已表明，干预或联合干预不能根本扭转汇率变动的长期趋势，但对短期趋势有重大影响。货币当局对汇率趋势的态度与控制措施，已成为当今外汇市场参与者关注的焦点。

3.2.4　影响汇率变动的其他因素

汇率变动除了会受上述一国经济与政策方面的基本因素影响之外，还会受到许多其他偶然的因素影响。

1）政治因素

国内大的或国际性的政治、军事等突发事件，对汇率变动有着不可忽视的影响作用。例如，国内的政局不稳、政权交替，国际政治局势的恶化或好转，地区性、局部性军事冲突的爆发、升级、缓和或结束等都会对汇率变动产生重大影响。

2）心理预期因素

人们对某些外汇市场信息的获取及听信程度、人们的市场预期心理及其采取的相应措施对汇率的变动有着重要的影响。如果人们普遍对某种货币的发展前景看好，该种货币在市场上就会被大量买进，造成该种货币汇率上升。反之，人们普遍预期某种货币发展前景不佳，就会纷纷抛售这种货币，这种货币的汇率就要下跌。若人们预期外币汇率上升，资本就会流出，从而外汇汇率就会上升。这说明汇率预期具有自我实现的功能。

人们的预期受多种因素的影响。人们文化素质和知识水平不同，使得同样的因素会使人们产生不同的预期。搜寻信息的成本也决定了不同人掌握的信息是不相同的。一条新闻，不管它是谣言还是准确的报道，一旦对人们的预期产生重大影响，就会通过人们的外汇交易行为而影响汇率。

3）投机因素

随着浮动汇率制在全球的盛行，西方各国对外汇的管制和国际资本流动的管制逐步放松，外汇市场上的各种投机活动日益普遍。

在外汇市场的投机活动中，各种类型的金融机构占据主要地位，它们凭借广泛的联络网和雄厚的资金实力，利用汇率、利率的变化从中谋利。投机活动一方面使得外汇汇率跌宕起伏，起到加剧市场动荡的不稳定作用；另一方面当外汇市场汇率高涨或暴跌时，投机性套利活动会起到平抑行市的稳定作用。

4）偶然因素

大的、猝不及防的天灾，如地震、洪涝等偶然因素，有时甚至只是一条不确定的信息，也会直接引起汇率发生变动。

上述各种影响汇率变动的因素作用及其相互关系是错综复杂的。有时是多种因素同时起作用；有时是某种因素起主导作用；有时某些因素的作用会相互抵消；有时一种因素的主要作用会被另一种因素迅速取代等等。在一段较长的时间内，国际收支是决定汇率基本走势的主导因素，通货膨胀水平、利率水平以及其他政策因素只起到从属作用——助长或削弱国际收支所起的作用。心理预期和投机因素不仅是上述各项因素的综合反映，而且在国际收支状况决定汇率走势的基础上，起推波助澜的作用，加剧汇率的波动幅度。

总之，影响汇率波动的因素是多方面的，我们在分析汇率波动的原因时，应该把握一个基本点，就是货币供求关系的变动。这是最直接、最根本的原因，各种因素都是通过影响货币供求对汇率产生影响。人们在对汇率实际变动进行分析的时候，必须注意对有关因素进行综合分析和具体考察，以期得出较为切实的结论。

3.3　汇率变动对经济的主要影响

在开放经济条件下，汇率是最重要的宏观经济变量之一。它和其他宏观经济变量之间存在着非常紧密的联系。因此，宏观经济的各种变动都会影响到汇率，并对其产生重要的影响；同时，汇率的变动也会对宏观经济的方方面面造成不同程度的影响。但是汇率对一国经济的影响程度在很大程度上取决于该国的开放程度。

受经济、政策等多种因素影响的汇率，其变动及作用从来就不是消极的，它反过来会对一国的经济、政治乃至整个世界经济产生重大的影响。掌握汇率变动对经济的影响与掌握影响汇率变动的原因同样重要；掌握这"两个影响"并采取相应的对策，对保持一国的汇率与经济的稳定是相当重要的。

3.3.1　汇率变动对一国国内经济的影响

汇率变动对一国国内经济有重要影响。汇率变动首先会在短期内引起进口商品的国内价格发生变化，继而波及整个国内物价发生变化，甚至导致整个经济结构发生变化，从而使汇率变动对经济的影响作用具有长期而深远的性质。

1）汇率变动会对进口商品的国内价格产生影响

本国货币汇率上升，会使进口商品的国内价格降低，本国进口的消费资料和原料的国内价格就会随之降低。本国货币汇率下降，会使进口商品的国内价格提高，本国进口的消费品和原料因本币汇率下跌而不得不提高售价以减少亏损。

2）汇率变动会对出口商品的国内价格产生影响

外国货币汇率上升，会使出口商品的国内价格提高。因为以本币表示的外汇汇率上涨，即外币购买力提高，外国进口商会增加对本国出口商品的需求，若出口商品的供应数量不能相应增长，则出口商品的国内价格必然会有较大幅度的增长。外国货币汇率下降，会使出口商品的国内价格下降。因为外汇购买力下降，会引起对本国出口商品需求的减少，从而引起出口商品价格的下降。

3）汇率变动会对国内其他商品的价格产生影响

汇率变动不仅影响进出口商品的国内价格，也影响着国内其他商品的价格。外币汇率上升即本币汇率下降，导致进口商品和出口商品在国内的售价提高，必然会导致国内其他商品价格的提高，从而会推动整个物价上涨。外币汇率下降或本币汇率上升，导致进口商品和出口商品在国内的价格降低，必然会促进国内的整个物价水平下降，如本币汇率上升，进口商品国内价格降低，以进口原料生产的本国商品价格由于生产成本的降低而下降。

4）汇率变动影响一国的通货膨胀程度

通货膨胀是影响汇率变动的因素，而汇率变动反过来也影响着通货膨胀。一国货币的对外贬值或升值即汇率变动，总是要直接或间接地影响到一国货币的对内价值，影响到一国的通货膨胀程度。一国货币汇率下降会使出口商品增加和进口商品减少，从而使国内市场的商品供应相对减少；一国汇率下降会使资本流入增加（在一定的相对条件下），从而使本币供给相应增加，这两种情况都会相对导致国内通货膨胀的压力加大。相反，一国货币汇率上升，则有利于减轻该国通货膨胀的压力。

启智增慧3-1 汇率变动影响一般物价水平的间接渠道和机制

当然，由于经济运行的复杂性，汇率变动对国内物价的影响及程度有时不是那么直接和明显的，还要受到商品的生产等许多条件的影响，但是，无论如何，汇率的变动总会引起国内物价的变动，而一国国内物价发生变化必然会不同程度地对国民经济各部门发挥作用、产生影响。

3.3.2 汇率变动对一国对外经济的主要影响

汇率变动对一国的对外经济影响很大，集中表现在以下方面：

1）汇率变动影响一国的对外贸易

汇率稳定，有利于进出口贸易的成本及利润的匡算，有利于进出口贸易的安排；汇率变动频繁，会增加对外贸易的风险，影响对外贸易的正常安排。如果本币汇率下降、外汇汇率上升，而国内物价尚未变动或变动不大，则外币对本国商品、劳务的购买力增强，一般会增加对本国商品的需求，从而可以扩大本国商品的出口规模。在这种情况下，本国出口商收入的外币折合成本币数额较前增加，出口商有可能降低价格出售，以增强竞争力，扩大销路。所以，一般来说，本币对外币贬值具有扩大本国商品出口的作用。同时，本币汇率下降，以本币表示的进口商品的价格会提高，就会影响进口商品在本国的销售，从而起到抑制进口的作用。相反，一般来说，本币汇率上涨，会起到限制出口、刺激进口的作用。

但是，汇率变动是否可以真正影响一国的贸易账户收支，主要取决于四个方面的因素：

（1）弹性问题。本币贬值对贸易收支的影响有两方面的作用：一是数量方面的影响，即出口增加，进口减少；二是价格方面的影响，若贸易品以供应国货币计价，那么出口商品的本币价格不变，进口商品的本币价格提高，意味着本国贸易条件恶化，这对本国贸易收支具有不利影响。只有当数量方面的影响超过价格方面的影响时，贸易收支才会改善。

马歇尔-勒纳条件是弹性论中的一项重要内容，它表明的是，如果一国的进出口需求弹性之和大于1，货币贬值才会改善贸易逆差。当然这一条件是假设供给弹性无穷大才推导出来的，理论的具体内容见第3篇第10章。

（2）时滞问题。贬值对出口的刺激作用和进口的抑制作用，会因为进出口合同的约束、生产调整以及需求变动滞后而难以发挥，导致贬值后进出口数量不能立即调整，贸易差额将因贸易条件的恶化而恶化。只有经过一段时间后，货币贬值才会使国际收支改善。由于这个过程的时间轨迹类似英文大写字母J，故称之为J曲线效应。所谓J曲线效应，是指货币贬值后先使贸易差额恶化，经过一段时间以后再使贸易差额得到改善的状况，即指贬值有使贸易收入先下降后上升的效果。人们认为汇率贬值在短期内对改善贸易差额非但不能奏效，反而会使贸易差额更趋严重，只有经过一段时滞以后，才能使贸易收入增加，达到改善国际收支状况的目的。这一过程或者说贬值与收入这种变化关系的函数图像如图3-1所示。

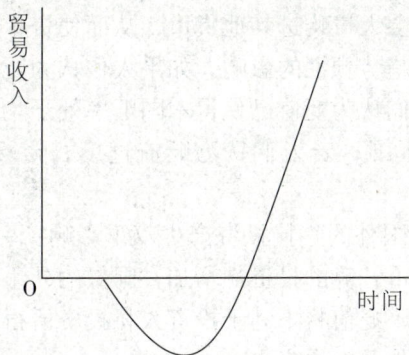

图3-1　J曲线效应

一国货币贬值后之所以不能立即增加贸易收入，主要是因为存在着各种时滞：认识时滞，贬值后出口商品的新价格信息被需求方了解需要一个时间过程；决策时滞，国际贸易中的供需双方都需要一定的时间来判断价格变化的重要性，然后才能做出决定；生产时滞，即使需求方对贬值国出口商品的价格下降做出了反应，但供给方对增加出口商品的供应总要有一个生产过程而不会立即增加；销售时滞，贬值国为扩大本国产品在国外的销售，需要有时间建立新的海外销售渠道，同时需要获得国际市场对增加销售的认同等等。由于存在着上述诸多时滞或迟延，加之贬值后的许多贸易还要受制于以前的合同；国内进口商害怕本国货币还会进一步贬值而使以后进口商品支付更多的货币而加速订货等，在短期内，贬值国出口商品的数量不能马上增加，进口商品的数量也不会迅速减少，但货币贬值后同一数量的本币换回的外汇收入却会立即减少，因此，贬值的初期，贬值国的国际收支会进一步恶化。只有经过一段时间以后，当贸易数量对价格变动的调整已经完成，出口得到上升，进口得到抑制，出口收入的增加超过了贬值引起的外汇收入减少的幅度时，贸易收入才会增加，国际收支状况才会逐渐改善。已有材料表明，这种时滞期一般为6个月到1年[①]，具体时间的长短，与一国出口商品的需求和供给弹性、贬值幅度的大小等一系列的因素有关。当然，对是否必然存在着J曲线效应，理论界目前尚存

---

① 陈岱孙，厉以宁. 国际金融学说史［M］. 北京：中国金融出版社，1991：359.

异议。

（3）通胀问题。从短期来看，贬值能扩大出口，但从长期来看，由于贬值影响国内物价水平，导致国内物价上涨，出口商品的成本上升，竞争力反而下降。因此，一国实行货币贬值，往往必须同时采取紧缩的货币政策，以保持国内物价的稳定。

（4）外汇倾销。外汇倾销是指在有通货膨胀的国家中，货币当局通过促进本币对外贬值，且贬值的幅度大于对内贬值的幅度，借以用低于原来在国际市场上的销售价格倾销商品，从而达到提高国际竞争力、扩大出口、增加外汇收入和最终改善贸易收支的目的。

外汇倾销将使本国商品冲击外国市场，并抢占其他国家在该国的市场，因此特别容易遭到贸易伙伴和其他有关国家竞争对手的反对。如果这些国家采取一些反倾销措施，也会使外汇倾销失效。

2）汇率变动影响一国的资本流动

一般来说，本币贬值会对本国资本与金融账户产生不利影响。这是因为，一国货币贬值后，本国资本为避免损失会大量购进其他货币，从而使资本流向国外。此外，资本流动还受到人们对外汇市场变动趋势预期的影响。如果人们认为贬值幅度不够，再贬值不可避免，则资本流出增加；若人们认为贬值已使得本国汇率处于均衡水平，那些原来因币值过高而外逃的资本就会回流本国；若人们认为贬值过度，市场会出现反弹，则资本流入增加。

一国货币贬值将对来自国外的直接投资产生双重影响：一方面有利于吸引直接投资，因为汇率下跌可使按本国货币计算的投资额增加，同量的外币投资可以购得比以前更多的劳务和生产资料；另一方面，贬值将不利于投资人将投资所得的利润折合成外币汇回，因为按照贬值后的汇率折算的外币比原来少。

此外，汇率的变动还将影响借用外债的成本。本币贬值将对本国的外币债务不利。随着本国债务还本付息负担的加重，将有可能出现债务危机，一旦形成债务危机，将不会有国际资本流向本国。

启智增慧 3-2
美联储加息周期对新兴经济体跨境资本流动的差异化影响

一般来说，贬值对以直接投资为代表的长期资本的流动影响小，因为长期资本的流动主要取决于投资的利润和投资的风险；而对于短期投机性资本流动，贬值总的来说将产生不利影响，会引起资本外逃。同样，分析汇率变动对资本流动影响的整体趋势及程度，要依国内与国际经济形势的相对变化具体分析。

3）汇率变动对外汇储备的影响

外汇储备是一国国际储备的重要组成部分，它对平衡一国国际收支与稳定汇率有着重要的作用。汇率变动，不论是储备货币本身价值的变化，还是本国货币汇率的变化，都会对一国的外汇储备产生影响：增加或减少外汇储备所代表的实际价值，增强或削弱外汇储备的作用。

（1）汇率变动会影响一国外汇储备的实际价值。无论是单一储备币种还是多元化储备币种，储备货币汇率的变动都会直接影响到一国外汇储备的价值，使其持有的储备资产实际价值增加或减少。储备货币汇率上升，会使该种储备货币的实际价值增加；储备货币汇率下降，会使该种储备货币的实际价值减少。外汇储备实际上是一种国际购买力的储备，因为当今世界的任何国际储备货币，不论是美元、日元、欧元还是英镑、瑞士法郎等，都不能与黄金兑换，而只能与其他外汇兑换来实现自己在国际上的购买力。储备货币实际上仍是一种价值符号，它的实际价值只能由它在国际市场上的实际购买力来决定。如果外汇储备所代表的实际价值随该货币汇率的下跌或贬值而日益减少，就会使得该储备货币的国家遭受损失，而储备货币发行国则因该货币的贬值而减少债务负担，从中获得巨大利益。例如，1971年和1973年美元的两次贬值，使不发达国家的美元外汇储备损失20多亿美元，相当于当时不发达国家外汇储备的10%，而美国则相应减少了20多亿美元的债务负担。当然，储备货币汇率下跌，同样会危及发达国家，使发达国家的外汇储备也遭受损失。

就多元化储备货币而言，汇率变动对外汇储备资产价值的影响较为复杂。由于各国依据各自的外经、外贸、外资需求来确定储备货币的币种及其权重，而不同储备货币与本币之间的汇率变动方向及波动幅度各不相同，因此，本币汇率变动对外汇储备资产价值的影响将取决于相关储备货币的升值、贬值幅度及其权重等因素。当外汇市场汇率发生波动时，若一国外汇储备中多种储备货币贬值且其所占权重较大，或者多种储备货币升值但所占权重较大的储备货币贬值，则该国的外汇储备资产总价值将随之贬值；若一国外汇储备中多种储备货币升值且其所占权重较大，或者多种储备货币贬值但所占权重较大的储备货币升值，则该国的外汇储备资产总价值将随之升值；若一国外汇储备中升值、贬值的储备货币势均力敌，则该国的外汇储备资产总价值将基本不受影响。

（2）汇率变动会影响一国外汇储备的规模。汇率变动会通过影响一国贸易收支和资本流动，从而影响一国国际收支中经常项目和资本与金融项目的变化，进而导致该国外汇储备发生变动。在以英镑或美元为主要储备货币时期，若本币汇率的变动有利于增加经常项目和资本项目的顺差，则将使该国的外汇储备量增加；如果汇率的变动不利于增加该国经常项目和资本与金融项目的顺差或者使经常项目和资本与金融项目的逆差进一步扩大，则将导致外汇储备量减少。在多元化储备货币时期，本币汇率的变动将引发诸多储备货币中某一种或若干种储备货币币值的消长，从而导致相关储备货币数量的增减。由此不仅会改变外汇储备的总量，而且会改变外汇储备的结构。

（3）汇率变动会影响某些国际储备货币的地位与作用。一国选择储备货币总是要以储备货币汇率长期较为稳定为前提。如果某种储备货币其发行国国际收支长期恶化、货币不断贬值、汇率不断下跌，该储备货币的地位和作用就会不断削弱，严重的甚至会失去其储备货币的地位。例如，第二次世界大战以后，英国的经济与金融由于受到战争的影响而衰落，英镑不断贬值，汇率下跌，在国际支付中的使用量急剧缩减，英镑的国际储备货币地位因此大大削弱。

汇率变动会对一国的对外及国内经济产生重要的影响。但汇率变动对一国经济产生的影响程度和范围，要受到该国政治、经济等方面条件的制约。这些条件主要表现在如下方面：

（1）一国的对外开放程度。凡对外开放程度较高、本国经济发展对外依赖性较大、与国际金融市场联系较为密切、进出口贸易占国民生产总值比重较大的国家，汇率变动对其经济的影响就较大；反之，就较小。

（2）一国的出口商品结构状况。汇率变动对出口商品结构单一的国家的经济影响较大；对出口商品结构多样化的国家的经济影响较小。

（3）一国的货币可兑换性。如果一国的货币可自由兑换，在国际支付中使用较多，经常与其他货币发生兑换关系，汇率变动对其经济的影响较大；否则影响就较小。

此外，由于各国对经济的干预手段和外汇管制情况的不同，汇率变动对各国经济产生的影响作用也不同。分析汇率变动对一国经济的影响，应当注意分析一国具体的经济条件。

本章小结

不同的货币制度下，决定汇率的基础不同。金币本位制下，汇率决定的基础是铸币平价，实际汇率因供求关系围绕铸币平价上下波动，但其波动的幅度受制于黄金输送点。在金块和金汇兑本位制下，汇率由法定平价决定，汇率的波动幅度由政府来规定和维护。在纸币制度下，决定汇率的基础是货币实际具有的价值量。

引起汇率变动最直接、最表面的因素当属外汇供求关系变化。如同商品市场上某种商品供大于求这种商品价格就要下降一样，外汇供求关系变化会引起汇率变动。

综合分析影响一国汇率变动的经济因素，集中到一点，就是一国的经济实力或综合国力。如果一国国内产业结构合理、科学技术进步、产品质量过硬、经济增长强劲、财政收支良好、物价稳定等，即一国的经济形势较好、经济实力较强，其商品在国际市场上竞争能力就强，出口就会增加，其货币汇率必然坚挺；相反，如果一国国内生产停滞或衰退、财政状况恶化、物价上涨、通货膨胀等，即一国的经济形势较差、经济实力较弱，其商品在国际市场上竞争能力就弱，出口就会减少，其货币汇率必然疲软。

纸币制度下影响汇率变动的主要因素有经济因素、政策因素及其他因素等。影响汇率波动的因素是多方面的，我们在分析汇率波动的原因时，应该把握一个基本点，就是货币供求关系的变动。这是最直接、最根本的原因，各种因素都是通过影响货币供求从而对汇率产生影响的。

汇率不仅受到经济因素变动的影响，其变化本身又会对经济产生一系列的影响。汇率变动会影响到一国对内、对外经济，诸如物价水平、产业结构和资源配置、产出和就业、贸易收支、资本流动、外汇储备及国际经济关系等方方面面。

关键概念

铸币平价　黄金输送点　货币对外升值或贬值　马歇尔-勒纳条件　J曲线效应　外汇倾销

综合训练

✔ 思考题

1）货币制度与汇率决定的关系是什么？

2）什么是马歇尔-勒纳条件？

3）分析两国相对利率水平变化对汇率的影响。

4）分析汇率变化对一国对外贸易产生的影响。

5）政府对外汇市场的干预有哪些种类？干预通过哪些途径发挥效力？

6）分析汇率变动对一国对内经济的影响。

即测即评 3

综合训练参考答案 3

第4章

汇率决定理论

目标引领

☑ 价值塑造

本章引导学生在经典汇率理论学习的基础上，敦本务实，结合巴拉萨-萨缪尔森效应理解人民币汇率相关问题。同时，通过了解全球主要央行推行超宽松货币政策应对疫情，学以致用，拓展国际视野。

☑ 知识传授

通过本章的学习，掌握购买力平价理论的内容及绝对、相对购买力平价理论经济内涵；掌握短期外汇市场均衡条件是利率平价及利率平价理论成立的条件；掌握货币分析法是利用了利率平价关系、购买力平价关系及费雪效应，从货币供求变化的角度来分析汇率行为；掌握资产组合分析法考虑的是各种资产之间的不完全可替代性以及国际收支结构在汇率决定中的作用；了解汇率理论新的发展方向。

思维导图

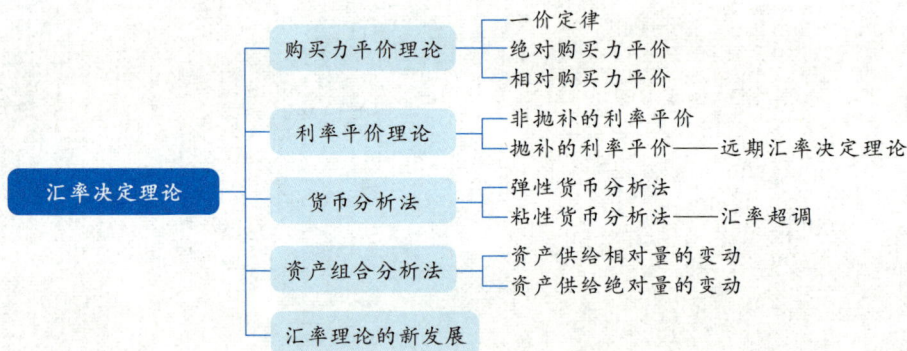

开篇导读

让我们回顾一下美联储自次贷危机以来的货币政策实施情况：

2009年3月18日美联储宣布决定开始实施QE，扩张美联储的资产负债表。2014年10月30日美联储宣布，削减最后的购债规模150亿美元并从11月起结束QE3。2015年12月17日，美联储自2006年6月30日以来第一次上调联邦基金利率，使之升至0.25%～0.50%。2017年6月份，美联储货币政策会议宣布年内开始缩减资产负债表，认为加息到一定程度后启动缩表是货币政策正常化的必然诉求。声明附录明确，美联储将以减少到期证券本金再投资的方式渐进、可预测地缩表。起初每月缩表以 60 亿美元国债和 40 亿美元抵押支持证券（MBS）为上限，随后以每季度增加 60 亿美元国债和 40 亿美元 MBS 的节奏逐步扩大缩表上限规模，直至达到每月 300 亿美元国债和 200 亿美元 MBS 的上限规模。美联储前主席耶伦表示，公布缩表计划是为了缓解市场紧张情绪，相信可以尽快实施，但若经济恶化也会适时调整。2017 年 9 月份，美联储货币政策会议宣布在 10 月份正式启动缩表进程。2018 年 3 月、6 月、9 月、12 月美联储 4 次上调联邦基金利率，使之升至 2.25%～2.5%，超额完成了美联储全年加息 3 次并继续实施 2017 年 10 月正式启动的缩表进程。自2015 年 1 月美联储扩表达到峰值以来至 2019 年 8 月 3 日已经缩表了 6 870 亿美元。美联储于 2019 年重启降息，是自次贷危机以来首次降息，连续 4 次下调联邦基金利率至 1%～1.25%，并于 2019 年 9 月宣布停止缩表，同时开展定期回购和购买国债。

　　2020 年受新冠疫情影响，美国国内失业率高企，美联储立即推行极度宽松的货币政策，包括无上限的量化宽松政策、将联邦基金利率降至零以及通过加大回购操作规模来扩张资产负债表，有效地缓解了市场的流动性压力。但由于国内疫情恶化，又加上财政政策乏力，宽松的货币政策对实体经济的作用仍然有限，宏观经济呈现出"高失业低通胀"现象。2021 年美联储更加关注充分就业目标，增加了对通胀的容忍度，加之扩张性财政政策开始启动，经济加快复苏，通胀上行压力持续增大，使得美联储被迫重视通胀问题，最终在 2021 年 11 月启动缩减购债（Taper），也标志着美联储货币政策开始转向。2022 年美国经济整体上"转危为安"，但通胀压力仍居高不下，为了缓解严峻的通胀压力，美联储自 2022 年 3 月至 2022 年年末共加息 7 次，为有史以来最为激进的加息政策。总体来看，美国 2020—2022 年的货币政策整体可概括为"极度宽松—宽松放缓—收紧"。

　　2023 年以来，主要发达经济体货币政策延续收紧态势，但加息步伐有所放缓，暂停加息成为主流。美联储年内加息 4 次共 100 个基点，4 次暂停加息，并在 12 月暗示加息周期已经结束。2024 年，美联储首次利率决议宣布维持联邦基金利率目标区间在 5.25%～5.50% 不变，与市场预期一致。整体而言，美联储新年首次会议除了粉碎 3 月降息预期，几乎没有给出更多实质性信息，不管是市场还是美联储自身都对未来充满了迷茫。美联储货币政策的走向及美国 10 年期国债收益率的变化，对国际金融市场的动荡及国际资本流动都有重大的影响，我们将继续关注美联储货币政策走向。

　　评析：美元是最主要的国际货币。美联储自次贷危机以来的货币政策实施对美元汇率的影响是全球热切关注的问题。本章我们讨论的问题是，不同汇率理论的时代背景、代表人物、适用条件、成立假设、理论依据及分析运用。

4.1　购买力平价理论

　　购买力平价理论（theory of purchasing power parity，PPP）是一种历史非常悠久的汇率决定理论，它的理论渊源可以追溯到 16 世纪，对之进行系统性阐述的是瑞典学者卡塞尔（G.Cassel），于 1922 年完成。购买力平价理论的基本思想是，货币的价值在于其具有的购买力，因此不同货币之间的兑换比率取决于它们各自具有的购买力的对比，也就是汇率与各国的价格水平之间具有直接的联系。

尽管一直以来对于购买力平价的普遍性还存在着种种质疑，但这一理论却揭示了影响汇率变动的重要因素，是我们理解长期汇率水平的基础。

4.1.1　一价定律

购买力平价理论的前提条件与基础是一价定律（law of one price，LOOP）。基于一价定律的分析建立在三个前提之上：首先，市场是完全竞争的，没有交易成本和其他的贸易壁垒。其次，位于不同地区的该商品是同质的，也就是不存在任何的商品质量及其他方面的差别。最后，该商品的价格能够灵活地进行调整，不存在任何价格上的粘性。当这三个前提条件满足时，一价定律表明同质商品在不同的市场上以同种货币衡量的价格应该是相等的。驱使不同市场上的商品价格均等化的力量是套利——利用差价买进或卖出某物而获取无风险利润的活动。

假设该商品是某品牌的手机。如果这种手机在甲地的价格是 5 000 元，在乙地的价格是 4 500 元，则这一地区间的差价必然会带来地区间的商品套购活动。交易者将会在乙地购买这种手机，然后运到甲地出售，以赚取这种地区间的差价。然而，套利利润不会永久存在，也就是说，该商品在两地的价格差异最终会因为套利而被消除。套利改变了该商品在两地的供求关系，最终导致价格的均等。套利者在乙地的买入行为会增加乙地对该手机的需求，因此乙地的价格会上升。同样将乙地的手机运到甲地出售，会增加甲地手机的供给，因此甲地的价格会下降。最终的均衡状态必将是该手机在甲乙两地的价格相等，否则套利活动会继续进行下去。

再考虑另一种类型的商品，以房地产为例。甲乙两地住宅价格的差异会引起套利活动吗？答案显然是否定的，因为住宅不可能从一个地方被运去另一个地方。再以理发这种劳务商品为例，甲乙两地的价格差异也不会引起套利活动。因为尽管存在套利的可能性，但是与商品的价格相比，套利的成本太巨大了，以至于套利活动不会发生。

据此我们可以将商品分为两类：一类是可贸易品，其地区间的价格差异可以通过套利活动消除；另一类为非贸易品，其地区间的价格差异不能通过套利活动消除。

我们将可贸易品在不同地区的价格之间存在的这种关系称为一价定律。当研究的对象为开放经济时，需要考虑不同国家使用不同货币的情况。为此，需要将不同的货币按照某一汇率转换为同一货币来表示商品价格。在无交易成本和贸易壁垒的前提之下，以同一货币表示的不同国家同样的可贸易品的价格是相等的。这就是开放经济下的一价定律，其表达式如下：

$$p_i = e \cdot p_i^* \tag{4-1}$$

式中，p_i 为本国可贸易品的价格；e 为直接标价法下的汇率；p_i^* 为外国可贸易品的价格。

4.1.2　购买力平价理论的两种形式

购买力平价理论就是建立在一价定律的基础上，分析两个国家货币汇率与商品价格关系的汇率理论。绝对购买力平价（absolute purchasing power parity）和相对购买力平价（relative purchasing power parity）是该理论的两种表现形式。绝对购买力平价解释了汇率的决定基础，相对购买力平价解释了汇率的变动规律，两者是购买力平价理论不可分割的组成部分。

1）绝对购买力平价理论

绝对购买力平价以可贸易品的一价定律成立为前提，并假设在两国的物价指数的编制中，各种可贸易品所占的权重相等。

这样两国由可贸易品构成的物价水平之间存在着下列关系：

$$\sum_{i=1}^{n} \alpha_i p_i = e \cdot \sum_{i=1}^{n} \alpha_i p_i^* \tag{4-2}$$

式中，α 为权数。如果将这一物价指数分别用 p 和 p^* 表示，则有：

$$p = e \cdot p^* \tag{4-3}$$

式（4-3）的含义为不同国家的可贸易品的价格水平以同一种货币计量时是相等的。将其变形可得：

$$e = \frac{p}{p^*} \tag{4-4}$$

这就是绝对购买力平价的一般形式，它意味着汇率取决于不同货币衡量的可贸易品的价格水平之比，即取决于不同货币对可贸易品的购买力之比。

2）相对购买力平价理论

相对购买力平价是在绝对购买力平价的基础上通过放宽假定条件得出的。相对购买力平价认为，交易成本的存在使得一价定律并不能完全成立，同时各国一般价格水平的计算中，商品及其权重都是存在差异的，因此各国的一般物价水平以同一货币计算时并不完全相等，而是存在着一定的、较为稳定的偏离，即：

$$e = \frac{\theta \cdot p}{p^*}, \ \theta \text{为常数} \tag{4-5}$$

将式（4-5）写成对数形式，再取变动率，即可得：

$$\Delta e = \Delta p - \Delta p^* \tag{4-6}$$

这就是相对购买力平价的一般形式。相对购买力平价意味着汇率的变化是由两国的通货膨胀率的差异决定的。如果本国的通货膨胀率高于外国，则本币贬值；如果本国的通货膨胀率低于外国，则本币升值。与绝对购买力平价相比，相对购买力平价更有应用价值，这是因为它避开了前者过于脱离实际的假定，并且通货膨胀的数据更加易于得到。

3）简单总结

购买力平价的理论基础是货币数量说。在购买力平价中，一般假设单位货币的购买力是由货币的发行数量决定的。在社会可供商品总量一定的情况下，货币的供应量越多，单位货币的购买力就越低。由于货币购买力的倒数是物价水平，因此货币供应量越多，物价水平就越高。因此在购买力平价理论看来，货币数量决定货币购买力和物价水平，从而决定汇率，因此汇率完全是一种货币现象。

因为购买力平价认为汇率是一种货币现象，所以无论是绝对购买力还是相对购买力都认为，名义汇率在剔除货币因素后得到的实际汇率始终是不变的。

4.1.3　对购买力平价的检验与评价

1）对购买力平价的检验

关于购买力平价的绝对形式和相对形式，以及一价定律，研究者做了很多检验。这些检验在很大程度上并未证明购买力平价理论预测未来汇率走向的正确性。现实中，商品和服务在国际上的流动费用并不是零，而且很多服务是不可贸易的。很多商品和服务的质量在不同国家是不一样的，反映了不同国家人们的品位差异以及制造与消费资源的不同。

总结购买力平价理论检验的研究，我们可以得到如下基本结论：

第一，为验证绝对购买力平价理论，经济学家们选取了范围广泛的基准商品组成商品篮子来进行国际价格比较，同时，他们对各国之间同样商品的质量差异进行了仔细的调整。所得到的典型结论是：即使换算为同一国家的货币，同样的商品篮子，国与国之间的价格相差也很大，在最近一些分类商品价格数据的研究中，甚至一价定律也不是完全成立的。

第二，购买力平价理论预期在个别贸易量很大的商品上效果明显，如小麦和特定等级的钢材，但是对所有贸易品来说，尤其包括非贸易品时，该理论效果有限或不明显。

第三，长期效果比短期效果好。对于任何商品或贸易品的组合来说，有理由认为从长期（数十年）来看购买力平价理论效果明显；但如果只看一二十年，验证效果不好，短期则更差。这是因为价格的粘性特点，它需要时间充分调整，所以购买力平价验证效果长期好于短期。

第四，在货币非常混乱或存在严重通货膨胀的时期，购买力平价理论的验证效果较好；在货币稳定和经济结构变化时期，验证效果不好。

第五，购买力平价之谜（PPP puzzle）的存在。若戈夫（Rogoff，1996）将长期PPP有效和短期内汇率的大幅度偏离之间难以调和的矛盾称为"购买力平价之谜"。另外，购买力平价即使在长期是成立的，但是汇率向购买力平价调整的水平是相当缓慢的。若戈夫认为，汇率调整50%的偏差，即半衰期，一般是3~5年，泰勒（2002）认为半衰期应该为4年。这一研究被认为是"购买力平价之谜"产生的根源，因为短期内实际汇率的偏离一般是价格粘性导致的。

2）对购买力平价理论检验存在偏差的解释

从经验检验上看，几乎所有形式的购买力平价理论都无法很好地得到实际数据的验证，原因在于：

（1）贸易壁垒。运输费用和贸易管制使得商品在不同国家之间流通的成本变高，从而切断了购买力平价理论（包括一价定律）下的汇率和商品价格之间的密切联系。在各国商品价格一定的条件下，运输成本越高，汇率波动的范围就越大。无论何种形式的贸易壁垒都会使一国货币的购买力在不同国家产生很大的差异，从而削弱了购买力平价的基础。若戈夫（Rogoff，1996，1999）从国际商品市场一体化程度低于国内的角度提出，运费、贸易保护、信息成本、劳动力国际流动受限制，使得汇率对于价格变化产生巨大反应，从而导致偏离的出现。

（2）非贸易品。现实生活中，有些商品和劳务的运输费用相对于该商品的价格来说非常大，以至于以任何形式在国家间流动都是无利可图的，这种商品和劳务被称为非贸易品。例如理发，一般情况下，即使两国理发价格不同（甚至有套利的可能），但由于交易成本的存在，理发也很难成为贸易品。由于非贸易品的存在，即使是相对购买力平价也会出现系统性的偏差。因为非贸易品的价格完全是由其国内的供求关系决定的，所以供求变动会使商品篮子的国内价格相对于同样篮子的国外价格发生变动。

用来衡量各国价格水平的商品篮子通常包括多种贸易品和非贸易品。大致说来，贸易品主要是制成品、原材料和农产品，而非贸易品主要是服务与建筑行业产品。但也有例外，例如银行和证券经纪商提供的金融服务经常是国际性的。此外，如果贸易管制足够严格，贸易品也可能变成非贸易品。因此，在大多数国家也有一些制成品是非贸易品。实际上，甚至许多贸易品的价格中还包括一些非贸易成本，如商品从生产者到消费者之间的运输和市场服务费用等，非贸易品的存在有助于解释实际汇率与购买力平价理论偏离的原因。

（3）非自由竞争。商品市场的垄断或寡头行为可能会与运输费用和其他贸易壁垒相互作用，进一步削弱不同国家商品价格之间的联系。一种极端的情况是，一家公司能在不同市场以不同价格出售同一商品（倾销）。

（4）价格水平计量的差异。生活在不同国家的人消费方式不同是导致各国在计算价格水平时商品篮子不同的原因。例如，日本人购买的生鱼片比较多，韩国人购买的辣白菜比较多，泰国人购买的香米比较多，那么在选择一个基准商品篮子来衡量购买力时，日本政府就会给生鱼片较大的比重，韩国政府和泰国政府也会有类似的做法，计算价格指数时会分别给予辣白菜和香米较大的权重。

由于相对购买力平价预测的是价格变动而非价格水平，所以即使各国商品篮子不同，相对购买力平价条件也都会得到满足。但是即使贸易完全自由并且没有交易成本，商品篮子中不同商品的相对价格发生变动也有可能会使相对购买力平价无法经受不同价格指数的检验。例如，生鱼片的相对价格上升会使日本政府选择的基准商品篮子的美元价格相对于美国商品篮子上升，这只是因为生鱼片在日本商品篮子中的比重较大而已。因此，即使所有商品都是可贸易的，汇率变动也不可能抵消官方依据各自商品篮子所衡量的通货膨胀差异。

这些研究不仅对购买力平价理论本身来讲是非常重要的，也是我们学习其他理论的基础。购买力平价理论是西方汇率理论中唯一的传统汇率决定理论，有着相当重要的地位。但无论是从其自身的理论争议来说，还是从其与实际的偏差来说，它都不是一个完善的汇率理论，因此，该理论也成为后人进行新的研究和讨论的基础。

3）对购买力平价理论的评价

对购买力平价理论的批评主要集中在以下几个方面：首先，该理论的成立需要具备一系列的假设条件。在满足这些假设条件的基础上，商品套利机制使得汇率与购买力平价相一致。但事实上，这些假设条件并不存在。其次，购买力平价理论并不是一个完整的汇率理论。例如，对于汇率与价格水平之间存在着的这种关系，究竟是价格水平决定了汇率，还是汇率决定了相对价格水平，还是两者同时被其他外生变量所决定，这一因果关系并没有在购买力平价理论中阐述清楚，直至今天还有很大争论。最后，购买力平价理论受到的最致命的抨击是其完全忽略了资本项目差额对汇率的影响。第二次世界大战以来，随着整个世界货币化程度和经济一体化程度的提高，国家间的资本往来和金融交易的金额不断增长，资本项目差额对汇率的影响正在日益增强。

在所有的汇率理论中，购买力平价理论的影响力最广泛。这是因为首先它是从货币的基本功能，即具有购买力的角度分析货币的交换问题，这非常符合逻辑。同时它的形式也最为简单，对汇率决定这一复杂问题给出了最为简洁的描述。购买力平价理论所涉及的一系列问题都是汇率决定中的非常基本的问题，始终处于汇率理论中的核心位置，是理解全部汇率理论的出发点。对购买力平价理论的争论也最为激烈，它正是在这种争论中得到发展的。购买力平价理论在现代的发展体现为三个方面：首先是计量检验方法进一步改进，研究者试图更为科学地回答购买力平价是否成立这一基本问题。其次是购买力平价理论本身的发展，如国际资本流动机制下的购买力平价的成立机制、导致汇率对购买力平价的短期与长期偏离的具体原因及经济后果、实际汇率的决定等。最后，购买力平价被普遍作为长期汇率的均衡标准而被应用到其他汇率理论的分析之中。尽管这些汇率理论已经脱离了购买力平价的范畴，但无疑使购买力平价产生了更大的影响。

启智增慧4-1
巴拉萨–萨缪
尔森效应
（BSE）

4.2　利率平价理论

购买力平价理论介绍了开放经济条件下一国与外国商品市场之间存在的联系所带来的汇率与价格水平之间的关系。而在现实生活中，开放经济条件下，一国与外国的金融市场之间的联系更为紧密。国际资本流动的发展使得汇率与金融市场上的价格——利率之间也存在着密切的关系。从金融市场角度分析汇率与利率存在的关系就是汇率的利率平价理论。

利率平价理论的基本思想可以追溯到19世纪下半叶，直到第一次世界大战之后，经过凯恩斯系统全面的论述，利率平价理论才得以确立，成为一个比较完整的理论。

利率平价理论包括非抛补利率平价（uncovered interest parity，UIP）和抛补利率平价（covered interest parity，CIP）两种理论形式。

4.2.1　非抛补利率平价理论

假定一国居民持有资产的选择只有本国货币和外国货币，i和i^*表示本国和外国的年利率，e表示两国的即期汇率，f表示远期汇率，e^e表示未来的即期汇率预期值。1单位本国货币在其国内和国外投资1年的收益分别为$1+i$和$\frac{1}{e} \times (1+i^*) \times e^e$。同时，套利机制的存在一定会保证两国货币的收益率相同，利率平价成立，即：

$$1+i = \frac{1}{e} \times (1+i^*) \times e^e \tag{4-7}$$

若$1+i > \frac{1}{e} \times (1+i^*) \times e^e$，即本国的收益率高，资本将由外国流向本国；反之，资本将从本国流向外国，直至两国收益率相等。

将式（4-7）整理后可得：

$$\frac{e^e}{e} = \frac{1+i}{1+i^*} \tag{4-8}$$

将式（4-8）两端同时减1可得，

$$\frac{e^e - e}{e} = \frac{i - i^*}{1+i^*} \tag{4-9}$$

式（4-9）中，若$i > i^*$，则$e^e > e$，即外国货币预期升值；若$i < i^*$，则$e^e < e$，即外国货币预

期贬值。$\dfrac{e^e - e}{e}$ 是预期升（贬）值率，令 $\delta = \dfrac{e^e - e}{e}$，则式（4-9）可以写成：

$$\delta = \frac{i - i^*}{1 + i^*} \tag{4-10}$$

式（4-10）进一步整理，可得：

$$\delta + \delta \times i^* = i - i^* \tag{4-11}$$

$\delta \times i^*$ 是两个小数的乘积，数值可以忽略。式（4-11）可以改写成：

$$\delta = i - i^* \tag{4-12}$$

式（4-12）说明了两国利率差等于两国汇率升（贬）值率。由于交易者根据自己对汇率未来变动的预测进行投资，在期初和期末均做即期外汇交易而不进行相应的远期交易，汇率风险也需要自己承担，因此称为非抛补利率平价。

由于预期的汇率变动率是一个心理变量，难以得到可信的数据进行分析，而且实际意义也不大，同时人们往往关注的是即期汇率和远期汇率，因此对非抛补利率平价的实证研究一般与对远期外汇市场的分析和外汇市场效率的检验相联系。

4.2.2　抛补利率平价理论

抛补利率平价是指在进行即期货币买卖的同时进行反方向的远期交易，以规避外汇风险，因此两国利率差将通过远期汇率的变化率反映。

将式（4-7）、式（4-8）、式（4-9）中 e^e 替换为远期汇率 f，则可得：

$$1 + i = \frac{1}{e} \times \left(1 + i^*\right) \times f \tag{4-13}$$

$$\frac{f}{e} = \frac{1 + i}{1 + i^*} \tag{4-14}$$

$$\frac{f - e}{e} = \frac{i - i^*}{1 + i^*} \tag{4-15}$$

式（4-15）中，$\dfrac{f - e}{e}$ 称为升（贴）水率，i^* 和升贴水率的乘积可以忽略，以 ρ 表示，则有

$$\rho = i - i^* \tag{4-16}$$

式（4-15）和式（4-16）就是抛补利率平价的表达式，当 $i > i^*$ 时，$\rho > 0$，即汇率远期升水（at premium）；若 $i < i^*$，$\rho < 0$，即汇率远期贴水（at discount）。该理论认为，汇率的远期升（贴）水率等于两国货币利率差；高利率国的货币在期汇市场上必定贴水，低利率国的货币在期汇市场上必定升水。也就是说，汇率的变动会抵消两国的利率差异，从而使金融市场处于平衡状态。

抛补利率平价具有很高的实践价值，被广泛用于外汇交易中，许多大银行基本上就是根据各国间的利率差异来确定远期汇率的升贴水额。除了外汇市场出现剧烈波动以外，一般来讲，抛补利率平价基本上能较好地成立。当然，由于外汇交易成本以及风险等因素的存在，抛补利率平价与实际汇率之间也存在着一定的偏差。

4.2.3　对利率平价理论的简单评价

自 20 世纪 20 年代利率平价被提出后，利率平价受到西方经济学家的重视。它与购买力平价所不同的是它考察的是金融市场（而不是商品市场）中汇率的决定，从一个侧面阐

述了汇率变动的原因——资本在国家间的流动，这对于正确认识外汇市场上，尤其是资金流动问题非常突出的外汇市场上汇率的形成机制是非常重要的。与其他的汇率决定理论的成立条件不同，资金流动是非常迅速而频繁的，这使得利率平价理论，尤其是抛补利率平价理论能够较好地始终成立，从而在分析中运用得特别广泛。

利率和汇率可能同时受到更为基本因素的影响而发生变化，利率平价理论只是在这一变化过程中表现出利率与汇率二者之间的联系，因此，利率平价理论与其他汇率决定理论之间是相互补充而不是相互对立的，它常常被作为一种基本的关系式而运用在其他汇率决定理论的分析中。

利率平价理论具有特别的实践价值。对于利率与汇率间存在的这一关系，由于利率的变动是非常迅速的，同时利率又可对汇率产生立竿见影的影响，这就为中央银行对外汇市场进行灵活的调节提供了有效的途径，即培育一个发达的、有效率的货币市场，在货币市场上利用利率尤其是短期利率的变动对汇率进行调节。例如，在市场上存在着本币将贬值的预期时，就可以相应提高本国利率以抵消这一贬值预期对外汇市场的压力，维持汇率的稳定。

4.3 资产市场理论

20世纪70年代以来，国际资金流动规模极为巨大，外汇市场上90%以上的交易量与国际资金流动有关，资金流动主宰了汇率的变动。外汇交易表现出与资产市场上的交易相近的特点，如价格变动极为频繁而且波动幅度很大，价格受心理预期因素影响很大等。这启发人们应将汇率看成一种资产价格，即一国货币资产用另一国货币进行标价的价格，这一价格是在资产市场上决定的，从而分析汇率的决定应该采取与普通股价格决定基本相同的理论。这种分析方法被统称为汇率决定的资产市场说，自20世纪70年代末以来，取代了汇率的国际收支流量分析，成为汇率理论的主流。

在本节的资产市场分析中，我们假设以下几个条件成立：第一，外汇市场是有效的，也就是市场当前价格反映了所有可能得到的信息。第二，分析对象——本国是一个高度开放的小国。这一假定意味着本国无法影响到国际市场上的利率，同时外国居民不持有本国资产，本国居民不持有外国货币。因此，本国居民主要持有三种资产：本国货币、本国债券、外国债券。第三，资金是完全流动的，也就是利率平价始终成立。依据本国债券和外国债券可替代性的不同假设，资产市场说可分为货币分析法与资产组合分析法。货币分析法假定这二者可以完全互相替代，而资产组合分析法假设二者是不完全的替代物。在货币分析法内部，依据价格弹性的不同假定，又可以分为弹性货币分析法和粘性货币分析法。

4.3.1 货币分析法

货币分析法强调了货币市场对汇率变动的影响。当一国货币市场失衡后，国内商品市场和证券市场会受到冲击，在国内外市场紧密联系的情况下，国际商品套购机制和套利机制就会发生作用，从而汇率就会发生变化。货币分析法又有三种模型：弹性价格货币模型（flexible-price monetary model）、粘性价格货币模型（sticky-price monetary model）和实际利率差异货币模型（real interest rate differential monetary model）。

弹性价格货币模型假定价格可以灵活调整，商品市场与证券市场一样可以迅速出清。粘性价格货币模型假定短期内只有汇率会因经济政策变化而立刻变化，而工资和物价因具有粘性不会立刻改变，但长期来看会做出调整。实际利率差异货币模型是将弹性价格货币模型中的通货膨胀预期作用与粘性价格结合起来分析汇率的决定情况。无论哪一种模型，均假定国内和外国债券预期回报率相同。

1）弹性价格货币模型

弹性价格货币模型又称货币主义的汇率决定理论，它假定所有价格（工资、物价或汇率）无论上升还是下降、长期还是短期，都具有完全弹性，也就是商品市场与证券市场一样能迅速、灵敏地加以调整，由此国际商品套购机制发生作用，这一模型分析了通货膨胀预期作用。它是现代汇率理论中最早建立也是最基础的汇率决定模型，由弗兰克尔（Frankel，1976，1977，1980）、穆莎（Mussa，1976）、葛顿和罗博（Girton & Roper，1977）、赫德里克（Hodrick，1978）以及比尔森（Bilson，1980）等提出并发展起来。该模型充分体现了货币主义的思想，即货币中性论，认为商品价格与资产价格都是完全弹性的，通过价格的灵活变动，各个市场总是能迅速调整至均衡，货币对实际变量没有影响。

（1）弹性价格货币模型的基本公式

弹性价格货币模型有两个基本的假设，购买力平价成立且货币需求函数稳定。购买力平价始终成立意味着商品市场总是均衡的，其对数形式可以写为：

$$\ln e = \ln p - \ln p^* \tag{4-17}$$

在弹性价格假定下，货币供给是政府可以控制的外生变量，利率和实际国民收入都是与货币供给无关的。货币供给只能引起价格水平的迅速调整，并不能带来利率的降低而进一步影响到产出。在这些条件下，货币供给等于货币需求这一货币市场均衡条件可以写成：

$$\ln m_s = \ln p + \alpha_1 \ln y - \alpha_2 i, \ \alpha_1 > 0, \ \alpha_2 > 0 \tag{4-18}$$

式中，α_1 为货币需求的收入弹性；α_2 为货币需求的利率弹性。根据式（4-18）可以得到本国价格水平表达式：

$$\ln p = \ln m_s - \alpha_1 \ln y + \alpha_2 i, \ \alpha_1 > 0, \ \alpha_2 > 0 \tag{4-19}$$

我们假设外国的货币需求函数与本国相同，同样可以得到外国的价格水平的表达式：

$$\ln p^* = \ln m_s^* - \alpha_1 \ln y^* + \alpha_2 i^*, \ \alpha_1 > 0, \ \alpha_2 > 0 \tag{4-20}$$

将式（4-19）和式（4-20）带入式（4-17）中，可得：

$$\ln e = (\ln m_s - \ln m_s^*) + \alpha_1 (\ln y^* - \ln y) + \alpha_2 (i - i^*) \tag{4-21}$$

式（4-21）即为弹性货币分析法的基本模型。从中可以看出，本国与外国之间的货币供给水平、实际国民收入以及利率水平各自通过对物价水平的影响而决定了汇率水平。这样，弹性货币分析法就将货币市场上的一系列因素引进了汇率水平的决定之中。

（2）模型结论分析

弹性价格货币模型意味着汇率取决于三个因素：本国货币供给相当于外国货币供给的存量变动、本国与外国实际收入的相对变动和本国与外国的利率差，而上述变量是通过作用于两国物价水平变动对汇率产生影响的。这些因素对汇率的影响如下：

在其他因素不发生变化时，本国货币供给水平的一次性增加，会造成现有价格水平上的超额货币供给，公众会增加支出以减少他们持有的货币余额。由于产出不变，额外的支出会使价格水平上升，直至货币市场重新达到均衡。也就是说，本国的货币供给的一次性增加，会迅速带来本国价格水平的相应提高，由于购买力平价的成立，本国价格水平的提高就会带来本国货币的相应贬值。因此，我们可以得到第一个结论：

其他因素不变，本国货币供给水平的一次性增加，将带来本国价格水平的同比例上升、本国货币的同比例贬值，本国产出和利率则不发生变动。

在其他因素不发生变化时，本国收入的增加，意味着货币需求的增加。在现有的价格水平上，由于货币供给没有相应的增加，因此居民持有的实际货币余额下降，支出将减少。这一支出的减少将会造成本国物价水平的下降，直至货币市场重新恢复均衡。同样，本国价格水平的下降会通过购买力平价关系造成本国货币的相应升值。因此，我们得到第二个结论：

其他因素不变，本国国民收入的增加会带来本国价格水平的下降，本国货币升值。

其他因素不变，本国利率水平的上升会降低货币需求，在原有价格水平上与货币供给水平上，会造成支出的增加、物价的上升，从而通过购买力平价关系造成本国货币的贬值。因此，我们得到第三个结论：

其他因素不变，本国利率的上升会带来本国价格水平的上升，本国货币贬值。

（3）对弹性货币分析法的评价

弹性货币分析法建立在购买力平价说这一前提之下，但它并不是购买力平价的简单翻版，而是具有诸多创新的独立的汇率决定理论，在现代汇率理论中具有重要地位。弹性价格货币模型将购买力平价引入到资产市场中，将汇率视为一种资产价格，从而抓住了汇率这一变量的特殊性质，在一定程度上符合资金高度流动的客观事实，为现实世界中汇率的频繁波动提供了一种解释。弹性货币分析法将货币供给、国民收入等变量引入汇率的决定中，丰富了购买力平价理论对影响汇率因素的认识。同时其分析视角也从购买力平价的商品市场均衡扩展到了商品、外汇以及货币市场的一般均衡。弹性货币分析法以其简洁的形式得到了广泛的应用，同时也成为更为复杂的汇率理论的基础。

弹性货币分析法在实证检验中，总的来说并不让人满意。首先，它以购买力平价为前提，事实上，无论是长期还是短期，均没有充分的证据证明购买力平价的成立。其次，稳定的货币需求函数也在实证研究中存在争议。最后，价格灵活的假定与现实不符。大量研究显示，商品市场的调整速度不同于金融市场的调整速度，商品价格短期存在粘性。

相对于弹性价格货币模型，后来的粘性价格货币模型与资产平衡理论都不同程度地对以上的不足进行了弥补。

2）粘性价格货币模型

粘性价格货币模型又称为超调模型，是美国经济学家鲁迪格·多恩布什（Rudiger Dornbusch，1942—2002）在1976年的《预期与汇率动态》（Expectations and exchange rate dynamics）一文中首先提出的。弗兰克尔、布伊特（Willem H.Buiter）和米勒（M.Miller）等人的研究使该思想有了进一步的发展。

粘性价格货币模型以弹性价格货币模型为基础，仍强调货币市场均衡对汇率变动的作用，假定购买力平价长期有效，但在分析汇率的短期波动时，则采用了凯恩斯主义粘性的假定，即短期内商品价格粘住不动，但随着时间的推移，价格水平会逐渐发生变化直至达到新的长期均衡值。因此，在短期内，商品市场和资产市场并不是同时达到均衡的，当货币市场失衡，商品市场价格因具有粘性，使购买力平价在短期内不能成立，也就是商品市场价格只能随时间变化出现缓慢调整，而货币市场恢复均衡完全依赖于利率的变化，这就必然带来利率的超调（overshooting），即在资本自由流动下，利率的变化会引发大量的套利活动，汇率的变动幅度要超出其新的长期均衡水平，这便是短期内汇率容易波动的原因。这一分析弥补了弹性价格货币模型缺乏短期分析的不足。

（1）粘性价格货币模型中的基本假定

与弹性价格货币模型相同，超调模型也认为货币需求是稳定的，但是它认为商品市场价格具有粘性，这导致在分析的前提上与弹性模型不同。

假定一：购买力平价短期内不成立，即 $\ln e_t \neq \ln p_t - \ln p_t^*$。该式反映了短期内价格存在粘性问题。在凯恩斯的分析中，总供给曲线是水平线，总需求的变动不能改变价格。在本模型中，强调国家间商品套利机制发挥作用需要一段时间，商品市场不能迅速出清，所以短期内，购买力平价不能成立。

假定二：在长期，购买力平价能够成立，即 $\ln \bar{e}_t = \ln \bar{p}_t - \ln \bar{p}_t^*$，式中的横线表示相应变量的长期均衡值。这反映了货币主义的观点，长期价格具有弹性，它使总供给曲线成为对应于充分就业收入的垂直线，总需求曲线的任何移动都会改变价格，而不会改变实际收入。

假定三：非抛补利率平价始终成立，即 $\Delta \ln e_{t+1}^e = i_t - i_t^*$。该式表明资产市场持续出清，或者说预期汇率变动率等于两国利差，导致资本停止国际流动。该式又引出如下汇率预期机制。

假定四：人们具有回归性预期，即 $\Delta \ln e_{t+1}^e = \varphi(\ln \bar{e}_t - \ln e_t)$，$0 < \varphi < 1$。式中的 $\ln \bar{e}_t - \ln e_t$ 表示长期均衡汇率与当前市场汇率的对数之差。由于系数 φ 大于 0，该式表明，若当前汇率小于长期均衡汇率，人们会产生汇率上升的预期；反之则相反。这是一种比较简单的预期假设，但是它有比较容易操作的特点。

假定五：设总需求函数具有如下形式：$\ln AD = \beta_0 + \beta_1(\ln e_t - \ln p_t + \ln p^*) + \beta_2 \ln y_t - \beta_3 i_t$，式中，$\beta_0$ 为反映模型外因素对总需求影响的参数。$\ln e_t - \ln p_t$ 在本模型中反映与实际汇率有关的因素对总需求的影响，其系数 β_1 大于 0，表示总需求是国际竞争的增函数；β_2 大于 0，表示总需求是实际收入的增函数；β_3 大于 0，但是其为负号，表示总需求是利率的减函数。

假定六：价格由其短期水平向长期均衡水平的演进，是由超额总需求推动的，即 $\Delta \ln p_{t+1} = \pi(\ln AD_t - \ln y_t)$，$\pi > 0$。超额总需求的对数是总需求对数 $\ln AD_t$ 与总供给对数 $\ln y_t$ 之差，π 为参数，表示价格调整速度参数。π 大于 0 意味着若总需求大于总供给，会导致价格水平上升。

（2）粘性价格货币模型中的平衡调整过程

我们以其他条件不变，本国货币供给的一次性增加为例，说明粘性价格货币模型中的平衡调整过程。

在经济的长期平衡中，价格是可以充分调整的，所以借助于弹性价格货币模型分析可得，在长期内，本国的价格水平将同比例上升、本国货币将同比例贬值，而利率和产出均不发生变化。

在经济的短期平衡中，由于价格水平不发生变化，利率和汇率作为资产的价格则可以迅速调整，这导致经济中各变量呈现出与长期平衡不同的特征。由于利率平价在经济调整过程中始终成立，所以我们用利率平价分析汇率在短期内的变动情况。根据非抛补利率平价说，决定即期汇率水平的因素是预期的未来汇率水平与两国的利差。在货币供应量的调整发生之前，外汇市场达到均衡，本国利率和外国利率水平相等，汇率不会发生变动，即期汇率水平与预期的未来汇率水平相等。在本国货币供给增加后，首先来看预期的未来汇率水平。由于投资者是理性预期的，因此他们会预期到未来本币汇率会处于长期均衡水平。在货币市场上，在名义货币供应量增加而价格又没有发生变动的情况下，势必形成利率水平的下降，从而提高货币需求以维持货币市场的平衡。当外国利率水平不变而本国利率水平下降时，显然本币的即期汇率水平将相对于预期的未来汇率水平贬值。

综上所述，在短期内，价格水平不发生调整，货币供给的一次性增加只是造成本国利率的下降，本币汇率的贬值超过长期均衡水平，本国产出超过充分就业水平。

在一个较长的时期内，价格水平可以进行调整，经济将从短期均衡向长期均衡过渡。由总需求函数的形式可知，随着汇率的下降和利率的下降，总需求将增加，在总供给给定时，产生超额需求，价格水平会缓慢上升。由于预期的未来汇率水平不变，因此导致汇率调整的主要因素是本国利率的调整。在货币市场上，由于价格水平的上升，货币需求上升，这造成利率的逐步上升。根据利率平价理论，本国利率的上升会造成本国汇率的逐步升值，这一升值是在原有过度贬值的基础上进行的，体现为汇率逐步向其长期均衡水平调整。

以上的调整会持续到价格进行充分调整，经济达到长期均衡水平为止。此时，价格水平与货币供应量的增加同比例上涨，本国货币汇率达到长期均衡水平，购买力平价成立，利率恢复原状。

图4-1说明了货币供给变化引起汇率超调的过程。假设初始状态下，整个经济处于平衡状态，并且国内利率与国外利率相同，为 i_0，没有货币升值或贬值的预期。由于长期汇率是由购买力平价决定的，此时，国内货币供给为 M_0，对应的国内物价水平 P_0、汇率 E_0。

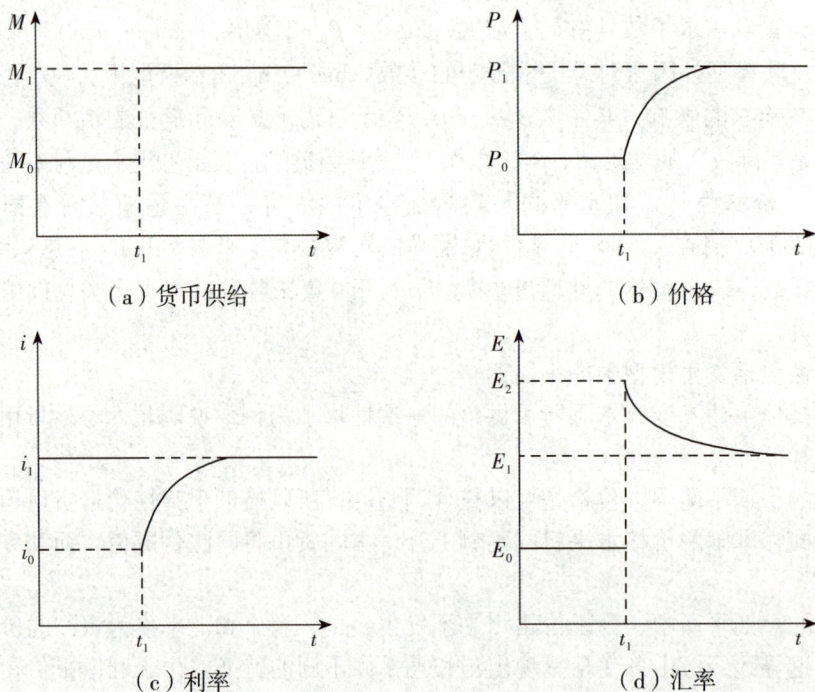

（a）货币供给　　　　　　　　　　（b）价格

（c）利率　　　　　　　　　　（d）汇率

图4-1　汇率超调模型的运动轨迹

在某一时点（t_1）国家货币当局突然增加一定比例的货币供给，使得货币供给量由 M_0 增长到 M_1。长期来看，国内货币供给的增加必然导致物价水平的等比例上升，由 P_0 增加为 P_1；汇率等幅度贬值，由 E_0 变化到 E_1。但是，短期来看，当国内货币供给增加时，价格因为具有粘性无法出现跳跃式上涨，仍保持 P_0 不变，货币供给的突然增加，意味着在 P_0 的物价水平上有过度的货币供给，因此利率将会出现跳跃式的下降，由 i_1 下降到 i_0，低于外国利率，本国利率下降导致资本流出，人们大量购买外汇引起外币汇率大幅升值，因此汇率由 E_0 跳跃到 E_2，而其长期汇率为 E_1，这种长期汇率与短期汇率的偏差现象，就是汇率超调（exchange rate overshooting）。利率的下降和本国货币的贬值使得超额总需求拉动价格水平上涨，逐渐缓慢地调整到长期价格水平 P_1。价格上升，实际货币供给减少，于是利率开始上升而逐渐恢复到原来的均衡水平 i_0，本国利率上升使资本流出减少，于是外汇汇率开始下降，逐渐回到长期均衡水平 E_1，此时，经济达到平衡，没有货币升值或贬值的预期。

（3）两国汇率超调模型及其检验

根据式（4-19）和式（4-20）的货币需求函数，我们可以得到：

$$\ln p_t - \ln p_t^* = (\ln m_t - \ln m_t^*) - \alpha_1(\ln y_t - \ln y^*) + \alpha_2(i_t - i_t^*) \tag{4-22}$$

将无抛补的利率平价条件（假定三）带入式（4-22），得到：

$$\ln p_t - \ln p_t^* = (\ln m_t - \ln m_t^*) - \alpha_1(\ln y_t - \ln y^*) + \alpha_2 \Delta \ln e_{t+1}^e \tag{4-23}$$

在长期均衡条件下，$\Delta \ln e_{t+1}^e = 0$，得到：

$$\ln \bar{p}_t - \ln \bar{p}_t^* = (\ln m_t - \ln m_t^*) - \alpha_1(\ln y_t - \ln y^*) \tag{4-24}$$

将式（4-24）带入长期购买力平价成立的假定二中，得到：

$$\ln \bar{e}_t = \ln \bar{p}_t - \ln \bar{p}_t^* = (\ln m_t - \ln m_t^*) - \alpha_1(\ln y_t - \ln y^*) \tag{4-25}$$

将理性回归预期的假定四代入式（4-23），得到：

$$\ln p_t - \ln p_t^* = (\ln m_t - \ln m_t^*) - \alpha_1(\ln y_t - \ln y^*) + \alpha_2 \varphi(\ln \bar{e}_t - \ln e_t) \tag{4-26}$$

由假定五中关于总需求的信息可以得到：

$$\ln AD_t - \ln AD_t^* = 2\beta_1(\ln e_t - \ln p_t + \ln p_t^*) + \beta_2(\ln y_t - \ln y_t^*) - \beta_3(i_t - i_t^*) \tag{4-27}$$

该式表明本国和外国的总需求都是实际收入的增函数，是利率的减函数，是实际汇率的增函数。

由假定六超额总需求推动价格的变化，可得：

$$(\ln p_t - \ln p_t^*) - (\ln p_{t-1} - \ln p_{t-1}^*) = \pi[(\ln AD_t - \ln AD_t^*) - (\ln y_t - \ln y_t^*)] \tag{4-28}$$

将式（4-27）代入式（4-28）可得：

$$(1 + 2\pi\beta_1)(\ln p_t - \ln p_t^*) = \ln p_{t-1} - \ln p_{t-1}^* + \pi(\beta_2 - 1)(\ln y_t - \ln y_t^*) - \pi\beta_3(i_t - i_t^*) + 2\pi\beta_1\ln e_t \tag{4-29}$$

由式（4-22）求出 $i_t - i_t^*$，并将其代入式（4-29），可得：

$$\ln p_t - \ln p_t^* = \eta_1(\ln p_{t-1} - \ln p_{t-1}^*) + \eta_2\ln e_t + \eta_3(\ln m_t - \ln m_t^*) - \eta_4(\ln y_t - \ln y_t^*) \tag{4-30}$$

式中：

$\eta_1 = 1/[1 + \pi(2\beta_1 + \beta_3/\alpha_2)]$

$\eta_2 = 2\eta_1\pi\beta_1$

$\eta_3 = \eta_1\pi\beta_3/\alpha_2$

$\eta_4 = -\eta_1\pi(1 - \beta_2 + \beta_3\alpha_1/\alpha_2)$

将式（4-25）和式（4-30）代入式（4-26），得到：

$$\ln e_t = \mu_1(\ln m_t - \ln m_t^*) + \mu_2(\ln y_t - \ln y_t^*) + \mu_3(\ln p_{t-1} - \ln p_{t-1}^*) \tag{4-31}$$

式中：

$$\mu_1 = \lambda[(1 + {1}/{\varphi\alpha_2}) - \eta_3/\varphi\alpha_2]$$

$$\mu_2 = \lambda[-\alpha_1(1 + 1/\varphi\alpha_2) + \eta_4/\varphi\alpha_2]$$

$$\mu_3 = -\mu_1 - \lambda\eta_1/\varphi\alpha_2$$

$$\lambda = {1}/{(1 + \eta_2/\varphi\alpha_2)}$$

式（4-31）为粘性价格货币分析的汇率方程，与式（4-21）的弹性价格货币分析的汇率方程相比，该式已将利差项消掉，代之以前期价格差项。后者突出表明价格对汇率的作用是滞后的。式（4-31）可以直接用于对粘性价格货币模型货币分析进行检验。如果粘性价格货币分析是正确的，μ_3 应小于0。在正常情况下，μ_1 应大于0，μ_2 应小于0，以反映货币分析的通常见解。

人们较少对多恩布什模型进行经验检验，少量的检验结果也不理想。这说明尽管在理论分析方法上取得了重大突破，但是该理论在解释现实汇率运动方面仍有较大问题。

（4）粘性价格货币模型的评价

首先，该模型的主要贡献和创新之处在于它分析了货币市场而非商品市场的套利是决定短期汇率的主要因素，并合理地解释了现实世界中广泛存在的汇率超调现象。该模型是对货币主义和凯恩斯主义的一种综合，为研究开放经济条件下的汇率问题提供了一种新的分析方法。其次，粘性价格货币模型首次涉及了汇率的动态调整问题，并由此创立了汇率理论的分支——汇率动态学（exchange rate dynamics）。最后，该模型具有鲜明的政策意义，既然汇率可能发生超调，那么政府对资金流动、汇率进行监管，以降低汇率剧烈波动带来的冲击，就有了充分的理论基础。

对粘性价格货币模型的批评主要是它除了具有与弹性价格货币模型类似的缺陷外，还将汇率变动完全归因于货币市场而忽略了商品市场对汇率的冲击。由此引发了学界进一步的相关研究。

3）实际利率差异货币模型

弗兰克尔吸收了多恩布什关于粘性价格的假设，并改进了汇率预期机制，在此基础上提出了实际利率差异货币模型。

弗兰克尔改写了式（4-21）的长期汇率决定方程，以预期通货膨胀差额项取代了原来的利率差项，这是弹性价格货币分析所允许的。

$$\ln \bar{e}_t = (\ln \bar{m}_t - \ln \bar{m}_t^*) - \alpha_1(\ln \bar{y} - \ln \bar{y}^*) + \alpha_2(\Delta\ln\bar{p}^e - \Delta\ln\bar{p}^{*e})_{t+1} \tag{4-32}$$

式中，横线代表长期均衡量。

$$\Delta\ln e_{t+1}^e = \varphi(\ln\bar{e} - \ln e)_t + (\Delta\ln p^e - \Delta\ln p^{*e})_{t+1} \tag{4-33}$$

式（4-33）反映出弗兰克尔在理论上的重要贡献，弗兰克尔在式中增加了 $(\Delta\ln p^e - \Delta\ln p^{*e})_{t+1}$，即他把通货膨胀预期看成是影响汇率预期的因素。实际上，他将购买力平价引入预期机制之中，即把长期因素纳入预期。这应当看成是对多恩布什预期机制的改进。将无抛补利率平价代入式（4-33），得到短期汇率行为方程：

$$\ln e_t = \ln\bar{e}_t - ({1}/{\varphi})[(i_t - \Delta\ln p_{t+1}^e) - (i_t^* - \Delta\ln p_{t+1}^{*e})] \tag{4-34}$$

式中，中括号反映两国实际利差。将式（4-32）代入式（4-34）得到：

$$\ln e_t = \ln m_t - \ln m_t^* - \alpha_1(\ln y - \ln y^*) + \alpha_2(\Delta\ln p^e - \Delta\ln p^{*e})_{t+1} - (\frac{1}{\varphi})[(i_t - \Delta\ln p_{t+1}^e) - (i_t^* - \Delta\ln p_{t+1}^{*e})] \quad (4\text{-}35)$$

式（4-35）即为实际利差模型的基本方程，又称为扩展的多恩布什模型。与弹性价格货币模型相比，该式的特点在于强调汇率还取决于两国实际利率之差。

4.3.2　资产组合分析法

资产组合分析法综合了传统汇率理论和货币分析法的观点，认为汇率水平是由货币供求和经济实体等因素导致的资产调节与平价过程所共同决定的。该理论认为，由于国际金融市场的一体化和各国资产之间的高度替代性，一国居民可以选择以国内货币、国内债券和以外币表示的外国债券三种形式持有其财富，但国内外资产之间是不完全替代的。汇率的资产组合分析法形成于20世纪70年代。这一理论的代表人物是美国普林斯顿大学教授布朗森（W.Branson），他对此进行了最系统、最早和最全面的阐述。汇率决定的货币模型中一个关键的假定就是非抛补的利率平价成立，这意味着两国的有价证券风险是一样的，资本是自由流动的。然而，在现实经济中，很多因素诸如流动性水平、政治风险、违约风险以及税负差别的存在使得两国债券间的风险不同。对风险厌恶者来说，持有高风险的资产必定是因为该资产有较高的回报率。这种因高风险而额外获得的报酬称为风险报酬。如果两国的债券不再是完美替代的，意味着两国债券的风险不同，非抛补利率平价不再成立。由于投资者要求高风险资产有相对高的回报率，因此

$$RP = i - i^* - e^e \quad (4\text{-}36)$$

式中，RP 为风险报酬，如果 RP 大于0，则持有本国债券会获得较高的风险报酬，因此本国债券有较高的风险，反之则外国的债券有较高的风险。

1）基本模型

资产组合分析法的基本分析前提为：

第一，本国居民持有三种资产，本国货币 M，本国政府发行的以本币为面值的债券 B，外国政府发行的以外币为面值的债券 F，外币债券的供给在短期内固定，它的本币价值为 eF，e 为直接标价法下的汇率。

第二，短期内不考虑持有本国债券及外国债券的利息收入对资产总额的影响。

第三，假定预期未来汇率不发生变动，即 e^e 等于0。

在上述分析前提下，一国资产总量在任何时候的构成为：

$$W = M + B + eF \quad (4\text{-}37)$$

根据假定三，在静态汇率预期的背景下，影响持有外国债券的收益率的因素仅是外国利率的变动。外国的债券回报率为 i^*，本国债券的回报率为 i，当债券的回报率增加的时候，人们会减少货币的持有量去购买债券。当财富增加的时候，人们会倾向于持有更多的各种资产。所以人们对货币、本国债券和外国债券的需求可以表示为：

$$M = m(i, i^*, W), \ m_i < 0, \ m_{i^*} < 0, \ m_W > 0 \quad (4\text{-}38)$$
$$B = b(i, i^*, W), \ b_i > 0, \ b_{i^*} < 0, \ b_W > 0 \quad (4\text{-}39)$$
$$eF = f(i, i^*, W), \ f_i < 0, \ f_{i^*} > 0, \ f_W > 0 \quad (4\text{-}40)$$

其中类似 m_i 的符号表示 m 对 i 的导数。

联立以上式（4-37）至式（4-40），然后分别对 W、i、i^* 求导数，可以得到：

$$m_W + b_W + f_W = 1 \quad (4\text{-}41)$$

$$m_i + b_i + f_i = 0 \tag{4-42}$$

$$m_{i^*} + b_{i^*} + f_{i^*} = 0 \tag{4-43}$$

式（4-41）的经济含义是本国财富的增加会改变本国货币、本国债券和外国债券三种资产的持有量，但是改变的总财富在三种资产中的分配是不会改变的。式（4-42）的经济含义是本国利率变化对本国总财富的影响，显然利率的变化会分别影响三种资产的持有量，但是总的财富没有变化。式（4-43）表示外国利率对本国财富的影响，同理可以得到，外国利率的变化改变了总财富中三种资产的分配比例，但是总的财富总额没有发生变化。

2）图形分析

为了得到每个单独资产市场的均衡，对式（4-37）取全微分得到：

$$dW = dM + dB + e \cdot dF + Fde \tag{4-44}$$

然后对式（4-38）取全微分得到：

$$dM = m_i di + m_{i^*} di^* + m_W dW \tag{4-45}$$

当货币市场达到均衡时，货币的供给量不变，所以有 $dM=0$，此均衡关系在 i-e 平面上是一条直线，记为 MM。联立式（4-44）和式（4-45），在 $dM=0$ 的情况下，可以求得其斜率为 $-\dfrac{m_i}{(m_W \cdot F)}>0$。同理可以求出国内债券市场达到均衡时的直线 BB 的斜率为 $-\dfrac{b_i}{(b_W \cdot F)}<0$，外国债券市场达到均衡时的直线 FF 的斜率为 $-\dfrac{f_i}{[(1-f_W) \cdot F]}<0$。

由式（4-41）至式（4-43）的关系，可以得到，$-\dfrac{b_i}{(b_W \cdot F)}>-\dfrac{f_i}{[(1-f_W) \cdot F]}$，也就是在 e-i 平面上，FF 曲线斜率的绝对值大于 BB，其经济含义为本国债券需求对本国利率的敏感程度大于外国债券需求对本国利率的敏感程度。

当货币市场上，本国债券市场和外国债券市场都达到均衡状态时，整个资产市场也就达到了均衡状态，表现在 e-i 平面上就是三条直线相交于一点（如图4-2所示）。由于在本模型中规定了总资产约束，所以在货币、本国债券和外国债券三个均衡方程式中，只有两个是独立的。或者说，其中任何两个市场处于均衡状态，则第三个市场也必然处于均衡状态。

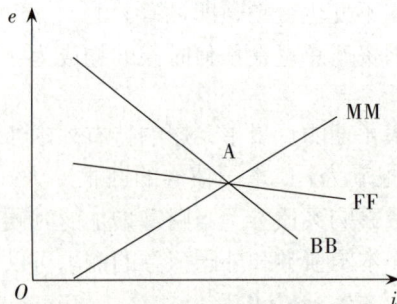

图4-2 资产市场的均衡状态

3）资产组合模型对汇率变动的分析

以上我们建立了资产组合分析法的基本框架。现在我们分析资产供给量变动对利率和汇率的影响。一般来说，资产供给的变化有两种情况：一是资产供给总量的变化；二是资产存量结构的变化。前者对汇率产生的影响称为"财富效应"，后者的影响称为"替代效应"。

（1）对资产供给相对量的变动分析

假设政府以公开市场操作形式增加货币供给。当这一公开市场业务在本国债券市场上进行时，其经济效应如图4-3所示。在图中，货币供给增加使MM曲线向左移动至MM′，本国债券供给的相应减少使BB线向左移动到BB′。由于外国债券供给不发生变化，因此FF曲线不发生移动。显然，MM′、BB′和FF的交点B意味着货币市场、本国债券市场与外国债券市场同时达到均衡，为经济的短期均衡点。在新的均衡点上，本币贬值，本国利率水平下降。

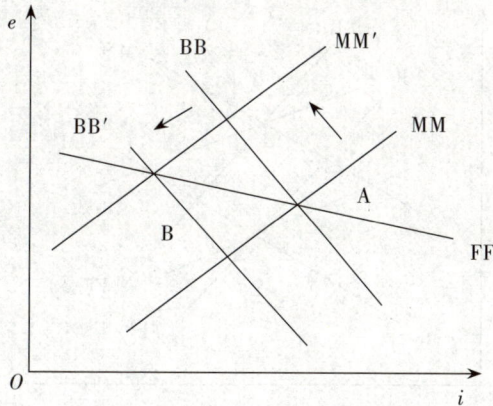

图4-3　在本国债券市场进行公开市场业务操作的经济效应

如果假定政府在外国债券市场进行公开市场业务，但其只从本国居民手中购买外国债券，这意味着外国债券供给的减少。这种公开市场业务影响的经济效应如图4-4所示。在图中，由于本国债券供给不发生变动，BB曲线不移动，本国货币供给增加，货币市场均衡曲线左移，新的交点B即为经济的短期平衡点。与图4-3比较可知，在本国债券市场进行的操作对本币利率的影响更大，在外国债券市场上进行的干预对本币汇率影响更大。可见，对于相同的货币供给量，在假定本国债券与外国债券不可完全替代时，它的内部组成结构可以影响到利率与汇率水平，这是与货币分析法不同的。

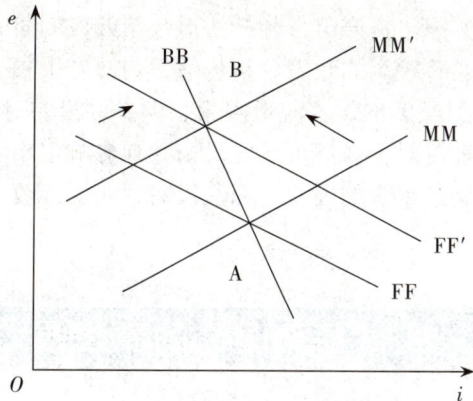

图4-4　在外国债券市场公开市场业务操作的经济效应

（2）对供给绝对量的变动分析

资产总量的变动可能有几种形式，下面集中讨论依靠对外债权的积累导致财富的净增长对汇率的影响。

在浮动汇率制下，一国经常账户盈余必然导致对外债权的积累，相反，经常账户赤字则会造成本国对外债权的下降。当一国出现经常账户盈余时，此时本国居民手里的外币债券存在超额供给，因此FF曲线左移。由于财富增加，对本国货币和资产的需求相对上升，MM右移，BB左移。最终均衡点B，本币升值，但本国利率变动为0。因为本币资产的数量供给均没有发生变化，当一国的外汇资产存量增加时，本国居民将试图将其部分换成本国的资产，因此存在超额的外汇供给，对本币的超额需求和对本币的超额供给正好相反，相互抵消，从而利率保持不变（如图4-5所示）。

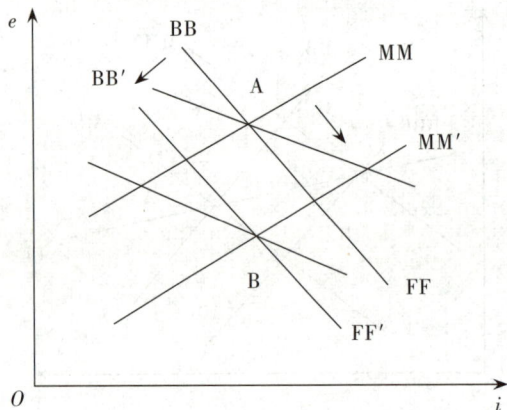

图4-5　经常账户盈余导致的外国债券供给增加的经济效应

4）对资产组合平衡论的评价

资产组合平衡论视汇率为一种资产价格，把分析的焦点置于资产市场均衡，体现的是一般均衡分析，改变了传统汇率理论把研究重心置于国际收支差额特别是经常项目差额的局部均衡分析的局限性，从根本上改变了研究视角，也使汇率决定理论研究更加贴近西方经济的现实。资产组合分析法区分了本国与外国资产的不完全替代性，将经常账户这一流量因素纳入了存量分析之中，第一次正式将存量分析法引入汇率决定理论中，同时结合了流量分析法，这对传统单纯的流量分析法是一个重大的突破，使汇率模型对各种影响因素的综合程度更高，更符合实际。资产组合分析法对政策效应的研究更为细致，为许多国家的政府决策提供了依据，具有较高的政策分析价值，为政府干预汇市提供了理论依据。

其局限性体现在该模型虽然纳入了流量因素，但是并没有对流量因素做出深入分析，仍带有较多的货币主义特征。对于商品市场的失衡如何影响汇率，没有进行分析。它用财富总额代替收入作为影响资产组合的因素，而又没有说明实际收入对财富总额的影响。同时，该模型实证检验困难。

4.4　汇率理论的新发展

4.4.1　汇率的微观市场结构理论

以往的所有汇率理论，如购买力平价理论、利率平价理论和资产市场理论等都是从宏观的角度对汇率进行考察，因而属于宏观汇率理论。但是，随着学术研究的日趋深入，人们不断发现传统的宏观汇率理论对许多现象无法做出令人满意的解释。

宏观经济基本面与汇率之间没有显示出密切的关联，尤其在短期内这种现象更为突出，因此，微观市场结构分析理论认为必须深入市场中去，在被传统理论忽视了的市场交易过程中展开研究。

1）微观分析的基本思路

（1）外汇市场的层次

外汇市场可以分为两个层次：

第一层次的外汇市场主要是由为客户提供外汇买卖服务的银行组成的外汇商（dealer）和其客户之间进行交易的市场，即所谓的零售市场。在这个层次市场上，外汇商作为做市商（market maker）报出买入价和卖出价，并被动地接受客户提交的买卖指令。

第一层次的市场是一个透明度较低的市场，因为客户与做市商之间的外汇交易只有交易双方知道，因此客户指令成了做市商的私人信息（private information）。这里的私人信息是指不为其他人所知晓的信息，而透明度是指市场所有参与者观察到有关交易过程所有信息（如交易价格、所有交易、成交量、市场参与者身份等）的容易程度。

第二层次的外汇市场是银行间市场，又称做市商市场（inter-dealer market），即所谓的批发市场，其主要参与者是做市商和经纪商（broker）。该市场主要采取做市商"报价驱动"的交易方式，因而是"点对点"的场外市场。常用交易平台是电子经纪系统（electronic broking system，EBS）和路透社电脑交易系统。交易平台显示的信息有成交数量、买方始发还是卖方始发，但交易者的身份是隐匿的。外汇市场是一个低透明度市场，因为有关信息一般只有交易双方知道。

（2）指令流

指令流（order flow）是金融市场微观结构研究领域的一个常用术语，是根据交易的始发者来判断符号的交易量，例如，如果做市商接收到的指令为"买入10单位的某种货币"，则记该笔交易为"+10"；相反，如果做市商接收到的指令为"卖出10单位的某种货币"，则记该笔交易为"-10"，因此，指令流度量的是在某一时刻内买方或卖方始发的交易量之和。

指令流的关键之处是其包含了信息。正（负）的指令流对做市商而言意味着客户认为其卖出价（买入价）偏低（偏高）。做市商根据每笔交易中客户的身份、指令的方向和数量，以及指令流总量的状况，就可以推测其中包含的信息。例如，从事进出口业务的客户大量卖出外汇，可能表明该国的贸易收支会出现顺差；指令流净额若发生大的变动，也许表明客户对汇率的预期发生了改变。做市商可根据这些信息对是否调整报价做出决策，从而影响汇率水平。

乍看起来，外汇市场上的交易活动似乎十分复杂，因而很难借助有效的方法对汇率的形成过程进行考察，然而通过仔细观察，就可以发现两个关键点：第一，汇率的形成过程并非"黑箱"，而是一系列因素影响做市商的报价的结果。对这个过程进行具体深入的研究是汇率微观结构分析的基本特征，因而具有重要含义。第二，任何有关当期和将来经济状况的信息只有通过改变做市商的报价才能对汇率产生影响。做市商会通过调整报价，对有关宏观经济的新的公开信息做出反应。他们也会根据客户和其他做市商提交的外汇买卖指令来调整报价。外汇市场上有关汇率的分散的信息通过客户的指令流影响做市商的报价，从而影响汇率。对指令流的这种将信息传递给做市商并改变做市商报价的作用进行具体深入的探讨，是汇率微观结构分析的另一个基本特征。

宏观汇率理论认为，基本面信息，如有关价格、利率、货币供应量和国际收支状况的信息是共识信息，然而对市场参与者而言，其实际含义是不同的，至少对其影响汇率的力度会有不同理解。共识信息其实是一种罕见现象。此外，除了市场参与者能同时获得的信息外，还存在许多分散信息（dispersed information）。指令流是向做市商传递有关基本面的分散信息的间接途径。分散信息通常是与经济基本面有关的微观层面的信息，如进出口商的结售汇情况、行业调查和分析报告等。

这种分散信息最初通过指令到达做市商时不会立即对外汇市场的汇率产生影响，因为这种分散信息在这个时候还是这些做市商的私人信息。但这种信息会在做市商市场逐步传递，最后成为共识信息，使得众多做市商都调整报价，进而导致汇率的变动。在这个过程中，做市商市场的指令流十分关键，因为它传递和扩散单个做市商的私人信息，并使之成为整个外汇市场的共识信息。

这个过程就称为信息聚合（information aggregation or information integration），信息聚合一旦完成，原来的分散信息就会融入做市商的报价。对信息聚合过程的研究是微观结构分析的重要组成部分，相关的研究结果得到大量实证检验的支持，尤其是能在很大程度上解释短期的汇率波动，如当日的汇率波动。

2）微观分析方法评析

微观结构分析强调的是与外汇市场、外汇交易和汇率有关的具体细节的探微，例如，在市场参与者的结构（亦即组成或构成）方面把市场参与者分为技术交易者与基本面交易者、高频率交易者和低频率交易者、金融机构和非金融机构等，进而考察其对汇率的不同影响；在交易结构方面则根据流动性交易、投机性交易、噪声交易等的差异来考察其对汇率的影响；在市场结构方面则分别考察客户市场、做市商市场和经纪商市场对汇率形成的影响。

这些表面上看来属于市场的细枝末节的结构因素实际上却与汇率及相关问题有千丝万缕的紧密的内在联系。微观结构分析的要旨就是将这些细枝末节作为关注的重点。

宏观因素须通过市场微观结构才能对外汇市场和汇率产生影响。微观结构分析并不排斥宏观分析和基本面因素，而是提供了宏观因素通过市场微观结构产生影响的路径并在宏观分析和基本面因素基础上再引入微观因素，如交易制度及交易方式、外汇市场的组织结构、市场参与者结构（构成）、不同市场参与者的行为等。单纯的宏观分析只能说明汇率的长期趋势，而微观分析则还能解释短期波动。由于微观结构分析方法更全面、更完整，因而更有说服力，对汇率及相关现象的解释能力显然要超过单纯的宏观分析。

微观结构分析法为汇率研究提供了一个新的视野。这种方法提炼出了与短期汇率波动相关的因素——指令流，指出指令流反映了短期内市场对不同货币的需求。微观结构分析法对短期汇率波动做出的解释在于信息融入汇率的机制。由于"市场参与者异质"和非共识信息的存在，指令成了信息融入价格的载体。微观结构分析法所取得的成功使其成为我们分析汇率短期波动的理论基石。

需要说明的是，虽然从理论上看，微观模型由于既包含基本面因素，又纳入微观因素，因而比宏观模型的覆盖面更广，从而比宏观模型更加完整，但其历时尚短，尚未完全定型，对短期汇率的预测能力还未经过长期和反复的验证，故而有待进一步确认。

4.4.2　汇率的宏观均衡分析方法

汇率的宏观均衡分析方法与国际资本流动的迅速发展密切相关。在这一背景下，从货币金融属性对汇率进行资产市场分析就成为汇率理论的主流，研究者专注于这些资本流动如何影响了汇率变动，而对这些资本流动背后的实体经济运行情况有所忽视。大家相信外汇市场会自发解决这些问题，汇率水平的合理性问题被掩盖起来。

国际资本流动给汇率带来的问题很快开始凸显出来，20 世纪 80 年代初的国际债务危机说明不受控制的资本流动给发展中国家带来的债务累积的危险；美国的双赤字现象提示发达国家的国际收支也可能出现可维持性问题，这两者都与国际资本流动越来越与实体经济脱节有关。在这种背景下，如何寻求汇率变动的实体经济基础成为理论界的热点，以 **IMF** 的经济学家为主体，提出了汇率的宏观均衡分析方法，又被称为潜在均衡分析法，其主要思路是重新从特定的宏观经济运行状况去分析汇率问题。这代表着流量观点的复兴。

1）基本思想

宏观均衡分析方法的基本思想可以追溯到纳克斯（1945）等人，国际货币基金组织从 20 世纪 60 年代末开始，在对汇率水平进行评估时开始越来越多地运用这一方法，特别是经过 20 世纪 80 年代初期威廉姆森等人运用这一思路提出了基本均衡汇率后，得到了很大发展，形成了现代汇率理论中与资产市场理论分庭抗礼的一大流派。

宏观均衡分析方法所定义的均衡汇率，是指与经济基本面相符合的汇率。这里特别体现在汇率要建立在合理的国际收支状况之上，一般认为，当消除了对金融市场上的人为扭曲因素时，存在着自发的、较为稳定的、与该国实体经济相适应的潜在的资本流动状况。这样，可以依据潜在的资本流动状况确定经常账户的合理目标，再考虑该国经济的内部情况，从而确定出均衡汇率的取值。这里合理的资金流动余额可理解为一国与外界之间合理的资本流动状态，是由一国自然状态下的储蓄与投资情况决定的。

2）对宏观均衡分析法的简单评价

宏观均衡分析法是在激烈的争论中发展起来的，它对汇率的决定问题的贡献体现在理论和实践两个方面。从理论方面来讲，研究者重新从实体经济角度把握汇率的变动，这些分析形成了一系列与基本均衡汇率具有相同思路的汇率理论，从而使宏观均衡分析法蔚为大观，与购买力平价形成了现代关于均衡汇率的两种最主要标准。从实践方面来看，由于潜在均衡分析法具有鲜明的政策导向，因此对国际机构、各国政府的实践产生了重大影响。自 20 世纪 80 年代以来，它始终是国际货币基金组织履行汇率监督职能、对各国汇率水平进行评估的主要理论依据。

启智增慧 4-2
主要央行推超
宽松政策应对
疫情冲击

4.4.3　汇率的市场效率分析法

有效市场的最初概念是由尤金·法玛（Eugene F.Fama）于 1965 年提出的，他于 1970 年在总结相应的理论和实证的基础上，借助萨缪尔森（Samuelson，1965）的分析方法和罗伯特（Roberts，1967）的三种有效形式，提出了有效市场假说（efficient markets hypothesis），即市场效率理论。该理论是预期学说在金融学或证券定价中的应用，也是西方主流金融市场理论。

市场效率论是指在一个有效的外汇市场上，汇率（即期汇率和远期汇率）必须充分地反映所有相关和可能得到的信息，这样投资者就不可能赚得超额利润，均衡汇率就是在完全信息条件下形成的，市场是所有信息的敏感器，调节着价格的变动。

有效市场最初被用于商品市场和资本市场的研究，后来又被引入外汇市场。但是，经验检验的结果拒绝了有效市场假说①，如坎比和奥伯斯菲尔德（Cumby&Obstfeld，1981）、杜利和谢夫特（Dooley&Shafter，1984）、利维奇和托马斯（Levich&Thomas，1993）对于即期外汇市场的检验；以及汉森和赫德里克（Hansen&Hodrick，1980）②、法玛（1984）等对远期外汇市场有效性的检验等。由此引发了市场效率对汇率影响的进一步研究。

自诞生以来，有效市场假说经过了广泛的实证检验。大部分检验结果都支持弱式和半强式有效市场假说。在对外汇市场的分析中，有效市场假说得到了广泛的应用。需要指出的是，尽管人们对即期和远期外汇市场进行了实证分析，但由于经济学家使用了不同的计量工具和数据，至今不能得出一个明确的结论。同时，由于现实中的汇率变动幅度和频率越来越大，加上外汇市场上仍然存在大量的投机获利机会，有效市场假说受到了有力的挑战。对此，一般的观点认为，对有效市场假说不能进行简单的接受或拒绝，而是应该作为一个过程来研究，即：短期内，市场上充斥着各种不同的封闭信息，使汇率不能充分反映所有的信息，所以短期的外汇市场是无效率的；长期内，由于信息扩散和资金流动，汇率将逐步反映所有可能得到的信息，因此长期的外汇市场将接近有效市场。

4.4.4 汇率的"新闻"理论

"新闻"理论在有效市场假说成立的前提下，对信息的作用进行了进一步的分析。在对有效市场假说的介绍中，经济学家曾经得到一个基本的结论，即如果外汇市场是有效率的，那么汇率将反映所有可能得到的信息，在数学上就可以认为远期汇率是将来的即期汇率的无偏误差。在这种情况下，两者之间的差额就是预测误差，这种误差来自未预期到的信息对汇率的影响。根据这种观点，汇率的变动大部分是由预期到的信息引起的。

这些未预期到的信息就是所谓的"新闻"（news）。具体而言，"新闻"是指那些不可预料的事件，包括经济统计数字的发表、政治事件、新的国际货币安排等。需要指出的是，新的信息和"新闻"之间存在很大的差别。新的信息能否成为"新闻"，必须先经过一个剔除过程。

这是因为，外汇市场对信息的反应不取决于它们是"好"的还是"坏"的，而是取决于它们是比预期中"更好"还是"更坏"。新的信息中可能不仅包括未预期到的信息，还包括人们已经预期到的信息。由于预期到的信息已经包含在现有的市场汇率之中，汇率只根据未预期到的信息发生变化，例如，当政府发布货币供给、贸易差额等统计数字后，汇率的变动并不取决于这些数字本身的大小，而是取决于这些统计数字和人们预期之间的差额，所以，只有从"总"信息中减去预期到的信息，剩下的"净"信息才是"新闻"。

实证检验表明，"新闻"分析能够部分地解释汇率波动。但是，现实中的汇率水平比

---

① 这些检验通常是利用非抛补利率平价条件作为模型进行的。
② 他们认为，外汇市场有效性假说是指市场参与者理性预期和风险中性两个核心假设。

根据"新闻"理论模型回归得到的汇率波动幅度更大、频率更高。"新闻"变量不能完全解释汇率波动的原因是：

第一，"新闻"变量不能完全包括所有的未预期信息。影响汇率波动的"新闻"很多，既有经济性的，也有非经济性的，后者一般很难进行量化，例如市场传言和政府公告等。所以，此类信息一般被摒弃在"新闻"模型的变量范围之外。但有时恰恰是这种不可量化的"新闻"对汇率的影响超过了可以量化的因素，所以削弱了"新闻"对汇率易变性的解释力。

第二，外汇市场上存在"理性泡沫"，这使汇率偏离由基本经济因素所决定，均衡水平之后继续维持这种状态。例如，20世纪80年代中期美元曾过度升值，虽然当时的市场参与者都认为美元高估的情形不会持久，但事实是，这种状况持续了两年多。在这种情况下，尽管美元高估，持有美元也是理性的。因为，只要泡沫能够持续下去，持有美元的收益必然可以补偿泡沫破灭的风险。

第三，"比索问题"影响了"新闻"理论对较大的汇率变动（例如金融危机时期一国货币的大幅贬值）的分析和预测能力。所谓"比索问题"，是指虽然人们已经预期到决定汇率水平的基本因素将会发生很大的转变，但由于基本因素变化是一个重大事件，立即发生转变的概率很小，所以在一定的时期内并没有发生转变。在这种情况下，预期的汇率变动和实际的汇率波动方向刚好相反。

尽管"新闻"理论并不完善，它仍然反映了汇率作为资产价格的本质特点——新闻的不可预期性导致了汇率的不可预期性和易变性，对汇率波动具有一定的解释力。

4.4.5 汇率决定的混沌分析法

混沌（chaos）是指在确定性系统中出现的貌似随机的运动，运动的确定性并不等价于可预测性，确定性的运动能够产生不可预测的貌似随机的行为。混沌的主要特征有：第一，过程是非线性的；第二，确定性与随机性的结合，是一个确定性系统，具有内在随机性，其运动具有非周期性，是永不重复的；第三，对初始条件的敏感依赖性，初始条件的细小变化导致系统有完全不同的轨道；第四，空间混沌吸引子具有自相似结构的分形维；第五，具有普适性，在倍周期分岔通向混沌的过程中，普适常数的发现引起了重整化群的思想，说明混沌系统具有共同的规律性。[1]

随着数学工具的完善，一些学者放弃了汇率理论理性预期的假设，试图通过混沌理论来模拟汇率的运动，从而开辟了汇率决定的混沌分析法。

德·格罗韦和德瓦洽特（De grauwe&Dewachter，1991）利用混沌理论开创了研究汇率行为的先河，他们将基于基本因素分析汇率决定的长期模型与基于非线性理论分析汇率决定的短期模型相结合，提出了汇率决定的混沌货币模型。假定市场上有两类投机者：一类是技术或图表分析者，只利用过去的信息，外推将来汇率的变化；另一类是基本面分析者，由汇率决定的结构模型来计算汇率的均衡值，认为市场汇率将趋向均衡值移动。根据假定，有关未来汇率变化的预期将由两部分组成：一是技术或图表分析者预期；二是基本面分析者预期。他们证实汇率短期行为是可以预测的，而且使用技术分析方法进行预测的

① 彼得斯. 资本市场的混沌与秩序 [M]. 储海林，殷勤，译. 北京：经济科学出版社，1999：41-42.

精确度要优于随机游走模型。

现实中，汇率具有非线性高频变动的特征，混沌模型通过非线性方程组描述了汇率变动，也解释了很多原有汇率理论难以说明的问题，如混沌系统对初始条件的敏感性可说明现实中预测汇率的困难。目前，汇率决定的混沌分析法尚处于发展的早期阶段。尽管它的批评者认为，那些导致产生混沌的参数的值，在实际经济中可能是不合理的，然而这种方法却具有重要的理论意义和实践意义：（1）传统的汇率理论主要关注的是汇率的稳定状态，而汇率的混沌模型使人们认识到汇率的周期性和混沌运动状态也是可能的，从而丰富了对汇率行为的认识。同时它还告诉我们貌似随机的、复杂的汇率现象，在本质上其形成的机制可能是确定的、简单的。（2）混沌分析法提供了一种利用纯内生的方式来解释汇率波动的方法，这种方法无须求助于外部的随机性，从而克服了利用"新闻"模型解释汇率波动的局限性。（3）混沌模型并不否认外部冲击对汇率的影响，而是说明这种冲击的效应依赖于决定汇率的经济系统本身的性质。在一个高度稳定的能够迅速回到均衡状态的系统中，外部冲击的效应是很小的。而在一个对初始条件敏感依赖的混沌系统中，一个很小的冲击所造成的影响会很大，使汇率不再回到原来的运动轨道上。（4）混沌行为在长期内的不可预测性与传统的理性预期假说不相容，从而使理性预期假说这种一直支配汇率研究的思想变成一个构建汇率模型的非常不稳定的基础。（5）从实践的角度来看，混沌分析法为制定有效的汇率管理政策、利用可能的混沌控制方法提供了一种新的思路。

现实经济是复杂的，自20世纪80年代开始，汇率决定理论进入新的发展阶段，理论与现实的差距不断调整着研究的视角，推动着汇率决定理论不断向前发展。

本章小结

现代汇率决定理论是一种金融现象，包括购买力平价理论、利率平价理论、资产市场理论等。购买力平价理论为后续理论的发展提供了长期分析框架。

购买力平价理论建立的基础是一价定律。绝对购买力平价理论和相对购买力平价理论是它的两种形式，前者认为两国的汇率等于两国相同篮子商品的价格水平之比，后者认为两国汇率的变化应与两国相对价格成比例。

利率平价理论是关于远期汇率的决定和变动的理论。在理性预期和风险中性的条件下，利率低的国家的货币的远期汇率会上升，而利率高的国家的货币的远期汇率会下跌；预期名义汇率变化率约等于两国间的利率差。利率平价理论包括抛补利率平价和非抛补利率平价两种模型。

资产市场理论包括货币分析法和资产组合分析法两个分支。根据货币分析法，在长期对货币的名义需求是稳定的，与名义国民收入水平成正比，与利率成反比。它又分成弹性价格货币模型、粘性价格货币模型和实际利率差异货币模型三种形式。

弹性价格货币模型假定所有价格（工资、物价或汇率）无论上升或下降、长期或短期都具有完全弹性，认为汇率水平主要由货币市场的供求状况决定。

粘性价格货币模型假定短期内只有汇率是弹性的，而工资和物价是粘性的，认为短期汇率是货币市场套利决定的，因它大于长期均衡汇率而出现汇率超调。

关键概念

购买力平价理论 抛补利率平价 弹性价格货币模型 粘性价格货币模型 资产组合分析法 市场效率论

综合训练

✓ 思考题

1）假设泰国的年通货膨胀率为30%、美国为5%，根据相对购买力平价理论，泰铢与美元的汇率将如何变化？

2）简述绝对购买力平价理论的内容、适用性及评价。

3）简述相对购买力平价理论的内容及评价。

4）利率平价理论有哪些形式？分别是什么？

5）假设实际利率在美国为每年9%，而欧洲为每年3%，则下年度美元/欧元汇率将如何变化？

6）根据弹性价格货币模型，决定汇率变动的因素有哪些？

即测即评4

综合训练参考答案4

第 2 篇

国际货币体系

第5章

国际货币体系演进

目标引领

☑ **价值塑造**

　　本章引导学生了解SDR推出的历史背景、作用功能，以及人民币加入SDR货币篮子的重大历史意义。在此基础上，树立中国特色社会主义的制度自信。同时，通过了解布雷顿森林体系的演进与美元霸权，进一步明确时代赋予青年人的使命担当。

☑ **知识传授**

　　通过本章的学习，掌握国际货币体系构成的基本要素、构成与演进，理解特别提款权的产生、性质、用途及定值的演变。

思维导图

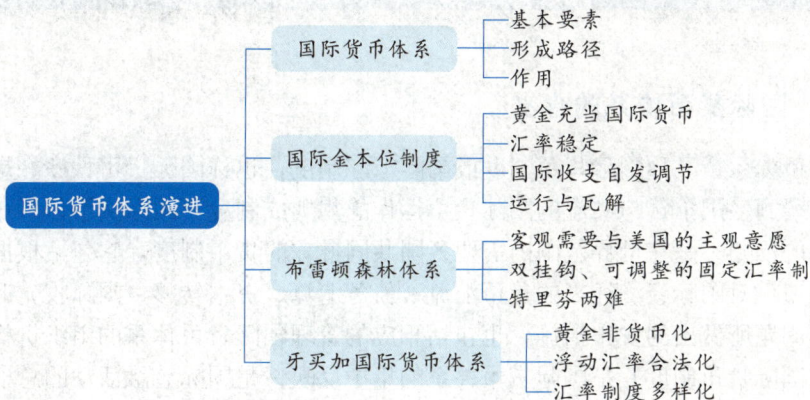

国际货币体系演进
- 国际货币体系
  - 基本要素
  - 形成路径
  - 作用
- 国际金本位制度
  - 黄金充当国际货币
  - 汇率稳定
  - 国际收支自发调节
  - 运行与瓦解
- 布雷顿森林体系
  - 客观需要与美国的主观意愿
  - 双挂钩、可调整的固定汇率制
  - 特里芬两难
- 牙买加国际货币体系
  - 黄金非货币化
  - 浮动汇率合法化
  - 汇率制度多样化

开篇导读

国际货币体系的主要阶段

　　国际货币体系经历了国际金本位制、布雷顿森林货币体系和牙买加国际货币体系三个主要阶段。在金本位制初期，金币可自由铸造，银行券可兑换黄金，黄金可自由输出输入，使汇率最终恢复到铸币平价水平，从而保证了汇率的长期稳定。国际贸易、国际投资显著增长。随着各国经济实力的变化，黄金逐渐向英国集中，英镑成为最主要的国际储备货币。然而，由于黄金的稀缺性，全球流动性容易突然紧缩并在短期内加剧各国价格水平的波动。同时，有限的储备资产约束了国内信贷的增长，汇率稳定与通货紧缩的矛盾也日益激化，最终导致金本位制崩溃，英镑也丧失了霸权地位。此后，布雷顿森林货币体系提供了一种"双挂钩"的固定汇率制度。在该体系确立的初期，良好的美元信用与汇率和价格的锚定作用为世界各国提供了稳定的货币金融环境，促进了第二次世界大战后国际贸易的恢复和发展，有效地缓解了通货膨胀并降低了失业率。然而，各国迅速积累的美元债券与美国有限的黄金储备之间的矛盾不断激化，"特里芬两难"等问题最终导致了该体系的崩溃。牙买加国际货币体系实质上是以美元为中心的国际储备货币多元化的国际货币体系，是以在世界范围内普遍实行浮动汇率制为主要特征的国际货币体系。美元不再维持与黄金的固定比价，其价值以美元的信用为基础；各国不必维持本币与美元的固定比价，汇率安排也更加多样化。

评析：尽管欧元的启动及美元危机这些冲击在一定程度上动摇并削弱了美元本位制，但据IMF统计，2008年全球贸易总额中以美元计价结算的比重接近90%；美元储备在全球外汇储备总额中占63%；而欧元占26.8%。2017年在全球外汇储备中，美元储备总计6.13万亿美元，占比63.5%左右，相比之下，欧元储备的份额仅为20%左右，远低于2009年峰值时期的28%。2019年6月末，美元储备在全球外汇储备总额中占61.63%；而欧元有所提升，占20.35%。可见，美元依然是全球主要储备货币与计价支付手段。因此，美元本位制短期内仍将持续，短期内没有哪个经济体的货币能够完全取代美元在当今国际货币体系中的地位。

5.1　国际货币体系的构成要素

5.1.1　国际货币体系的含义

国际货币体系，又称国际货币制度或国际汇率制度，也称国际货币秩序，是在国际范围内确立的得到多国承认与实施的国际货币运作的规则或制度。国际货币体系是规范国家间货币行为的准则，是在世界范围内需要各国共同遵守的货币制度。它包括根据某种国际协定或国际惯例对国际经济往来的货币汇兑、债务清算、资本转移、国际收支调节、储备资产供应等问题所做出的安排措施，也包括相应的管理国际货币体系的组织机构。国际货币体系（或国际货币制度）是国际货币关系的集中反映，是国际金融活动的总框架，是各国开展对外金融活动的重要依据。如同一国国内经济的正常运行和健康发展需要有一个完善的国内货币制度一样，世界经济和各个国家之间的关系要正常运行与发展，也需要在国际范围内有一个良好的符合世界多数国家共同利益的国际货币制度。

5.1.2　国际货币体系的形成途径

国际货币体系是组织国际货币运作、协调各国金融关系的整体行为，是一个复杂的系统工程，它的形成、发展与不断完善有其深刻的世界经济发展背景和历史根源。追溯历史，归纳国际货币体系的形成途径，基本有两种：

一种是通过惯例或习惯演变而成的。这种体系的形成经历了一个长期的、缓慢的发展过程。当相互联系的习惯或程序形成以后，一定的活动方式就会得到公认，当越来越多的参与者共同遵守某些程序或惯例并给予其法律约束力时，一种体系就发展起来了。国际金本位货币制度就是这样形成的国际货币体系。

另一种是通过国际性会议建立的。这种体系具有通过有约束力的法律条文在短期内能够建立起来的特点。当然，这样的体系也不能完全排斥某些约定俗成的传统做法，而往往是现行的法律与传统的习惯相结合的产物。第二次世界大战后建立的布雷顿森林货币体系和现行的牙买加国际货币体系就是通过这种途径建立起来的。无论是通过哪种途径形成的国际货币体系，都是世界经济发展的必然产物。当然，国际货币体系的形成还必须具备相应的条件。从根本上讲，国际货币体系是商品货币经济在世界范围内发展的必然产物。没有商品货币经济的广泛深入发展，就没有国际货币体系存在的必要性和可能性。国际贸易和国际金融活动的发展，要求建立一个统一的国际货币体系，这是产生国际货币体系的基本条件。此外，建立国际货币体系还需要满足以下条件：①具备保证国际货币正常运行的有力的经济基础；②国际货币使用的范围必须广泛；③保证国际货币稳定的措施要得当；④相关国家经济利益得到兼顾等。

5.1.3　国际货币体系的构成要素或基本内容

构成国际货币体系的基本要素或基本内容有四个方面：

1）确定关键货币或国际货币

理想的国际货币体系结构一定要有法定的或明确的国际货币或关键货币，如同一国国内货币制度中法定的本位货币一样。所谓关键货币或国际货币，是在国际货币体系中充当基础性价值换算与支付的货币或工具。关键货币或国际货币是构成国际货币体系最为基本的要素，因为一种货币体系只有有了本位货币或关键货币才能名副其实。我们曾在第1章阐述基本汇率时谈到过关键货币这个名词，从理论上讲，各国汇率计算中的关键货币与货币体系中的关键货币应是同一的，但由于世界经济发展和各国之间经济与政治关系的复杂性，使得两者往往不一致，如体系中的关键货币原则上应是一成不变的，而汇率计算中的关键货币则可根据世界经济形势和国情变化适时调整。确定关键货币的重点是确定关键货币的发行依据或价值基础及如何为他国即世界所接受的问题。

2）确定汇率制度安排

确定汇率制度安排就是确定关键货币与其他货币之间的兑换办法与兑换关系。也就是说，关键货币能否成为关键货币或国际货币，能否为各国所接受，必须在国际货币体系或制度中对其与其他货币之间的价值联系和兑换办法有明确规定。只有确定了汇率安排，国际货币体系才能得以正常运作。各国货币之间价格的确定与变化调整机制即汇率制度安排也是国际货币体系最重要的内容或构成要素之一。关键货币币值的稳定与有效运转取决于两个方面：一是关键货币与其价值基础之间的联系，即关键货币赖以流通的物质保证；二是各国货币兑换率的波动幅度。从第一方面来看，如果关键货币与其价值基础间的关联度较低，即货币的票面价值与其实际价值发生背离，最终必将导致该种货币作为关键货币地位的丧失乃至整个货币体系的崩溃。从第二方面来看，如果兑换率的波动幅度很大，也会给关键货币的物质保证造成压力，进而影响到关键货币的流通，同时也会直接影响各国之间经济利益的再分配。因此，国际货币体系必须对各国货币比价或汇率的确定、汇率波动的范围与调整措施等问题做出安排。

3）确定国际收支的调节机制

国际收支是一国对外经济交易及其结果的系统记录。如果一国存在着巨额的国际收支差额，不论是逆差还是顺差，都是国内经济发展不平衡的表现，将影响该国国内经济健康发展，而且也必将影响世界经济的健康发展。因此，确立国际收支调节机制，帮助和促进国际收支出现不平衡的国家进行调节，并使各国在国际范围内公平合理地承担国际收支的调节责任，保证各国经济平衡发展和世界经济稳定，就成为国际货币体系的重要内容或重要任务。如果国际收支调节机制不健全或失灵，整个国际货币体系就难以保持稳定。

4）确定国际储备资产

为适应国际支付和维持汇率稳定的需要，一国必须保存一定数量的为各国普遍接受的国际储备资产。确定哪些资产可以充当国际储备，其供应方式和数量规模如何，需要有国际性的规则予以妥善安排，因此，确定国际储备资产及其供应方式也成为国际货币体系的重要内容。此外，国际货币体系对货币的可兑换性、黄金外汇转移的自由性、国家政府间对外债权债务清偿的原则等有关问题也应做出相应的安排或规定。

5.1.4　国际货币体系的作用

国际货币体系的存在与发展，对国际贸易和国际金融活动有着深刻而广泛的影响，对各国及世界经济的稳定与发展有着积极的促进作用。这种作用是通过国际货币体系的相应组织机构发挥其组织职能或者说运用货币体系的各种构成要素来实现的。其主要表现在以下几方面：

第一，为世界贸易支付清算和国际金融活动提供统一规范的国际货币及其运行规则。统一的国际货币体系不仅为世界经济的运行确定必要的国际货币，而且对国际货币发行依据与数量、兑换方式与标准等问题做出明确规定，同时还为各国的国民经济核算提供统一的计价标准等，这就为世界各国的经济交往提供了较为规范的标准，可以促进世界经济的健康发展。

第二，稳定汇率。建立合理的汇率机制，促进汇率的稳定，防止竞争性的货币贬值，是国际货币体系的首要任务之一。国际货币体系为各国汇率的确定提供了统一的计价标准，为各国汇率制度安排提供意见与管理措施，维持了世界汇率的稳定。同时，统一的国际货币体系为世界各国免受国际金融投机活动的冲击，稳定各国货币的对内价值，稳定各国国内货币流通，健康地发展对外经济，提供了良好的外部环境条件，这些反过来也为国际汇率的稳定奠定了更坚实的基础。

第三，调节国际收支。确定国际收支调节机制，保证世界经济均衡健康发展，是国际货币体系的基本目的和主要作用之一。确定国际收支调节机制一般涉及汇率机制、对逆差国的资金融通机制、对国际货币（储备货币）发行国的国际收支的纪律约束机制三方面内容。这三种机制作用的发挥必然会对各国的国际收支产生重要的影响与调节作用。

第四，监督与协调有关国际货币金融事务。国际货币体系的建立与运作，需要有相应的权威的协调或组织管理机构。国际货币体系管理机构的重要职责是协调与监督世界各国有关的国际货币或金融事务，保证国际货币体系稳定汇率与调节国际收支等作用的实现，这也是国际货币体系本身发挥作用的重要方面。在当代世界经济及国际金融市场不断迅猛发展、各国之间经济联系日益紧密的情况下，如何采取有效的国际政策协调和国际合作来切实保证国际货币体系的有效运作，已成为当代国际货币体系的重要职能作用，不容忽视。

5.2　国际货币体系演进历程

根据世界经济和国际货币体系发展的历史阶段，国际货币体系的演进历程为国际金本位制、布雷顿森林货币体系和牙买加国际货币体系。

5.2.1　国际金本位货币制度

1）国际金本位制的产生与基本内容

国际金本位制是在多国实行金本位制的基础上形成的，是最早出现的一种自发形成的国际货币体系。金本位制（gold standard）是指一国的本位货币（standard money）以一定重量、成色的黄金来充当，在市场上流通。在金本位制下，在市场上同时与金币一起参与流通的货币还有以 100% 黄金为发行准备的银行券。

1816 年，英国政府制定了《金本位制度法案》，发行金币，并以一定量黄金作为本位货币，规定每盎司黄金为 3 镑 17 先令 10.5 便士，最先实行了金本位货币制度。随后，法国、比利时、瑞士、意大利、德国、美国、俄国和日本等国家也先后实行了金本位货币制度。到 1880 年，金本位制已在资本主义各国得到了普遍采用，具有了国际性。这种以世界各国普遍实行的金本位制为基础的国际货币体系，就是国际金本位制度。尽管 1816 年英国就颁布了铸币条例，实行了金本位制，但一国的金本位制与国际金本位制是不同的，人们通常认为，1880 年是国际金本位货币制度的起始年，因为直到那时欧美主要国家才较普遍地实行了金本位制（见表 5-1），可以说，国际金本位制的鼎盛时期只有从 19 世纪后半期到 20 世纪初期短短 30 余年的历史。由于在金本位制下，流通界有金币与银行券两种流通手段起作用，再加上英国在当时经济实力强大，尽管国际金本位制在名义上是以黄金为国际货币，但由于黄金运输不便、费用高而且遭受损失的机会多，所以当时 80% 以上的国际贸易是用英镑来计价支付的。因此，国际金本位制也可以说是以英镑为中心、以黄金为基础的国际货币体系，甚至有的学者直接将第一次世界大战前的国际金本位制称为英镑本位制。

表5-1　　　　　　　　　　　　　各国实行金本位制的年份

国别	年份	国别	年份	国别	年份
英国	1816	比利时	1874	俄国	1898
德国	1871	瑞士	1874	荷兰	1875
瑞典	1873	意大利	1874	乌拉圭	1876
挪威	1873	美国	1879	巴拿马	1904
丹麦	1873	日本	1897	墨西哥	1905

国际金本位制的基本内容表现为：黄金是国际货币；汇率是由两国货币的含金量对比即由铸币平价来决定的；金币可以自由铸造、自由熔化，即金币可以自由进入或退出流通界；金币具有无限法偿的权利，银行券可以自由兑换金币；金币可以自由输出或输入国境。

　　上述金本位制的基本内容是以典型的金本位制或者说金铸币本位制为基础来描述的，此外金本位制还包括金块本位制和金汇兑本位制两种类型。所谓金块本位制是以黄金为准备金，以有法定含金量的价值符号作为流通手段的一种货币制度，是削弱了的金本位制，盛行于第一次世界大战后。在金块本位制下，金币仍为本位货币，但已不参与国内流通，在国内流通的是具有法定含金量的银行券；金币不得自由铸造；银行券在一定条件下可按官价兑换金块。所谓金汇兑本位制是以存放在金块或金铸币本位制国家的外汇资产作为准备金，以有法定含金量的纸币作为流通手段的一种货币制度，是更加削弱了的金本位制。在金汇兑本位制下，货币单位仍规定含金量，但国内不流通金币，而是以国家发行的银行券当作本位货币流通；银行券只能在国内购买外汇，不能兑换黄金，但这些外汇可在外国兑换黄金；本国货币同另一金块本位制国家的货币保持固定比价，并在该国存放大量外汇或黄金作为平准基金，以便随时出售外汇来调节外汇行市，稳定汇率。

　　2）国际金本位制的主要特点

　　国际金本位制是在世界性的商品交换的发展或者说国际贸易已较为深化的情况下产生的，是人类社会与经济发展史上第一次自发出现的为国际贸易与支付服务的国际货币制度，其形成与发展有许多特点：

　　第一，黄金充当国际货币。以有内在价值的黄金作为国际结算手段，既是商品交换与世界贸易长期发展过程的客观产物，也符合人们在当时条件下接受商品交换等价物的主观选择。具有内在价值的黄金作为货币材料，币值是稳定的，纸币（信用货币）的币值也是稳定的。金本位制在稳定了一国国内经济的同时也稳定了国际经济，这对促进世界经济稳定、健康发展无疑是非常重要的。

　　第二，汇率稳定。在国际金本位制下各国之间的汇率或者说国际金融市场汇率是稳定的，这可以说是这一体系最为鲜明的特点。事实上，在金本位制时期，英、美、法、德等国家间的汇率基本没有变动，从未发生过贬值或升值。可以说，国际金本位制是比较纯粹的固定汇率制。

　　第三，国际收支失衡自动调节。在金本位制下，由于黄金能自由输出输入国境，一国若出现国际收支失衡，可以通过体系中存在的自动调节机制自发地起作用，而无须人为地采取调整措施（见表5-2）。

表5-2　　金本位制下一国国际收支的自发调节

国际收支	逆差	顺差
汇率	下跌到黄金输出点	上涨到黄金输入点
黄金	流出（货币供应量减少）	流入（货币供应量增加）
物价	下跌	上涨
进出口	进口减少；出口增加	进口增加；出口减少
利率	上升	下降
资本流动	流入	流出
国际收支	顺差	逆差

第四，国际货币关系或各国经济利益的协调具有一致性。在金本位制下，国际的货币支付原则与做法基本一样，各国实行的货币制度措施与规定大致相同，尽管当时并没有一个相关的公共的国际组织来领导与监督或制定各国必须执行的相关规定，在国际货币关系问题的处理上各国也只是遵循大致相同的惯例与做法，但在平衡国际收支、稳定汇率、分配国际储备、维护各国利益等方面的效果却是很理想的。金本位制下的这种自发调节与协调作用的结果就是，没有出现像当今世界各国间这样严重的贫富不均、两极分化局面。

由于国际金本位制的上述特点或优越性，使得它在促进国际信用关系的发展和世界经济进步方面起到了巨大的推动作用。国际金本位制的这些优越性至今仍令许多人难以忘怀，以致一些人竟然主张当代国际货币制度改革应走回金本位制的老路。

3）国际金本位制的主要缺陷

金本位制虽然是一种比较稳定的国际货币体系，对世界经济的发展起到过重要的促进作用，但它同时也存在着明显的缺陷。首先，黄金供应不足，难以适应世界经济进一步发展的需要。世界经济增长对黄金作为货币商品和普通商品的需求量大大超过黄金的生产量，黄金不能充分满足需要。其次，金本位制的自动调节要求各国必须自觉遵守"比赛规则"（rules of the game），否则会使金本位制带有紧缩信用倾向。所谓"比赛规则"，即各国发行纸币应受黄金储备数量的限制，并应按官价无限地买卖黄金或外汇。但是，由于没有一个统一的国际监督机构，盈余国会为更多获利而将盈余冻结，调节国际收支的负担就要全部落在赤字国身上，赤字国就必须紧缩自己国家的信用。一国发生紧缩情形，往往会加速其他国家经济的衰退，从而破坏国际货币体系的稳定性。再次，会形成资源的浪费。为满足货币需求，需要花费大量的人力和物力将黄金挖掘出来，再窖藏在国库中，形成不必要的资源浪费。最后，国家对货币流通的调节会受到某种约束。金本位制使货币数量严格受到黄金数量的限制，使国家在经济周期的不同阶段对货币流通的调节受到很大约束。上述诸多缺陷，不利于世界经济发展和金本位货币制度本身的完善。任何国际货币体系若不能适应世界经济发展的需要，则必然要走上崩溃的道路。

4）国际金本位制的瓦解

第一次世界大战前夕，各国为准备战争都在世界范围内搜集和争夺黄金，并把国内的黄金集中到中央银行，这就使黄金在国家间的分布日益不均，金币自由铸造和自由流通的基础被严重削弱，国内银行券对黄金的兑换日益困难，黄金在国家间的流动受到严格限制。

1914年第一次世界大战爆发，各主要实施金本位制的国家先后停止了金币的铸造与流通，停止了纸币与黄金的兑换，实行了黄金禁运，典型的国际金本位制遂告结束。国际金本位制的彻底瓦解是一个渐进的过程。第一次世界大战结束后，除美国恢复了黄金的自由兑换外，欧洲的主要国家由于黄金大量流失都不具备恢复典型金本位制的条件，于是，以金块本位制和金汇兑本位制为特征的残缺不全的金本位制成了当时的国际货币制度。在这种制度下，固定汇率制无法实行，主要工业国家货币之间的汇率自由浮动。例如，在1918—1924年间，英镑与美元之间的汇率大体依市场状况自由波动，政府基本上没干预，战前两国货币平价为£1=\$4.8665，英国为融通战争经费，货币发行量增长过快，到1920年年初英镑汇率下跌至£1=\$3.1800，比战前下降了35%。

1929—1933年的世界经济危机使残缺不全的金本位制也难以为继。从英国于1931年放弃金本位制开始到1936年，实行过金本位制的国家都相继宣布放弃原汇率制度，国际金本位制基本上崩溃了。

国际金本位制崩溃以后，正常的国际货币秩序遭到破坏，陷入混乱。20世纪30年代，资本主义国家相继出现了三个相互对立的货币集团：英镑集团、美元集团和法郎集团。集团内部对货币兑换比价及波动幅度等有统一规定，而对集团外的货币支付则严格限制，集团之间壁垒森严，相互之间实行外汇倾销，进行激烈的货币战。1936年9月，三国为恢复国际货币秩序，达成"三国货币协定"，同意维持协定成立时的汇价，尽可能不再实行货币贬值，通过共同合作保持货币关系的稳定，并于同年10月签订了三国相互间自由兑换黄金的"三国黄金协定"。但由于法郎一再受到投机者的侵袭，黄金大量流失，法国终于在1937年6月宣布放弃金本位制，国际货币关系依然充满着矛盾与冲突。后来，德国等帝国主义国家为准备战争，从美国购买军用物资，引起黄金外流，"三国货币协定"遂被冲垮。从金本位制崩溃到第二次世界大战几近结束这一时期，世界上不存在统一的国际货币制度，整个国际金融领域动荡不安。

5.2.2　布雷顿森林货币体系

布雷顿森林货币体系是第二次世界大战以后，在纸币货币制度下通过政府间协商建立起的以美元为中心并实行固定汇率制度的国际货币体系。布雷顿森林货币体系的产生、发展与崩溃都有着深刻的世界经济与历史根源。

1）布雷顿森林货币体系产生的历史背景

以美元为中心的国际货币体系产生的历史背景可以归纳为两个方面：

一方面，当时世界经济形势在客观上需要建立一种稳定的国际货币制度。国际金本位制崩溃后，国际货币秩序很不稳定，两次世界大战极大加剧了国际社会货币与经济混乱的局面。第二次世界大战使帝国主义国家之间的实力对比发生了极大的变化。德国、意大利、日本战败，国民经济受到重创；英国、法国等国虽然获胜，但工农业生产等亦遭到严重破坏；而美国由于远离战场，非但没受战争损伤，反而通过出售军火发了战争财，经济、政治、军事地位不断提高并在世界范围内占有绝对优势。第二次世界大战后期，英、法等国为医治战争创伤，维持国际收支平衡、避免资本外逃、解决恢复生产所需资金的缺口、稳定本国经济，与其他资本主义国家展开了激烈的贸易战、外汇战。第二次世界大战后没有统一国际货币制度约束的国际金融市场与国际贸易环境相当混乱，各国不负责任的以邻为壑的贸易战、货币战进一步加剧和加重了各国之间的矛盾和经济发展的负担，若不能及时结束这种混乱局面，国际金融领域必将更加动荡不定，世界经济发展必将进一步受到严重破坏。当时世界的经济形势在客观上确实需要尽快建立一种稳定的国际货币秩序与制度。

另一方面，美国在主观上要建立美元霸权地位。如前所述，美国经济由于发了战争财而空前强大，而美国的货币——美元却远不如美国经济那样在世界占统治地位，因为在第二次世界大战前占据国际货币统治地位的始终是黄金与英镑。随着英国经济的衰退及英镑的贬值，以及随着美国经济在世界经济中的走强，美国政府不能不考虑如何把自己国家的货币推向世界舞台的问题。然而，战后的英国并不甘心英镑就此失去先前世界货币霸主的地位，于是美国与以英国为首的欧洲主要工业国之间展开了激烈的国际货币争夺战。在第二次世界大战快结束的时候，美、英就着手研究如何建立一个新的国际货币制度，并在1943年4月提出了各自的方案。

英国发表了由著名经济学家凯恩斯（J.M.Keynes）拟订的《国际清算同盟方案》（Proposals for The International Clearing Union），通称《凯恩斯方案》（Keynes Plan），其主要内容有：①成立国际清算同盟，并发行一种国际信用货币，名叫班柯（bancor），与黄金固定比价，用作各国之间支付结算单位。②各国货币按一定比价与班柯建立固定比率，这个汇率可以调整，但不能单方面进行竞争性的货币贬值。改变汇率必须经过一定的程序，调整汇率幅度达5%以上时，需经国际清算同盟批准。③各成员国中央银行在国际清算同盟中开设账户，彼此间用班柯进行清算，发生顺差时，记入贷方账户，发生逆差时记入借方账户。借方和贷方数字都可以积累起来，但不是无限制的，必须付出代价，以便促进国际收支的调整。凯恩斯计划的国际货币制度，在国际货币、汇率和调节三个方面，是针对国际金本位制和20世纪30年代的体系的弊端而设计的。国际货币的数量可以视世界经济发展的需要而定，不受黄金数量的限制。汇率是固定的，但可以调整，以避免竞争性的贬值。调节国际收支的办法是按照基本的银行经营原理设计的，借方和贷方必然相等，贷方对借方予以支持，使国际收支得到平衡。

美国财政部顾问怀特（H.D.White）提出了另一方案，即《国际稳定基金计划》（Proposals for the United and Associated Nations Stabilization Fund），通称为《怀特方案》（White Plan）。这个方案的主要内容是：①建议建立一个国际货币稳定基金组织，资本总额为50亿美元，采取存款制，由成员方用黄金、本国货币和政府证券认缴，认缴份额取决于各成员方的黄金外汇储备、国民收入和国际收支差额变化等因素，并根据各国缴纳份额的多少决定各国的投票权。②创设一种与美元相联系的国际货币——尤尼他（unitas）作为计量单位，各国货币与尤尼他保持稳定的比价。比价确定以后，非经基金组织同意，不得任意变动。③成员方为了平衡临时性的国际收支逆差，可以用本国货币向基金组织申请购买所需要的外币，但数额最多不得超过它向基金组织认缴的份额。④基金组织的主要任务是稳定汇率，并给成员方提供短期信贷，帮助成员方解决国际收支不平衡的问题。《怀特方案》是从美国的利益出发提出来的，其目的是让美国一手操纵和控制基金组织，从而获得国际金融领域的领导权和统治权。

《凯恩斯方案》与《怀特方案》分歧很大，英美两国就这两个方案进行了频繁的讨论和激烈的争辩，同时还吸收了一些其他国家参加讨论，但最后还是美国人占了上风，这主要是由于英国在战争期间受到了重创，它在政治上和经济上与美国实力相去甚远，已无法与美国在同等地位上展开竞争，而且英国还面临着怎样筹集巨款来进行战后经济重建，以及如何调节严重的国际收支逆差的问题。英国在这方面有求于美国，所以被迫放弃了《凯恩斯方案》，接受了美国的《怀特方案》。同时，美国也做出了一些让步，最后双方达成协议。30多个国家的代表共同商讨后，于1944年4月23日发表了以美国《怀特方案》为基础的《关于建立国际货币基金的联合声明》。在这个声明的基础上，1944年7月1日到22日，在美国新罕布什尔州的布雷顿森林（Bretton Woods）召开了有44个国家参加的联合国货币金融会议（United Nations Monetary and Finance Conference）。会上，与会代表进行了激烈的争论，但是鉴于美国当时强大的经济地位，各方最终同意了《怀特方案》。会议结束时，通过了以《怀特方案》为基础的《联合国货币金融会议决议书》，以及《国际货币基金组织协定》和《国际复兴开发银行协定》这两个附件，这就是《布雷顿森林协定》（Bretton Woods Agreement）。至此，一个新的以美元为中心的国际货币制度就建立起来了。

2）布雷顿森林货币体系的基本内容

布雷顿森林货币体系的主要内容体现在以下几个方面：

（1）美元与黄金挂钩。美国仍沿袭 1934 年所规定的 1 盎司黄金等于 35 美元的官定价格，每一美元的含金量为 0.888671 克黄金，以黄金为价值基础。各国政府中央银行可用美元按官价向美国兑换黄金。

（2）各国货币与美元挂钩。把美元的含金量作为各国规定货币平价的标准，各国货币与美元的汇率可按各国货币含金量与美元含金量之比来确定，作为法定汇率。例如，1946 年，每一英镑的含金量为 3.58134 克纯金，每一美元的含金量为 0.888671 克纯金，则英镑与美元的含金量之比（黄金平价）为 1 英镑=3.58134÷0.888671=4.0300 美元，这也是法定汇率。

上述美元与黄金挂钩，各国货币与美元挂钩的"双挂钩"规定，实质上解决了国际货币体系中的基本要素——关键货币的确定及其发行兑换办法问题，确立了黄金和美元并列为国际储备资产的货币体系。由于美元等同于黄金，其他货币与美元挂钩才能间接与黄金发生联系，美元在这个货币制度中处于中心地位，起着十分重要的作用，黄金的国际货币作用已为美元所取代，因此也有人称这种国际货币制度是新的以美元为中心的金汇兑本位制或国际金汇兑本位制。

（3）实行可调整的固定汇率制。《国际货币基金协定》规定，各国货币对美元的汇率，一般只能在法定汇率上下各 1% 的幅度内波动。如果市场汇率超过法定汇率 1% 的波动幅度，各国政府有义务在外汇市场上进行干预，以维持外汇市场的稳定。一国只有在国际收支发生"根本性不平衡"时，才允许其货币贬值或升值，平价的任何变动都要经过基金组织批准。根据这种规定，也有人把布雷顿森林货币体系称为可调整的钉住汇率制（adjustable peg）。所谓可调整的钉住汇率，就是汇率应在已经宣布的平价（par value）上下维持稳定，也就是"钉住"（pegged），但当事国要采取调整汇率来平衡国际收支时，汇率也可以重新钉在不同的价格上。换句话说，汇率是稳定的，但不是固定不变的，特殊情况下，可在一定的幅度内进行调整。

（4）通过国际货币基金组织来调节国际收支。成员方如果出现国际收支逆差时，可向基金组织取得贷款来弥补。但贷款是有条件的，贷款的资金来源是成员方向基金组织缴纳的份额，贷款的数量也与份额大小有关。

3）布雷顿森林货币体系的主要缺陷

布雷顿森林货币体系的建立对于迅速平息第二次世界大战后国际金融领域的混乱状态，通过政府间协商与合作建立新的统一的国际货币及其运行规则，保证各国政治与经济关系的正常，促进国际贸易和资本流动健康发展，促进生产与信用的国际化等都起到了积极的作用。同时，布雷顿森林货币体系的建立对于国际货币体系改革与完善也有着值得充分肯定的意义。对于布雷顿森林货币体系的积极意义和历史功绩这里不拟多述，而重点分析布雷顿森林货币体系在形成与发展过程中的主要缺陷问题。

布雷顿森林货币体系的缺陷，主要表现在下列几个方面：

第一，国际金汇兑本位制本身的缺陷。布雷顿森林货币体系的核心是"双挂钩"，犹如这一体系得以站立与行走的两条腿。"双挂钩"的规定既是使布雷顿森林货币体系得以有效建立的基础，也是使这一体系难以长久发展的根源。"双挂钩"使美元获得了前所未有的对外支付与兑换的权利，美元独自与黄金联系，坐上了"世界货币"的宝座，为美国经济占据统治世界经济的地位提供了条件与保证，但与此同时，也使美元从一开始就处在了一个很尴尬的境地——美元不能等同于黄金，因此这也使美国从一开始就背上了一个难以卸掉的沉重包袱——美国经济实力必须总是强大无比，美国必须每时每刻都能保证美元与黄金的兑换。然而，美国又怎能总是有能力保证按规定的官价把美元兑换成黄金呢？

第二，储备货币供应机制的缺陷。布雷顿森林货币体系以美元作为主要储备资产，实行"双挂钩"制，这本身就具有内在的不稳定性。美元既是美国的货币，又是世界的货币，美元的发行不仅要受制于美国国内经济的状况，还必须适应世界经济的发展需要。由于黄金生产远不能满足国际贸易日益发展的需要，把美元作为主要储备货币来弥补黄金储备不足，只能以持续的美国国际收支赤字为代价，而这又与美国必须总要保持国际收支顺差来维持整个货币体系的稳定发生了矛盾。如果美国为稳定美元而纠正其持续的国际收支赤字即保持国际收支顺差，就不能充分供应国际储备，就会使世界其他国家缺乏外汇储备（即美元储备）。这就是美国耶鲁大学教授罗伯特·特里芬（Robert Triffin）早在 20 世纪 50 年代末期就发现并提出的美元两难境地，也称"特里芬难题"或"特里芬两难"。

"特里芬两难"是指美国若要保证美元与黄金之间的固定比价和可兑换，就必须保持国际收支顺差，若如此则世界其他国家就会出现国际收支逆差，就会缺乏美元这种外汇储备；而美国若要满足世界其他国家保持充足的外汇储备的需求，美国的国际收支就会长期是逆差。

无论如何选择，国际货币体系都不会稳定。美元的这种两难窘境，说明布雷顿森林货币体系无法提供一种数量充足的能够适应国际贸易发展需要的可为各国所接受的国际储备形式，无法克服美国经济利益与世界各国经济利益之间的矛盾。

第三，国际收支调节机制的缺陷。布雷顿森林货币体系的核心内容之一是固定汇率制，虽然是可调整的固定汇率，但是 1% 上下波动幅度的限制，使汇率这一经济杠杆难以发挥其灵活调节国际收支的作用。由于汇率调节受到约束，当一国发生国际收支逆差时，靠国际货币基金组织贷款数量有限、收效不大，最终和最有效的方法还得靠国际储备来调节，这就促使各国特别看重国际储备的增长。而当一国发生国际收支盈余时，又倾向于多积累储备以备不时之需。同时，美国与其他国家相比，可不必采取国际收支逆差的调节措施，只需通过输出美元便可弥补其国际收支逆差，所以，这种体系本身有利于美国扩大其国际收支逆差；而在其他国家，由于顺差可以积累美元储备并用它向美国换取黄金，因此顺差国不会或不愿意进行主动调节，这样，国际收支调节的负担基本上都落在了逆差国身上。可以说，布雷顿森林货币体系下的调节机制是不对称的或不健全的，存在着美国与其他国家之间调节的不对称，存在着逆差国与顺差国之间的调节不对称。

4）布雷顿森林货币体系的解体

布雷顿森林货币体系解体的根源可以归结为两点：

（1）美元危机是导致布雷顿森林货币体系崩溃的直接原因，或者说，建立在没有内在价值的纸币基础上是导致该体系解体的内在根源。如前所述，以美元为中心的国际货币体系，是以美元的霸权地位和美国经济实力始终要保持强大无比为前提的。如果美国经济出现问题，美元不稳定，势必导致这一体系发生相应的动摇。受制于经济发展内在规律的美国经济，在第二次世界大战后又连续经历了朝鲜战争和越南战争，造成大量的军费开支和巨额的财政赤字，国际收支连年逆差，美国为弥补赤字而肆意发行美元，造成美元的严重贬值和大量外流，结果使美国政府无法满足美元按官价兑换黄金的要求，不得不宣布美元停止兑换黄金，从而使这一体系彻底崩溃。

第二次世界大战后，世界经济经历了从"美元荒"到"美元过剩"乃至"美元危机"的演变过程，这也就是以美元为中心的国际货币体系从鼎盛到衰败的解体过程。在布雷顿森林货币体系建立后的最初一段时间里，世界经济经历了美元荒（dollar shortage）的冲击。当时，欧洲各主要资本主义国家因受战争的严重破坏，生产停滞，物资和资金短缺，必要的生活用品也需从他国进口，各国的黄金储备因经历了世界大战已消耗殆尽。而美国的情况正好相反，生产蒸蒸日上，其经济实力日益强盛，西欧各国所需要的各种商品都得向美国购买，但各国又都缺乏美元来支付。这种缺乏美元的现象，人们把它叫作"美元荒"。但从20世纪50年代中期起，美元荒的局面逐渐有了改变。时值西欧各国逐渐从战争的破坏中恢复过来，世界经济力量组合的格局发生了很大变化。一方面，西欧各国由于得到"马歇尔计划"（Marshall Plan）的支援，其经济实力迅速增长，国际收支状况逐渐好转，国际储备不断增加。另一方面，此时美国由于发动朝鲜战争，军费开支猛增，加上美国国内资金大量外流，使得美国的国际收支逐渐从顺差变为逆差，美元地位江河日下。随着美元和黄金大量地从美国流出，世界市场上出现了美元充斥和泛滥的现象，这样就形成了所谓美元过剩（dollar glut），并且出现了大量的美元悬突额。所谓美元悬突额，就是流出美国的美元超过美国黄金储备的余额。例如，1949年美国的黄金储备为246亿美元，到了1959年年底减少到195亿美元。美元输出的不断增加和美国黄金储备的持续下降使人们对美元的信心越来越不足，出现美元危机已在所难免。1960年10月，国际金融市场上出现了大规模抛售美元、抢购黄金的风潮，伦敦黄金市场的金价暴涨到41美元1盎司，高出黄金官价18.6%，这就是第二次世界大战后出现的第一次美元危机（dollar crisis）。

第一次美元危机爆发后，尽管美国及西方主要工业国采取了一系列措施，诸如签订《巴塞尔协议》、设立黄金总库、组成"十国集团"、签订货币互换协议等，力图挽救美元，但都无济于事。1968年3月第二次美元危机爆发，美国政府又采取了应急措施，暂停官价供应黄金，实行黄金双价制，防止美国黄金流失，但美元危机并未得到缓和。到1969年年底，美元悬突额已高达258亿美元。20世纪70年代以后，美国由于周期性经济危机的影响，发生了前所未有的巨额贸易逆差，使国际收支进一步恶化。1971年5月，又爆发了新的美元危机，为此，1971年8月15日，美国尼克松政府宣布实行"新经济政策"，对外停止美元兑换黄金，对内冻结工资和物价，以此改善国际收支状况。1971年12月18日，"十国集团"在华盛顿达成了一项协议，即"史密森协议"，宣布美元贬值7.89%，黄金官价由35美元每盎司提高到38美元每盎司；扩大汇率波动幅度，由黄金平价上下1%扩大到上下2.25%。但所有这些举措都未能阻止美元危机的继续发生。1973年2月，美国政府又宣布美元第二次贬值，贬值10%，每盎司黄金由38美元提高到42.22美元。尽管如此，仍摆脱不了美元不断贬值的颓势，加上同年 3 月，欧共体和日本等国宣布本国货币对美元实行浮动，美国不得不宣布美元停止兑换黄金。美元停止兑换黄金和固定汇率制的垮台，标志着布雷顿森林货币体系存在的基础完全丧失。

（2）美国与其他国家矛盾不断加剧是导致布雷顿森林货币体系崩溃的间接原因，或者说，建立在强权政治基础上、建立在对其他国家不公平待遇基础上是导致该体系崩溃的外在原因。如前所述，由于美国长期国际收支逆差，美元危机使"美元泛滥"，从而将美国的通货膨胀转嫁给世界各国，使许多国家遭受了美元贬值的损失。而此时，日本和联邦德国等国的国际收支开始出现顺差，经济实力增强，可以和美国相抗衡，因而不断地和美国进行斗争，最终导致各国中央银行不再履行维持美元在规定的平价上下各 2.25% 的幅度内波动的义务，纷纷实行浮动汇率制。各国货币全面浮动，使美元完全丧失了中心货币的地位，标志着以美元为中心的布雷顿森林货币体系彻底崩溃。

当然，以美元为中心的布雷顿森林货币体系的解体并不意味美元的影响和作用完全消失，相反，美元仍然是现行国际货币体系中的主要货币。

5.2.3　牙买加国际货币体系

1）牙买加国际货币体系产生的历史背景

自布雷顿森林货币体系解体后，国际金融领域动荡混乱，国际社会对国际货币体系的改革与发展方向非常关注，西方主要国家就改革的相关方案充满了矛盾并争斗激烈。为研究国际货币制度改革问题，国际货币基金组织在 1972 年 7 月成立了"国际货币制度改革和有关问题委员会"，由 11 个主要工业国和 9 个发展中国家组成，所以又称"二十国委员会"。该委员会于 1974 年 6 月提出了一份"国际货币制度改革大纲"，对汇率、国际资本短期流动、国际储备资产、黄金等问题提出了一些原则性的建议，并建议国际货币基金组织在"二十国委员会"结束后，另成立临时委员会，继续对有关国际货币制度改革问题进行探讨。国际货币基金组织根据这个建议，于 1974 年 10 月设立了"国际货币制度临时委员会"接手"二十国委员会"的工作。临时委员会于 1976 年 1 月在牙买加首都金斯敦举行的第五次会议上，讨论修订了《国际货币基金组织协定》，会议集中讨论了扩大和重新分配国际货币基金组织份额、处理黄金官价和国际货币基金组织库存的黄金、修改国际货币基金组织有关汇率的规定三个问题。经过激烈争论，会议对基金份额、黄金作用、汇率体系和发展中国家融资等问题达成了具体协议，即《牙买加协定》。在牙买加会议上达成的协议，须经修改《国际货币基金组织协定》条文后方可付诸实施，国际货币基金组织执行董事会于同年 3 月完成了协定条文和草案的修改，国际货币基金组织理事会于同年 4 月通过了《国际货币基金组织协定第二次修正案》（1969 年创设特别提款权时曾进行过第一次修改），于 1978 年 4 月 1 日起正式生效。牙买加协议实施后，才逐渐形成了现今的国际货币关系新格局，学者们把这一国际货币关系称为"牙买加国际货币体系"。

牙买加国际货币体系是以实施"牙买加协定"为基础的现行的国际货币体系，是以美元为中心的国际储备货币多元化的国际货币体系，是以在世界范围内普遍实行浮动汇率制为主要特征的国际货币体系。

2）牙买加国际货币体系的基本内容

（1）承认浮动汇率制的合法性。成员方可以自由选择汇率决定制度，国际货币基金组织承认固定汇率和浮动汇率制度并存；成员方的汇率政策受到国际货币基金组织的监督，并须与国际货币基金组织协商；实行浮动汇率制的成员方应根据条件逐步恢复固定汇率制，并防止采取损人利己的货币贬值政策；在认为国际经济条件已经具备时，经总投票权的85%多数通过，国际货币基金组织可以决定采用"稳定的但可调整的货币平价制度"，即恢复固定汇率制度。

（2）减弱与消除黄金的货币作用。该体系废除了黄金条款，取消黄金官价，用特别提款权逐步代替黄金作为国际货币体系的主要资金。该体系取消了成员方之间及成员方与国际货币基金组织之间以黄金清算债权债务的义务。各成员方中央银行可按市价从事黄金交易，国际货币基金组织不在黄金市场上干预金价。国际货币基金组织持有的黄金应逐步加以处理：其中1/6（2 500万盎司）按市价出售，以超过其官价（每盎司42.22美元）部分作为援助发展中国家的资金；1/6由原缴纳的成员方按官价买回；剩余的黄金须经总投票权85%的多数通过，决定向市场出售或由成员方买回。

（3）以特别提款权（SDR）作为主要的储备资产。在未来的货币体系中，应以特别提款权作为主要储备资产，并作为各国货币定值的基础。

特别提款权（special drawing rights，SDR）是国际货币基金组织（IMF）于1967年创立的一种新型的国际储备资产，是一种无形的账面资产，是成员方在"普通提款权"之外使用IMF资金的一种权利。普通提款权（general drawing rights）则是IMF向成员方发放的普通贷款，用于满足成员方出现国际收支逆差时的暂时资金需要。

启智增慧5-1
特别提款权

（4）增加国际货币基金组织的份额。IMF成员方对国际货币基金组织缴纳的份额，由原来的292亿SDR单位增加到390亿SDR单位，增幅33.6%。各成员方应缴纳份额所占的比重有所改变，主要是石油输出国组织的比重由5%增加为10%，除联邦德国、日本以外的西方主要工业国的份额均有所降低，英国下降最多。份额重新修订的一个重要结果是发达国家的投票权与发展中国家比较相对减少了。

启智增慧5-2
人民币加入SDR
的影响和意义

（5）扩大对发展中国家的资金融通。IMF用在市场上出售黄金超过官价部分的所得收入建立信托基金，向最穷困的发展中国家以优惠条件提供贷款，帮助它们解决国际收支方面的困难。同时，扩大基金组织的信用贷款总额，由占成员方份额的125%提高到145%，并增加"出口波动补偿贷款"的比重，由占份额的50%增加到75%。

3）牙买加国际货币体系的主要特点

牙买加国际货币体系是对布雷顿森林货币体系的改革，改革后的货币体系有如下特点：

（1）黄金非货币化。黄金脱去了国际货币的外衣，不再是各国货币的平价基础，也不能用于官方之间的国际清算。

（2）浮动汇率合法化。在牙买加国际货币体系下各国货币当局不再规定与维持本币与外币汇率的波动界限，汇率主要是根据外汇市场的供求状况自发形成与浮动，或实行有管理的浮动。

（3）汇率制度多样化。在牙买加国际货币体系下，以浮动汇率为主的混合汇率制度得到发展。

　　根据国际货币基金组织统计，截至 2008 年年底，在国际货币基金组织 185 个成员方中，有 8 种汇率制度安排形式，可归结为以下几类：

　　①无单独法定货币的汇率制度。成员方将成员方的货币作为单一法定货币流通，或货币联盟成员方共用同一种法定货币（有 37 个成员方实行）。

　　②钉住制度。成员方将其货币（公开或实际）按固定汇率钉住一种主要货币或者是一篮子货币，汇率围绕钉住货币汇率波动。有多种多样的钉住制：汇率围绕中央汇率在不超过±1%的范围内波动的为传统的钉住安排；货币的价值围绕公开或实际上的固定汇率波动，范围大于±1%的为水平区间的钉住安排；按照预先宣布的固定汇率，或者根据若干量化指标的变动，定期小幅度调整币值的为爬行钉住；货币在一定范围内围绕中心汇率上下波动，同时根据预先宣布的固定汇率或若干量化指标的变动而定期调整中心汇率的为爬行区间钉住等（有 65 个成员方实行）。

　　③货币局制度。成员方货币局制度的基础是从法律上隐含地承诺本国货币按固定汇率兑换某种特定的外币，同时限制官方的货币发行，以确保履行法定义务（有 8 个成员方实行）。货币局制度实质上也是一种钉住制，只不过这种钉住更具特殊性，所以有许多统计分类资料把它们列为钉住制。

　　④浮动汇率制度，有独立浮动和有管理浮动两种形式。汇率由市场决定，货币当局干预的目的只是减小汇率波动或防止汇率过度波动，而不是确立一个汇率水平，称为独立浮动制；货币当局在不特别指明、不提前承诺汇率目标的情况下，通过积极干预外汇市场来影响汇率变动，称为事前不公布汇率目标的有管理浮动制（实行的成员方有 75 个）。

　　（4）储备货币多元化。牙买加国际货币体系倾向于未来的国际货币体系要走向特别提款权本位，特别注重加强特别提款权的作用，但事实上特别提款权在各国国际储备中的比重并没有增加。在牙买加国际货币体系下，美元仍是最主要的国际货币，但地位已经下降，随后德国马克、日元等货币逐渐走强成为重要国际货币。储备货币的格局目前仍是美元、欧元、日元三足鼎立的多元化局面。

　　（5）国际收支调节复杂化。在牙买加国际货币体系下，国际收支的调节可以通过汇率机制、利率机制、国际货币基金组织的干预和贷款、国际金融市场的媒介作用、有关国家变动外汇储备等多种方式或渠道来进行。

　　4）牙买加国际货币体系的积极作用

　　尽管牙买加国际货币体系是解决布雷顿森林货币体系解体后诸多问题的一种权宜之计，甚至只是对当时国际上处理黄金、汇率问题某些做法的一种事后法律认可，但牙买加国际货币体系的产生，还是比布雷顿森林货币体系有很大的改进，它适应了世界经济形势发展的需要，对国际贸易和世界经济的正常运转起到了积极的促进作用。

　　第一，汇率变动可以更真实地反映市场与经济运行的实际情况，有利于各国更合理地运用汇率杠杆调节经济。牙买加国际货币体系是以实施浮动汇率制为主的货币制度，浮动汇率不仅可以比较灵敏、准确地反映出不断变化的国际经济状况，而且还可以调节外汇市场的供求关系，从而有利于促进国际贸易和世界经济的发展。浮动汇率制对国际经济的这种影响主要表现在：①各主要国家货币的汇率可以根据市场供求状况自发调整，可以灵敏地反映瞬息万变的客观经济情况。②可以缓解市场上大量游资对硬货币的冲击。硬通货国家不负有类似固定汇率制下维持汇率稳定的义务，因此也就不会出现该国外汇储备大量流失的情况，同时也起到了阻止输入国际通货膨胀的作用，从而有利于国际外汇市场和国际货币秩序的稳定。③可以使一国的宏观经济政策更具独立性和有效性。④可以促进国际金融业务创新和发展。在浮动汇率制下，为规避风险、促进竞争，国际金融领域出现了许多新业务和新工具，促进了国际贸易、金融和投资的发展。

第二，可以免受单一储备货币贬值的牵连。牙买加国际货币体系实际上是储备货币多元化的国际货币制度，基本上克服了布雷顿森林货币体系下基础通货与依附国家相互牵连、对单一货币即对美元过度依赖的弊端，免受美元贬值的牵连，不仅缓解了国际清偿力不足的压力和美元先前的"两难"困境，也有利于各国与世界经济健康发展。牙买加国际货币体系实现了国际储备多元化和汇率制度浮动化，即使发生美元贬值，也不一定会影响到各国货币的稳定性，基本上割断了基础通货与依附国家或挂钩国家货币之间的必然牵连，使一国汇率的形成和国际储备资产的运作更趋合理。

第三，国际收支调节手段增多，调节措施相对灵活。牙买加国际货币体系采取多种调节机制相互补充的办法来调节国际收支，在一定程度上改变了布雷顿森林货币体系调节失灵的状况。布雷顿森林货币体系调节成员方国际收支失衡的渠道主要有两条：当成员方发生暂时性国际收支失衡时通过国际货币基金组织来调节；当成员方的国际收支出现根本性失衡时，通过改变货币平价、变更汇率来调节。事实证明，由于调节渠道和力度有限造成的调节机制失灵，曾使全球性国际收支失衡现象长期存在。而牙买加国际货币体系除可以继续依靠国际货币基金组织贷款和变动汇率外，还可以通过利率及国际金融市场的媒介作用、国际商业银行活动、外汇储备的变动等渠道来调节国际收支，并且可以将多种手段结合起来运用，在一定程度上解决了布雷顿森林货币体系调节机制失灵的问题，从而对世界经济的健康发展起到了积极作用。

5）牙买加国际货币体系的主要缺陷

尽管牙买加国际货币体系对国际贸易与经济的正常运行起到了积极的促进作用，但它毕竟是布雷顿森林货币体系解体后国际金融领域较为动荡时期的产物，从建立伊始就有许多不完善之处，诸如它只是对当时既成事实的各国普遍实施的各种不同浮动汇率制状况的一种认可，并没有建立起一种新的稳定的国际货币制度及其执行机构，没有重视稳定国际汇兑的基础问题或平价问题等，随着复杂多变的国际经济关系的发展变化，牙买加国际货币体系的某些弊端日益凸显。这些弊端主要表现在：

第一，汇率变动频繁剧烈，给国际贸易、投资和各国经济带来诸多不利影响。其具体表现在：①汇率频繁变动，给进口核算及正常经营带来困难。②汇率频繁变动助长了外汇市场上的投机活动，引发和加快了资本流动，造成了国际财富不合理的转移及再分配，加剧了国际金融市场的动荡和混乱。③汇率变动不定容易引发债务危机，从而影响国际贸易的正常开展和国际金融形势的稳定。④汇率急剧变动，引起各国物价、工资以及就业发生巨大变化，从而对各国及世界贸易与经济产生不利影响。

第二，国际货币多元化，世界缺乏统一的、稳定的货币标准，不利于国际经济活动的顺利开展。牙买加国际货币体系是多种货币储备体系，具有内在的不稳定性。国际储备资产多元化，会相对增加国际储备的数量并加大管理的难度，增加遭受外汇风险的可能性，从而不利于充分合理地运用有限的国际资源。

第三，国际收支调节机制仍不健全，全球性国际收支失衡现象日益严重。尽管在牙买加国际货币体系下国际收支调节的渠道与措施比先前增多且可组合运用，但从该体系运行数十年的结果来看，全球性的国际收支失衡问题非但没有得到妥善解决反而更趋严重，这就充分暴露出该体系国际收支调节功能的不足。对于国际收支不平衡的国家，应该采取哪些调整措施、国内经济需要采取什么样的政策、如何协调各国的调节行为、怎样实施国际监督等等，牙买加国际货币体系并没有提出具体的方案，因而，国际货币关系长期处于较为混乱的状态，这也说明现行的国际货币体系还没有一种完善的国际收支调节机制。

从上述分析可以看出，现行的牙买加国际货币体系，还有许多弊端不适应国际经济健康发展的需要，必须进一步改革，建立起更为合理有效的新国际货币制度。

启智增慧 5-3
布雷顿森林体系的演变与美元霸权

本章小结

国际货币体系，又称国际货币制度或国际汇率制度，也称国际货币秩序，是在国际范围内确立并得到多国承认与实施的国际货币运作的规则或制度。国际货币体系是规范国家间货币行为的准则，是在世界范围内需要各国共同遵守的货币制度。

构成国际货币体系的基本要素或基本内容有四个方面：①确定关键货币或国际货币；②确定汇率制度安排；③确定国际收支的调节机制；④确定国际储备资产。

根据世界经济和国际货币体系发展的历史阶段，国际货币体系的演进过程为国际金本位制、布雷顿森林货币体系和牙买加国际货币体系。

特别提款权是 IMF 于 1967 年创立的一种新型的国际储备资产，是一种无形的账面资产，是 IMF 成员在"普通提款权"之外使用 IMF 资金的一种权利。SDR 可以用来弥补国际收支逆差、偿还 IMF 的债务、计算货币汇率的标准等，但不能直接用于贸易及非贸易支付。

IMF 于 2010 年 11 月 15 日宣布，IMF 执行董事会于 15 日完成了对组成特别提款权的篮子货币的例行 5 年期审查，并对货币篮子权重进行调整，其中美元和日元的权重下降，而欧元和英镑的权重上升。

2016 年 9 月 30 日（华盛顿时间），国际货币基金组织宣布纳入人民币的特别提款权新货币篮子于 10 月 1 日正式生效，拉加德总裁发表声明称，这反映了人民币在国际货币体系中不断上升的地位，有利于建立一个更强劲的国际货币金融体系。中国人民银行对人民币正式纳入 SDR 以及拉加德总裁的声明表示欢迎。新的 SDR 货币篮子包含美元、欧元、人民币、日元和英镑 5 种货币，权重分别为 41.73%、30.93%、10.92%、8.33% 和 8.09%。2022 年，美元、欧元、人民币、日元和英镑的权重调整为 43.38%、29.31%、12.28%、7.59% 和 7.44%，人民币权重仍保持在第三位。

人民币纳入 SDR 是人民币国际化的里程碑，是对中国经济发展成就和金融业改革开放成果的肯定，有助于增强 SDR 的代表性、稳定性和吸引力，也有利于国际货币体系改革向前推进。中方将以人民币入篮为契机，进一步深化金融改革，扩大金融开放，为促进全球经济增长、维护全球金融稳定和完善全球经济治理做出积极贡献。

关键概念

国际货币体系　国际金本位制　布雷顿森林货币体系　特里芬两难　特别提款权
普通提款权

综合训练

✔ 思考题

1）简述国际货币体系发展的历史阶段。

2）试论布雷顿森林货币体系产生与崩溃的主要原因。

3）试论牙买加国际货币体系的功效与缺陷。

4）何谓"特里芬两难"？为什么说它是构成布雷顿森林货币体系的致命欠缺？

5）试论构成国际货币体系的基本要素。

即测即评 5

综合训练参考答案 5

第6章

欧洲货币体系

目标引领

☑ 价值塑造

欧元的诞生和欧元区的形成无疑是国际货币领域最伟大的创新之一，但其从诞生之日起就有着体制和结构性的缺陷。本章引导学生在理论上敦本务实，理解适度货币区理论的内涵，同时能够结合国际形势以马克思主义的辩证唯物主义历史观分析欧元的前景与挑战。

☑ 知识传授

通过本章的学习，掌握适度货币区理论的内容及发展，适度货币区理论的基本思想；理解欧洲货币体系的主要内容及欧元的国际货币地位。

思维导图

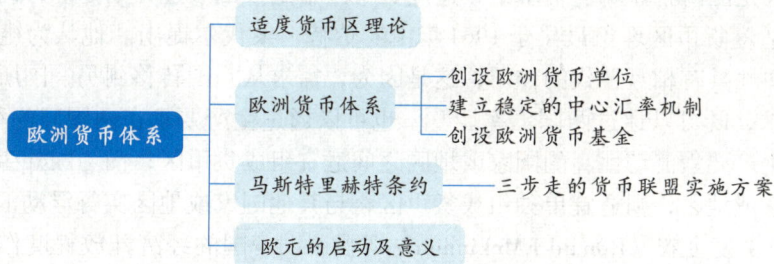

开篇导读

蒙代尔获1999年诺贝尔经济学奖

1961年，罗伯特·蒙代尔（Robert Mundell）提出适度货币区理论。而欧洲统一货币——欧元于1999年1月1日的正式启动标志着适度货币区理论实践的成功。罗伯特·蒙代尔被誉为"欧元之父"并获1999年诺贝尔经济学奖。欧元启动以来，尽管欧元汇率波动剧烈，但欧元区经济、金融的迅速发展使欧元的国际储备货币地位日益提升。据国际货币基金组织统计，欧元外汇储备占全球外汇储备总额的比重已经从1999年的17.9%增长到2008年的26.8%；但受欧洲债务危机影响，2016年下降到19.13%，2019年6月有所回升至20.2%。与此同时，亚洲国家的货币金融合作不断加强，人民币的区域化程度也日益增强，人民币在外汇储备的货币构成比例中大幅提高。这些趋势在长期内都将会在一定程度上削弱美元在欧洲和亚洲的影响力，对美元本位制形成挑战。

评析：欧元的正式启动标志着适度货币区理论实践的成功，一定程度上对美元本位制形成了挑战。但我们也应该看到欧元自诞生以来，经历了国际经济、金融、政治、军事等各种局势变动的考验，欧元要想真正成为与美元分庭抗礼的国际货币还任重道远。

6.1　适度货币区

6.1.1　货币区

理论上说，任何一个国家都会面临最适度货币区的问题，即本国是适宜单独组成一个货币区，还是与其他某些国家共同组成一个货币区。如果对于某一国家而言，本国单独组成一个货币区，那么就意味着本国实行的是浮动汇率制或弹性汇率制。问题的关键在于，究竟依据什么准则来确定什么样的国家之间适合共同组成一个货币区。不同的学者所强调的准则存在明显的不同。

所谓货币区，指的是区内各成员方货币相互间保持钉住汇率制，对区外各种货币实行联合浮动。

6.1.2　适度货币区理论的内容与发展

适度货币区理论主张生产要素流动性准则，货币区内的汇率必须被固定；适度的标志就是有能力稳定区内就业和价格水平，适度货币区不是按国家边界划定的，而是由地理区域限定的。适度货币区理论最早于1961年由罗伯特·蒙代尔提出。他认为生产要素流动性与汇率的弹性具有相互替代的作用，这是因为，需求从一国转移到另一国所造成的国际收支调整要求，既可以通过两国汇率调整，也可以通过生产要素在两国间的移动来解决。在他看来，生产要素流动性高的国家或地区之间适宜组成货币区；而与国外生产要素市场隔绝大的国家或地区，则适宜单独组成货币区，与其他国家或地区实行浮动汇率制。

罗纳德·I.麦金农（Ronald I.Mckinnon）则强调以一国的经济开放程度作为适度货币区的确定标准。他以贸易品部门相对于非贸易品部门的生产比重作为衡量开放程度的指标，并认为一国的开放程度越高，越应实行固定汇率制，反之则应实行浮动汇率制。在开放程度高的情况下，如果实行浮动汇率制，国际收支赤字所造成的本币贬值将会带来较大幅度的物价上升，抵消本币汇率下浮对贸易收支的影响。

继此之后，还有一些学者提出了不同的适度货币区的确定准则。如彼得·凯南（Peter Kenen）主张采用出口商品多样化准则，詹姆斯·伊格拉姆（James Ingram）强调国内外金融市场一体化准则等。

在浮动汇率制后，根据有关适度货币区理论，罗伯特·赫勒（Robert Heller）对汇率制度选择的影响因素进行了总结。他认为，一国汇率制度的选择主要是由经济方面因素决定的，这些因素包括：①经济开放程度；②经济规模；③进出口贸易的商品结构和地域分布；④国内金融市场的发达程度及其与国际金融市场的一体程度；⑤相对的通货膨胀率。这些因素具体与汇率制度选择的关系是：经济开放程度高，经济规模小，或者进出口集中在某几种商品或某一国家的国家，一般倾向于实行固定汇率制或钉住汇率制；反之，经济开放程度低，进出口商品多样化或地域分布分散化，同国际金融市场联系密切，资本出入较为可观和频繁的国家一般倾向于实行浮动汇率制或弹性汇率制。

6.1.3　适度货币区理论的基本思想

从宏观角度分析，适度货币区理论的基本思想可以通过以下三个相互联系的结论加以描述：

（1）在经济联系十分紧密的国家或地区之间，维持固定汇率乃至共同采用一种货币，将可以获得显著的货币效率收益。其具体表现在通过降低企业从事对外贸易和投资活动的成本与风险，促进区域内各国的经济增长与充分就业。

（2）货币区域化也使区内各国付出了成本，其集中表现为经济的独立性下降，因为固定汇率或共同货币安排使各国独立运用汇率和货币政策以保持经济和社会稳定的能力大大降低。

（3）一国是否加入货币区取决于货币区域化的收益和成本，如果一个国家加入货币区的收益大于成本，那么该国就应该加入货币区；否则该国就应该保持自己独立的货币体系。

适度货币区理论的基本思想从微观角度分析，主要是货币区域化的收益和成本分析的决定因素，如区内各国的生产要素是否能够充分自由流动、通货膨胀率是否比较接近、产品是否多样化，以及各国是否能够对财政货币政策进行及时协调等。这些因素与各国经济联系程度密切相关，被认为是决定货币区能否成功建立的主要条件。

6.1.4　适度货币区理论的意义

1）有利于促进本区经济一体化，并极大地提高区内总的经济福利

区域货币一体化的前提之一，就是实现人力、资本及商品等要素在区内的自由流动与统一共享。区内要素的自由流动，不仅有利于促进区内贸易自由化，从而极大地提高区内贸易效率，而且有利于充分利用区内人力、物力及财力，实现资源整合与优化配置，进而在宏观经济政策制定上达成一致，并直接推进本区经济一体化进程的发展。

2）有利于降低货币汇兑成本，规避区内货币之间的汇率风险

区域货币一体化的初级形式是区内成员间货币实现可自由兑换，且比价固定。这一规则无疑将会锁定区内成员间的汇率风险，并大大便利区内成员方之间的贸易结算。当区域货币一体化走向其最高形式——单一货币时，区内各成员方货币将退出市场，取而代之的是"大一统"的单一货币，这样，区内成员方之间的国际贸易就变成了"内贸"，也就没有了所谓的成员方之间的货币"兑换成本"。

3）有利于整合区内金融资源，降低投融资成本与风险

国际投融资不但成本高，而且风险大。区域货币一体化则有利于区内金融资源共享，而且在固定汇率下锁定汇率风险，在共同货币政策下，还可以锁定利率风险。在此条件下，各成员方也无须保留太多的国际储备，从而降低了总的资源闲置成本。应该说，在人力、商品及资本等要素的整合上，金融资源的整合处于核心地位，因此说，区域内实现单一货币是区域经济一体化的最高形式。

4）有利于加强区内一体化协作，并一致对外抵御竞争风险

区域经济一体化是一股强大的国际力量，它不仅有利于经济上的联盟，而且还有利于区内成员方之间结成政治上和军事上的强大联盟，它们一致对外，采用"一个声音说话"，往往能获得一种"放大"的效果。

6.2 欧洲货币体系

欧洲统一货币——欧元是适度货币区理论的一次最好实践，同时，适度货币区理论也随着欧洲统一货币的进程不断得到了丰富和完善。要理解欧元必须了解欧洲货币体系。尽管欧洲货币体系是区域性的货币体系，但它同布雷顿森林货币体系、牙买加国际货币体系一样，是第二次世界大战后国际货币制度改革的产物。欧洲货币体系不仅对欧洲地区的经济与政治问题有直接重大的影响，同时也对整个国际金融体系和世界经济产生了深远的影响。

6.2.1 欧洲货币体系的建立

欧洲货币体系（European monetary system，EMS）的形成走过了漫长的道路。欧洲货币体系是区域性货币一体化或国际金融一体化的产物。所谓区域性货币一体化是指一定地区内的有关国家和地区在货币金融领域中实行协调与联合，形成一个统一体，最终实现一个统一的货币体系。区域性货币一体化具有三个基本特征：①汇率统一，即成员方之间实行固定汇率制度，对成员方以外的国家实行浮动汇率制度；②货币统一，即发行单一的共同货币，这种货币在成员方之中使用不受限制；③货币管理机构和货币政策统一，即建立一个中央货币机关，并由这个机关保存各成员方的国际储备，发行共同货币，以及决定货币联盟的政策等。

欧洲货币体系的形成是欧洲经济共同体（European Economic Community，EEC，又称"欧洲共同市场"）经济一体化发展的要求。1958年1月1日，西欧6国（法国、联邦德国、意大利、荷兰、比利时、卢森堡）为了加强政治、经济联合成立了"共同市场"。1973年，英国、爱尔兰、丹麦加入，成员方由6个增至9个。1981年希腊加入，成员方增至10个。1986年西班牙、葡萄牙参加，成员方增至12个。1995年1月1日，奥地利、芬兰和瑞典3国参加，成员方增至15个。欧洲经济共同体是一个国际联合组织，其共同目标是：在经济领域里逐步统一经济政策，建立工农业产品的统一市场，在共同体内实现资本和劳动力的自由流动，协调各成员方财政、金融、货币等方面的政策和立法，当时机成熟时，再从经济联盟发展为政治联盟。欧洲经济共同体成立后，在经济一体化方面的主要措施有：①建立关税同盟，对内取消工业品关税，对外实行统一的进口关税。②实行共同的农业政策，内部主要农产品统一价格，基本取消内部农产品关税，在成员方之间实现农产品自由流通。③建立"欧洲经济和货币同盟"（European Economic and Monetary Union，EEMU），逐步统一财政、经济政策并逐步实现成员方货币的统一。

为了统一共同市场在政治和经济方面的步调，改善各成员方在货币政策上的不协调状态，使货币一体化，各成员方做出了积极的努力。20世纪60年代初，共同体就已提出降

低成员方货币汇率变动幅度、稳定货币金融的主张，以便于工业品和农产品共同市场的建成和发展。自 1960 年第一次美元危机之后，美元危机频频爆发，使欧洲国家特别是持有大量美元储备的欧共体国家的货币金融受到剧烈的冲击和严重的影响。欧共体国家深感有必要进一步统一货币政策，加强货币协作，建立一个比较稳定的欧洲货币区，从而摆脱美元的控制和影响。为此，1969 年 12 月，在荷兰海牙召开的欧洲共同体首脑会议上，大家一致同意建立以统一货币为中心的经济和货币联盟，并于 1971 年 2 月 9 日正式宣告建立"欧洲经济和货币同盟"，该同盟的计划在 10 年内分 3 个阶段实现。其主要目标是：统一财政、金融政策，设立共同市场储备；协助成员方解决国际收支困难；逐步降低成员方货币汇率波动幅度，达成货币的固定平价。到 1980 年年底实现上述目标，以抵制美元汇率变动的影响。该同盟的计划由于遇到一系列挫折，因而没有实现，但它却有 3 个方面的贡献：①1974 年 6 月 28 日创设了欧洲记账单位（European unit of account，EUA）；②1972 年 4 月实行"蛇形浮动"汇率制，对内是固定汇率制，对外则是联合浮动制，蛇形制是指共同体内的汇率波动幅度小于外部世界规定的汇率波动幅度，共同体内汇率波动的轨迹犹如游动于外部世界汇率波动幅度隧道中的蛇；③1973 年 4 月 3 日建立了欧洲货币合作基金（European Monetary Cooperation Fund）。

1977 年年底，欧共体委员会主席詹金斯重新提起并敦促实现"欧洲经济和货币同盟"的上述目标，得到多数成员方的支持。1978 年 7 月和同年 12 月，在联邦德国不来梅和比利时最大的城市布鲁塞尔召开的首脑会议上，分别提出并通过了建立"欧洲货币体系"的方案。1979 年 3 月 13 日，在巴黎举行的欧洲共同体九国政府首脑第十三次理事会上，正式宣布"欧洲货币体系"于当日建立。由此可见，欧洲货币体系的建立是欧洲经济和货币同盟进程的一个新阶段，二者是一脉相承的。

6.2.2 欧洲货币体系的主要内容

建立欧洲货币体系的目的是在欧共体内部组成一个货币稳定区，以防止美元危机的冲击，发展成员方之间的经济、贸易关系，进一步推动西欧国家的联合。欧洲货币体系的主要内容有：

（1）创设"欧洲货币单位"（European currency unit，ECU）。ECU（埃居）是欧洲货币体系的核心，是欧共体国家共同用于内部计价结算的一种货币单位，于 1979 年 3 月 13 日开始使用。ECU 实质上是一个"货币篮子"，由 12 个成员方货币组成，每种货币在 ECU 中所占的权重，主要根据各成员方的国民生产总值及其在欧共体内贸易额所占的比重平均加权计算。权重一般 5 年调整一次，当"货币篮子"中任何一种货币变动超过 25% 时可随时进行调整。

ECU 是一种没有现钞、没有中央银行而又具有多种货币功能的特殊货币。ECU 的主要作用有：①作为确定各成员方货币之间的中心汇率和波动幅度的标准；②作为成员方之间经济往来的记账单位即结算货币；③作为成员方货币当局的储备资产。ECU 不仅取代了共同体先前创设的只起计价作用的"欧洲记账单位"，而且作用与功能也比"欧洲记账单位"大大发展了。ECU 创立以后，使用范围逐步扩大，除欧共体各官方机构外，西欧各商业银行和金融市场也开始办理以 ECU 计价结算的存款、放款、债券发行、国际贸易结算、旅行支票、信用卡等业务，其作用受到越来越多的国家的重视。

（2）建立稳定的中心汇率机制。在成员方货币之间实行固定汇率制，对非成员方货币则实行浮动汇率制。欧洲货币体系建立了汇率双重稳定机制：一是建立了双边平价制度（平价网体系），成员方货币之间规定有中心汇率和围绕中心汇率波动的上限与下限，原则上波动幅度不得超过中心汇率上下各 2.25%（意大利里拉为各 6%）。二是规定各国货币与 ECU 的中心汇率（货币篮体系），然后计算每一种货币对这一中心汇率所允许的最大偏离幅度。当成员方货币与 ECU 的偏离达到一定程度时，就要进行干预，为此，欧洲货币体系确定了一套偏离界限指标。某种货币在 ECU 货币篮中的比重越大，它的波动幅度越小，对稳定货币篮承担的责任越大。为进一步稳定 ECU，欧洲货币体系还采用了早期预警系统，即规定了"偏离临界点"，临界点的计算公式为"0.75×最大偏离幅度"，即 0.75×[±2.25%×（1-货币比重）]。偏离临界点的作用就是要求各国货币当局，在其货币对 ECU 的中心汇率波动幅度达到"最大偏离幅度"的 75% 时，就应该采取措施进行干预。货币篮体系起到了平价网体系早期预警系统或进行干预的基准轴线的作用，降低了双边汇率调整的频率，也保持了 ECU 对其他货币汇率的稳定。这种双重稳定机制，通过外部干预可防止美元对欧洲货币汇率的冲击，通过内部干预可使欧洲货币之间的汇率保持在一定的幅度之内。同时，调整或干预首先由汇率先偏离 ECU 的国家承担，从而均摊了调节责任，解决了以往总是给软币国家造成调节压力的问题。

欧洲货币体系中汇率波动幅度超过规定的界限就要采取措施进行干预，通常进行干预的办法有三种：①通过各中央银行间的相互贷款来干预外汇市场，如抛出硬币以减轻对硬币的压力，收进软币以加强对软币的支持；②在国内实行适当的货币政策与财政政策，如弱币国可提高利率、紧缩银根，强币国可降低利率、放宽信贷；③以改变中心汇率为最后手段，即在干预难以奏效时，各国就必须重新确定中心汇率，以稳定货币体系。

（3）创建欧洲货币基金。欧共体为稳定汇率、便于向成员方提供短期贷款以干预外汇市场，于 1973 年 4 月建立了"欧洲货币合作基金"，但基金数额只有 28 亿"欧洲记账单位"，远不足以适应干预外汇市场的需要。欧洲货币体系成立后，决定建立欧洲货币基金，集中成员方黄金、外汇储备的 20% 作为共同基金，加上等值的本国货币，约合 540 亿 ECU 存入这一新的基金，这大大增强了欧洲货币体系对外汇市场的干预力量，巩固了欧洲国家的货币地位。

6.2.3 《马斯特里赫特条约》

《马斯特里赫特条约》是欧洲货币体系的发展进程中非常重要的里程碑。为进一步加强欧洲经济与货币的一体化，欧共体国家首脑于 1991 年 12 月 9 日和 10 日，在荷兰小镇马斯特里赫特举行会议，决定建立"货币与经济联盟"，并于 1992 年 2 月 7 日由欧共体外长签署了这份《欧洲联盟条约》，也称《马斯特里赫特条约》（Maastricht Treaty，以下简称《马约》）。《马约》是在《德洛尔报告》基础上产生的。1989 年 4 月，欧共体首脑会议决定委托欧共体委员会主席德洛尔组成一个委员会，就欧共体的进一步货币合作提出方案，随后，德洛尔向欧共体十二国财长提交了《关于欧洲经济共同体经济与货币联盟的报告》，即《德洛尔报告》，该报告于 1989 年稍后时候在欧共体马德里会议上获得通过。

《马约》包括建立政治联盟和经济与货币联盟两方面内容。建立货币联盟的最终目标是在欧共体建立一个负责制定和执行欧共体货币政策的中央银行并发行统一的货币。为实现这一目标，《马约》要求分三步走：

第一阶段，从 1990 年 7 月 1 日到 1993 年 12 月 31 日，主要任务是建立所有成员方货币加入欧洲货币体系的汇率机制，形成欧洲统一大市场，实现商品、人员和资本的自由流动，并建立相应的监督机制。

第二阶段，从 1994 年 1 月 1 日到 1997 年，进一步实现各国宏观经济政策的协调，建立独立的不受政治干预的欧洲货币管理体系或欧洲中央银行体系（作为欧洲中央银行的前身），负责统一制定货币政策，进一步降低成员方之间的汇率波动幅度。

第三阶段，从 1997 年到 1999 年 1 月 1 日，在这段时间内最终建立统一的欧洲货币和独立的中央银行，即第三阶段的目标是最迟于 1999 年实现欧洲货币的统一。

"三步走"概括讲就是统一市场、建立中央银行和统一货币。而欧洲货币联盟各国能否同时实现预期目标，有共同的条件或基础是非常重要的。为此，《马约》规定了进入"阶段三"的标准或趋同条件：①低通胀率。通货膨胀率不能高于上一年欧共体 3 个最低国家平均水平的 1.5%。②低利率。政府长期债券的利率不能高于欧共体 3 个长期利率最低国家平均水平的 2%。③低赤字。上一年财政赤字占国内生产总值的比重必须小于 3%。④低公债。公共债务的累计额必须低于国内生产总值的 60%。⑤稳定的汇率。货币汇率必须维持在欧洲货币体系规定的幅度内，并且至少稳定两年时间。同时各国中央银行的法则法规必须同《马约》规定的欧洲中央银行的法则法规相兼容。如果欧共体内至少有 7 个成员方于 1996 年年底能达标，欧洲理事会将于 1997 年 1 月 1 日实行统一货币。如果到 1997 年 12 月 31 日，达标的国家仍然少于 7 个，或者欧共体理事会认为于 1997 年实施"阶段三"不适宜，则改为于 1999 年 1 月 1 日起使已达标的国家先行进入"阶段三"，其余国家待以后条件成熟时再加入。这就是说，到 1999 年 1 月 1 日不管有多少国家达标，"阶段三"都将开始。

6.3　欧元

6.3.1　欧元启动

欧元（EURO）是欧洲中央银行在欧盟成员方范围内或者说在欧元区范围内正式发行的具有独立货币地位的超国家性质的法定货币，于 1999 年 1 月 1 日起正式启用。

从启动之日到 2002 年 6 月 30 日，欧元只是以 1：1 的汇率取代埃居（ECU）作为储备、投资、计价和结算货币，开始在货币市场、银行间同业拆借市场等经济活动中享有与信用卡、支票、电子货币等交易工具同等的地位，直到 2002 年 1 月 1 日欧元纸币和硬币才正式进入流通界。待各成员方货币（欧币）与欧元混合流通或"双币流通"半年后，即在 2002 年 7 月 1 日，各成员方原来的本国货币退出历史舞台，欧元成为欧元区唯一的法定货币。也是从那时起，有着悠久历史的欧洲十几个国家的 3 亿多人口告别了使用了几个世纪的本国货币，欧洲货币与经济发展史由此翻开了新的一页。欧元启动时的汇率是 1 欧元等于

启智增慧 6-1
适度货币区理论的一次伟大创举

1.164852 美元。

首批加入欧元区的国家有德国、法国、意大利、奥地利、卢森堡、比利时、爱尔兰、荷兰、芬兰、西班牙、葡萄牙 11 个国家。欧盟另外 4 个成员英国、丹麦、希腊、瑞典没有成为首批使用欧元的国家。瑞典和希腊是由于某些经济条件未达标，英国与丹麦主要是因为国民不支持而未能加入。希腊已于 2002 年成为欧元区正式成员，2007 年 1 月 1 日，斯洛文尼亚加入欧元区。2008 年 1 月 1 日，马耳他和塞浦路斯（不包括北塞浦路斯）正式加入欧元区。2009 年 1 月 1 日，斯洛伐克正式加入欧元区。2011 年 1 月 1 日，爱沙尼亚正式加入欧元区。2014 年 1 月 1 日，拉脱维亚正式成为欧元区成员方。2015 年 1 月 1 日，立陶宛加入欧元区。2023 年 1 月 1 日，克罗地亚加入欧元区。欧元区现共有 20 个成员方，包括奥地利、比利时、芬兰、法国、德国、爱尔兰、意大利、卢森堡、荷兰、葡萄牙、西班牙、希腊、斯洛文尼亚、塞浦路斯、马耳他、斯洛伐克、爱沙尼亚、拉脱维亚、立陶宛、克罗地亚，人口超过 3.47 亿。

6.3.2　欧元启动具有划时代的意义

首先，欧元将极大消除汇率风险和降低交易成本，提供更加良好的国际贸易环境，有利于推动欧盟及世界贸易的发展。曾有一位欧盟的经济学家讲过这样的故事：一个旅游者拿 1 万美元分别到欧盟 15 国旅行，每到一国就将现金兑成所到国货币而不做任何消费。在走完 15 国时，1 万美元变成 5 千美元了。实现区内货币统一，可以消除汇率风险，并为欧元区各国节约大量的交易费用。同时，由于欧元区是统一的市场，价格具有统一性与透明度，实现区内货币统一在改善欧洲国家国际贸易环境的同时，也改善了世界贸易环境与格局，这也有利于促进世界贸易与经济的发展。

其次，欧元对欧洲人的心理影响是巨大的。欧元改变了欧洲民众的疑惑心理和传统习惯，大大增强了对欧洲统一的认同感，有了真正"欧洲公民"的感受。民众"欧洲意识"的增强，为加快欧洲一体化建设奠定了坚实的群众基础，对于欧盟实现建立"强大欧洲"及在国际舞台发挥更重要的作用的目的具有非凡的意义。

再次，欧元将对国际货币格局产生重要的长远影响。欧元的出现将对以美元为主的国际货币格局产生强烈冲击。稳定的国际储备货币格局不仅可以降低储备管理的复杂性，使非国际货币发行国不易遭受或免遭单一储备货币贬值的风险损失，同时也利于相互制约各储备货币发行国，使其采取更合理的货币与经济政策。

最后，欧元的启动为国际货币体系改革提供了可供借鉴的宝贵经验。欧元的产生是区域经济与货币一体化的产物，而全球货币一体化将是国际货币制度完善的标志和改革的方向。同时，欧元成功地在国家主权分立的背景下，通过协商实现了国别货币向区域货币的过渡与转换，不仅为未来亚洲、拉丁美洲等区域货币一体化的发展提供了蓝本，也为全球货币一体化的实施奠定了广泛而深厚的基础，为分立的国家之间在经济社会诸多领域的政策协调和友好合作提供了积极的示范。

6.3.3　欧元的国际货币地位

欧元的国际货币地位可从图 6-1 中看出。

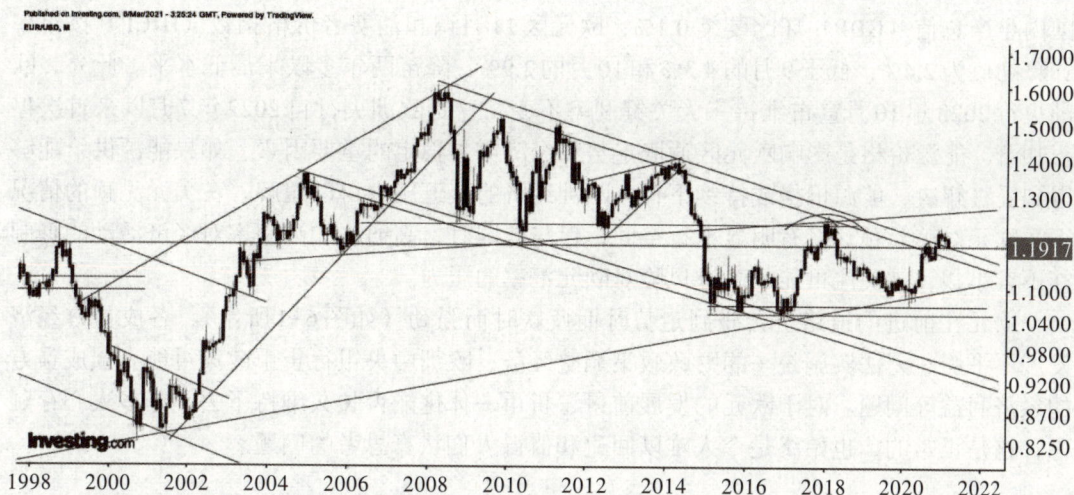

图6-1　欧元启动至2021年3月欧元对美元汇率走势

6.3.4　欧元的发展前景

受欧债危机影响，欧元区自2008年以来经济陷入衰退。欧盟委员会2012年9月27日发布的报告显示，反映经济信心的欧元区经济敏感指数连续19个月下滑，降至2009年9月以来最低点。2012年9月，体现欧元区生产者和消费者对经济前景乐观程度的经济敏感指数较前一个月下降1.1点至85.0点。欧盟的经济敏感指数下降0.9点至86.1点。欧元区和欧盟的经济信心继续下降的主要原因是"服务业与零售业企业以及消费者的信心继续下滑"。不确定因素和财政整顿导致欧元区内需大幅下滑，给个人消费带来负面影响，家庭购买力因为财政紧缩、通胀上升和就业形势恶化而减弱，固定资产投资将持续减少。欧盟统计局2013年5月31日公布，欧元区4月份失业率升至12.2%，为1995年有数据记录以来的最高水平。失业率创历史新高，欧元区最大经济体零售额下滑。这一切使欧元区在短期内摆脱经济衰退的希望更加渺茫。

2012年10月8日，根据此前欧元区财长达成的协议，欧元区永久性救助基金——欧洲稳定机制（ESM）正式启动，ESM将用于向债务缠身的欧元区主权国家提供救助贷款，以帮助失去投资者信任的国家经济重回正轨。救助形式包括在一二级市场购买债券、为欧元区成员方主权债券提供担保等。上述国家可通过该机制以较低的利率获得资金。欧洲稳定机制成立时间虽然不长，却已是成熟的资本市场参与者。它不仅是欧元计价债券最大的发行主体，也致力于产品创新，完成了负收益率和超长期限的债券发行。2017年10月，为了减轻流动性风险，欧洲稳定机制通过投资主体多元化，将债券发行扩展到美元市场，首期筹集资金达30亿美元。2017年之后，随着欧洲经济的稳步扩张，非欧洲投资者投资兴趣浓厚。欧洲稳定机制是唯一可以混合欧元信用，以美元计价的机构，其发行产品在市场中颇受欢迎。当前，欧洲稳定机制继续以欧元为主要融资货币，同时继续在美元市场实现战略性发展，每年进入市场一到两次，旨在建立期限为两年、三年和五年的收益率曲线，为欧元的稳步发展提供制度性支持。

2023年以来，欧元区继续受到俄乌冲突的负面影响，在促使通胀回落和保证经济增长方面相比其他发达经济体而言承受着更大的压力。数据显示，2023年第三季度欧元区国内生产总值（GDP）环比萎缩0.1%；欧元区11月调和消费者价格指数（HICP）按年率计算初值为2.4%，低于9月的4.3%和10月的2.9%，降至两年多以来最低水平。此外，欧洲央行2023年10月宣布维持三大关键利率不变，这是欧洲央行自2022年7月以来首次停止加息。能源价格是影响欧元区通胀走势和经济增长稳定的重要因素，如果能源供给能够得到妥善解决，能源价格或持续下行，欧洲经济的衰退压力得以缓解，在美元见顶的情况下，欧元对美元预计将有明显上行空间；但与此同时，高通胀和高利率对经济活动的抑制亦不容小觑，需关注可能的衰退风险对欧元汇率的压力。

欧元在前进的道路上会碰到走势时而疲软时而强劲（如图6-1所示）、各成员方经济发展不平衡、无法实施统一的财政政策调整经济、欧洲中央银行货币政策可能有损成员方的经济利益等问题。对于欧元的发展前景、货币一体化能否长久维持下去，许多人心存疑虑，这是正常的，也始终是令人难以回避和值得人们认真思考的问题。

本章小结

所谓货币区，指的是区内各成员方货币相互间保持钉住汇率制，对区外各种货币实行联合浮动。理论上说，任何一个国家都会面临最适度货币区的问题，即本国是适宜单独组成一个货币区，还是适宜与其他某些国家共同组成一个货币区。如果对于某一国家而言，本国单独组成一个货币区，那么就意味着本国实行的是浮动汇率制或弹性汇率制。

适度货币区理论的基本思想从宏观角度分析，可以通过以下三个相互联系的结论加以描述：①在经济联系十分紧密的国家或地区之间维持固定汇率乃至共同采用一种货币，将可以获得显著的货币效率收益。②加入货币区的各国也要承担相应的成本，主要表现为经济独立性下降，因为固定汇率或共同货币安排使各国独立运用汇率和货币政策以保持经济和社会稳定的能力大大降低。③一国是否加入货币区取决于加入货币区的收益和成本，如果收益大于成本，那么一国就应该加入货币区，否则就应该保持自己独立的货币体系。

适度货币区理论的基本思想从微观角度分析，主要是货币区域化的收益和成本分析的决定因素，如区内各国的生产要素是否能够充分自由流动、通货膨胀率是否比较接近、产品是否多样化以及各国是否能够对财政货币政策进行及时协调等。这些因素与各国经济联系程度密切相关，是决定货币区能否成功建立的主要因素。

欧洲货币体系的形成走过了漫长的道路。欧洲货币体系是区域性货币一体化或国际金融一体化的产物。所谓区域性货币一体化是指一定地区内的有关国家和地区在货币金融领域中实行协调与联合，形成一个统一体，最终实现一个统一的货币体系。区域性货币一体化具有三个基本特征：①汇率统一，即成员方之间实行固定汇率制度，对成员方以外的国家实行浮动汇率制度；②货币统一，即发行单一的共同货币；③货币管理机构和货币政策统一，即建立一个中央货币机关，并由这个机关行使中央银行的职能。

欧元是欧洲中央银行在欧盟成员方范围内或者说在欧元区范围内正式发行的具有独立货币地位的超国家性质的法定货币，于1999年1月1日起正式启用。首批加入欧元区的国家有德国、法国、意大利、奥地利、卢森堡、比利时、爱尔兰、荷兰、芬兰、西班牙、葡萄牙11个国家。欧盟另外4个成员方英国、丹麦、希腊、瑞典没有成为首批使用欧元的国家。截至2023年年底，欧元区共有20个成员方。

关键概念

货币区 适度货币区理论 欧洲货币体系 区域性货币一体化 欧元

综合训练

思考题

1）为什么说欧元是适度货币区理论的最好实践？

2）亚洲可否实现区域货币一体化？

3）欧元国际货币地位自启动以来是增强了还是削弱了？

4）欧元面临的主要挑战是什么？

即测即评6

综合训练参考答案6

第7章

人民币汇率制度

目标引领

☑ 价值塑造

　　本章通过引导学生关注欧美对俄罗斯的金融制裁，拓展国际视野。同时，通过了解中国国际原油跨境数字人民币结算首单交易落地、中国不断完善跨境投融资的便利化自由化，引导学生建立中国特色社会主义的道路自信。

☑ 知识传授

　　通过本章的学习，掌握主要的国际汇率制度、中国汇率管理制度、中国外汇管理制度的改革进程、人民币汇率形成机制、货币可兑换和人民币国际化等相关内容。

思维导图

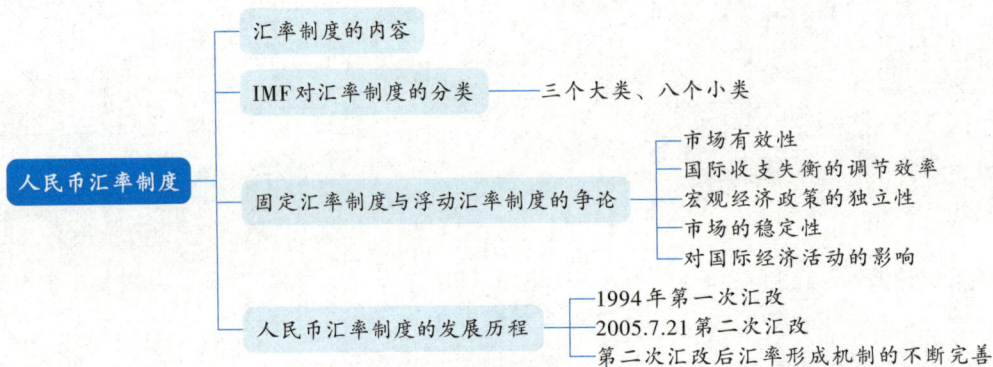

```
                    ┌── 汇率制度的内容
                    │
                    ├── IMF对汇率制度的分类 ─── 三个大类、八个小类
                    │
                    │                          ┌── 市场有效性
                    │                          ├── 国际收支失衡的调节效率
人民币汇率制度 ──────┼── 固定汇率制度与浮动汇率制度的争论 ──┤── 宏观经济政策的独立性
                    │                          ├── 市场的稳定性
                    │                          └── 对国际经济活动的影响
                    │
                    │                          ┌── 1994年第一次汇改
                    └── 人民币汇率制度的发展历程 ──┼── 2005.7.21第二次汇改
                                               └── 第二次汇改后汇率形成机制的不断完善
```

开篇导读

我国不断完善汇率形成机制

　　汇率制度又称汇率安排。按照汇率变动的幅度，汇率制度可以划分为固定汇率制和浮动汇率制。而IMF 2007年按照事实分类法将汇率制度划分为三个大类：钉住汇率制度、中间汇率制度和浮动汇率制度。目前，欧元实行的是联合浮动汇率制；港币实行的是联系汇率制，而人民币实行的是有管理的浮动汇率制。汇率制度的选择与一系列具体的经济和环境因素有关。

　　人民币汇率制度及人民币汇率形成机制的改革经历了几个发展历程：①从1994年1月1日起，国务院决定改革我国的外汇体制，人民币汇率并轨，实行以市场供求为基础的、单一的、有管理的浮动汇率制度。②2005年7月21日到2010年6月，为完善人民币汇率形成机制阶段。中国人民银行宣布，经国务院批准，自 2005 年 7 月 21 日起，我国开始实行以市场供求为基础、参考一篮子货币进行调节、有管理的浮动汇率制度，人民币一次性升值 2%。③2010 年 6 月 21 日，根据国内外经济金融形势和我国国际收支状况，中国人民银行决定进一步推进人民币汇率形成机制改革，增强人民币汇率弹性。④2015 年 8 月 11日起，为增强人民币对美元汇率中间价的市场化程度和基准性，中国人民银行决定完善人民币对美元汇率中间价报价。做市商在每日银行间外汇市场开盘前，参考上日银行间外汇市场收盘汇率，综合考虑外汇供求情况以及国际主要货币汇率变化向中国外汇交易中心提供中间价报价。⑤2016 年年初，中国人民银行决定人民币对美元汇率中间价转为实施"收盘价+篮子汇率"的双目标形成机制。为了配合这一改革，中国人民银行在 2015 年年底推出了 CFETS 货币篮，初始的篮子中包含 13 种货币。2017 年 5 月下旬，中国人民银行决定人民币对美元汇率中间价转为实施"收盘价+篮子汇率+逆周期因子"的三目标形成机制。2018 年 1 月 9 日，中国人民银行决定部分中间价报价行，对人民币中间价形成机制中的逆周期因子参数进行调整，调整后相当于不进行逆周期调节。2018 年 8 月 25 日，中国人民银行宣布并通知人民币对美元中间价报价行，重启对人民币中间价形成机制中的逆周期因子调节。2020 年 10 月 27 日晚间，外汇交易中心发布公告称，近期部分人民币对美元中间价报价行基于对经济基本面和市场情况的判断，陆续主动将人民币对美元中间价报价模型中的逆周期因子淡出使用。不难看出，从"8·11"汇改至今，人民币对美元中间价定价机制，已经经历了 7 次重要变化，人民币汇率形成机制在改革中逐渐完善，增强汇率双向浮动弹性，保持人民币汇率在合理均衡水平上的基本稳定。

评析：汇率制度是经济发展与经济环境的产物，并随后者改变而变化。人民币汇率制度与人民币汇率形成机制的改革是与中国经济体制改革与经济发展水平的变化相辅相成的。一国采用什么样的汇率制度会对该国经济发展造成不同的影响，良好与适当的汇率制度可以有效地促进经济稳定与发展，反之亦然。

7.1　汇率制度

7.1.1　汇率制度的含义

汇率制度又称汇率安排（exchange rate arrangement），是指一国货币当局对本国汇率变动的基本方式所做的一系列安排或规定。按照汇率变动的幅度，汇率制度可以划分为两大类型：一是固定汇率制（fixed exchange rate system）；二是浮动汇率制（floating exchange rate system）。前者是指现实汇率受平价的制约，只能围绕平价在很小的范围内上下波动的汇率制度；而后者则是指现实汇率不受平价的限制，随外汇市场供求状况变动而波动的汇率制度。

7.1.2　汇率制度的内容

（1）确定汇率的原则和依据。例如，是以货币本身的价值为依据，还是以法定代表的价值为依据等。

（2）维持与调整汇率的办法。例如，是采用公开法定升值或贬值的办法，还是采取任其浮动或官方有限度干预的办法。

（3）管理汇率的法令、体制和政策等，例如，各国外汇管制中有关汇率及其适用范围的规定。

（4）制定、维持与管理汇率的机构，如外汇管理局、外汇平准基金委员会等。

7.1.3　IMF对汇率制度的分类

在布雷顿森林货币体系时代，IMF把汇率制度简单地分为钉住汇率制度和其他汇率制度。而在布雷顿森林货币体系崩溃以后，IMF则不断地细化汇率制度分类。IMF原来对各成员方汇率制度的分类，主要依据的是各成员方所公开宣称的汇率制。但纯粹依赖各成员方所宣称的汇率制度的分类，具有实际做法和官方宣称经常不符的局限性。

IMF在1997年和1999年分别对基于官方宣称的汇率制度分类方法进行了修正，其1999年的分类是：

（1）无独立法定货币的汇率安排，主要有美元化汇率和货币联盟汇率；

（2）货币局汇率；

（3）传统的钉住汇率；

（4）有波幅的钉住汇率；

（5）爬行钉住汇率；

（6）有波幅的爬行钉住汇率；

（7）管理浮动汇率；

（8）完全浮动汇率。

IMF（2007）后来强调，它的分类体系是基于各成员方真实的、事实上的安排；这一安排已被IMF所认可，而不同于各成员方官方宣称的安排。这一分类方案的基础是汇率弹性（flexibility）的程度，以及各种正式的与非正式的对汇率变化路径的承诺。引人注目的是，IMF从2001年开始将汇率制度分类与货币政策框架联系在一起，即在对各成员方进行汇率制度分类的同时，也对其货币政策框架进行分类。IMF认为，不同汇率制度的划分有助于评价汇率制度选择对于货币政策独立性程度的意义。该分类体系通过展示各成员方在不同货币政策框架下的汇率制度安排以及使用这两个分类标准，从而使得分类方案更具透明性，以此表明不同的汇率制度可以和同一货币政策框架相容。据此，IMF对其分类作了较小调整，其2007年的事实汇率制度分类结果共划分为3个大类和8个小类，分别是：

（1）无独立法定货币的汇率安排（41个成员），主要有美元化汇率和货币联盟汇率；

（2）货币局安排汇率（7个成员）；

（3）其他传统的固定钉住安排（42个成员）；

（4）区间钉住汇率（5个成员）；

（5）爬行钉住汇率（5个成员）；

（6）爬行区间中的浮动汇率（1个成员）；

（7）无预定路径的管理浮动制（52个成员）；

（8）独立浮动汇率（34个成员）。

如果将上述汇率制度划分为钉住汇率制度、中间汇率制度和浮动汇率制度，那么钉住汇率制度包括（1）~（3），中间汇率制度包括（4）~（6），浮动汇率制度包括（7）和（8）。按照IMF的分类，自20世纪90年代以来，中间汇率制度的比重在不断降低，并不断向钉住和浮动集聚。但是，中间汇率制度仍然没有消失，如在2005年，中间汇率制度在IMF所有成员方中的比重为28.4%，无法证明"中间汇率制度消失论"。

7.1.4　主要国际汇率制度

根据国际社会对各国汇率安排的要求或根据汇率制度的划分，主要国际汇率制度有固定汇率制、浮动汇率制和联合浮动汇率制等类型。固定汇率制是指两国间的货币汇率只能在规定的幅度内波动，实际汇率如超出规定的幅度，一国中央银行有义务进行调节，以使汇率稳定在规定的波动界限内。浮动汇率制是指两国间的货币汇率的形成与变动主要依靠外汇市场上外汇供求关系的变化来调节。联合浮动汇率制是货币同盟国（主要为欧盟国家）所采取的汇率制度，是固定汇率制与浮动汇率制两种制度的结合，即在成员方之间实行固定汇率制，而同时对非成员方采行浮动汇率制。

固定汇率制又可分为金本位下的固定汇率制和纸币流通下的固定汇率制。两者的共同之处在于：①各国对本国货币都规定有金平价，中心汇率是按两国货币各自的金平价之比来确定的。②外汇市场上的汇率水平相对稳定，围绕中心汇率在很小的限度内波动。

但两者之间也存在着本质的不同，主要有：①金本位制下的固定汇率制是自发形成的；而在纸币流通情况下的固定汇率制是通过国际的协议人为建立起来的。②金本位制下各国货币间的汇率能够保持真正的稳定，因为各国货币之间的含金量之比不会轻易变动；而在纸币流通制度下，其固定汇率可以根据经济运行状况，经过一定的程序而调整。因此，更为准确地说，纸币流通下的固定汇率制只能称为可调整的钉住汇率制（adjustable pegging system）。

浮动汇率制又可从不同的角度分为多种：

（1）按照政府是否干预来分，可分为自由浮动（free floating）汇率制和管理浮动（managed floating）汇率制。自由浮动汇率制是指货币当局对外汇市场不加任何干预，汇率随市场供求状况的变动而自由涨落。管理浮动汇率制又称为"肮脏浮动"（dirty floating）汇率制，是指货币当局对外汇市场进行干预，以使外汇市场朝着有利于自己目标的方向浮动。

（2）按照浮动的形式，浮动汇率制可以分为单独浮动（independent floating）汇率制和联合浮动（joint floating）汇率制。单独浮动汇率制，又称独立浮动汇率制，是指本国货币不与外国任何货币发生固定联系，其汇率根据外汇市场的供求状况独立浮动。目前有美元、澳大利亚元、日元、加拿大元和少数发展中国家的货币采取这种形式。联合浮动汇率制是指欧洲货币体系各成员方货币之间保持固定汇率，而对非成员方货币则采取共同浮动的做法。

另外，在固定汇率制与浮动汇率制之间，还存在着一种钉住汇率制，即一个国家采取钉住某种货币或合成货币的汇率制度。这在一些发展中国家较为普遍。钉住汇率制又可以分为以下两种：

（1）可调整的钉住汇率制。金融当局将本国汇率稳定在某个特定的，通常是钉住的水平上，但保留对外汇市场进行干预的权力。当本国国际收支出现持续性逆差时，可以进行货币贬值；当出现持续性的国际收支顺差时，可以进行货币升值。当本国货币升值或贬值以后，汇率又以一个钉住水平为准。

（2）爬行钉住汇率制。一国在一定的时间内接受本国货币的某个平价，并以一系列很小的调整幅度逐渐地改变平价，以适应本国内部经济与外部经济的变化。它通常发生在这种情况之下：当一国汇率所要调整的幅度较大时，如果采用一次到位的调整方式，会对经济产生较大的冲击，故而采用多次的小幅度调整。

7.1.5　固定汇率制与浮动汇率制的争论及比较分析

从20世纪50年代初开始，关于固定汇率制与浮动汇率制孰优孰劣的问题就引起了国际经济学界的广泛争论，一大批著名经济学家加入到了这场论战之中。其中，赞成浮动汇率制的经济学家有弗里德曼、约翰逊、哈伯勒等；赞成固定汇率制的有纳克斯、蒙代尔和金德尔伯格等。对于浮动汇率制与固定汇率制的优劣，可以从不同的角度进行比较。在此，我们主要从以下五个方面加以分析：

1）市场的有效性方面

所谓市场的有效性，是指市场价格对信息的反映能力及市场对资源配置效率的高低。

浮动汇率制的支持者认为，在浮动汇率制下，外汇市场具有更高的效率。这种效率主要表现在以下两个方面：

（1）汇率由市场供求关系决定，汇率的变化是对影响汇率变动的各种因素及信息的综合反映。也就是说，影响汇率变化的各种信息都会快速地体现在汇率的变动上，由此形成的汇率真实地反映了外汇市场的供求关系，从而使外汇资源得到合理的分配和利用。

（2）浮动汇率制能使国内外商品的价格进行真实的比较，从而客观地测算出一国商品生产的成本及优劣势程度。各国均出口其优势产品而进口其劣势产品，并形成合理的国际分工和交易格局，使生产资源在世界范围内得到合理的配置。

固定汇率制的支持者则认为，在市场的有效性方面，固定汇率制与浮动汇率制并无太大的区别。因为，在无商品准备的纸币条件下，货币本身几乎没有什么价值，汇率波动的根本原因在于两国相对的货币供应量。从理论上讲，只要两国保持适当的货币供应，即使政府采用固定汇率制，汇率也能较为准确地反映外汇供求，从而实现外汇资源的有效分配。至于各国间商品生产优劣势的比较，在浮动汇率制下也未必能够实现。因为在浮动汇率制中，影响汇率变动的因素较多，汇率往往存在着超调现象，即短期偏离均衡汇率水平，这时显然难以准确用其汇率进行相对优势的测算，也就是说，在此情况下，对资源在全世界范围内的分配并非是合理的。只有通过均衡汇率进行核算形成的分工和贸易格局才是合理的，而在浮动汇率制中，均衡汇率需要在长期的变动中才能形成，在这一点上，固定汇率制与浮动汇率制差异非常大。而且，国际经济的实践也没有为汇率的频繁和急剧变动能引导世界各国实行有效分工的说法提供强有力的实证支撑；相反，国际生产和交易的非效率现象却并不少见。这说明20世纪70年代以后浮动汇率制使资源在全世界范围内进行分配不见得是有效的。

2）国际收支失衡的调节效率方面

浮动汇率制与固定汇率制的最大区别就在于国际收支出现失衡以后的调节机制不同，不同的调节机制具有不同的调节效率。

浮动汇率制的支持者认为，浮动汇率制对于国际收支的失衡具有较高的调节效率。这种调节效率主要表现在：

（1）在浮动汇率制中，当国际收支失衡以后，需要动用的调整变量较少。因为当国际收支失衡时，汇率会自动发生变化，从而对国际收支及整个经济进行自我调节，不需要政府另外采取任何其他的政策。这种调整变量的减少，一是可以降低调整的信息成本，节约信息资源；二是可以降低调整的执行成本（仅动用汇率变量）；三是可以降低调整过程中的犯错成本（因为只涉及一个外汇政策，从而可以降低在固定汇率制下需要各项政策相互协调而发生失误的可能性）。

（2）可以节约调整所需要的时间。因为，当国际收支发生失衡时，汇率会自动发生变化，缩短了多变量调整时所需要的信息收集时间，使国际收支能在最短的时间内发生调整。

（3）国际收支的调节方式是通过汇率的连续、多次变动完成的，这比在固定汇率制下需要政府相关政策的配合与干预更为有效。

与之相反，固定汇率制的支持者认为，当一国的国际收支出现失衡时，仅仅依靠汇率变动并不能发挥很好的作用。原因在于：

（1）汇率变动对国际收支的调节往往需要国内政策的支持。例如，国际收支出现逆差时，通过贬值来刺激出口，必须有相应的紧缩政策才可以降低贬值的负面作用，没有相应政策配合的汇率变动往往是难以发挥效力的。

（2）通过汇率变动来调节国际收支是有一定的前提条件的，其中包括贸易对象国不采取报复行为，本国的进出口商品必须满足马歇尔－勒纳条件的基本要求以及国内资源转移机制的健全等，如果这些条件得不到满足，汇率变动对国际收支的调节效果就要大打折扣。

（3）如果一国通过长期的货币贬值来刺激出口，即使实现了出口的增长、国际收支的改善，也不会使国内企业竞争能力真正提高，并可能由此导致贫困化的经济增长。

3）宏观经济政策的独立性方面

汇率制度的不同导致了在内外均衡的实现过程中，政策工具（主要是财政政策、货币政策）运用的独立性不同。

浮动汇率制的支持者认为，在浮动汇率制中，宏观经济政策具有较大的独立性。因为在固定汇率制中，一国的财政货币政策要受国际收支和国际储备量的制约，当国际收支发生失衡时，由于汇率固定，财政货币政策的首要目标是解决外部均衡问题，内部均衡问题就不得不暂时放弃。而在浮动汇率制中，财政货币政策的实施则不受这种约束，可以将外部均衡的任务交由汇率的波动来实现，本币汇率变动是国际收支的自我调节过程，此时，政策当局可以在不受外部约束的情况下，通过财政货币政策来实现国内经济均衡的目标。并且，浮动汇率制还可以使一国将外国的通货膨胀隔绝在外，从而独立制定有利于本国经济稳定与发展的政策，即实现无通货膨胀条件下的经济增长。同时，在浮动汇率制中，可以限制金融当局对汇率的有关管制行为，从而有利于经济自由化的发展，使经济充满活力与创新。

固定汇率制的支持者认为，一国财政货币政策的实施要受多种因素的影响，即使在浮动汇率制中，政策制定当局也未必有较强的独立性。理由是：

（1）完全利用汇率政策解决外部均衡意味着政府可以接受任何水平的汇率，这显然是不可能的，因为一国的财政货币政策不可能完全不受外部因素的制约。

（2）通过汇率的变动对国际收支进行调节，必须有相应的其他国内政策予以配合，否则难以发挥较好的效力。

（3）反对固定汇率制者认为，固定汇率制会通过价格的变动而将国外的通货膨胀传递到国内，但必须指出的是，产生这种传递的条件是购买力平价成立。但直至目前，对购买力平价成立与否的实证研究并没有得出购买力平价一定成立的令人信服的研究结论；相反，本国的汇率波动可以通过货币工资机制等多种途径对国内物价水平发生作用，比如本国货币贬值会加速国内物价水平的上升。

另外，在关于政策的纪律性问题上，固定汇率制与浮动汇率制的支持者也有不同的看法。浮动汇率制的支持者认为，浮动汇率中存在着较强的政策纪律，可以制止政策当局对汇率政策的滥用，因为汇率由市场决定而脱离了政策当局的控制，汇率政策的滥用难以发生。固定汇率制的支持者则认为，只有固定汇率制才可以防止政策当局对政策的滥用，因为固定汇率制对财政货币政策的使用存在着一定的制约。例如，扩张性的财政货币政策会引起储备资产的减少，最终对固定汇率的维持构成威胁，从而使政策当局在滥用政策时有所顾忌。

4）市场的稳定性方面

浮动汇率制的支持者认为，浮动汇率制下的市场具有更好的稳定性。理由是：

（1）浮动汇率制下的投机活动有利于使暂时偏离的市场汇率向均衡汇率回归。因为，在浮动汇率制下，投机者只有在汇率低于均衡汇率水平时才会选择买入，或在市场汇率高于均衡汇率水平时才选择卖出。显然，这种行为有利于降低市场汇率与均衡汇率之间的偏离。

（2）在浮动汇率制中，投机机会较难以把握。因为在浮动汇率制中，政府对汇率水平的高低并无承诺，投机者也就不易发现即期汇率明显高估或低估的投机机会；同时在进行投机时还需要承担汇率反向变动的风险。与此不同的是，在固定汇率制下，政府对汇率水平的目标定位使得投资者能够比较容易发现市场汇率与目标汇率之间的差异，从而为投机者提供更为明确的投机机会，投机者可以在与政府承诺稳定汇率的较量中获得投机利润。更为重要的是，固定汇率制下的投机活动可以不承担任何风险，失败后还可以按固定汇率水平进行抵补交易，从而刺激投机活动的大量发生。

固定汇率制的支持者认为，外汇市场在固定汇率制下比在浮动汇率制下具有更强的稳定性。因为在浮动汇率制下，市场盛行的不是稳定性投机，而是非稳定性投机。理由是：投机活动与人们的心理预期紧密相关。在浮动汇率制下，当市场汇率上升时，人们预期汇率还会进一步上升，从而买进；而当汇率下跌时，人们预期汇率还会进一步下跌，从而卖出。这种买涨卖跌的市场行为使来自经济变化的汇率波动幅度放大，形成了不稳定的市场投机活动。相比较而言，固定汇率制下的投机行为一般具有稳定性。因为，当市场汇率与固定汇率发生偏离时，投机者预期政府将进行干预，汇率将向固定的水平调整，从而使现实的市场汇率与固定汇率之间的差异不会太大。这种现象会影响投机者对市场汇率变化的预期，其投机行为更多的是使市场汇率与固定汇率之间的差异缩小，而不是扩大。

5）对国际经济活动的影响方面

浮动汇率制的支持者认为，浮动汇率制会促进国际贸易和国际投资活动的快速发展。理由是：

（1）浮动汇率制的实施，使各国间能形成合理的贸易和分工格局，各国均在比较优势原则下使贸易和社会福利得到增长。

（2）浮动汇率制使政府为维持汇率而采取的种种管制措施失去了存在的基础，从而推动经济自由化的发展。

（3）虽然汇率波动会给国际贸易和国际投资的参与者带来一定的汇率风险，但20世纪70年代以来出现的以保值为主要目的的金融创新活动使参与者可以有效地规避风险，从而使汇率波动引发的风险并未构成对国际贸易和投资活动扩展的制约。

固定汇率制的支持者则认为，浮动汇率制不利于国际贸易和投资活动的扩张。理由是：

（1）浮动汇率制产生的汇率风险，虽然可以通过金融创新交易予以规避，但规避风险的交易是有成本的，有时这种交易的成本还比较高，这就不可避免地对国际经济活动产生负面影响。

（2）直至目前的各种规避汇率风险的交易活动，基本上都是以一年为最长时限的，这就使得在国际长期投资活动中难以实现汇率风险的有效规避，从而对此类活动的扩展形成不同程度的制约。

由上面的比较可以看出，固定汇率制与浮动汇率制各有特点，在某些方面，固定汇率制具有比较优势，而在另一些方面，浮动汇率制可能更具优势。因此，从纯粹抽象的讨论来看，是难以得出哪种汇率制度更为优越的结论的。

7.1.6　汇率制度选择的理论与实践

1）汇率制度选择的理论分析

从以上的分析中可以看出，不同的汇率制度具有不同的特点，可谓各有千秋。因此，对于一个国家来说，选择什么样的汇率制度，显然与一系列具体的经济和环境因素有关。

从理论上讲，目前对汇率制度选择影响较大的理论有两种：一是"经济论"；二是"依附论"。所谓"经济论"，主要是由美国前总统肯尼迪的国际经济顾问罗伯特·赫勒（Robert Heller）提出来的。他认为，一国选择什么样的汇率制度，主要由其经济方面的因素决定。这些经济因素包括：经济规模、经济开放程度、进出口贸易结构、市场发育程度、通货膨胀率等。汇率制度选择的"依附论"主要是由一些发展中国家的经济学家提出来的。该理论认为，一国选择什么样的汇率制度，应该由其对外经济、政治、军事等诸方面的特征来确定。

综合以上两种理论，可以看出，汇率制度的选择应该考虑到以下一些因素：

（1）经济活动规模的大小。一般来讲，经济活动规模大的国家，在经济上的独立性更强，更不愿意保持固定汇率而使国内的经济政策受制于其他国家；而经济活动规模小的国家，则正好相反。

（2）经济开放程度。经济的开放程度反映了一国与外部经济的联系程度，它可以用多种指标来反映，如进出口贸易额占 GDP 的比例、资本流动的规模占 GDP 的比例等。一般来讲，一国的经济开放程度越高，贸易品价格在整体物价水平中的比例就越大，汇率变动对国家整体经济的影响也就越显著。为了最大限度地稳定国内价格水平，越开放的国家越易于选择钉住汇率。

（3）本国货币的国际化程度。这是指在国际贸易、国际结算、国际投资、国际借贷等国际经济活动中使用本国货币的比率。只有本国货币是自由兑换货币时，才有可能采用浮动汇率制。否则，浮动汇率制就缺乏实行的条件。

（4）相对的通货膨胀率。与别国的通货膨胀率差异较大的国家，由于在经济政策上很难与别的国家取得协调，因此，在汇率制度上也难以与别的国家保持稳定而往往采取浮动汇率制或爬行钉住汇率制，以便对通货膨胀率的差异做出弥补；相反，与别国通货膨胀率差异较小或相同的国家，更易于实行固定汇率制。

（5）进出口贸易的地区结构。主要与一个国家或地区发生贸易关系的国家，通常选择使本国货币与主要贸易方货币钉住的钉住汇率制度；而进出口贸易的地区结构表现出多元化的国家则多采用其他的汇率制度。

（6）与大国的经济政治依附程度。如果一国的经济、政治甚至军事对于某一个大国的依附程度较大，则出于维护本国经济稳定发展的考虑，该国则会采取本国货币与该大国货币相挂钩的钉住汇率制；如果一国的经济、政治、军事不是依附于一个大国，而是依附于几个工业发达的大国，则该国往往采取让本国货币钉住这几个国家合成货币的汇率制度。

另外，还必须考虑到本国的其他一些条件，比如经济的市场化程度、金融市场的发育程度、法律体系的完备程度及经济信息的披露程度等。

2）汇率制度选择的实践与发展趋势

虽然理论上对于固定汇率制与浮动汇率制优劣的争论，到目前为止也没有形成一个统一的认识，但20世纪80年代以来国际货币基金组织成员方在汇率制度选择上的趋势似乎是明确的，那就是采用钉住汇率制度的国家越来越少，而采用灵活汇率制度的国家则越来越多，其中又主要以管理浮动汇率制度和独立浮动汇率制度为发展的主流趋势。

3）货币局制度

货币局制度的运行机制如下：发钞银行按照法定汇率以100%的外汇储备作为保证发行本币，当外汇汇率高于法定汇率时，发钞银行卖出外汇买进本币；当外汇汇率低于法定汇率时，货币发行银行买进外汇卖出本币，以保持法定汇率稳定。

货币局制度与美元化的比较为：在货币局制度下，如果本币钉住的外币是美元，实际上就是程度较低的美元化，该国或该地区的货币当局已经没有独立的货币政策。而美元化是一种彻底的货币局制度，在美元化的制度下，美元不仅仅是发行本币的保证，而且全部或部分取代了本币的职能。因此，货币局制度与美元化的差别主要是美元发挥作用程度的差别以及存在单一货币还是两种货币的差别。

实行货币局制度的好处是：有利于抑制通货膨胀；有利于保持固定汇率，消除汇率风险；在价格具有充分弹性和国际经济活动具有充分自由的条件下可形成国际收支自动调节机制。

4）实行货币局制度的风险

（1）货币局制度存在一个内在的缺陷，即本币的发行是以某一种外汇作保证，如果本国或本地区经济、贸易或投资的发展与所选外汇的发行国（地区）不一致，本币高估或低估的情况将不断发生，在国际资本流动自由化程度较高的条件下，则很容易导致国际资本的投机性冲击。

（2）实行货币局制度以后，本国政府或者以某种外汇作为保证发行本币，或者直接用美元取代本币，两者都会造成铸币税收益（seigniorage revenue）的损失。

（3）在货币局制度下，本国政府丧失了货币政策和汇率政策的自主性。

5）联系汇率制

联系汇率制的特征是：即期汇率和远期汇率均固定；利率与直接挂钩货币的利率相一致；在纯粹的联系汇率制条件下，中央银行的货币发行完全是以外汇储备为支撑的，也就使这种汇率安排因投资有息的外汇资产（如美国国库券）而丧失了铸币税。我国香港就是采取与美元挂钩的联系汇率制的典型代表。

（1）香港联系汇率制的内容与运作机制。1983年10月15日，当时的港英政府在取消港元利息税的同时，对港币发行和汇率制度做出新的安排：要求发钞银行（当时是汇丰银行和渣打银行，1993年中国银行香港分行也成为发钞银行）在增发港元纸币时，必须按1美元兑换7.8港元的比价向外汇基金缴纳等值美元，以换取港元的负债证明书，作为发钞的法定准备金，这一安排标志着香港联系汇率制的诞生。因此，香港联系汇率制实质上是美元汇兑本位制。香港联系汇率制的主要内容还包括：当港元现钞从流通中回笼后，发钞行可以用同样的比价向外汇基金换回美元，同时赎回负债证明书；发钞行以同样的方式为其他银行提供和收回港元现钞；1美元兑换7.8港元的固定比价只适用于发钞行和外汇基金之间的交易，发钞行和其他银行之间以及银行同业、银行与客户之间的港元交易全部按市场汇率进行。

港元在香港外汇市场上公开浮动，港币的汇率是由市场供求来决定的。联系汇率与市场汇率、固定汇率与浮动汇率并存，是香港联系汇率制的重要特点。

香港联系汇率制具有内在自我调节机制：美元流动均衡机制；套利机制。1993年4月成立的香港金融管理局，是中国香港的准中央银行，从体制上提供了维护联系汇率制的保障。

（2）香港联系汇率制的利弊。香港联系汇率制最大的优点是：有利于中国香港金融的稳定，而市场汇率围绕联系汇率窄幅波动的运行也有助于香港国际金融中心、国际贸易中心和国际航运中心地位的巩固和加强，增强市场信心。

香港联系汇率制的主要弊端是：使中国香港的经济行为以及利率货币供应量等指标过分依赖和受制于美国，从而严重削弱了香港运用利率和货币供应量杠杆调节本地区经济的能力。同时，联系汇率制也使汇率制度调节国际收支的功能无从发挥。当外部环境发生变化时，联系汇率制度的薄弱环节就会变得明显起来，也就容易成为投机者攻击的对象。

6）美元化

美元化包括非官方美元化和官方美元化，前者是指私人机构用美元来完成货币的职能，但还没有形成一种货币制度；后者是指货币当局明确宣布用美元取代本币，美元化作为一项货币制度被确定下来。

（1）美元化的产生。通常，美元化是经济不稳定、高通货膨胀率和国内居民希望资产多样化的反映。美元化是外国货币（主要是美元）以通货和银行存款的形式流入一国境内，因此美元化的程度可以用一国境内流通的美元现金和在银行中的美元存款数量来表示。美元化国家的经验表明，流通中美元的增加是一个普遍现象，增加的原因首先是由于随着限制的取消，外币存款的比率会上升；其次是宏观经济的失衡和高通货膨胀率会导致货币替换；再次，即使成功地降低了通货膨胀率，货币替换也会继续存在；最后，即使没有货币替换，美元化也会以资产替代的方式长期存在，特别是随着金融的深化和全球化的发展。

（2）美元化的风险和好处。对一个国家而言，美元化的主要好处是：能够促进该国在经历了高通胀后，或是在不稳定的经济条件下重新货币化；允许居民持有外币存款能够提高政府的信誉，使政府坚持更有力的金融政策。美元化的风险是：银行系统中以美元计值业务的迅速发展会增加金融和外汇市场上发生危机的风险；美元化还意味着货币当局丧失了铸币税收益。

（3）限制美元化的措施。一国要限制或降低美元化的程度，首先要有稳健的宏观经济政策。此外，国内对物价水平的稳定要有充分的信心，并出台有效的政策增强对本币的信心。具体措施有：①发展替代性金融工具；②制定造成本外币利率差异的政策；③直接限制外币存款；④制定鼓励使用本币的措施。

总之，美元化一定程度上是全球资本市场不断一体化的一个结果，美元化通常是与更开放的资本市场相联系的。所以，一些适用于资本市场一体化的措施（如需要有恰当的改革顺序、要有稳健的金融市场环境等），也适用于应对美元化问题。

7.2　中国汇率管理制度改革进程

人民币汇率制度是我国外汇体制的重要组成部分，人民币汇率是调节我国经济生活的重要杠杆，人民币汇率政策如何变化已越来越为国际社会所关注。

7.2.1　人民币汇率制定的依据

人民币是我国的法定货币。人民币汇率应当如何制定与变动，是一个理论性、政策性和实践性都很强的问题。合理制定与调整人民币汇率，对于保证我国国民经济和对外交往的稳健发展是相当重要的。

同前文所揭示的汇率决定基本原理一样，人民币汇率的制定依据即决定基础，是人民币实际所代表的价值量，即人民币与外币比价的确定，是以人民币所表现的物价水平为依据的。人民币汇率主要是根据我国与国外的物价对比、外汇市场的货币供求变动，以及我国的国际收支等情况具体制定与调整的。

依据物价水平制定人民币汇率，在理论上是有依据的，符合马克思的货币理论。马克思主义货币理论认为，两种货币之所以具有可比性，能够相互兑换，是因为两种货币都具有同质的东西，即都具有价值，而价值是看不见、摸不着的，价值只能通过价格表现出来。依据物价水平对比制定人民币汇率在理论上是正确的。

依据物价水平制定人民币汇率在实践上是有基础的、可行的、可取的，符合中国经济发展的客观实际。新中国成立前夕第一次对外公布的人民币与外币的牌价，就是根据"物价对比法"制定的。而此后的人民币汇率的多次变动调整，也都是以物价水平变动为依据的，如改革开放后人民币对美元汇率的几次调整，都是以当时总的出口商品平均换汇成本与当时实际的汇率水平比较为基础的，这种比较实际上就是两种货币购买力的比较。可见，依据物价水平制定人民币汇率在实践上是可行的。

关于人民币汇率决定的价值基础问题，学术界曾有过黄金论、百物论、物价论之争，随着黄金在世界范围内退出货币的舞台，目前大多数学者都同意或趋向物价论观点。人民币汇率以人民币实际代表的物价水平为依据制定，不依据黄金，也不依赖于外国货币。

7.2.2 人民币汇率制度的发展历程

人民币汇率的具体制定和调整，根据各个不同时期的国内外政治经济情况的变化而有所不同。人民币汇率按其历史演变过程，大致经历了如下四个发展阶段：

第一阶段，1949 年到 1952 年，人民币汇率处于初始制定和连续大幅度调整阶段。1949 年，天津、北京、上海、厦门、广州等大城市相继解放，为尽快发展对外贸易，支援全国解放战争，中国人民银行于 1949 年 1 月 18 日首先在天津公布了人民币对资本主义国家货币的汇率，以后随着其他大城市的解放和对外贸易的开展，其他城市也陆续公布了人民币汇率。

这一阶段是我国国民经济恢复时期，国家面临的是工农业生产遭到严重破坏、物资供给严重不足、国内商品价格不断上涨、外贸几乎陷于停顿、外汇资金十分匮乏的经济状况。因此，当时制定人民币汇率的方针是"奖励出口、兼顾进口、照顾侨汇"，主要根据"物价对比法"来制定人民币汇率。当时以津、青、沪、穗四大口岸定期计算出口和进口商品理论比价，同时闽、粤两地计算侨汇购买力比价，然后进行综合加权平均，最后计算出人民币汇率。具体的计算公式为：

$$出口商品理论比价 = \frac{出口商品国内价格 \times (1 + 利润率，以本币计算)}{出口商品国外价格（FOB价，以外币计算）} \quad (7-1)$$

$$进口商品理论比价 = \frac{进口商品国内价格 \times (1 + 利润率，以本币计算)}{进口商品国外价格（CIF价，以外币计算）} \quad (7-2)$$

$$侨汇购买力比价 = 外汇牌价 \times 国内侨眷生活费指数 \div 国外侨眷生活费指数 \quad (7-3)$$

出口商品的理论比价是以我国当时 75%~80% 的大宗出口商品中的每一种商品的国内人民币成本加上 5%~15% 的利润率，与出口商品国外价格（以离岸价格即 FOB 价为准）相比。进口理论比价计算方法基本与出口理论比价计算方法相同，但进口商品价格以到岸价（CIF）为准。侨汇购买力比价是以华侨眷属五口之家的中等生活水平为准，算出一个家庭每月所必需的消费品种类与数量，然后按香港和广州两地零售物价加权计算，编制出国内外侨眷生活费指数比价，再结合外汇牌价计算出来的。如果计算后所得的比价低于牌价，则汇率有利于侨汇，反之，则不利于侨汇。

根据上述三方面比价再进行综合加权平均，最后确定出人民币汇率。以这种方法求得的人民币汇率比较真实地反映了人民币的对外价值，因此这一阶段的人民币汇率基本起到了调节进出口贸易和鼓励侨汇的作用。这一阶段汇率的具体变动大致如下：1949 年 1 月 18 日首次公布的人民币汇率是 1 美元等于 80 元人民币；1949 年 12 月调为 1 美元等于 23 000

元人民币；1950 年 7 月调为 1 美元等于 35 000 元人民币；1953 年调为 1 美元等于 26 170 元人民币（以上人民币均为旧币）。

第二阶段，1953 年至 1973 年，人民币汇率基本处于僵化不变的阶段。自 1953 年开始，我国进入有计划的社会主义建设时期。当时我国工业品国内成本高，而国际市场价格相对较低，出口发生亏损，因此外贸系统采取了以进口补贴出口、进出口统算的办法，这样，人民币汇率实际上对进出口贸易已不再起调节作用，仅仅用于内部核算。为维护人民币币值的稳定，原则上人民币汇率在原定汇率基础上，参照各国政府公布的法定汇率变动情况来适当制定与调整。由于这一时期我国实行的是高度集中的计划经济，外贸盈亏全由国家财政负担与平衡，加上其他各种内部与外部的原因，我国的对外经济贸易规模很小，同时，世界范围内又普遍实行固定汇率制，因此这一时期的人民币汇率基本上处于相对固定状态。1955 年汇率调整为 1 美元等于 2.4676 元人民币（新币，1 元新币等于 10 000 元旧币），直到 1971 年年底，人民币对美元的汇率始终保持在这个水平上没有变动。

需要指出的是，由于众所周知的原因，这一时期人民币与外币的兑换，更多的是与苏联货币卢布的兑换，而且有着特殊的发展关系，限于本书行文体系与篇幅，对此不展开详细论述。

第三阶段，1973 年到 1993 年，人民币汇率主要处于钉住汇率制和有管理的浮动阶段。1973 年 3 月，以美元为中心、以固定汇率制为主要内容的国际货币体系解体，各国纷纷采行浮动汇率制。为避免西方国家汇率频繁变动的影响，人民币汇率必须与国际金融市场汇率变动相适应，经常进行调整。为此，这一时期人民币汇率的制定方法相应改变为：在原有汇率基础上按"一篮子"货币计算与调整，即钉住或选择我国在对外经济贸易往来中经常使用的若干种货币，按其重要程度和政策上的需要确定权数，根据这些货币在国际市场上的升降幅度，加权计算出人民币汇率，并根据情况变化经常进行调整。

在这一阶段中，我国开始实施改革开放的方针，极大地推进了我国国内建设和对外经济贸易的发展，人民币汇率的杠杆作用逐步得到加强。这一阶段也是人民币汇率不断调整或者说变动最为频繁的时期。从 1973 年到改革开放初期，人民币汇率基本上波动于 1 美元等于 2.20~2.60 元人民币之间；从 1981 年起人民币汇率实行双轨制：1 美元等于 2.80 元人民币为贸易外汇收支内部结算价，1 美元等于 1.53 元人民币为对外公布的用于非贸易收支的牌价；1985 年 1 月 1 日汇率统一调为 1 美元等于 2.80 元人民币，同年 10 月汇率调整为 1 美元等于 3.20 元人民币；1986 年，按照国际货币基金组织的要求，人民币汇率实行管理浮动，以取代原来的钉住"篮子"货币制，目的是既要适应国际金融市场的变化，又要保持币值的相对稳定。此后，人民币汇率进行了几次较大调整：1986 年 7 月 15 日，人民币汇率下调至 1 美元等于 3.72 元人民币；1989 年 12 月 16 日又下调 21.2%，调至 1 美元等于 4.72 元人民币；1990 年 11 月 17 日，人民币又贬值 9.57%，汇率为 1 美元等于 5.22 元人民币；从 1991 年 4 月起，人民币汇率实行机动调整即实行微调弹性浮动，汇率由当时的 1 美元等于 5.32 元人民币不断微调到 1993 年年底的 1 美元等于 5.75 元人民币左右。

需要指出的是，从改革开放开始到这一阶段结束，我国全面实行了外汇留成分配制度，并从 1988 年开始为留成外汇建立了调剂市场，某些外汇交易是通过外汇调剂市场进行的，因此有了外汇调剂价格，这就是说，在这一时期，我国实际上实行的是双重汇率制或汇率双轨制，即外汇调剂价与国家牌价并存。1993年年底，外汇调剂价约为1美元兑换8.7元人民币。

第四阶段，1994年到2005年，人民币汇率主要处于依据市场供求关系变动来决定的阶段。从1994年1月1日起，国务院决定进一步改革我国的外汇体制，人民币汇率并轨，实行以市场供求为基础的、单一的有管理的浮动汇率制度。

此阶段的人民币汇率制度的基本内容或基本特征如下：

所谓以市场供求为基础，除了并轨伊始时牌价向市场价靠拢以充分体现市场因素外，是指人民币汇率的变动主要是依据国内外汇市场和国际主要外汇市场两个市场的供求变化情况而定。具体形成机制是，各外汇指定银行根据企业在银行的结售汇情况和中国人民银行对其核定的结售汇周转头寸限额在银行间外汇市场买卖外汇、抛补头寸，形成外汇供求。中国人民银行每天根据前一个营业日银行间外汇市场成交汇率的加权平均数，公布当天人民币与美元、港币、日元、欧元的基准汇率，并参照国际外汇市场上美元的汇率，同时公布当天人民币对其他货币的汇率。人民币汇率采用直接标价法。公布的汇率主要用于各银行制定外汇买卖牌价时参考，度量单位为100单位外币合人民币。

所谓单一的，是指国家外汇指定银行对外挂牌公布的汇率具有统一性，适用于所有的外汇与人民币的结算或兑换、国内企业与三资企业、中国人与外国人。

所谓有管理的，是指中国人民银行对人民币汇率实行宏观监控，必要时运用外汇干预政策使市场汇率稳定在合理水平上。此外，人民币汇率是有管理的汇率还体现在：国家对境内机构实行结汇与售汇管理；对外汇指定银行的结算周转外汇实行比例管理；对外汇指定银行之间每日买卖外汇的价格和各外汇指定银行向客户挂牌公布的汇率实行浮动幅度管理等。

所谓浮动的，是指中国人民银行每天公布的市场汇率是浮动的；各外汇指定银行对外挂牌的汇率可在规定的幅度内波动。现行的规定是，银行间外汇市场人民币对美元买卖可在中国人民银行公布的市场交易中间价的上下3‰的幅度内浮动，对港元和日元的买卖可在中国人民银行公布的市场交易中间价的上下1%的幅度内波动，对欧元的买卖可在中国人民银行公布的市场交易中间价的上下10%的幅度内波动。外汇指定银行在规定的范围内确定挂牌汇率，对客户买卖外汇。各银行挂牌的美元现汇买卖价不得超过中国人民银行公布的市场交易中间价的上下0.7%，欧元、港币、日元现汇买卖价不得超过中国人民银行公布的市场交易中间价的上下1%。这四种货币以外的其他外币汇率，则按美元市场交易中间价，参照国际市场外汇行市套算中间汇率，买卖汇率之间的差价不得超过中间汇率的0.5%。对超过100万美元的交易，银行与客户可以在规定的幅度内议价成交。各银行挂牌的美元、港币现钞买入价不得超过其现汇买卖中间价的0.75%，欧元、日元现钞买入价不得超过其现汇买卖中间价的1%，所有货币的现钞卖出价与现汇卖出价相同。

自1994年人民币汇率并轨实施新体制以来，人民币汇率呈现出稳中有升的轨迹，由调整后的1美元等于8.7元人民币升至1美元等于8.27元人民币左右；1998年，为防止东南亚金融危机冲击，我国实际上改行了钉住美元的汇率制，自那时起至2005年7月，人民币汇率基本上固定在1美元兑换8.27元人民币左右的水平上。虽然我国实行的是"有管理的浮动汇率制"，但在实际操作和汇率实际变动中，人民币汇率波幅很小，交易品种单一，因此在 IMF 于 1999 年按照汇率形成机制和实现政策目标的差异对汇率制度重新进行分类时，我国的汇率制度被列入"其他传统的钉住汇率制"之列。

第五阶段，2005 年 7 月 21 日到 2010 年 6 月，人民币汇率处于完善形成机制阶段。中国人民银行宣布，经国务院批准，自 2005 年 7 月 21 日起，我国开始实行以市场供求为基础、参考"一篮子"货币进行调节、有管理的浮动汇率制度。中国人民银行称，为建立和完善我国社会主义市场经济体制，充分发挥市场在资源配置中的基础性作用，建立健全以市场供求为基础的、有管理的浮动汇率制度，经国务院批准，就完善人民币汇率形成机制改革有关事宜公告如下：①自 2005 年 7 月 21 日起，我国开始实行以市场供求为基础、参考"一篮子"货币进行调节、有管理的浮动汇率制度。人民币汇率不再钉住单一美元，形成更富弹性的人民币汇率机制。②中国人民银行于每个工作日闭市后公布当日银行间外汇市场美元等交易货币对人民币汇率的收盘价，作为下一个工作日该货币对人民币交易的中间价格。③2005 年 7 月 21 日 19 时，美元对人民币交易价格调整为 1 美元兑换 8.11 元人民币，作为次日银行间外汇市场上外汇指定银行之间交易的中间价，外汇指定银行可自此时起调整对客户的挂牌汇价。④现阶段，每日银行间外汇市场美元对人民币的交易价仍在中国人民银行公布的美元交易中间价上下 3‰ 的幅度内浮动，非美元货币对人民币的交易价在中国人民银行公布的该货币交易中间价上下一定幅度内浮动。

中国人民银行将根据市场发育状况和经济金融形势，适时调整汇率浮动区间。同时，中国人民银行负责根据国内外经济金融形势，以市场供求为基础，参考"一篮子"货币汇率变动，对人民币汇率进行管理和调节，维护人民币汇率的正常浮动，保持人民币汇率在合理、均衡水平上的基本稳定，促进国际收支基本平衡，维护宏观经济和金融市场的稳定。

此阶段的人民币汇率制度的基本内容或基本特征如下：

完善人民币汇率形成机制、提高汇率生成的市场化程度始终是我国确定不移的目标。本次汇率机制改革的主要内容之一是汇率调控的方式，即实行以市场供求为基础、参考"一篮子"货币进行调节、有管理的浮动汇率制度。人民币汇率不再钉住单一美元，而是参照"一篮子"货币、根据市场供求关系来进行浮动。这里的"一篮子"货币是指按照我国对外经济发展的实际情况，选择若干种主要货币，赋予相应的权重，组成一个货币篮子。同时，根据国内外经济金融形势，以市场供求为基础，参考"一篮子"货币计算人民币多边汇率指数的变化，对人民币汇率进行管理和调节，维护人民币汇率在合理均衡水平上的基本稳定。篮子内的货币构成，将综合考虑在我国对外贸易、外债、外商直接投资等对外经贸活动中占较大比重的主要国家、地区及其货币。参考"一篮子"货币表明外币之间的汇率变化会影响人民币汇率，但参考"一篮子"货币不等于钉住"一篮子"货币，它还需要将市场供求关系作为另一重要依据，据此形成有管理的浮动汇率。这将有利于增加汇率弹性，抑制单边投机，维护多边汇率稳定。二是起始汇率的调整。2005 年 7 月 21 日 19 时，美元对人民币交易价格调整为 1 美元兑换 8.11 元人民币，这是一次性小幅升值 2%，并不是指人民币汇率第一步调整 2%，之后还会有进一步的调整。因为人民币汇率制度改革重在人民币汇率形成机制的改革，而非人民币汇率水平的升降。这一调整幅度主要是根据我国贸易顺差程度和结构调整的需要来确定的，同时也考虑了国内企业进行结构调整的适应能力。

本次汇率机制改革后，外汇市场总体运行平稳。但此阶段人民币对美元中间汇率从
1∶8.11 变化到 2010 年 6 月 19 日的 1∶6.8275，升值 18.8%。

第六阶段，2010 年 6 月 21 日至 2014 年，为进一步推进人民币汇率形成机制改革，增
强人民币汇率弹性阶段。根据国内外经济金融形势和我国国际收支状况，中国人民银行决
定进一步推进人民币汇率形成机制改革，增强人民币汇率弹性。2005 年 7 月 21 日起，我
国开始实行以市场供求为基础、参考"一篮子"货币进行调节、有管理的浮动汇率制度。
人民币汇率形成机制改革有序推进，取得了预期的效果，发挥了积极的作用。在国际金融
危机最严重的时候，许多国家货币对美元大幅贬值，而人民币汇率保持了基本稳定，为抵
御国际金融危机发挥了重要作用，为亚洲乃至全球经济的复苏做出了巨大贡献。当前全球
经济逐步复苏，我国经济回升向好的基础进一步巩固，经济运行已趋于平稳，有必要进一
步推进人民币汇率形成机制改革，增强人民币汇率弹性。

进一步推进人民币汇率形成机制改革，重在坚持以市场供求为基础，参考"一篮子"
货币进行调节，继续按照已公布的汇率浮动区间，对人民币汇率浮动进行动态管理和调
节。当前我国进出口渐趋平衡，2009 年我国经常项目顺差与国内生产总值之比已经显著
下降，2010 年以来这一比例进一步下降，国际收支向均衡状态进一步趋近，此时人民币
汇率不存在大幅波动和变化的基础。保持人民币汇率在合理均衡水平上的基本稳定有利于
促进国际收支基本平衡，维护宏观经济和金融市场稳定。

在此阶段为顺应市场发展的要求，促进人民币汇率的价格发现，增强人民币汇率双向
浮动弹性，中国人民银行先后几次决定扩大外汇市场人民币对美元汇率浮动幅度。自
2012 年 4 月 16 日起，银行间即期外汇市场人民币对美元交易价浮动幅度由 0.5% 扩大至
1%。外汇指定银行为客户提供当日美元最高现汇卖出价与最低现汇买入价之差不得超过
当日汇率中间价的幅度由 1% 扩大至 2%，其他规定仍遵照《中国人民银行关于银行间外
汇市场交易汇价和外汇指定银行挂牌汇价管理有关问题的通知》①（银发〔2010〕325 号）
执行。

2014 年 3 月 15 日中国人民银行再次决定扩大外汇市场人民币对美元汇率浮动幅度，
自 2014 年 3 月 17 日起，银行间即期外汇市场人民币对美元交易价浮动幅度由 1% 扩大至
2%。外汇指定银行为客户提供当日美元最高现汇卖出价与最低现汇买入价之差不得超过
当日汇率中间价的幅度由 2% 扩大至 3%，其他规定仍遵照《中国人民银行关于银行间外
汇市场交易汇价和外汇指定银行挂牌汇价管理有关问题的通知》（银发〔2010〕325 号）
执行。中国人民银行将继续完善人民币汇率市场化形成机制，进一步发挥市场在人民币汇
率形成中的作用，增强人民币汇率双向浮动弹性，保持人民币汇率在合理、均衡水平上的
基本稳定。

汇率作为要素市场的重要价格，是有效配置国内国际资源的决定性因素之一，扩大人
民币汇率浮动幅度有利于增强人民币汇率浮动弹性，不断优化资金配置效率，进一步发挥
市场配置资源的决定性作用，加快推进经济发展方式转变和结构调整。近年来，我国外汇
市场发育进一步成熟，交易量持续增长，交易品种不断增加，交易主体控制风险的能力逐

---

① 已于 2014 年 7 月 1 日废止。

步提高，自主定价的意愿日渐增强，也需要更大的波幅区间，以适应外汇市场的进一步发展。

人民币汇率形成机制改革遵循主动性、可控性和渐进性原则。从汇改进程来看，人民币汇率浮动幅度是逐步扩大的。1994年人民币汇率浮动幅度是0.3%，2007年扩大至0.5%，2012年扩大至1%，至2014年这一浮动幅度已经过了2年左右的时间，再次扩大幅度是一种渐进的改革安排，是稳妥的。同时，扩大汇率浮动幅度充分考虑了经济主体的适应能力，有步骤地推进，调整幅度在各类市场主体可承受的范围内。总体来看，此次将人民币对美元汇率浮动幅度扩大至2%是适当的，风险也是比较小的。

扩大人民币汇率浮动区间是增强人民币汇率双向浮动弹性的制度安排。人民币汇率变化主要取决于以国际收支为基础的外汇供求状况。2013年我国经常项目顺差与GDP之比已降至2.1%，国际收支趋于平衡，人民币汇率不存在大幅升值的基础。同时，我国财政金融风险可控，外汇储备充裕，抵御外部冲击的能力较强，人民币汇率也不存在大幅贬值的基础。随着汇率市场化形成机制改革的推进，未来人民币将与国际主要货币一样，有充分弹性的双向波动会成为常态。

在主要货币实行浮动汇率制的当代货币体系下，各类企业必然要面对本币与其他各种货币之间汇率的变化。同发达经济体相比，人民币汇率无论是浮动幅度还是实际波动都是比较小的。从全球范围来看，美、欧、日等主要发达经济体的货币汇率是自由浮动的，其他实行有管理的浮动汇率制度的国家货币汇率的浮动幅度也比人民币大。2005年汇改以来，外汇市场快速发展，企业管理汇率风险的手段更加丰富，应对汇率波动的灵活性进一步增强，积极利用汇率规避产品管理汇率风险，适应有管理浮动汇率制度的能力显著提高。扩大浮动幅度有利于企业提高资源配置效率，增强宏观经济的弹性。

未来人民币汇率形成机制改革会继续朝着市场化方向迈进，增强市场决定汇率的作用。随着我国外汇市场的进一步发展、外汇产品进一步丰富，人民币汇率双向浮动弹性将进一步增加，我国央行也会逐步退出常态式外汇干预，并逐步建立以市场供求为基础、有管理的浮动汇率制度。

此次汇改至此，人民币对美元中间汇率从1：6.8275变化到2014年12月31日的1：6.1190。图7-1为人民币对美元中间汇率1993年年底至2014年年底的走势。

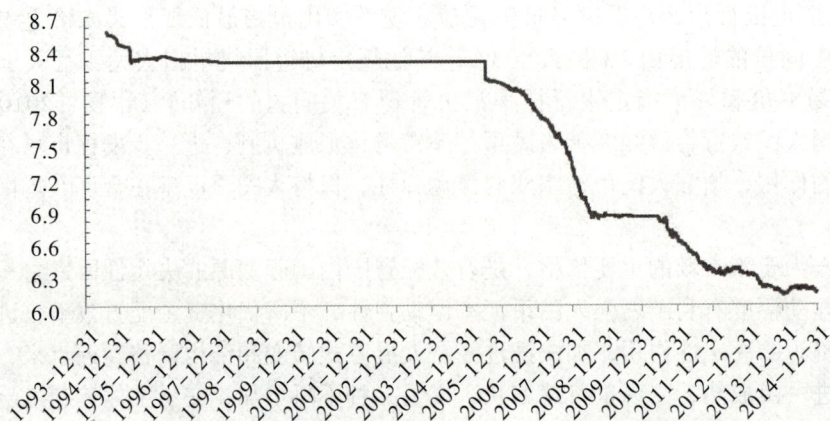

图7-1　人民币对美元中间汇率1993年年底至2014年年底的走势

　　第七阶段，2015 年 8 月 11 日至今，为推进人民币汇率形成机制改革，增强人民币汇率弹性，完善人民币对美元汇率中间价报价阶段。

7.2.3　人民币汇率形成机制改革与完善

　　在 2015 年"8·11 汇改"之前，中国人民银行对人民币对美元汇率中间价制定有着很强的影响力，且该定价机制缺乏市场透明度。2015 年以来，中国人民银行进一步强化了以市场供求为基础、参考"一篮子"货币进行调节的人民币对美元汇率中间价形成机制。为增强人民币对美元汇率中间价的市场化程度和基准性，中国人民银行决定完善人民币对美元汇率中间价报价。自 2015 年 8 月 11 日起，做市商在每日银行间外汇市场开盘前，参考上日银行间外汇市场收盘汇率，综合考虑外汇供求情况以及国际主要货币汇率变化向中国外汇交易中心提供中间价报价，以反映市场供求变化。

启智增慧 7-1
中国人民银行新闻发言人就完善人民币汇率中间价报价问题答记者问

　　在"8·11 汇改"之后的短短几个月内，人民币对美元汇率中间价一度直接等于上一日收盘价，人民币汇率进入了短暂的"清洁浮动"时期。2015 年 12 月 11 日，中国外汇交易中心在中国货币网正式发布 CFETS 人民币汇率指数，这对推动社会观察人民币汇率视角的转变具有重要意义。CFETS 人民币汇率指数参考 CFETS 货币篮子，具体包括中国外汇交易中心挂牌的各人民币对外汇交易币种，样本货币权重采用考虑转口贸易因素的贸易权重法计算而得。样本货币取价是当日人民币外汇汇率中间价和交易参考价。指数基期是 2014 年 12 月 31 日，基期指数是 100 点。

　　长期以来，市场观察人民币汇率的视角主要是看人民币对美元的双边汇率，由于汇率浮动旨在调节多个贸易伙伴的贸易和投资，因此仅观察人民币对美元双边汇率并不能全面反映贸易品的国际比价。也就是说，人民币汇率不应仅以美元为参考，也要参考"一篮子"货币。汇率指数作为一种加权平均汇率，主要用来综合计算一国货币对"一篮子"外国货币加权平均汇率的变动，能够更加全面地反映一国货币的价值变化。参考"一篮子"货币与参考单一货币相比，更能反映一国商品和服务的综合竞争力，也更能发挥汇率调节进出口、投资及国际收支的作用。CFETS 人民币汇率指数的公布，为市场转变观察人民币汇率的视角提供了量化指标，以更加全面和准确地反映市场变化情况。

　　从国际经验来看，有的汇率指数由货币当局发布，如美联储、欧洲央行、英国央行等都发布本国（本地区）货币的汇率指数；也有的汇率指数由中介机构发布，如洲际交易所（ICE）发布的美元指数已经成为国际市场的重要参考指标。中国外汇交易中心发布人民币汇率指数符合国际通行做法。2015 年以来，CFETS 人民币汇率指数总体走势相对平稳，2015 年 11 月 30 日人民币汇率指数为 102.93，较 2014 年年底升值 2.93%。为便于市场从不同角度观察人民币有效汇率的变化情况，中国外汇交易中心也同时列出了参考 BIS 货币篮子、SDR 货币篮子计算的人民币汇率指数，截至 2015 年 11 月 30 日，上述两个指数分别较 2014 年年底升值 3.50% 和 1.56%。

　　这表明，尽管 2015 年人民币对美元汇率有所贬值，但从更全面的角度来看，人民币对"一篮子"货币仍小幅升值，在国际主要货币中人民币仍属强势货币。

　　中国外汇交易中心定期公布 CFETS 人民币汇率指数，将有助于引导市场改变过去主要关注人民币对美元双边汇率的习惯，逐渐把参考"一篮子"货币计算的有效汇率作为人民币汇率水平的主要参照系，有利于保持人民币汇率在合理均衡水平上的基本稳定。

2016年年初，中国人民银行宣布，人民币对美元汇率中间价转为实施"收盘价+一篮子货币汇率变化"的双目标形成机制。为了配合这一改革，中国人民银行已在2015年年底推出了CFETS货币篮，初始的篮子中包含13种货币，强调要加大参考"一篮子"货币的力度，以更好地保持人民币对"一篮子"货币汇率基本稳定。基于这一原则，目前已经初步形成了"收盘汇率+一篮子货币汇率变化"的人民币对美元汇率中间价形成机制。"收盘汇率+一篮子货币汇率变化"是指做市商在进行人民币对美元汇率中间价报价时，需要考虑"收盘汇率"和"一篮子货币汇率变化"两个组成部分。其中，"收盘汇率"是指上日16时30分银行间外汇市场的人民币对美元收盘汇率，主要反映外汇市场供求状况。"一篮子货币汇率变化"是指为保持人民币对"一篮子"货币汇率基本稳定所要求的人民币对美元双边汇率的调整幅度，主要是为了保持当日人民币汇率指数与上一日人民币汇率指数相对稳定。做市商在报价时既会考虑CFETS货币篮子，也会参考BIS和SDR货币篮子，以剔除篮子货币汇率变化中的噪声，在国际市场波动加大时，有一定的过滤器作用。具体来看，每日银行间外汇市场开盘前，做市商根据上日"一篮子"货币汇率的变化情况，计算人民币对美元双边汇率需要变动的幅度，并将之直接与上日收盘汇率加总，得出当日人民币对美元汇率中间价报价，并报送中国外汇交易中心。由于各家做市商根据自身判断，参考3个货币篮子的比重不同，对各篮子货币汇率变化的参考程度也有所差异，因此各家做市商的报价存在一定差异。中国外汇交易中心将做市商报价作为计算样本，去掉最高和最低的部分报价后，经平均得到当日人民币对美元汇率中间价，于9时15分对外发布。假设上日人民币对美元汇率中间价为6.5000元，收盘汇率为6.4950元，当日"一篮子"货币汇率变化指示人民币对美元双边汇率需升值100个基点，则做市商的中间价报价为6.4850元，较上日中间价升值150个基点，其中50个基点反映市场供求变化，100个基点反映"一篮子"货币汇率变化。这样，人民币对美元汇率中间价变化就既反映了"一篮子"货币汇率变化，又反映了市场供求状况，以市场供求为基础、参考"一篮子"货币进行调节的特征更加清晰。从2016年3月份的情况来看，每个交易日人民币对美元汇率中间价变动与这一机制都是相符的，在美元对其他货币贬值时，人民币对美元汇率中间价在收盘汇率基础上有所升值，反之则反。总体来看，上述机制更加公开、透明和具有规则性，比较好地兼顾了市场供求指向、保持对"一篮子"货币基本稳定和稳定市场预期三个目标。经过一段时间的磨合，政策效果已初步显现，市场预期趋于稳定，人民币对"一篮子"货币汇率保持基本稳定，人民币对美元双边汇率弹性进一步增强。该月人民币对美元双边市场汇率的平均波幅为0.17%，比上月有所提高，也高于CFETS人民币汇率指数、参考BIS货币篮子的人民币汇率指数、参考SDR货币篮子的人民币汇率指数0.11%、0.14%和0.11%的平均波幅。

2016年12月29日，中国外汇交易中心（以下简称"交易中心"）新增挂牌11种货币。为进一步完善CFETS人民币汇率指数生成发布机制，增强汇率指数货币篮子代表性，交易中心发布了CFETS人民币汇率指数货币篮子调整规则，并于2017年1月1日完成首期货币篮子调整：

（1）CFETS人民币汇率指数货币篮子调整规则

自2017年起，交易中心按年评估CFETS人民币汇率指数的货币篮子，并根据情况适时调整篮子的构成或相关货币权重。货币篮子调整情况于当年年末公布，自次年1月1日起生效，首期调整于2017年1月1日起生效。如有特别情况须临时调整货币篮子，交易中心另行公告。经货币篮子调整后的新版指数以当年最后一个银行间外汇市场交易日为重新定基日，以该最后交易日的老版指数为重新定基基期指数，自次年1月1日起按照新版货币篮子和权重计算新版指数。

（2）首期调整CFETS人民币汇率指数的货币篮子和权重

2017年1月1日起，按照CFETS货币篮子选样规则，CFETS货币篮子新增11种2016年挂牌人民币对外汇交易币种，CFETS篮子货币数量由13种变为24种（详见表7-1），新增篮子货币包括南非兰特、韩元、阿联酋迪拉姆、沙特阿拉伯里亚尔、匈牙利福林、波兰兹罗提、丹麦克朗、瑞典克朗、挪威克朗、土耳其里拉、墨西哥比索。篮子货币权重采用考虑转口贸易因素的贸易权重法计算而得，本期调整采用2015年度数据。此次新增篮子货币权重累计加总21.09%，基本涵盖我国各主要贸易伙伴币种，进一步提升了货币篮子的代表性。经历史回溯试算，新版和老版CFETS人民币汇率指数运行趋势基本吻合。

表7-1　　　　　　　　　　新版CFETS货币篮子和权重

币种	权重
USD	0.2240
EUR	0.1634
JPY	0.1153
HKD	0.0428
GBP	0.0316
AUD	0.0440
NZD	0.0044
SGD	0.0321
CHF	0.0171
CAD	0.0215
MYR	0.0375
RUB	0.0263
THB	0.0291
ZAR	0.0178
KRW	0.1077
AED	0.0187

续表

币种	权重
SAR	0.0199
HUF	0.0031
PLN	0.0066
DKK	0.0040
SEK	0.0052
NOK	0.0027
TRY	0.0083
MXN	0.0169

此外，交易中心将分别参考官方 BIS 货币篮子、官方 SDR 货币篮子，必要时对 BIS 货币篮子人民币汇率指数、SDR 货币篮子人民币汇率指数的货币篮子进行调整。2017 年参考 BIS 货币篮子的人民币汇率指数的货币篮子和权重保持不变。由于 2016 年 10 月 1 日人民币正式加入 SDR 货币篮子，IMF 对 SDR 货币篮子权重进行了调整，交易中心据此相应调整 2017 年参考 SDR 货币篮子的人民币汇率指数的篮子货币权重，重新定基规则与 CFETS 人民币汇率指数调整规则相同。

图 7-2 为 2015 年 11 月 30 日至 2017 年 12 月 8 日的 CFETS 人民币汇率指数走势。

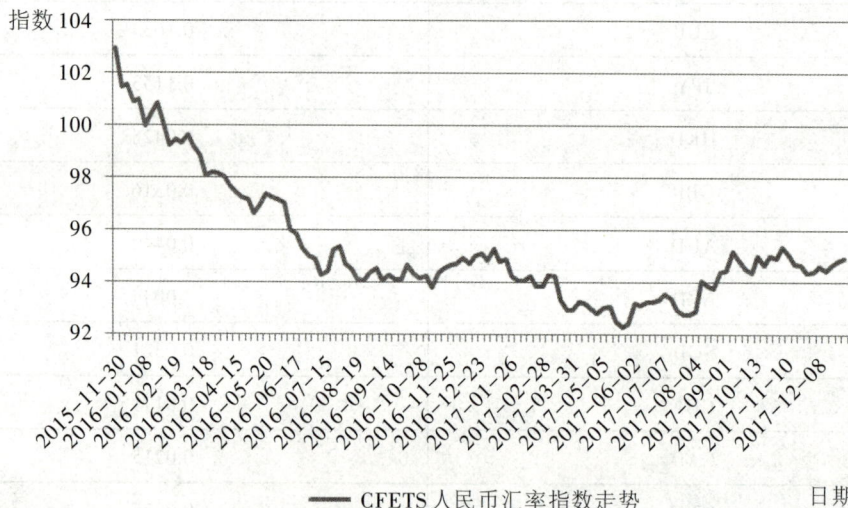

图7-2 2015年11月30日至2017年12月8日的CFETS人民币汇率指数走势

与此同时，2017 年年初中国人民银行宣布，对"收盘价+一篮子货币汇率变化"形成机制进行两项改动：第一，把 CFETS 篮子中的货币数量由 13 种增加至 24 种。第二，把参考"一篮子"货币的时间由过去 24 小时缩短为过去 15 小时。第一项改动的直接后果是将美元与港币占货币篮子的权重分别由 26.40% 与 6.55% 下调至 22.40% 与 4.28%，这意味着显著下调了美元占货币篮子的权重。第二项改动是为了避免对国内外汇市场开市期间全球外汇市场波动的相关影响进行重复计算。2021 年 1 月 1 日，中国外汇交易中心发布公告，调整 CFETS 篮子中的货币权重。新版指数自 2021 年 1 月 1 日生效。具体来看，将美元占货币篮子的权重由 21.59% 下调至 18.79%，此前美元权重已下调两次，这意味着显著下调了美元占货币篮子的权重。欧元占货币篮子的权重由 17.40% 上调至 18.15%，欧元权重则为第二次上调。业内人士认为，降低 CFETS 篮子中的美元权重，有助于在美元指数贬值周期中人民币有效汇率更快修复高估。

2017 年 5 月 26 日，中国人民银行宣布，人民币对美元汇率中间价转为实施"收盘价+一篮子货币汇率变化+逆周期因子"的三目标形成机制。在人民币对美元汇率中间价报价模型中，计算"逆周期因子"的"逆周期系数"由各人民币对美元汇率中间价报价行自行设定。各报价行可以根据宏观经济等基本面变化以及外汇市场顺周期程度等，按照其内部报价模型调整流程，决定是否对"逆周期系数"进行调整。中国人民银行之所以在 2017 年 5 月下旬引入逆周期因子，根据其发言人的表述是由于国内外汇市场上一些交易者存在非理性的"羊群效应"，即尽管中国经济数据相对于美国表现更好，但这些交易者依然认为人民币将对美元贬值，这使得从收盘价维度来看，人民币对美元汇率面临持续的贬值压力。而引入逆周期因子的目的，就在于抵消这种"羊群效应"。

在逆周期因子引入之后，从 2017 年 5 月下旬至 9 月上旬，人民币对美元汇率即期汇率出现显著的升值行情，从 6.8600 左右一路攀升至 6.4600 左右。换言之，逆周期因子的引入的确很好地打击了市场上的人民币贬值预期，维持了人民币汇率基本稳定。由于人民币对美元汇率反弹过快，中国人民银行一方面担心汇率过快升值可能对出口造成显著负面冲击，另一方面担心升值预期重燃加剧流动性过剩与资产价格泡沫，因此，在 2017 年 8 月底 9 月初，中国人民银行采取了两个措施：一是取消了商业银行代客远期售汇的风险准备金（2015 年 8 月 31 日公告，将从 10 月 15 日起对商业银行代客远期售汇收取风险准备金）；二是连续压低人民币对美元汇率的每日开盘价。这些措施有效地遏制了人民币对美元汇率的升值，使其由 2017 年 9 月 8 日的 6.4600 左右回落至 9 月中旬的 6.6000 左右。在 2017 年 9 月下旬至 2017 年 12 月中旬期间，人民币对美元汇率一直在 6.6000~6.6500 的狭窄区间内波动（如图 7-3 所示）。市场一度认为，人民币汇率实现了真正的双向波动。

然而，从 2017 年 12 月下旬至 2018 年 1 月初，人民币对美元中间价再次出现强劲升势，由 6.6000 左右重新突破 6.5000 达到"8·11 汇改"后的新高 6.2926（如图 7-3 所示）。

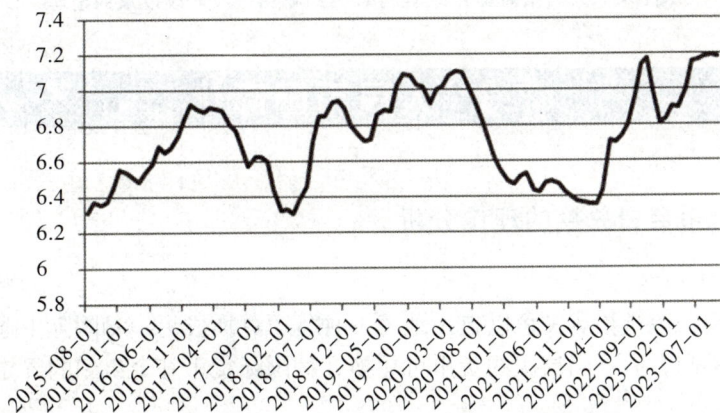

图7-3 人民币对美元即期汇率"8·11汇改"后走势

2018年1月9日中国人民银行发布微博，表示将于近期通知部分中间价报价行，对人民币中间价形成机制中的逆周期因子参数进行调整，调整后相当于不进行逆周期调节。2018年8月3日公告，中国人民银行宣布从8月6日起恢复对商业银行代客远期售汇收取风险准备金，风险准备金率为20%。2018年8月25日，中国人民银行宣布并通知人民币对美元中间价报价行，重启对人民币中间价形成机制中的逆周期因子调节。2019年8月5日，人民币对美元中间价破6.9200，开盘人民币对美元在岸、离岸即期汇率双双破7。2020年10月27日晚间，中国外汇交易中心发布公告称，近期部分人民币对美元中间价报价行基于对经济基本面和市场情况的判断，陆续主动将人民币对美元中间价报价模型中的逆周期因子淡出使用。2020年5月起人民币对美元中间价再次出现强劲升势，人民币对美元即期汇率从2020年5月的7.1863低位强劲升势到2021年2月的6.4236，最高升值7 627基点即10.61%，进入3月回落到6.5000区间震荡。

综上所述，从"8·11汇改"至今，人民币对美元汇率中间价形成机制，已经经历了7次重要改革。2021年政府工作报告重申，未来我国将继续按主动性、可控性和渐进性原则进一步完善人民币汇率市场化形成机制，发挥市场在人民币汇率形成中的作用，增强汇率双向浮动弹性，保持人民币汇率在合理均衡水平上的基本稳定。

至此，人民币汇率制度及人民币汇率形成机制的改革完善经历了7个发展阶段，其间人民币对美元汇率的市场走势如图7-4所示的人民币对美元即期汇率1994年第一次汇改以来的走势。

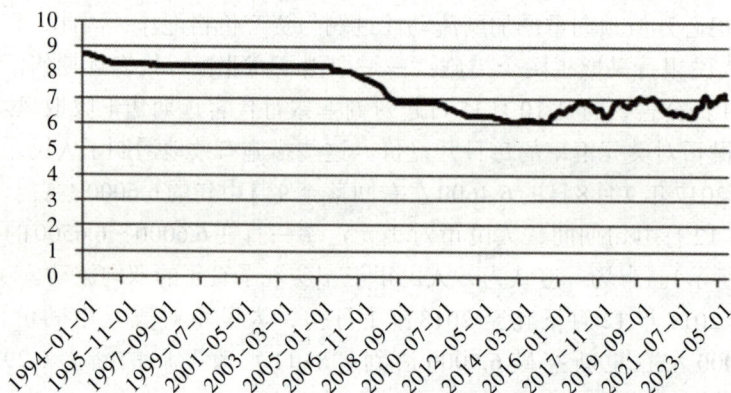

图7-4　人民币对美元即期汇率1994年第一次汇改以来的走势

7.3　人民币国际化

7.3.1　货币自由兑换的理论分析

1）货币可兑换的含义

货币可兑换一般是指居民可以自由地将一种货币兑换成另一种国际上通用的货币。据可兑换的程度不同，有不同层次的货币可兑换，按国际货币基金组织的界定，至少有以下三种形式：

一是经常项目的可兑换，即取消对经常项目外汇支付和转移的汇兑限制。《国际货币基金组织协定》第8条款对经常项目可兑换的含义做了具体规定：不得对国际上经常项目往来的对外支付和资金转移施加限制；不得实行歧视性的货币措施或多重汇率兑付外国持有的在经常性交易中所取得的本国货币。这是基金组织成员的一般义务，只要成员方的外汇管理体制接受或者符合第8条款的上述规定，该成员的货币就实现了经常项目下可兑换，就是可兑换货币。目前在国际货币基金组织的190多个成员中，已有近160个接受了该项义务。我国人民币在1994年年初实现了经常项目下有条件可兑换，所谓"有条件"，是指国内企业设立外汇收入台账，支出超过台账限额仍需审批；外商企业不实行结、售汇制。1996年12月1日，我国进一步取消了国内企业的台账限制，同时允许外商企业到外汇指定银行结汇，实现了经常项目下完全可兑换。

二是资本项目的可兑换，即取消对跨境资本交易和汇兑的限制。《国际货币基金组织协定》的具体定义为"避免对跨国界的资本交易及与之相关的支付和转移的限制，避免实行歧视性的货币安排，避免对跨国资本交易征税或补贴"。在把握资本项目可兑换定义时，应注意以下两点：其一，资本项目可兑换只是一个相对的概念。首先，资本项目可兑换并不排斥管理，比如审慎监管措施就不被视为限制资本流动。其次，在可兑换的情况下，仍可维持对部分资本交易的管制，如国际货币基金组织对资本项目细分的子项目中，目前实行了资本项目可兑换的工业化国家平均对其中4项有管制。其二，取消资本交易限制与取消资本汇兑限制是可分的。通常是交易的自由化在前，汇兑的自由化在后，二者可以分阶段操作与掌握。国际货币基金组织允许成员方运用必要的控制手段来调节资本的转移，即成员方没有义务来实施资本项目的可兑换，但不能因此而影响或限制经常性交易的支付。资本项目的可兑换与资本市场开放关系密切，资本市场开放在深度和广度上的不断增强，必然要求逐步放松外汇管制，但两者概念仍不相同：资本项目可兑换主要是消除本外币之间的兑换限制问题，而资本市场开放主要是解决市场准入问题；资本项目包括国际收支平衡表中资本与金融项下诸多子项目，而资本市场主要指国际收支平衡表中的证券投资即证券市场的交易。关于资本项目可兑换，现在尚没有一个国际组织对其有管辖权，世界上绝大多数国家包括美国在内，都不同程度地存在资本管制。我国目前正在积极稳妥地推进人民币在资本项目下可兑换。

三是货币的全面可兑换，即成员方同时实现了经常项目和资本项目的可兑换。

此外，国际货币基金组织还使用了两个涉及货币可兑换的概念：一是"可自由兑换的货币"或货币的可自由兑换，这是指"成员方的货币：①事实上被广泛用来对国际交易进行支付；②在主要外汇市场普遍进行交易"。国际货币基金组织认为，符合这两个条件的可自由兑换的货币仅有美元、日元、欧元、英镑而已。由此可见，货币可兑换与货币自由兑换是不同的，可兑换是自由兑换的前提。当然也有许多人认为一国同时实现了经常项目下和资本项目下的货币可兑换，就是实现了货币的完全自由兑换，我们认为这种理解是不太准确的。二是"国内的可兑换"，即居民在法律上有权利在国内持有与交易外汇。虽然原则上一国可以建立与国际交易的可兑换性不相关的国内可兑换，但这并不意味着允许居民对国外进行支付或在国外持有资产。然而一旦该国居民被允许无限制购买和持有外汇，就会促使该国全面实现资本账户的可兑换。

2) 货币自由兑换的收益与成本分析

实现货币的自由兑换是发展中国家外汇管理改革的基本趋势和目标，之所以如此，是因为货币的自由兑换可以为本国经济的发展带来许多机会和收益，主要表现在以下几个方面：

（1）获得铸币税收益。所谓铸币税，是指货币发行者凭借其发行特权获得的货币面值超过其发行成本的差额。比如，100美元的纸币，其印刷和发行成本几乎为零，但通过货币输出，这100美元纸币可以为美国带来相当于100美元的实际财富。显然，当一国货币实现了全面的自由兑换以后，它就有可能成为国际储备货币，从而使其政府可以通过货币输出获得铸币税收益。

（2）获得更多的发展机会和发展空间。货币的自由兑换，预示着资本可以自由流动，从而为本国的对外投资和吸引国外资本提供良好的环境条件，这不仅扩大了本国经济发展可以利用的资源范围，而且拓宽了本国经济发展的市场空间。更为重要的是，货币的自由兑换会带来更大程度的竞争，激发经济发展的活力，同时实现资源在世界范围内的配置，提高利用效率。

（3）提高本国的国际地位。货币的自由兑换既是一国经济和金融实力达到一定程度的体现，同时也是一国国际地位提高的表现。因为货币自由兑换，一方面表明该国经济及金融实力的增强，另一方面也表明该国对外开放程度的提高及国际贸易与金融交往的扩大。因此，对于该国扩大国际交流十分有利。

但需要指出的是，实现货币的自由兑换也需要承担一定的成本，这种成本突出表现为两个方面：

（1）宏观经济政策效应可能会减弱，内部均衡与外部均衡目标之间的冲突更为明显。比如，在货币自由兑换以后，当国内经济出现了通货膨胀时，中央银行为了抑制通货膨胀必须采取提高利率等紧缩性的货币政策，但利率的提高又会吸引国外资本的流入，从而削弱紧缩性货币政策的效果。

（2）宏观经济遇到外部因素冲击的可能性增大，稳定性降低。这主要出自两方面的原因：一是资本的大规模流动问题。由于货币的自由兑换，使得国内外资产的收益与风险经常处于被比较之中，随着国内外资产收益与风险的不断变化，必然产生资本的大规模流动，从而对金融市场以至整个宏观经济的稳定性带来冲击。这种大规模的资本流动，在发展中国家常常表现为大规模的资本外逃。二是经济易受到国际金融危机的感染而发生波动。因为货币自由兑换意味着一国与国际经济之间联系的所有通道都已打开，因此，当国际金融危机发生时，该国宏观经济很容易被感染而使稳定性降低。

3) 货币全面自由兑换的基本条件

实现货币的自由兑换是一个渐进的改革过程，换句话说，要成功实现货币自由兑换，必须具备一系列的条件。这些条件主要包括以下几个方面：

（1）进出口商品弹性满足马歇尔-勒纳条件。从发达国家实行货币自由兑换的实践来看，在货币自由兑换的初期，本币的贬值在所难免。如果本国的进出口商品缺乏弹性，那么本币的贬值必然带来国际收支状况的恶化，并进一步诱发本币汇率的下跌。而此时，维持良好的国际收支状况以及市场汇率的稳定十分重要，因为它直接关系到人们对于市场汇率的预期。因此，进出口商品满足马歇尔-勒纳条件是一国实现货币自由兑换的首要条件。

（2）充足的外汇储备。这是一国实行货币自由兑换的财力基础。货币自由兑换以后，汇率受到外界因素冲击的可能性将急剧增加，波动幅度也会急剧扩大。为了稳定市场汇率，充足的外汇储备是必需的。特别是在实行货币自由兑换之初，更需要动用外汇储备来缓解本币贬值的压力，以避免给国内物价和进口要素密集行业带来难以承受的冲击。

（3）健全的货币管理机制。汇率问题在某种程度上来讲也是一个货币问题，因此，汇率的稳定有赖于货币供求数量的稳定。为此，建立健全的货币管理机制是十分重要的。健全的货币管理机制有两层含义：一是中央银行要具有制定货币政策的独立性和权威性，可以不受任何干扰地行使货币政策的制定权；二是中央银行必须拥有有效的货币政策工具来对货币量进行调节。只有这样，中央银行才有能力对物价及汇率进行有效的调控。

（4）发达的金融市场。在货币自由兑换以后，中央银行对外汇汇率及宏观经济的调节将主要依赖于金融市场，因此，金融市场的发达程度直接关系到调节效率的高低。发达的金融市场有两个重要标志：一是要有健全的金融市场体系，包括货币市场、资本市场、外汇市场等；二是单个市场的运作要规范，各个金融市场价格确定机制要科学合理。

（5）行为合理化的经济主体。根据在经济运行中的作用，可以把经济主体分为三类：一是起着宏观调控职能的各级政府部门；二是为市场提供产品或服务的企业；三是主要作为消费者的居民家庭和个人。由于这三类主体的作用各不相同，因此对其行为合理化的判断标准也有差异。对于政府来讲，由于其向社会提供的主要是影响社会经济运行的政策，而政策具有公共产品的性质，因此，政府行为合理化的判断标准是政策的提供要贯彻公平与效率，实现公平与效率的有机结合。而企业作为向市场提供产品或服务的主体，其行为合理化的标志是其所追求的目标是利润最大化或企业市场价值的最大化。因为只有这样，企业才会对政府的政策信号做出灵敏的反应，才会使经济结构具有弹性。对于主要作为消费者的居民家庭和个人，其行为合理化的标志是追求消费效用的最大化，只有这样，才会对企业行为形成强有力的市场约束。只有当政府、企业、居民家庭和个人的行为合理化，才会形成合理的经济结构，使整个经济运行具有效率。

7.3.2　人民币货币可兑换

1）人民币货币可兑换的影响

实现人民币的全面可兑换，事关我国经济改革与发展的方向与深度，意义重大。这种重大意义表现为对国家经济有积极的促进作用和消极的不利影响两个方面。

实现人民币全面可兑换对国家经济发展有利的影响主要表现在：

第一，可以促进社会资源的合理配置。货币可兑换尤其是资本项目的可兑换，可以便利国际资本和资产的自由流动和转移，为合理利用和有效配置国内国外的经济资源提供了相应的条件。同时，实现人民币全面可兑换可以扩大我国引进外资规模，可以培育外汇市场和形成合理汇率，这样可以更有利于资源的合理配置。此外，资本项目开放，国家可以节省先前或管制情况下必须付出的审批成本，并相应地提高资源运用的效率。

第二，有利于吸引国外资本。取消对资本流动的限制，资本的流出流入更为自由，自然会更有利于资本的引进，同时，可以增强外国投资者的信心，激励外资流入。

第三，可以推动我国金融市场的发育与完善。从简单的意义上讲，进行货币兑换就会引起资本流动。货币全面可兑换自然会进一步推动国内外汇市场及其他各类金融市场的深入发展。同时，当资本可以自由流出流入时，国内金融机构将同时面临来自国内和国际两个金融市场上外资金融机构的竞争，必将促进国内金融机构更新经营理念、创新金融业务、降低经营成本、提高工作效率，从而有助于推动我国金融市场更加完善。此外，实现人民币的全面可兑换，有利于我国居民在国际范围内进行资产组合与管理，分散风险。

第四，可以推动人民币国际化的进程。实现人民币全面可兑换是实现我国1994年制定的外汇体制改革目标的体现，而使人民币成为国际货币应该是我国经济改革和对外开放的更长远目标。一国货币依次成为为国际社会所知晓或认可的可兑换货币、自由外汇、国际货币乃至关键货币需要满足诸多的不同的标准和条件，需要一个相对长的发展过程，人民币的国际化也不会例外。人民币国际化对于提高我国在国际社会中的信誉、对于促进中国及世界经济的深入发展具有重要意义，实现人民币全面可兑换无疑将为最终实现人民币的国际化奠定更为良好和扎实的基础。

第五，可以推动我国对外贸易的发展，增强我国的综合国力，提升我国在国际社会中的信誉与地位，推进我国经济体制改革和对外开放的深化等。

当然，实现人民币全面可兑换，也会给我国经济带来一些不利影响。这些不利影响主要表现在如下方面：

第一，资本有可能大量外流。在对资本项目的交易实行限制的条件下，资本流入一般很方便，而资本流出会受到严格控制。而在实现全面可兑换后，短期资本流出的可能性将增加，在国内金融环境恶化时尤甚，而资本大量外流会导致我国国际收支出现逆差和贸易条件恶化。

第二，国内金融市场容易发生动荡，会给国家金融和经济带来不稳定性。货币全面可兑换后，以直接投资为主要形式的长期资本流动比重可能会下降，而以间接投资即证券投资为主要形式的短期资本流动比重可能会上升，短期资本频繁迅速流动，会给国内金融市场带来不稳定的影响。同时，存在着人民币汇率风险。随着人民币资本项目的放开，更多的国际资本会流入中国，这将造成人民币升值的压力，在这种情况下，若国家为维持出口部门的竞争力而干预外汇市场以保持名义汇率稳定，就会导致由于吸引外汇储备而形成的货币投放量增加，以及通货膨胀压力的持续积累。这样，实际汇率将由于国内更高的通货膨胀水平而上升。若流入的外国资本利用效率不高，出口部门缺乏竞争力，持续的实际汇率水平上升必定会使我国的资源由贸易部门转向非贸易部门，从而引起贸易状况的恶化，出现外贸逆差，促使资本大量外流，而且市场也很容易产生对本币进一步贬值的预期。随着资本外流加剧，这时中央银行继续支撑名义汇率就会引起国际储备的巨额损失。如果货币当局干预失败，无法维持原钉住汇率，则会造成人民币大幅贬值，从而影响国家的经济发展。

第三，容易遭受国际投机资本的冲击。人民币资本项目放开后，一个严重的隐患就是容易引起国际投机资本的冲击。目前，中国引进外资的形式以外商直接投资为主，开放资本项目之后，外商投资于中国有价证券的比例会上升，使国内证券市场与外国证券市场的联动性增强，国际证券市场上的价格波动会引起国内证券市场上更大的波动。现阶段，中国证券市场行为不规范，监管措施不力，公开信息披露不健全，各种资产定价信息不全面，因此通过投机获取非正常利润的可能性很大，一旦放开证券投资市场，很容易受到操纵。如果短期资本快速且大量地流入或流出，会造成我国证券市场价格的大起大落。在取消资本流动限制后，一旦我国经济出现问题，国际投机资本认为有利可图，就可能对我国货币发动攻击，从而使我国经济遭受沉重打击。

第四，可能会引起国际收支状况恶化。资本项目放开后，外资大量流入可能导致实际汇率上升，削弱我国出口竞争能力，恶化经常项目收支状况，进而影响国内经济健康发展。此外，实现人民币全面可兑换会相应加大中央银行管理金融的难度，会影响中央银行货币政策实施的效果，这也是不利于国家经济发展的因素。

实现人民币全面可兑换会对我国的经济发展产生正、负两个方面的影响。最大的负面影响将是给经济发展带来不稳定因素甚至会导致经济危机；最大的正面影响是会使国家经济的市场化程度增强，更紧密地与世界经济发展融为一体，更广泛地利用国内与国外两种资源和两个市场，更有效地发挥我国市场、资源和劳动力的比较优势，更有利于促进我国社会生产力的发展和社会的进步，从长远和根本上提高全体人民的生活水平与质量。我们认为，权衡利弊，货币全面可兑换给我国带来的正面影响要远远大于负面影响。

2）人民币货币可兑换的条件

实现货币可兑换特别是实现货币资本项目下的可兑换，需要具备相应的诸多方面的条件：

第一，要有良好的经济运行体系或环境。良好的经济运行环境包括微观经济基础和宏观经济环境两个方面：各个微观经济主体市场运营机制较为完善、技术先进、管理科学、运行效率高；宏观经济管理得体、国民经济结构合理、经济比例协调、经济发展均衡持续、国际收支基本平衡、综合国力较强、外汇储备相对充足。良好的经济体系是货币可兑换的坚实基础和根本保证。实现人民币全面可兑换最为关键的条件是，强大的国家经济实力和强有力的宏观经济调控能力，为此，必须深入进行经济体制改革，大力推进我国经济的市场化进程。

第二，要有健全的宏观经济政策。这里，最重要的是强有力的财政政策和货币政策。如果财政、货币政策不当或失误，导致国际收支严重失衡，会给宏观经济的稳定，特别是价格稳定带来严重的不利影响，造成通货膨胀和国际收支恶化相互作用的恶性循环，货币自由兑换就不易获得成效。因此，对内的财政收支平衡和对外的国际收支平衡是人民币全面可兑换取得成功的前提条件。

第三，要有完善的国内金融体系。国内金融体系的稳健、高效是减少外部冲击的重要条件，也是实现资本项目下货币可兑换的必要条件。要建立完善的银行体系；拥有较为完善的金融立法；中央银行要能够独立执行货币政策，具有强有力的监管职能与能力，能够驾驭各种复杂的金融局势；银行、证券、保险、信托、租赁等各类金融业要能够相对成熟和合规经营，商业银行要实行企业化、市场化的管理与经营，对中央银行的指令和政策能够做出灵敏的反应等。

第四，要有利率和汇率的市场化形成机制，保持利率和汇率水平相对稳定与合理。合理的灵活的利率与汇率制度、相对稳定的利率与汇率水平始终是保证货币全面可兑换得以实施和获取成功的重要条件。

第五，要有发育良好的国内货币市场、资本市场和外汇市场。良好的市场环境，不仅是合理形成利率与汇率的重要基础，更是资本跨境流动、货币可兑换得以施行的广阔空间。

一国实现货币的全面可兑换需要满足诸多的经济与社会条件，除了应具备相应的综合国力这一基本的基础条件外，其他条件中最重要的应属中央银行调控宏观经济的能力。当然，一国在整个放开货币可兑换的过程中乃至全面可兑换实现之后，都会遇到政策实施和策略安排问题。

3）人民币货币可兑换的实施策略

我国能否放开资本项目，实现人民币的全面可兑换，关键取决于是否具备了上述的宏观和微观方面的诸多条件。对于一个发展中国家和新兴市场国家而言，具备这些条件是需要时日的，因此，实现人民币全面可兑换应是循序渐进的过程，在这个过程中需要制定合理可行的大政方针和步骤安排。每个国家都应根据货币可兑换的条件要求和本国的实际情况制定符合本国国情的货币可兑换的策略与程序。中国应该借鉴其他国家的相关经验或通常做法，在审慎稳健的基础上积极推进人民币全面可兑换的进程。积极推进仍要讲究相关策略与放开顺序。按国际上一般惯例和成功做法，实现人民币资本项目下可兑换应遵循先入后出、先长后短、先交后汇、灵活调整的顺序与策略，逐步从较为严格限制的可兑换，过渡到较为宽松限制直至基本取消限制，实现人民币的完全或全面可兑换。具体来说，就是应先放开资本流入项目、后放开资本流出项目；先放开中长期资本项目、后放开短期资本项目；先交易自由化、后汇兑自由化；先易后难；适时调整，积极推进，以期早日实现外汇体制改革的目标。

启智增慧7-2
进一步促进跨境投融资自由化便利化

7.3.3 人民币国际化进程

人民币国际化是指人民币逐步走向国际社会，最终成为在世界范围内计价、结算、储备、支付的货币之一，即成为世界货币或国际货币。货币的国际化和货币的可兑换大不相同：可兑换是指本币兑换成外汇支付和转移手段的程度，而国际化是指本币充当国际支付和转移手段的能力；可兑换进程一般是本国可以掌握和安排的，而国际化需要得到国际社会的认可与接受；国际化是强势货币实现可兑换后继续发展的目标，可兑换只是国际化的前提和基础。

货币国际化是一国经济高度发达、高度开放、在世界处于领先地位的结果，而货币国际化反过来又会促进该国经济发展、人民生活水平提高和国际化程度的进一步加深。人民币国际化可以提高我国的国际地位、降低对外经济活动中的汇率风险、促进对外交流和经济发展，优化国际货币结构，还可以使我国获得人民币作为储备货币的一般收益即铸币税收益。中国需要人民币的国际化。

人民币国际化是国家的重要战略，是中国进一步扩大开放、提高开放质量、促进改革的重要措施。人民币国际化是大势所趋，必须推进。其既是一个目标——使人民币成为在全球流通的、可自由兑换、进入IMF特别提款权篮子、进入全球储备货币篮子的货币，也是倒逼金融系统改革的手段，同时也是按部就班、逐步推进的过程。为实现人民币国际化，必须在汇率制度、有节制地开放资本项目、实现人民币资本项目可兑换等方面推进改革。

1）人民币区域化

货币区域化是货币国际化的重要内容。货币区域化是指一国货币在境外一个地理区域内行使自由兑换、交易、流通、储备等职能。人民币区域化所包括的区域为中国香港、中国澳门、中国台湾地区以及与我国相邻的周边国家。实现人民币的区域化，比实现国际化更有现实意义，也是实现国际化的必经之路。随着我国综合国力的不断增强和对外开放的深入发展，人民币已经走出了国门，并在与我国接壤的周边国家和地区计价与使用，但这只是迈向区域化和国际化的第一步，实现区域化也有很长的路要走。我们需要为此进行积极有效的努力。

2）跨境贸易人民币结算

人民币"走出去"是国际国内经济金融形势发展的客观需求，《中华人民共和国国民经济和社会发展第十二个五年规划纲要》明确指出：扩大人民币跨境使用，逐步实现人民币资本项目可兑换。跨境贸易"人民币结算"加速了人民币区域化乃至国际化进程。2010年6月，中国人民银行扩大了跨境贸易人民币结算试点。中国人民银行等6部门联合下发《关于扩大跨境贸易人民币结算试点有关问题的通知》，将试点范围扩大至北京等18个省（区、市）。新政策明确，对出口贸易用人民币结算的企业，可享受出口货物退（免）税政策。2009年7月我国开展跨境贸易"人民币结算"试点以来，东盟、巴西及一些新兴市场国家"人民币结算"业务增长迅速。为促进贸易和投资便利化，帮助我国企业规避美元等国际结算货币的汇率风险，积极应对国际金融危机，2009年7月开始我国在上海和广东省广州、深圳、珠海及东莞等地先行开展跨境贸易人民币结算试点。自2009年试点开始以来，截至2018年6月整个跨境贸易结算量累计358 273.2亿元人民币，期间增长了10.1倍。2017年年底，以人民币进行结算的跨境货物贸易累计发生3.27万亿元，同比下降20.63%，降幅较2016年有所收窄，占跨境贸易人民币结算的75%；以人民币进行结算的服务贸易累计发生1.09万亿元，同比小幅下降1.80%，为2009年以来首次出现年度下降，占跨境贸易人民币结算的25%。从境内分布地区来看，广东、北京、上海仍然是开展业务的主要地区，同时河北、陕西、安徽等新增试点地区的业务发展也较为迅速。截至2017年年底，北京地区银行办理跨境人民币结算金额为14 900亿元，相比2010年的1 147.8亿元增长了1 198%；广东地区银行办理跨境人民币结算金额为19 695亿元，相比2010年的2 192亿元增长了798.5%。从境外地域来看，与境内发生人民币实际收付业务的境外国家和地区已经达到148个，东盟、巴西及一些新兴市场国家"人民币结算"业务增长迅猛。跨境人民币业务的快速增长带来了境外人民币沉淀资金的不断增多，新加坡人民币存款总额达到1 390亿元。中国银行、中国工商银行分别承担中国台湾地区和新加坡的人民币清算行职能。

3）人民币离岸金融市场

因其特殊的地位和优势，中国香港曾被学者们称为人民币国际化低风险的试验田。自2004年以来，香港离岸人民币市场进入稳步发展期，尤其是在2009年全球金融危机后，得到了越来越多的政策支持。香港银行可在港办理人民币存款、兑换、银行卡和汇款等个人人民币业务；与中国人民银行签署人民币货币互换协议；签订人民币业务清算协议；香港人民币业务的清算行和参加行在得到中国人民银行核准后可进入内地银行间债券市场进行债券交易；在港发行人民币国债……2012 年 3 月，一只规模为 10 亿元的人民币债券在伦敦发行，这被外界广泛视为伦敦人民币离岸市场起步的重要标志。欧洲主要金融中心激烈争抢人民币交易，争夺海外人民币结算中心地位。这表明人民币国际化又迈出了坚实而重要的一步。自 2008 年以来，中国人民银行先后与韩国银行、澳大利亚储备银行、俄罗斯银行等近 20 个国家货币当局签署了货币互换协议，总金额达 2 万亿元人民币。

2014 年 3 月 28 日，中国政府授予法国人民币 800 亿元 RQFII 额度，同时继续讨论在巴黎建立人民币清算和结算安排；两国元首也欢迎双方银行与企业发展巴黎人民币离岸业务的努力和金融管理部门的合作，使巴黎金融市场成为中国对欧元区投资和欧洲对华投资的重要交易地。2014 年 3 月 28 日，中国人民银行与德意志联邦银行签署了在法兰克福建立人民币清算安排的合作备忘录，之后，将确定法兰克福人民币业务清算行。双方将充分协商和相互合作，做好相关业务监督管理、信息交换、持续评估及政策完善工作。法兰克福人民币清算安排的建立，将有利于中德两国企业和金融机构使用人民币进行跨境交易，进一步促进贸易、投资自由化和便利化。2014 年 3 月 31 日，中国人民银行与英格兰银行签署了在伦敦建立人民币清算安排的合作备忘录，之后将确定伦敦人民币业务清算行。此举将有利于中英两国企业和金融机构使用人民币进行跨境交易，进一步促进贸易、投资自由化和便利化。2014 年 11 月 10 日，中国人民银行与马来西亚国家银行签署了在吉隆坡建立人民币清算安排的合作备忘录。之后，将确定吉隆坡人民币业务清算行。双方将充分协商和相互合作，做好相关业务监督管理、信息交换、持续评估及政策完善工作。吉隆坡人民币清算安排的建立，将有利于中马两国企业和金融机构使用人民币进行跨境交易，进一步促进贸易、投资便利化。

2015 年之后，人民币离岸金融市场进入了一个进一步成熟的发展阶段。2016 年 10 月，人民币正式加入特别提款权（SDR）货币篮子，国际化进程加速推进，给离岸人民币金融市场的发展带来机遇。这一阶段离岸人民币金融市场出现一些新的特点：一是市场双向交易活跃。2015 年以后人民币经历了两轮完整的涨跌周期，市场参与者对人民币的走势预期出现分化，通过适当工具对冲人民币汇率风险的理念逐步普及。二是市场交易量稳步增长。三是互联互通带动离岸外汇市场发展。伴随着内地金融市场开放进程的加快，人民币开始在满足国际市场日常支付需求、进行全球资产配置方面发挥更大的作用，股票通、债券通、互换通等对外开放举措带来的离岸外汇交易需求不断增长。从全球范围看，这一阶段随着人民币双边货币互换规模的扩大，新加坡、中国台湾、伦敦等地的人民币外汇市场开始迅速发展，境外人民币外汇产品种类基本涵盖了国际主流产品类别。

4）"一带一路"和人民币国际化

"一带一路"倡议是打造人类命运共同体的伟大实践，并将逐步构建起以互利共赢为核心的国际新格局。其中，深化金融合作既是"一带一路"资金融通的重要支撑，也是开创国际货币体系新格局的重要途径。如果货币金融合作能够以相关国家（地区）诉求为主，促进当地经济发展，那么区域内经济发展水平的整体提高，将可以使相关国家共享发展红利，实现我国与"一带一路"共建国家（地区）的共同繁荣和进步。具体来看，对于相关国家（地区）而言，"一带一路"货币金融合作可助其实现货币稳定；对于我国而言，"一带一路"货币金融合作则可有力推动人民币国际化，形成国际竞争新优势。而这些都需要一个发达完善的金融市场作为基础，尤其是需要一个多层次、一体化并具备风险管理功能的外汇市场。

"一带一路"货币金融合作的意义主要在于：

（1）有助于共建国家（地区）货币稳定

"一带一路"共建国家（地区）大部分都是发展中国家（地区），在汇率管理方面普遍面临两个难题：一是汇率波动剧烈风险突出；二是货币大幅贬值导致货币危机。研究发现，一国货币的稳定以及升值对实现该国经济持续健康发展具有积极意义。与参与"一带一路"的发展中国家（地区）相比，我国在汇率管理和经济发展方面具有相对优势并拥有一些成功经验。如果以经验交流为切入点，根据不同国家（地区）的差异，设计不同的货币金融合作模式，使人民币与相关国家（地区）货币之间建立直接联系并发挥汇率锚作用，人民币汇率的稳定将会使得相关国家的货币币值保持稳定，从而帮助相关国家（地区）解决汇率管理难题，促进相关国家（地区）经济发展，那么相关国家（地区）参与区域货币金融合作的积极性将会得到极大提高，这对"一带一路"倡议的实施会起到实质性的作用。

（2）有助于推动人民币国际化

"一带一路"区域内贸易和投资的持续快速增长本应为跨境人民币结算带来良好发展契机，但实际情况却是"走出去"企业仍以外币结算为主。在一些贸易和并购合作项目中，虽然我国参与方优先考虑使用人民币支付收购款，但是最终却还是采用了美元支付的方式。究其根本，是人民币收付汇投资渠道有限，与人民币相关的风险管理工具相对较少，因此，人民币尚未达到便利使用阶段，境外金融机构持有人民币整体意愿偏低。要进一步推动人民币国际化，须深化我国与相关国家（地区）的货币金融合作，在人民币与当地货币之间建立稳定机制，形成人民币在此区域的国际货币竞争优势，这样才能使对方国家（地区）愿意持有人民币，人民币才能真正"走出去""留得住"，并在该地区形成使用闭环。同时，多数"一带一路"共建国家（地区）实行的都是中间汇率安排，与我国的汇率制度具有一定相似性。这也为以人民币作为货币锚来建立区域货币稳定体系提供了现实基础。

启智增慧 7-3 中国与共建"一带一路"国家的经济交往日益加深

"一带一路"货币金融合作已经具备一定基础条件，但我国仍需要进一步完善金融市场体系，特别是要建立一个多层次、一体化的外汇衍生品市场。而境内和境外、场内与场外市场都是多层次、多维度外汇衍生品市场的有机组成部分。目前，境内虽已有以银行间市场和银行柜台市场为代表的场外外汇衍生品市场，但外汇衍生品的场内市场却还迟迟没有在境内得到发展；而境外多家交易所已积极布局人民币外汇衍生品，且交易量增长迅速。抓住"一带一路"倡议的历史机遇，我国应顺势而为，逐步补齐场内场外外汇衍生品市场发展不协调的短板。1994 年我国银行间外汇市场建立之初的交易所模式对人民币汇率稳定和金融改革深化起到了积极作用，值得借鉴。同时，探索推进外汇期货上市，也可以丰富外汇市场风险对冲工具，满足我国及相关国家（地区）汇率风险管理需要。

启智增慧 7-4 国际原油跨境数字人民币结算首单交易落地，谱写未来跨境支付新篇章

"一带一路"互利共赢的货币金融合作应以稳定相关国家（地区）汇率和交流经验为切入点，发挥人民币汇率锚作用，推动人民币国际化进程。而

启智增慧 7-5 欧美金融制裁全面升级，国际政经格局面临诸多挑战

建立和完善包括外汇期货市场在内的外汇市场体系，是深化货币金融合作的有力保障，将对"一带一路"倡议的顺利实施起到关键性的作用。

"一带一路"和人民币国际化是中国改革开放的重要领域，也是中国推进全球化和国际合作的战略举措。"一带一路"与人民币国际化兼容契合，存在相互促进的内在逻辑。一方面，"一带一路"建设为人民币国际化增添了新动力。另一方面，在"一带一路"建设中使用人民币，有利于实现"一带一路"沿线的资金融通，对于"一带一路"建设将起到重大的推动作用。

中国应充分自信，推动人民币走出去，以创新促发展，以合作求共赢，推动"一带一路"建设与人民币国际化不断取得新的成果，逐步实现人民币国际化。

本章小结

汇率制度又称汇率安排，是指一国货币当局对本国汇率变动的基本方式所做的一系列安排或规定。按照汇率变动的幅度，汇率制度可以划分为两大类型：一是固定汇率制；二是浮动汇率制。前者是指现实汇率受平价的制约，只能围绕平价在很小的范围内上下波动的汇率制度；而后者则是指现实汇率不受平价的限制，随外汇市场供求状况变动而波动的汇率制度。

IMF 2007年按照事实分类法将汇率制度划分为三个大类：钉住汇率制度、中间汇率制度和浮动汇率制度。

货币局制度是指某个国家或地区首先确定本币与某种外汇的法定汇率，然后按照这个法定汇率以100%的外汇储备作为保证来发行本币，并且保持本币与该外汇的法定汇率不变。联系汇率制是货币局制度的派生物。美元化则是完全的货币替换。

联系汇率制的特征是：即期汇率和远期汇率均固定；利率与直接挂钩货币的利率相一致；在纯粹的联系汇率制条件下，中央银行的货币发行完全是以外汇储备为支撑的，也就使这种汇率安排因投资有息的外汇资产（如美国国库券）而丧失了铸币税。中国香港采用的是与美元挂钩的联系汇率制。

人民币汇率制度的发展：从1994年1月1日起，国务院决定进一步改革我国的外汇体制，人民币汇率并轨，实行以市场供求为基础的单一的有管理的浮动汇率制度。2005年7月21日到2010年6月为完善人民币汇率形成机制阶段。中国人民银行宣布，经国务院批准，自2005年7月21日起，我国开始实行以市场供求为基础、参考"一篮子"货币进行调节、有管理的浮动汇率制度，人民币一次性升值2%。2010年6月21日，根据国内外经济金融形势和我国国际收支状况，中国人民银行决定进一步推进人民币汇率形成机制改革，增强人民币汇率弹性。为增强人民币对美元汇率中间价的市场化程度和基准性，中国人民银行决定完善人民币对美元汇率中间价报价。自2015年8月11日起，做市商在每日银行间外汇市场开盘前，参考上日银行间外汇市场收盘汇率，综合考虑外汇供求情况以及国际主要货币汇率变化向中国外汇交易中心提供中间价报价，以反映市场供求变化。2016年年初，中国人民银行人民币对美元汇率中间价转为实施"收盘价+一篮子货币汇率变化"的双目标形成机制。为了配合这一改革，中国人民银行在2015年年底推出了CFETS货币篮。

货币可兑换一般是指居民可以自由地将一种货币兑换成另一种国际上通用的货币。根据可兑换性的程度不同，有不同层次的货币可兑换。按国际货币基金组织的界定，至少有三种形式的货币可兑换：一是经常项目的可兑换，即取消对经常项目外汇支付和转移的汇兑限制。1996 年 12 月 1 日，我国取消了国内企业的台账限制，同时允许外商企业到外汇指定银行结汇，实现了经常项目下完全可兑换。二是资本项目的可兑换，即取消对跨境资本交易和汇兑的限制。三是货币的全面可兑换，即成员方同时实现了经常项目和资本项目的可兑换。

我国汇率制度改革的目标是逐步实现人民币的完全可兑换。

"一带一路"和人民币国际化是中国改革开放的重要领域，也是中国推进全球化和国际合作的战略举措。"一带一路"与人民币国际化兼容契合，存在相互促进的内在逻辑。一方面，"一带一路"建设为人民币国际化增添了新动力。另一方面，在"一带一路"建设中使用人民币，有利于实现"一带一路"沿线的资金融通，对于"一带一路"建设将产生巨大的推动作用。

关键概念

汇率制度　货币可兑换　人民币国际化

综合训练

思考题

1）试评我国现行的外汇收支管理制度。

2）现行人民币汇率制度的基本内容有哪些？

3）试论人民币国际化。

4）试分析人民币汇率形成机制改革与完善。

5）"8·11 汇改"主要内容有哪些？

即测即评 7

综合训练参考答案 7

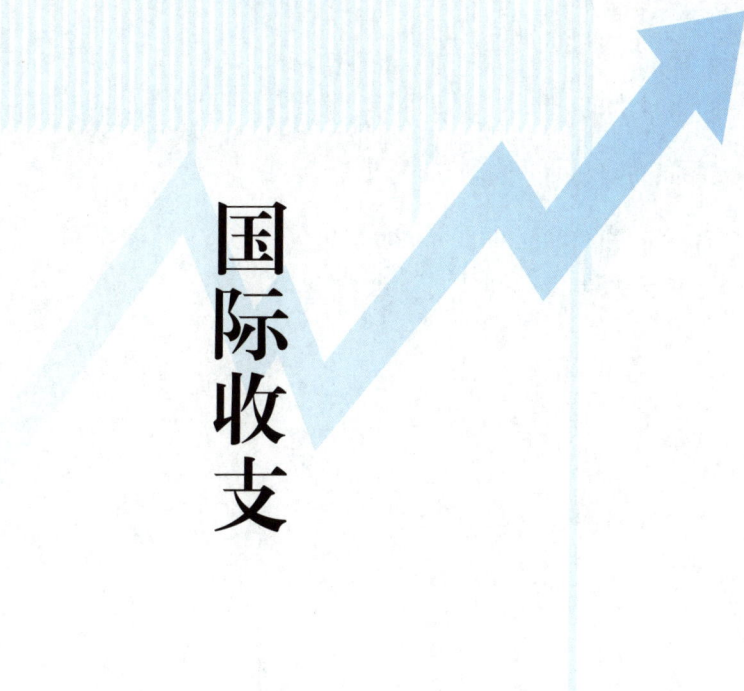

第**3**篇

国际收支

第8章

国际收支平衡表

目标引领

☑ 价值塑造

国际收支是开放经济条件下进行宏观经济分析的重要工具。本章引导学生关注中国的国际收支历史演变，了解经常账户顺差与对外净资产变动的关系，进而对我国国际收支在当前环境下更有基础和条件保持基本平衡做出正确判断。同时，以中美贸易的发展变化为切入点，激发学生的家国情怀，践行当代青年的使命担当。

☑ 知识传授

通过本章的学习，了解一国国际收支状况不仅直接影响着该国货币的对外价格，而且决定着该国在国际金融领域中的地位与实力，国际收支是分析一国对外金融关系和国内经济状况的重要依据与工具；掌握国际收支含义；国际收支平衡表及其项目构成，国际收支账户分析的基本原理与方法以及一国国际收支状况与一国宏观经济状况之间的关系，并为掌握国际收支管理知识奠定基础。

思维导图

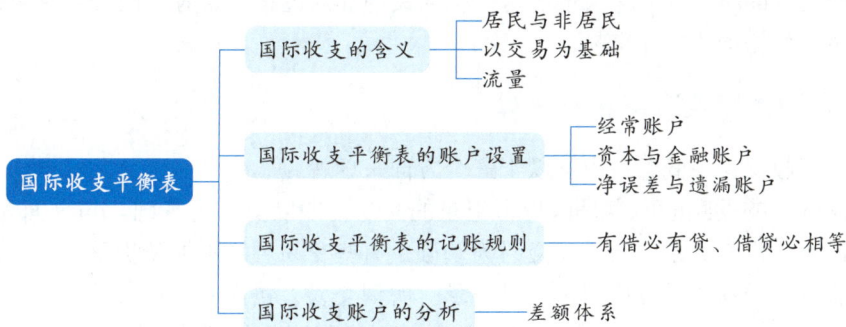

国际收支平衡表
- 国际收支的含义
  - 居民与非居民
  - 以交易为基础
  - 流量
- 国际收支平衡表的账户设置
  - 经常账户
  - 资本与金融账户
  - 净误差与遗漏账户
- 国际收支平衡表的记账规则
  - 有借必有贷、借贷必相等
- 国际收支账户的分析
  - 差额体系

开篇导读

中、美、日国际收支失衡问题

在开放经济条件下，每当分析讨论宏观经济问题时，总能涉及"国际收支"。众所周知，中国、美国、日本都是开放的经济体，三个国家国际收支失衡问题一直以来都是国际经济界关注的焦点。

中国常年是商品出口国、服务进口国，出口一直是我国经济高速增长的重要引擎，同时由于我国的商品出口优势巨大，经常账户长期处于顺差状态。在1998年到2023年期间只有四个季度的经常项目差额为负数，即在 1998 年到 2023 年的 26 年间，有 96% 的季度数据为经常账户顺差。2024 年，随着内外部环境总体改善，我国国际收支更有条件也更有基础保持基本平衡。

相对于商品出口国的中国，美国大量从国外进口商品，以大量举债促进本国消费，因此美国具有大量的经常账户逆差，而资本账户顺差是美国举债消费的典型。美国 1970 年到 2023 年的 54 年间仅有 8 年经常账户为顺差状态，其余均为逆差状态，逆差年份所占比例为 85%。

日本国际收支长期保持经常账户顺差、资本与金融账户逆差。日本从 1981 年起经常账户连续 36 年顺差。但值得注意的是，2012 年日本"3•11"大地震后，其全球第二大贸易顺差国的地位发生了改变，贸易出现逆差。自 2014 年开始贸易逆差扭转为顺差，但 2016 年、2017 年贸易顺差又扭转为逆差。特别值得一提的是，日本 2005 年后投资收入一直顺差且大于贸易顺差，靠投资收入维持经常账户顺差；投资收入始终是顺差，而且越来越大。日本国际收支结构一定程度保证了老龄化的日本可以"食利"，而不是对外付息。

评析：各国国际收支运行状态，都会体现在各国的国际收支平衡表中。国际收支平衡表是分析一国对内、对外经济的重要工具，学会如何解读各国国际收支平衡表，从中发现一国国际收支状况与一国宏观经济之间的关系是我们学习本章的最好收获。

8.1　国际收支的含义

8.1.1　国际收支的概念

国际收支（balance of payments）是一国居民与非居民在一定时期内因各种往来而引起的全部货币收付活动或国际交易。

8.1.2　对国际收支概念的理解

对于国际收支这一概念，应从以下三个方面来理解：

（1）国际收支反映的内容是以货币记录的交易，即以交易为基础。与字面含义不同，国际收支同支付没有关系，而是以交易为基础。有些交易可能不涉及货币支付，但这些未涉及货币收支的交易须折算成货币加以记录。所谓交易，包括五类：①交换，即一交易者（经济体）向另一交易者提供一宗经济价值并从对方得到价值相等的回报。这里所说的经济价值，可总体概括为实际资源（货物、服务、收入）和金融资产。②转移，即一交易者向另一交易者提供了经济价值，但并未收到对应的、具有相等价值的补偿。③移居，这是指一个人把住所从一经济体搬迁到另一经济体的行为。居民所属经济体的变化，带来经济体间债权、债务以及伴随移居所发生的经济价值的转移。这一变化应记录在国际收支之中。④其他根据推论而存在的交易。在一些情况下，可以根据推论确定交易的存在，当实际流动并没有发生时，也可以在国际收支中予以记录。国外直接投资者收益的再投资就是一个例子。投资者的海外子公司所获得的收益中，一部分是属于投资者本人的，如果这部分收益用于再投资，则必须在国际收支中反映出来，尽管这一行为并不涉及在两国间的资金与服务的流动。⑤债权和债务的再分类。国际收支平衡表中金融项目的分类，目的在于反映债权人或债务人的动机，金融项目要根据动机的变化进行重新分类。例如，拥有国外一家企业发行的公司股票的几个彼此独立的投资者，旨在取得股利，这是一般的证券投资；如果他们联合起来组成一个集团，以便在管理上控制该企业，这时他们持有的投资证券就变成了直接投资，投资属性的这种改变可以通过再分类加以反映。另外一种情况是，本国常住者对外国人的债权转而置于该国政府的直接有效控制之下，这时产生非储备资产与储备资产之间的再分类问题。

实际资源和金融项目的价值还会由于其他非交易的原因发生变化，如计价的变化，即相对于其计价的货币而言，某一项目通常的交易价格可能发生变动，或相对于使用中的记账单位而言，计价使用的货币的汇率发生变化。计价的变化不反映在国际收支平衡表中而是反映在国际投资头寸中。

（2）国际收支记录的必须是一国居民与非居民之间的交易，居民与非居民之间的交易构成国际收支统计体系的基础。

居民是指一个国家的经济领土内具有一定经济利益中心的经济单位。依照这一标准，一国的大使馆等驻外机构是所在国的非居民，而国际组织是任何国家的非居民。

因此，判断一项交易是否应包括在国际收支的范围内，所依据的不是交易双方的国籍。在国际收支统计中，所谓一国的经济领土，一般包括一个政府所管辖的地理领土，也包括该国天空、水域和邻近水域下的大陆架以及该国在世界其他地方的"飞地"，还包括海关控制下的自由区和离岸企业经营的保税仓库或工厂。坐落在一国地理边界内的外国政府或国际机构使用的领土"飞地"不作为该国经济领土的组成部分。

所谓在一国经济领土内具有一定经济利益中心，是指该单位在某国的经济领土内在一年或一年以上的时间中已经大规模地从事经济活动或交易，或计划如此行事。对于一个经济体来说，它的居民单位主要由两大类机构单位组成：一类为家庭和组成家庭的个人；另一类为法定的实体和社会团体，如公司和准公司（如国外直接投资者的分支机构）、非营利机构和该经济体中的政府。这些机构单位必须符合一定的条件才能成为经济体中的居民单位。①家庭。当一个家庭的成员把这个国家作为长期居住的地方并在这个国家内维持一个住处或一系列住处，这个家庭就有了一个经济利益中心，所有这个家庭的成员必须是这个国家的居民。如果家庭的一个成员不在其家庭作为居民的国家中居住，他也不再作为该家庭的成员。如果一个居民家庭成员离开该经济领土并在一段时间后又回到家庭中来，这个人仍继续作为居民，个人的经济利益中心仍在其家庭作为居民的国家中继续存在。如果一个人在外国连续工作一年或更长的时间，这个人可能就不再被视为是其居民家庭的成员。②企业。一旦一个企业在一个国家经济领土上大规模从事物资或服务的生产，或者拥有土地或建筑，那么这个企业就被认为具有一个经济中心并作为这个国家的居民单位。该企业必须在这个国家至少拥有一个生产场所，必须计划无限期或在长时间内经营这一场所。③非营利机构和政府。非营利机构是其具有经济利益的国家或经济领土的居民。大多数情况下，经济利益中心所处的国家正是非营利机构依法建立、被正式承认记录在案的所在地。但是，当非营利机构在国际范围内进行慈善或救济活动时，如果它在某一国维持的分支机构或办事处长达一年或一年以上的时间，则那个分支机构或办事处应被视为其活动所在国家的居民非营利机构。作为一个经济体的居民，各级政府机构包括坐落在中央、州和地方政府的所有部门、事业单位和其他机构以及坐落在其他经济体内的大使馆、领事馆、军事设施和其他政府实体。就国际收支而言，不符合企业标准的国际组织是外国政府的一部分。

（3）国际收支是一个流量概念。国际收支是对一定时期内（一般是一年）的交易的总计。国际收支不同于作为存量概念的国际投资头寸。国际投资头寸反映了一定时点上的经济体对世界其他地方的资产与负债的价值和构成，这一存量的变化主要是由国际收支中的各种交易引起的，有时也可能是因为汇率、价格变化或其他调整引起的计价变化所造成的，而后一点通常是不在国际收支中反映出来的。流量的变化可导致存量的变化，而存量的变化则可归结为流量的变化。

8.2　国际收支平衡表原理

8.2.1　国际收支平衡表的概念

国际收支平衡表是系统记录与反映一国国际交易的报告文件，是以货币为计量单位，运用复式借贷记账原理及国际收支特定账户分类方法编制的。

IMF发布的《国际收支手册》是世界各国编制国际收支平衡表的指导性框架工具，也是各国分析判断国际经济地位的基本数据参考。国际货币基金组织于1993年出版了《国际收支手册》第五版，对编制这一报表所采用的概念、准则、惯例、分类方法以及标准构成都做了统一的说明。《国际收支手册》第五版与以前四个版本不同的方面主要表现在：国际收支和国内宏观账户之间的联系更加密切，并保持了高度的协调一致，强调了国际收支统计对经济决策的作用。《国际收支手册》第五版主要有以下五个特点：一是扩大了概念框架的范围，使其包括国际收支的流量（交易）以及对外金融资产、负债的存量（国际投资头寸）；二是第一次将经常转移和资本转移区别开来，对原来国际收支平衡表中的资本账户进行了重新定义，改为资本与金融账户；三是在经常账户内明确区分了国际服务交易和收入交易；四是扩大了服务交易的组成部分；五是对金融账户进行了重新分类，扩大了非股本证券投资的范围，使其包括长期和短期有价证券。2008年12月，IMF公布了最新版手册，名称首次修改为《国际收支和国际投资头寸手册》（Balance of payments and international investment position manual）（以下简称《手册》第六版）。它扩展并充实了《国际收支手册》第五版的相关内容，对货物与服务贸易收支部分子项目进行了调整，更加突出对国际投资和国际金融交易的记录，这对包括中国在内的世界各国编制国际收支平衡表以及相应的贸易、投资统计数据产生重要影响。《手册》第六版于2008年12月登载在IMF外网上，书面文件，包括微小的编辑改动已于2009年发布。自2015年开始我国国际收支平衡表按国际货币基金组织《手册》第六版规定的各项原则编制，并对之前年份进行追溯调整更正。

8.2.2　国际收支平衡表的结构

国际收支平衡表的结构，从纵向看属于"丅"形，俗称"丁字形账户"，分为借方和贷方两栏或两项；从横向看由属于"借"与"贷"栏目下的具体项目构成，记载了各种性质的国际收支内容。国际收支平衡表的结构见表8-1。

表8-1 国际收支平衡表 单位：亿美元

项目	借方	贷方	差额
经常账户			
资本与金融账户			
净误差与遗漏账户			

8.2.3 国际收支平衡表的内容

我们知道，商品和服务的进出口和从外国获得的净要素收入这些经济行为——我们称之为经常账户中的经济行为——都对应着一国对外资产负债的相应变化，也就是一笔贸易流量对应着一笔金融流量。因此，我们可以运用复式记账法的基本原理，将整个国际收支划分为反映商品、服务进出口及净要素支付等实际资源流动的账户——经常账户（current account）和反映资产所有权流动的账户——资本与金融账户（capital and financial account），使同一行为在不同的账户中被记录两次，从而较为完整与科学地反映出一国国际收支的状况。

1）账户设置（横向）

根据《手册》第六版，国际收支平衡表包括经常账户、资本与金融账户。其中，经常账户可细分为货物和服务、初次收入、二次收入等账户。金融账户可细分为直接投资、证券投资、金融衍生工具、其他投资和储备资产等账户。具体项目的含义如下：

1.经常账户：包括货物和服务、初次收入和二次收入。

1.A货物和服务：包括货物和服务两部分。

1.A.a货物：指经济所有权在我国居民与非居民之间发生转移的货物交易。贷方记录货物出口，借方记录货物进口。货物账户数据主要来源于海关进出口统计，但与海关统计存在以下主要区别：一是国际收支中的货物只记录所有权发生了转移的货物（如一般贸易、进料加工贸易等贸易方式的货物），所有权未发生转移的货物（如来料加工或出料加工贸易）不纳入货物统计，而纳入服务贸易统计；二是计价方面，国际收支统计要求进出口货值均按离岸价格记录，海关出口货值为离岸价格，但进口货值为到岸价格，因此国际收支统计从海关进口货值中调出国际运保费支出，并纳入服务贸易统计；三是补充部分进出口退运等数据；四是补充了海关未统计的转手买卖下的货物净出口数据。

1.A.b服务：包括加工服务，维护和维修服务，运输，旅行，建设，保险和养老金服务，金融服务，知识产权使用费，电信、计算机和信息服务，其他商业服务，个人、文化和娱乐服务以及别处未提及的政府服务。贷方记录提供的服务，借方记录接受的服务。

1.A.b.1加工服务：又称"对他人拥有的实物投入的制造服务"，指货物的所有权没有在所有者和加工方之间发生转移，加工方仅提供加工、装配、包装等服务，并从货物所有者处收取加工服务费用。贷方记录我国居民为非居民拥有的实物提供的加工服务。借方记录我国居民接受非居民的加工服务。

1.A.b.2 维护和维修服务：指居民或非居民向对方所拥有的货物和设备（如船舶、飞机及其他运输工具）提供的维修和保养工作。贷方记录我国居民向非居民提供的维护和维修服务。借方记录我国居民接受的非居民维护和维修服务。

1.A.b.3 运输：指将人和物体从一地点运送至另一地点的过程以及相关辅助和附属服务，以及邮政和邮递服务。贷方记录我国居民向非居民提供的国际运输、邮政快递等服务。借方记录我国居民接受的非居民国际运输、邮政快递等服务。

1.A.b.4 旅行：指旅行者在其作为非居民的经济体旅行期间消费的物品和购买的服务。贷方记录我国居民向在我国境内停留不足一年的非居民以及停留期限不限的非居民留学人员和就医人员提供的货物和服务。借方记录我国居民境外旅行、留学或就医期间购买的非居民货物和服务。

1.A.b.5 建设：指建筑形式的固定资产的建立、翻修、维修或扩建，工程性质的土地改良、道路、桥梁和水坝等工程建筑，相关的安装、组装、油漆、管道施工、拆迁和工程管理等，以及场地准备、测量和爆破等专项服务。贷方记录我国居民在我国经济领土之外提供的建设服务。借方记录我国居民在我国经济领土内接受的非居民建设服务。

1.A.b.6 保险和养老金服务：指各种保险服务，以及同保险交易有关的代理商的佣金。贷方记录我国居民向非居民提供的人寿保险和年金、非人寿保险、再保险、标准化担保服务以及相关辅助服务。借方记录我国居民接受非居民的人寿保险和年金、非人寿保险、再保险、标准化担保服务以及相关辅助服务。

1.A.b.7 金融服务：指金融中介和辅助服务，但不包括保险和养老金服务项目所涉及的服务。贷方记录我国居民向非居民提供的金融中介和辅助服务。借方记录我国居民接受非居民的金融中介和辅助服务。

1.A.b.8 知识产权使用费：指居民和非居民之间经许可使用无形的、非生产/非金融资产和专有权以及经特许安排使用已问世的原作或原型的行为。贷方记录我国居民向非居民提供的知识产权相关服务。借方记录我国居民使用的非居民知识产权相关服务。

1.A.b.9 电信、计算机和信息服务：指居民和非居民之间的通信服务以及与计算机数据和新闻有关的服务交易，但不包括以电话、计算机和互联网为媒介交付的商业服务。贷方记录本国居民向非居民提供的电信、计算机和信息服务。借方记录本国居民接受非居民提供的电信、计算机和信息服务。

1.A.b.10 其他商业服务：指居民和非居民之间其他类型的服务，包括研发服务，专业和管理咨询服务，技术、贸易等相关服务。贷方记录我国居民向非居民提供的其他商业服务。借方记录我国居民接受的非居民其他商业服务。

1.A.b.11 个人、文化和娱乐服务：指居民和非居民之间与个人、文化和娱乐有关的服务交易，包括视听和相关服务（电影、收音机、电视节目和音乐录制品），其他个人、文化娱乐服务（健康、教育等）。贷方记录我国居民向非居民提供的相关服务。借方记录我国居民接受的非居民相关服务。

1.A.b.12 别处未提及的政府服务：指在其他货物和服务类别中未包括的政府和国际组织提供和购买的各项货物和服务。贷方记录我国居民向非居民提供的别处未涵盖的货物和服务。借方记录我国居民向非居民购买的别处未涵盖的货物和服务。

1.B 初次收入：指由于提供劳务、金融资产和出租自然资源而获得的回报，包括雇员报酬、投资收益和其他初次收入三部分。

1.B.1 雇员报酬：指根据企业与雇员的雇佣关系，因雇员在生产过程中的劳务投入而获得的酬金回报。贷方记录我国居民个人从非居民雇主处获得的薪资、津贴、福利及社保缴款等。借方记录我国居民雇主向非居民雇员支付的薪资、津贴、福利及社保缴款等。

1.B.2 投资收益：指因金融资产投资而获得的利润、股息（红利）、再投资收益和利息，但金融资产投资的资本利得或损失不是投资收益，而是金融账户统计范畴。贷方记录我国居民因拥有对非居民的金融资产权益或债权而获得的利润、股息（红利）、再投资收益或利息。借方记录我国因对非居民投资者有金融负债而向非居民支付的利润、股息（红利）、再投资收益或利息。

1.B.3 其他初次收入：指将自然资源让渡给另一主体使用而获得的租金收入，以及跨境产品和生产的征税和补贴。贷方记录我国居民从非居民处获得的相关收入。借方记录我国居民向非居民进行的相关支付。

1.C 二次收入：指居民与非居民之间的经常转移，包括现金和实物。贷方记录我国居民从非居民处获得的经常转移。借方记录我国居民向非居民提供的经常转移。

2. 资本与金融账户：包括资本账户和金融账户。

2.1 资本账户：指居民与非居民之间的资本转移，以及居民与非居民之间非生产非金融资产的取得和处置。贷方记录我国居民获得非居民提供的资本转移，以及处置非生产非金融资产获得的收入。借方记录我国居民向非居民提供的资本转移，以及取得非生产非金融资产支出的金额。

2.2 金融账户：指发生在居民与非居民之间、涉及金融资产与负债的各类交易。根据会计记账原则，当期对外金融资产净增加记录为负值，净减少记录为正值；当期对外负债净增加记录为正值，净减少记录为负值。金融账户细分为非储备性质的金融账户和国际储备资产。

2.2.1 非储备性质的金融账户：包括直接投资、证券投资、金融衍生工具和其他投资。

2.2.1.1 直接投资：指以投资者寻求在本国以外运行企业获取有效发言权为目的的投资，包括直接投资资产和直接投资负债两部分。相关投资工具可分为股权和关联企业债务。股权包括股权和投资基金份额，以及再投资收益。关联企业债务包括关联企业间可流通和不可流通的债权和债务。

2.2.1.1.1 直接投资资产：指我国作为直接投资者对在外直接投资企业的净资产，作为直接投资企业对直接投资者的净资产，以及对境外联属企业的净资产。

2.2.1.1.2 直接投资负债：指我国作为直接投资企业对外国直接投资者的净负债，作为直接投资企业对直接投资者的净负债，以及对境外联属企业的净负债。

2.2.1.2 证券投资：包括证券投资资产和证券投资负债，相关投资工具可划分为股权和债券。股权包括股权和投资基金份额，记录在证券投资项下的股权和投资基金份额均应可流通（可交易）。股权通常以股份、股票、参股、存托凭证或类似单据为凭证。投资基金份额指投资者持有的共同基金等集合投资产品的份额。债券指可流通的债务工具，是证明其持有人（债权人）有权在未来某个（些）时点向其发行人（债务人）收回本金或收取利息的凭证，包括可转让存单、商业票据、公司债券、有资产担保的证券、货币市场工具以及通常在金融市场上交易的类似工具。

2.2.1.2.1证券投资资产：记录我国居民投资非居民发行或管理的股权、投资基金份额的当期净交易额。

2.2.1.2.2证券投资负债：记录非居民投资于我国居民发行或管理的股权、投资基金份额的当期净交易额。

2.2.1.3金融衍生工具：又称金融衍生工具和雇员认股权，包括金融衍生工具资产、金融衍生工具负债。用于记录我国居民与非居民金融衍生工具和雇员认股权交易情况。

2.2.1.3.1金融衍生工具资产：又称金融衍生工具和雇员认股权资产，用于记录我国居民作为金融衍生工具和雇员认股权资产方与非居民的交易。

2.2.1.3.2金融衍生工具负债：又称金融衍生工具和雇员认股权负债，用于记录我国居民作为金融衍生工具和雇员认股权负债方，与非居民的交易。

2.2.1.4其他投资：指除直接投资、证券投资、金融衍生工具外，居民与非居民之间的其他金融交易，包括其他股权、货币和存款、贷款、保险和养老金、贸易信贷和其他（资产/负债）。

2.2.1.4.1.1/2.2.1.4.2.1其他股权：指不以证券投资形式（上市和非上市股份）存在的、未包括在直接投资项下的股权。通常包括：在准公司或非公司制企业中的、表决权小于10%的股权（如分支机构、信托、有限责任和其他合伙企业，以及房地产和其他自然资源中的所有权名义单位），在国际组织中的股份等。资产项记录我国居民投资于非居民的其他股权。负债项记录非居民投资于我国居民的其他股权。

2.2.1.4.1.2/2.2.1.4.2.2货币和存款：货币包括由中央银行或政府发行或授权的，有固定面值的纸币或硬币。存款是指对中央银行、中央银行以外的存款性公司以及某些情况下其他机构单位的、由存单表示的所有债权。资产项记录我国居民持有外币及开在非居民处的存款资产变动。负债项记录非居民持有的人民币及开在我国居民处的存款变动。

2.2.1.4.1.3/2.2.1.4.2.3贷款：指通过债权人直接借给债务人资金而形成的金融资产，其合约不可转让。贷款包括普通贷款、贸易融资、透支、金融租赁、证券回购和黄金掉期等。资产项记录我国居民对非居民的贷款债权变动。负债项记录我国居民对非居民的贷款债务变动。

2.2.1.4.1.4/2.2.1.4.2.4保险和养老金：又称保险、养老金和标准化担保计划，主要包括非人寿保险技术准备金、人寿保险和年金权益、养老金权益以及启动标准化担保的准备金。资产项记录我国居民作为保单持有人或受益人所享有的资产或权益。负债项记录我国作为保险公司、养老金或标准化担保发行者所承担的负债。

2.2.1.4.1.5/2.2.1.4.2.5贸易信贷：又称贸易信贷和预付款，是因款项支付与货物所有权转移或服务提供非同步进行而与直接对手方形成的金融债权债务。如相关债权债务不是发生在货物或服务的直接交易双方，即不是基于商业信用，而是通过第三方或银行信用形式发生，则不纳入本项统计，而纳入贷款或其他项目统计。资产项记录我国居民与非居民之间因贸易等发生的应收款或预付款。负债项记录我国居民与非居民之间因贸易等发生的应付款或预收款。

2.2.1.4.1.6/2.2.1.4.2.6其他（资产/负债）：除直接投资、证券投资、金融衍生工具、储备资产、其他股权、货币和存款、贷款、保险准备金、贸易信贷、特别提款权负债外的对非居民的其他金融债权或债务。资产项记录债权。负债项记录债务。

2.2.1.4.2.7特别提款权负债：指作为基金组织成员方分配的特别提款权，是成员方的负债。

2.2.2国际储备资产：指我国中央银行拥有的对外资产，包括货币黄金、特别提款权、在国际货币基金组织的储备头寸、外汇储备及其他储备资产。

2.2.2.1货币黄金：指我国中央银行作为国际储备持有的黄金。

2.2.2.2特别提款权：是国际货币基金组织根据会员方认缴的份额分配的，可用于偿还国际货币基金组织债务、弥补会员方政府之间国际收支赤字的一种账面资产。

2.2.2.3在国际货币基金组织的储备头寸：指在国际货币基金组织普通账户中成员方可自由提取使用的资产。

2.2.2.4外汇储备：指我国中央银行持有的可用作国际清偿的流动性资产和债权。

2.2.2.5其他储备资产：指不包括在以上储备资产中的、我国中央银行持有的可用作国际清偿的流动性资产和债权。

3.净误差与遗漏：国际收支平衡表采用复式记账法，由于统计资料来源和时点不同等原因，会形成经常账户和资本与金融账户不平衡，形成统计残差项，称为净误差与遗漏。

我国从2015年开始按照《手册》第六版的标准编制和公布国际收支平衡表和国际投资头寸表。在《手册》第六版标准下国际收支统计发生了很大变化，与第五版相比，第六版加强了对经济体脆弱性和可持续性的分析和监测，更加关注国际投资头寸和资产负债表情况。其主要变化有：

（1）主要项目名称有所调整。一类调整是项目的中文翻译改变，如"经常项目"改为"经常账户"，"资本与金融项目"改为"资本与金融账户"。另一类调整是项目的英文名称改变，为与国民账户体系等其他国际统计标准的相关概念相协调，如经常账户下的"收益"改为"初次收入"，"经常转移"改为"二次收入"等。

（2）项目归属及分类变化。一是"来料加工"在第五版下按照进口和出口分别记录在货物贸易贷方和借方，而第六版是按照"工缴费"净额记录在服务贸易贷方；"转手买卖"由服务贸易调整至货物贸易下，按净额记录在贷方。以2013年国际收支平衡表为例，"来料加工"出口925亿美元、进口828亿美元，根据第五版分别记录在货物贸易贷方和借方下；而根据第六版，应按净额即97亿美元记录在服务贸易的贷方，在货物贸易中不再出现。2013年"转手买卖"净收入686亿美元，根据第五版记录在服务贸易贷方项下；而根据第六版，应记录在货物贸易的贷方，在服务贸易中不再出现。二是将"金融衍生工具"从证券投资中单列出来，成为与证券投资并列的分类。三是将储备资产列于金融账户下。为兼顾公众的使用习惯，我国在金融账户下设"非储备性质的金融账户"和"储备资产"两个大项，前者口径与以往公布表式的金融账户相同。2015年上半年资本与金融账户逆差583亿美元，其中"非储备性质的金融账户"逆差1 259亿美元。

（3）列示方法变化。一是使用一列方式列示数据。以往我们在公布国际收支平衡表时按贷方、借方、差额三列列示数据，2015年起按照一列列示数据。这种列示方法有助于进行时间序列分析。二是金融账户按差额列示而不再列示借贷方。主要是因为金融交易往往非常频繁，规模非常大，分析资产和负债的净变化比总流量更有意义。并且总流量通常很难统计，很多时候需根据存量变化推算流量。另外，第六版给出了金融账户新的记录方法，可将资产和负债的增加均记录为正值，减少均记录为负值。考虑公众的使用习惯，我国仍采用以往的记录方法，即将金融账户资产净增加记借方（以负值表示），负债净增加记贷方（以正值表示），例如2014年储备资产增加记为−1 178亿美元。

（4）直接投资的统计方法发生变化。第六版直接投资统计的变化主要体现在直接投资企业对境外母公司投资（逆向投资）的处理方法上。第五版中，根据投资方向，直接投资被划分为"我国对外直接投资"（ODI）和"外国来华直接投资"（FDI），其中ODI下既包括我国对外直接投资的资产，也包括我国对外直接投资的负债（逆向投资），并按照资产减负债的轧差方式记录对外直接投资净资产；同样，FDI项下则采用外国来华直接投资负债减去外国来华直接投资资产（逆向投资）的统计原则。根据该原则，如当年境内直接投资者对境外子公司股权和债权投资100亿美元，接受境外子公司贷款或股权投资（逆向投资）30亿美元，则这30亿美元负债将作为ODI资产的扣减项处理，最终当年ODI净增加70亿美元。FDI项下按同样原则处理。第六版中，直接投资不再对逆向投资进行轧差处理，而是根据该投资是形成资产还是产生负债分别加以记录。例如，境外子公司对境内股东的股权和债务投资，记录在"负债"项下；外商投资企业对外国股东的股权和债务投资，记录在"资产"项下。还是上例，第六版中境内直接投资者对境外子公司的100亿美元投资将纳入我国对外直接投资统计，30亿美元的逆向投资将纳入外国来华直接投资统计。

（5）改进了部分存量数据统计方法。根据《手册》的最新标准，我们全面采用市值法统计和编制我国国际投资头寸表中的各项数据，替代以往个别项目历史流量累计的方法。但是，由于部分重要数据的统计制度都是在近期开始实施，历史数据无法获得，因此，往期数据未能进行追溯调整，这样，2014年前后的国际投资头寸（IIP）数据存在不可比的情况。例如，2014年及以前的证券投资股权负债数据采用历史成本法，对于上市企业在境外发行的股票按发行价格记录存量。2015年起我们采用了市场价值法，即按期末的股票市场价格进行记录。由于估值方法改变，造成2014年前后的该部分数据不可比。

启智增慧8-1
经常账户顺差
与对外净资产
变动的关系

2）记账规则（纵向）

国际收支账户运用的是复式记账法，即每笔交易都是由两笔价值相等、方向相反的账目表示。一般情况下，借方记录用负号表示，贷方记录用正号表示。根据复式记账的惯例，不论对于实际资源还是金融资产，借方表示该经济体资产（资源）持有量的增加，贷方表示资产（资源）持有量的减少。这表示，记入贷方的项目是表明出口的实际资源和反映一经济体对外资产减少或对外负债增加的金融项目，记入借方的项目是表明进口的实际资源和反映对外资产增加或对外负债减少的金融项目。具体地说，有如下几点：①进口商品属于借方项目，出口商品属于贷方项目。②非居民为本国居民提供服务或从本国取得的收入，属于借方项目；本国居民为非居民提供服务或从外国取得的收入，属于贷方项目。③本国居民对非居民的单方向转移，属于借方项目；本国居民收到的国外的单方向转移，属于贷方项目。④本国居民获得的外国资产属于借方项目，外国居民获得的本国资产或对本国的投资属于贷方项目。⑤本国居民偿还的非居民债务属于借方项目，非居民偿还本国居民的债务属于贷方项目。⑥官方储备增加属于借方项目，官方储备减少属于贷方项目。

对于以上记账惯例，有便于记忆的三个经验法则：①凡是引起本国从国外获得货币收入的交易记入贷方，凡是引起本国对国外货币支出的交易记入借方，而这笔货币收入或支出本身则相应记入借方或贷方。②凡是引起外汇供给的经济交易都记入贷方，凡是引起外汇需求的经济交易则记入借方。③资本（资产）内流（国外资产减少、国外负债增加）记入贷方，资本（资产）外流（国外资产增加、国外负债减少）记入借方。

8.2.4　记账实例

我们以甲国为例，列举8笔交易来说明国际收支账户的记账方法。值得指出的是，对具体交易记账方法的分析不仅有助于正确掌握国际收支账户的记账原理，同时也有助于我们理解各账户之间的关系。

[例8-1] 甲国企业出口价值100万美元的大豆。

分析：出口伴随着资本流出所形成的海外资产的增加。对于出口行为来说，它意味着本国拥有的资源的减少，因此应记入贷方。对于资本流出这一行为而言，它意味着本国在海外的资产的增加，因此应记入借方。进一步来看，这一资本流出实际上反映在该企业在海外的存款增加中，而这属于金融账户中的其他投资项目。

因此，这笔交易可记为：

借：其他投资　　　　　　　　　　　　　　　　　　　100万美元
　　贷：货物出口　　　　　　　　　　　　　　　　　　　　　100万美元

[例8-2] 甲国居民到欧洲旅游，动用了其在德国的存款10万美元。

分析：旅游支出记入服务项目的借方，在外国银行的存款减少应记入贷方。

因此，这笔交易可记为：

借：服务　　　　　　　　　　　　　　　　　　　　　10万美元
　　贷：其他投资　　　　　　　　　　　　　　　　　　　　　10万美元

[例8-3] 外商以价值1 000万美元的设备投入甲国，兴办合资企业。

分析：外商以价值1 000万美元的设备投入甲国，使甲国的实际资源增加，反映进口的实际资源增加的项目应记入借方，而兴办合资企业属于金融账户中的直接投资项目下的贷方。

因此，这笔交易可记为：

借：货物进口　　　　　　　　　　　　　　　　　　1 000万美元
　　贷：直接投资负债　　　　　　　　　　　　　　　　　　1 000万美元

[例8-4] 为帮助某国度过金融危机，甲国政府动用外汇储备100万美元向其提供无偿援助，另提供相当于100万美元的粮食援助。

分析：当一经济体的居民实体向另一非居民实体无偿提供了实际资源或金融产品并未得到补偿与回报时，按照复式记账法原理，需要在另一方进行抵消性记录以达到平衡，也就是需要建立二次收入——转移账户。本国居民对非居民的单方向转移，应记入借方项目。官方储备减少、实际资源的减少都属于贷方项目。

因此，这笔交易可记为：

借：二次收入　　　　　　　　　　　　　　　　　　200万美元
　　贷：官方储备　　　　　　　　　　　　　　　　　　　　100万美元
　　　　货物出口　　　　　　　　　　　　　　　　　　　　100万美元

[例8-5] 甲国某企业在海外投资所得利润150万美元，其中75万美元用于当地的再投资，50万美元购买当地商品运回国内，25万美元调回国内结售给政府以换取本国货币。

分析：投资所得应记入经常账户下初次收入——投资收益的贷方。对外投资意味着海外资产增加、实际资源输入、官方储备增加，都应记入借方。

因此，这笔交易可记为：

借：货物进口   50万美元
    官方储备   25万美元
    直接投资资产   75万美元
    贷：初次收入   150万美元

[例8-6] 甲国居民动用其在海外存款40万美元，用以购买外国某公司的股票。同时又收到其持有的海外债券的利息收入1万美元，并将这1万美元存在海外银行。

分析：海外资产增加应记入借方，海外资产减少应记入贷方。

因此，这笔交易可记为：

借：证券投资   40万美元
    贷：在外国银行的存款   40万美元
借：在外国银行的存款   1万美元
    贷：初次收入   1万美元

[例8-7] 甲国向外国提供了100万美元的10年期贷款。

分析：这笔贷款意味着甲国长期资本外流，应记在金融账户下其他投资的借方。由此产生了外国在甲国银行的100万美元存款。新的存款作为短期资本内流，应记在金融账户下其他投资的贷方。

因此，这笔交易可记为：

借：其他投资   100万美元
    贷：其他投资   100万美元

[例8-8] 美籍华人为中国申奥捐款20万美元。

分析：中国申奥基金会的银行账户增加20万美元，应记入其他投资项下的借方。同时因捐款属于二次收入——经常转移，需在二次收入项下的贷方记录。

因此，这笔交易可记为：

借：其他投资   20万美元
    贷：二次收入   20万美元

上述各笔交易可编制成一张完整的国际收支账户表格，见表8-2。

表8-2   8笔交易构成的国际收支账户   单位：万美元

项目	贷方	借方	差额
货物	100+100	1 000+50	−850
服务		10	−10
初次收入	150+1		151
二次收入	20	200	−180
经常账户合计	371	1 260	−889

续表

项目	贷方	借方	差额
直接投资	1 000	75	925
证券投资		40	−40
其他投资	10+40+100	100+1+100+20	−71
官方储备	100	25	75
资本与金融账户合计	1 250	361	889
总计	1 621	1 621	0

2023 年的中国国际收支平衡表分别以人民币、美元 SDR 计价，详见表 8-3。

表 8-3　　　　　2023 年中国国际收支平衡表（概览表）

项目	行次	亿元	亿美元	亿SDR
1.经常账户	1	17 826	2 530	1 893
贷方	2	268 536	37 887	28 408
借方	3	−250 710	−35 357	−26 514
1.A 货物和服务	4	27 347	3 861	2 893
贷方	5	248 878	35 112	26 328
借方	6	−221 531	−31 252	−23 435
1.A.a 货物	7	42 114	5 939	4 452
贷方	8	225 381	31 792	23 839
借方	9	−183 267	−25 853	−19 388
1.A.b 服务	10	−14 767	−2 078	−1 559
贷方	11	23 497	3 321	2 489
借方	12	−38 263	−5 399	−4 048
1.B 初次收入	13	853	120	90
贷方	14	921	130	97
借方	15	−68	−10	−7
1.C 二次收入	16	290	41	31
贷方	17	709	100	75
借方	18	−420	−59	−44
2.资本与金融账户	19	−5 182	−731	−548
2.1 资本账户	20	6 162	870	652

项目	行次	亿元	亿美元	亿SDR
贷方	21	-11 344	-1 601	-1 200
借方	22	-12 178	-1 717	-1 287
2.2 金融账户	23	1 757	248	186
资产	24	-13 935	-1 965	-1 473
负债	25	562	79	60
2.2.1 非储备性质的金融账户	26	1 117	158	118
2.2.1.1 直接投资	27	-555	-78	-59
资产	28	-665	-92	-69
负债	29	482	69	52
2.2.1.2 证券投资	30	-1 148	-162	-121
资产	31	46	7	5
负债	32	308	44	33
2.2.1.3 金融衍生工具	33	-262	-37	-28
资产	34	-2 252	-317	-238
负债	35	775	110	82
2.2.1.4 其他投资	36	-3 027	-427	-320
资产	37	1 370	193	145
负债	38	4 112	581	435
2.2.2 储备资产	39	-2 742	-388	-291
3.净误差与遗漏	40	2 684	380	285

注：1.根据《国际收支和国际投资头寸手册》(第六版)编制，资本与金融账户中包含储备资产。

2."贷方"按正值列示，"借方"按负值列示，差额等于"贷方"加上"借方"。本表除标注"贷方"和"借方"的项目外，其他项目均指差额。

3.季度人民币计值的国际收支平衡表数据，由当季以美元计值的国际收支平衡表，通过当季人民币对美元季平均汇率中间价折算得到，季度累计的人民币计值的国际收支平衡表由单季人民币计值数据累加得到。

4.季度SDR计值的国际收支平衡表数据，由当季以美元计值的国际收支平衡表，通过当季SDR对美元季平均汇率折算得到，季度累计的SDR计值的国际收支平衡表由单季SDR计值数据累加得到。

5.本表计数采用四舍五入原则。

6.细项数据请参见国家外汇管理局国际互联网站"统计数据"栏目。

7.《国际收支平衡表》采用修订机制，最新数据以"统计数据"栏目中的数据为准。

8.3　国际收支账户的分析

国际收支账户提供了开放条件下一国对外经济交往的系统记录。为了全面了解判断一国对外经济交往的状况，有必要对国际收支账户进行具体分析，以得出有价值的结论。

8.3.1　分析国际收支账户的方法

对国际收支账户的分析要讲究方法，注重对各个项目的具体分析，注重在项目分析基础上的全面分析，注重比较分析，以便充分发挥国际收支账户应有的积极作用。

（1）注重项目分析。国际收支账户的每个项目都有独特的内容，因此要逐一具体分析各个项目。先要分析各个项目的具体数据，然后分析各个项目的局部差额，再分析各项局部差额的平衡情况，最后分析国际收支的总差额情况。因为，即便一国某一时期国际收支总额是平衡的，也不等于该国国际收支账户中的每个项目都实现了平衡，所以要注重分析项目的局部差额及平衡情况。

（2）注重综合分析。在分析了各个项目及局部差额的基础上，要注意分析各项差额之间的关系和协调平衡情况，进而分析国际收支总差额状况。分析国际收支是顺差还是逆差、数额多大、对经济发展影响如何，进而深入查找形成的原因和制定调整措施。

（3）注重纵向分析。所谓纵向分析，是指分析本期以前有关时期的国际收支状况。因为一国本期的国际收支平衡与否、在国际上的地位与信誉如何，是与本国前一时期的经济发展和国际收支密切相关的。只有进行纵向分析，才能得出切合实际的结论。

（4）注重横向分析。所谓横向分析，是指要分析其他有关国家的国际收支状况。世界经济是一个整体，一国一定时期国际收支状况如何，不仅与本国当期及前期的金融和对外经济政策有关，而且与世界经济形势和国际金融市场变化有关。要正确评估本国的国际金融状况与对外经济发展战略，不注重分析他国的国际收支账户是不行的。

（5）注重或突出重点分析。所谓重点分析，就是进行差额分析。国际收支平衡表借贷项下的每一个横向项目都有差额，差额反映了国际收支平衡与否。关于为什么和如何进行这种差额或重点分析，我们将在下面展开讨论。

8.3.2　分析国际收支账户的原理及重点

分析国际收支账户的主要目的是知晓本国是否存在对外货币收支失衡以及是否需要采取相应政策或办法来纠正这种失衡。因此，分析国际收支账户的重点是分析表中的差额。国际收支账户中的差额是多层次的，理解各账户差额的含义及它们之间的关系是分析国际收支账户的关键。

1）贸易账户差额

贸易账户差额（TB）是指包括货物与服务在内的进出口之间的差额。贸易账户差额在传统上经常作为整个国际收支的代表，这是因为对一些国家来说，贸易收支在全部国际收支中所占的比重相当大（中国的这一比例在20世纪80年代约为70%）。

贸易收支的数字，尤其是商品贸易收支的数字易于通过海关途径及时收集，能够比较快地反映一国对外经济交往情况。贸易账户差额在国际收支中具有特殊重要性的原因还在于它体现了一个国家或地区自我创汇的能力，反映了一国的产业结构、劳动生产率状况和产品在国际上的竞争力及其在国际分工中的地位，是一国对外经济交往的基础，影响和制约着其他账户的变化。

从宏观经济角度分析贸易账户差额更具有非常重要的意义，因为一国的对外贸易账户差额与一国国内其他宏观经济账户之间有着密不可分的联系。

开放经济条件下的国民收入等式可表示为：

$$Y = C + I + G + X - M \tag{8-1}$$

式中，C 为私人消费；I 为私人投资；G 为政府支出；X 为出口；M 为进口。

$$TB = X - M \tag{8-2}$$

在开放经济条件下，贸易账户差额同私人消费、私人投资、政府支出一样，是国民收入的重要组成部分。在很多国家，贸易账户差额在国民收入中所占比重相当大，反映在经济增长过程中，对国民收入增长率的贡献非常突出，即可拉动经济增长。进出口贸易是体现经济开放性的重要指标，出口占国民收入比重或者进出口总额占国民收入比重是衡量一国经济开放程度的重要指标。

2）经常账户差额

经常账户差额（CA）的宏观经济含义可以从不同角度进行分析：

（1）经常账户一般反映一国主动的对外交易。

（2）经常账户差额表明了一国是向世界其他国家筹资的净借款人，还是对世界其他国家融资的净贷款人。经常账户盈余意味着本国向国外提供了融资，经常账户赤字意味着外国向本国提供了融资。

（3）经常账户差额反映一国储蓄与投资之间的关系（差额）。

我们已经知道：

$$CA = S - I \tag{8-3}$$

这一等式表明，开放条件下一国投资与储蓄不必相等。当 $S < I$，即本国储蓄不足以支持本国投资时，可以通过产生 $CA < 0$，即经常账户赤字的方法以产品的净进口满足投资需要，形成国内资产。正如我们已分析的，这会产生对外债务，实际上就是利用国外资本弥补本国的储蓄缺口。当 $S > I$，即本国储蓄超过国内投资需要时，则可以通过净出口带来的资本流出形成海外资产。因此，各国出现的经常账户赤字或盈余，意味着资本从经常账户盈余国家流入赤字国家，为后者国内资本存量的增加提供融资。从这个角度看，决定经常账户状况的主要因素是各国储蓄、投资状况之间的差异，各国商品与服务的进出口情况则是对这一差异的反映。当私营部门的投资储蓄行为比较稳定时，经常账户反映了政府财政收支行为，即反映了经常账户与财政政策之间的密切关系。

（4）经常账户差额反映了一国国民收入与国内吸收之间的关系（差额）。

我们知道，私人消费、私人投资、政府支出构成国内居民的总支出，人们常称之为"国内吸收"（domestic absorption），以 A 表示，即：

$$A = C + I + G \tag{8-4}$$

因此，经常账户是国民收入与国内吸收之间的差额，即：

$$CA = Y - A \tag{8-5}$$

在开放经济条件下，一国的国民收入与国内吸收可以不必相等。当一国的支出超出其产出的产品与服务总值时，必须通过进口外国产品与服务来满足这一吸收。因此，经常账户顺差表明国民收入超出国内吸收，逆差表明国民收入小于国内吸收。

（5）经常账户差额使一国国际投资头寸发生变化，同时它又受到国际投资头寸状况的影响。

我们知道，对于一国来说国内吸收超出国民收入导致的经常账户逆差，必然会带来该国在世界上积累的资产或负债的相应变化。国家间商品与服务流动对应着国家间资本流动。不同时期的经常账户差额累积起来就形成了一国在外的各种资产与负债。反映一国某一时点上对世界其他地方的资产与负债的概念就是国际投资头寸（international investment position，IIP）。一国对外资产与负债相抵后所得的净值就是净国际投资头寸（net international investment position，NIIP）。一国某一时期内的经常账户余额，会形成新的净国外资产（或负债）。

国际投资头寸综合反映了一国在海外的资产负债状况，它可以通过影响一国财富总量等多种途径作用于一国经济。以经常账户逆差造成一国净国际投资头寸下降为例，一国的对外资产是有限的，而对外债务终归需要偿还。因此，国际投资头寸问题意味着经常账户可以在某一个或几个时期内出现逆差，但不可能永远维持逆差，应在多个时期内受到约束，这就要求对宏观经济进行相应调整。可见，经常账户可以引起国际投资头寸的变化，经常账户的这一性质使它对开放经济的运行发挥着重要作用。

我们再分析一下经常账户差额与贸易账户差额的关系。暂时不考虑二次收入问题时，经常账户差额与贸易账户差额之间的差别就体现在收入账户差额的大小上。由于收入账户主要反映的是资本通过直接投资或证券投资取得的收入，因此初次收入账户与一国的净外国资产或债务密切相关。为达到一定的经常账户差额（假定这一差额为零），净国外资产数额越大，从国外得到的收入也就越多，贸易账户也就可以相应出现更多的赤字。相反，净国外负债越大，向国外付出的收入也就越多，贸易账户就必须实现更多的盈余才能维持经常账户平衡。

从以上诸多分析中我们可以看出，经常账户在宏观经济中具有举足轻重的地位，它在现代被视为是衡量一国国际收支状况最好的指标。

3）资本与金融账户差额

资本与金融账户差额（KFA）是分析国际收支账户的另一个重要指标。它是该账户下直接投资、证券投资和其他投资交易及储备资产交易的差额（为论述方便，假定资本账户为零）。它记录了世界其他地方对本国的投资净额或贷款/借款净额。假设不存在统计误差和遗漏，根据复式记账原理，国际收支平衡表中所有国际交易的总和应等于零。

$$-CA = KFA \tag{8-6}$$

如果将资本与金融账户差额细分为非储备性质的金融账户（FA），即除去储备资产的所有金融交易的差额和储备资产交易差额（RT），则式（8-6）可写作：

$$-CA = FA + RT \tag{8-7}$$

此式表明，由经常账户差额反映的本国与他国经常交易的净额变化必须同本国与他国金融交易的净额变动相一致。换言之，经常账户顺差表现为对非居民贷款净额增加（FA为负）或购入储备资产（RT为负）；经常账户赤字表明从世界其他地方得到的资源净值必须靠对非居民负债来偿还。从这一角度来看，式（8-7）构成了整个经济体的预算约束。

用 $S - I$ 代替 CA，则：

$$I - S = FA + RT \tag{8-8}$$

将国内实物市场与国家间金融交易联系起来：当国内储蓄的增长不足以支持国内资本积累的增长时，后者需靠国外对本国的净贷款或减少本国储备资产来维持。

换一个角度，式（8-8）可以改写为：

$$S = I - FA - RT \tag{8-9}$$

上述关系式描述了一定时期内一国财富的变动。在一定时期内，一国总储蓄（S）代表了这个国家总的财富增量。因为国内各部门金融资产和负债的净增量互相抵消，所以财富的净增量表现为国内非金融资产的净增加（I）和持有的国外金融资产或在国外的投资的净增加（$-FA - RT$）。可见，资本与金融账户差额也为分析一国财富的变动及变动途径提供了依据。

同时，通过资本与金融账户差额可以看出一个国家资本市场的开放程度和金融市场的发达程度，为一国货币政策和汇率政策的调整提供有益的借鉴。一般而言，资本市场开放的国家资本与金融账户的流量总额较大。由于各国在利率、金融市场成熟度、本国经济发展程度和货币价值稳定程度等方面存在较大的差异，资本与金融账户差额往往会产生较大的波动，要保持这一差额为零是非常困难的。在分析资本与金融账户差额时，重要的一点是考虑决定金融流量的诸多因素。这些因素主要是指影响国外和国内资产的收益率和风险的各种因素，其中包括利息率、直接投资和其他投资的回报率、预计的汇率走势和税收方面的规定。

我们再来分析一下经常账户和资本与金融账户的关系。根据复式记账原则，在国际收支中一笔贸易流量通常对应一笔金融流量，因此经常账户中实际资源的流动和资本与金融账户中资产所有权的流动是同一问题的两个方面。在不考虑净误差与遗漏因素时，经常账户中的差额必然对应着资本与金融账户（扣除储备资产）在相反方向上的数量相等的差额，也就是说，经常账户差额和资本与金融账户差额（扣除储备资产）之和等于零。在一个账户中出现赤字或盈余，必然伴随另一个账户的盈余或赤字，因此，在某种意义上，经常账户同资本与金融账户的关系表现为利用金融资产的净流入或动用储备资产为经常账户赤字融资。相反的情况是，经常账户盈余，而金融资产净流出或储备资产增加。综上所述，我们得出经常账户和资本与金融账户之间是互为融资的关系，资本与金融账户的差额可以准确反映出一国经常账户的状况和融资能力。但是，资本与金融账户和经常账户之间的这种融资关系随着国际金融一体化的发展逐渐发生了变化。

第一，资本与金融账户为经常账户提供融资受到诸多因素的制约。例如，如果一国很难吸引国外资本流入，那么势必主要通过本国政府持有的金融资产（即资本与金融账户中的官方储备）进行融资。由于一国的储备数量是有限的，所以这一融资也是有限的。如果提供融资的主要是国外资本（即资本与金融账户中的直接投资、证券投资和其他投资），那么这种融资方式将受到稳定性和偿还性两方面的限制。其原因有两点：①流入的资本并不一定是稳定的。一国经济环境的变化、国际资本市场上的供求变动和突发事件等因素都有可能引起资本的大规模撤出。同时，这些资本中有相当部分是以短期投机为目的的，一国的经常账户赤字如果主要依靠这类资本融资，很难长期维持下去。②利用外国资本进行融资必然面临着偿还问题。如果因各种因素导致对借入的资金使用不当，偿还就会发生困难。特别是当吸引资本流入的高利率并非自然形成，而是存在人为扭曲的因素时，更容易发生偿还困难。资本流入为经常账户赤字融资，意味着资本的所有与使用分离，从而蕴涵了发生债务危机的可能性。所以，即便是为了规避金融风险、维持经济稳定，政府也会限制资本与金融账户对经常账户的融资作用。

第二，资本与金融账户已经不再被动地由经常账户决定，并为经常账户提供融资服务。换句话说，资本流动存在着独立的运动规律。国家间的资本流动曾经在长期内依附于贸易活动，本身流量有限，对各国经济的影响并不突出。近20年来，国际资本流动取得了突破性进展，其流量远远超过国际贸易流量，从根本上摆脱了与贸易的依附关系，具有相对独立的运动规律，对一国乃至世界经济都发挥着越来越大的影响。

第三，资本与金融账户和经常账户的融资关系中，债务和收入因素也会对经常账户产生影响。这是因为，收入账户是影响经常账户状况的重要因素，资本与金融账户为经常账户提供融资后产生的资本流动会造成收入账户的相应变动，并通过债务支出进而影响到经常账户。尤其当一国经常账户赤字数额长期居高不下时，由此导致的债务积累会使利息支出越来越大，这又加剧了经常账户状况的恶化，从而形成恶性循环的局面。

可见，资本与金融账户具有非常复杂的经济含义，在为经常账户融资时应当对它进行综合分析和谨慎运用。我们已经知道，经常账户赤字在国内经济中的反映就是国内投资大于国内总储蓄。这时，一方面，国内金融市场上资金需求大于资金供给，利率上升，国内利率上升所导致的自发性金融资产的净流入为经常账户赤字提供了融资；但另一方面，金融资产净流入导致本国国外资产净额下降从而净投资收入流量减少，净投资收入的减少将加剧经常账户赤字。这里的问题是，国家是否能够承受国外资产净额的下降并按时还本付息。如果资金流入用于投资国内的生产性项目，并且这些投资项目有助于大幅度提高本国生产力水平和偿债能力，则还本付息就不会出现问题。在这种情况下，资本输入国的经常账户赤字表明了资金的有效配置。

当不存在自发性金融资产的净流入或净流入不足时，利用储备资产为经常账户赤字融资不失为一种办法，尤其是当利用这种办法为外汇收支的季节变化提供融资，或为由国内暂时性的供给冲击造成的暂时性的超过收入水平的支出融资时可以起到很好的缓冲作用。但由于一国储备资产存量是有限的，所以，使用储备资产为经常账户赤字进行融资也具有局限性。在这种情况下，需要采取吸引外资的政策行为或调整国际收支的措施。

但无论采取何种方式为经常账户赤字融资，都有必要充分分析经常账户赤字产生的原因，是总供给方面的冲击造成的还是总需求方面的压力引起的。如果是结构因素造成的，则需针对具体的引起赤字的项目采取措施。

4）综合账户差额

综合账户差额（overall balance）是指经常账户和资本与金融账户中的资本转移、直接投资、证券投资、其他投资账户所构成的余额，也就是将国际收支账户中官方储备账户剔除后的差额。

综合账户差额这一概念运用得很广泛，通常人们所说的国际收支盈余或赤字实际上就是指综合账户差额的盈余或赤字。综合账户的意义在于可以衡量国际收支对一国储备持有

所造成的压力，一国可以通过动用或获取储备来弥补国际收支的不平衡。总差额为正，则储备资产增加；总差额为负，则储备资产减少。由于负的综合差额会导致储备资产的耗尽，所以通常认为负的综合差额是不可取的，但综合差额顺差持续过高从而储备资产持续增加，对一国经济也不尽有利。这是因为，第一，储备资产的增加需中央银行投放基础货币，货币供给量增加带来通货膨胀压力；第二，储备资产的收益率低于长期投资的收益率；第三，在浮动汇率制下，储备外汇会蒙受外币贬值的损失。

5）净误差与遗漏账户差额

净误差与遗漏账户差额一般是由统计技术原因造成的，有时也有人为因素，它的数额过大会影响到国际收支分析的准确性。当一国国际收支账户持续出现同方向、较大规模的净误差与遗漏时，常常是人为因素造成的，因此对净误差与遗漏账户本身进行分析也是有必要的，往往可以发现实际经济中存在的一些问题。

国际收支统计中的净误差与遗漏（errors and omissions）产生的原因有多种。例如，对出口进行退税是国家鼓励出口的一种财政措施，如果企业为骗取退税而虚报出口，就会使出口数额过高而资本流入数额过低，由此造成国际收支借方余额小于贷方余额，从而相应形成净误差与遗漏账户的借方余额。又如，一国实行资本管制时，为躲避管制而形成的资本外逃也会假借各种合法交易名义流出国外，这会最终反映在净误差与遗漏账户中。通过考察净误差与遗漏账户和资本与金融账户的借方之和，可以了解一国资本外流状况。可见，净误差与遗漏账户的实质是当国际收支平衡表出现不平衡时人为设立的一个平衡科目，尽管这一账户的设立与存在有其客观基础或需要，但其数额往往包含许多非正常的或非法因素导致的结果，虽然一国的国际收支在会计规则下的统计表上是平衡了，但是不是真正意义上的基本平衡，尚需人们对净误差与遗漏项目及其变化进行认真分析。净误差与遗漏项目是很有分析价值的。

启智增慧 8-3 近年来中美贸易的发展变化

本章小结

国际收支是一国居民与非居民在一定时期内因各种往来而引起的全部货币收付活动或国际交易。

对于国际收支这一概念，应从以下几个方面来理解：第一，国际收支反映的是以货币记录的交易，即以交易为基础。第二，国际收支记录的必须是一国居民与非居民之间的交易。第三，国际收支是一个流量概念。

国际收支平衡表是系统记录与反映一国国际交易的报告文件，是以货币为计量单位，运用复式借贷记账原理及国际收支特定账户分类方法编制的。国际收支平衡表的结构，从纵向看属于"丁"形，俗称"丁字形账户"，分为借方和贷方两栏或两项；从横向看由属于"借"与"贷"栏目下的具体项目构成，记载了各种性质的国际收支内容。

商品和服务的进出口和从外国获得的净要素收入这些经济行为都对应着一国对外资产负债的相应变化，也就是一笔贸易流量对应着一笔金融流量。因此，我们可以运用复式记账法的基本原理，将整个国际收支划分为反映商品、服务进出口及净要素支付等实际资源流动的账户——经常账户和反映资产所有权流动的账户——资本与金融账户，使同一行为在不同的账户中被记录两次，从而较为完整与科学地反映一国国际收支的状况。

国际收支账户可分为三大类：经常账户、资本与金融账户、净误差与遗漏账户。其中，经常账户是指对实际资源在国家间的流动行为进行记录的账户，它包括货物和服务、初次收入和二次收入三个子项目；资本与金融账户是指对资产所有权在国家间流动行为进行记录的账户，它包括资本账户和金融账户两大部分。金融账户包括一经济体对外资产和负债所有权变更的所有权交易。一经济体的国外资产包括持有的货币化黄金、在国际货币基金组织的特别提款权及对非居民的债权。一经济体的国外负债包括对非居民的债务。金融账户标准组成部分根据投资类型或功能可以分为直接投资、证券投资、金融衍生工具、其他投资和储备资产五类。

分析国际收支账户的主要目的是要知晓本国是否存在着对外货币收支失衡以及是否需要采取相应政策或办法来纠正这种失衡。因此，分析国际收支账户的重点是分析表中的差额。国际收支账户中的差额是多层次的，理解各账户差额的含义及它们之间的关系是分析国际收支账户的关键。

关键概念

国际收支　居民　国际收支平衡表　初次收入　二次收入　贸易账户差额　国际投资头寸　资本与金融账户差额　综合账户差额　净误差与遗漏账户差额

综合训练

思考题

1）如何正确理解国际收支的含义？

2）简述国际收支平衡表的记账规则。

3）一个国家经常账户赤字，而同时国际收支平衡表盈余，这是否可能？请用经常账户和非储备资产加以解释。

4）"双逆差"的国际收支格局的含义是什么？

5）净误差与遗漏账户差额的经济实质是什么？

6）如何分析一国的国际收支平衡表？

即测即评 8

综合训练参考答案 8

第 9 章

国际储备

价值塑造

本章引导学生关注国际金价的走势以及全球央行的"购金热"。央行大规模囤金和金价上涨的背后，是各经济体对外汇储备安全性、稳定性的重视。本章的学习有助于提升学生的国际视野和对国际货币关系变化的敏感度。

知识传授

通过本章的学习，了解国际储备是衡量一国综合实力的重要指标，对于调节国际收支、稳定汇率和货币流通，保证国家的对外支付能力与资信水平，有着极为重要的作用，受到各国政府的普遍重视；掌握国际储备的基本含义、构成及来源，国际储备的规模与结构管理，加强我国外汇储备规模与结构管理等问题。

思维导图

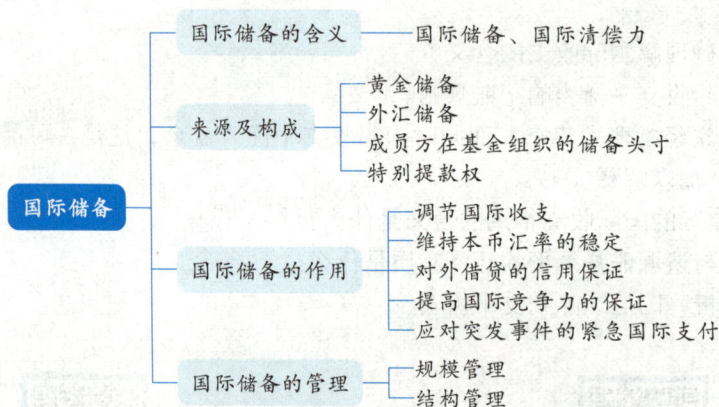

开篇导读

国际储备的变化

进入 21 世纪，全球国际储备规模迅速扩张，而在 21 世纪前相当长的一段时期内，全球国际储备的增速相对平缓。2000 年全球国际储备的总规模也只有 22 436 亿美元，不足 2009 年年底中国的外汇储备规模。2003 年全球国际储备规模突破 3 万亿美元，2004 年突破 4 万亿美元，2006 年突破 5 万亿美元，2007 年突破 6 万亿美元，2008 年突破 8 万亿美元，达到 80 409 亿美元，2011 年达到 10.87 万亿美元。2011 年年底，全球储备资产总额为全球

GDP 的 15.6%，较 10 年前翻了一番有余。全球国际储备增速远高于同期世界各国 GDP 和全球贸易的年均增速，年均增量为 7 842 亿美元，3 年的增量相当于 21 世纪前历年积累的国际储备，特别是 2007 年全球国际储备的增量达到 12 548 亿美元，仅仅一年的增量就超过 21 世纪前积累的国际储备的 75%。

在国际储备中，特别提款权和在 IMF 的储备头寸的规模都基本稳定。21 世纪以来全球国际储备增量 90% 来源于外汇储备的增量。美元在全球储备货币中的地位正在边际下降。数据显示，截至 2022 年，在全球已知币种的外汇储备中，美元占比为 58.8%，较美元顶峰时期的 72% 有较大幅度下降。2015 年之前，IMF 还公布发达国家和新兴市场国家各自的外汇储备币种结构。从已有数据的变化趋势看，发达国家外汇储备的美元占比相对平稳，在 60%~70% 之间波动；新兴市场国家这一数据下降更为明显，从 76% 一度下降至国际金融危机后的 58%。与此同时人民币占比续创历史新高。2016 年年末，IMF 首次公布人民币在全球外汇储备中的规模，为 908 亿美元，占比为 1.08%。2022 年年末，人民币规模为 3 364 亿美元，较首次公布增长超过 270%，占比攀升至 2.88%，续创历史新高。总的来看，人民币在全球外汇储备中的地位稳步提升，是全球第五大储备货币，且上升势头强劲。

2023 年以来，各国央行增持黄金需求旺盛。世界黄金协会发布的《全球黄金需求趋势报告》显示，2023 年全球黄金总需求量为 4 898.8 吨，相比 2022 年增长 3%，创下历史纪录。其中，各国央行仍是黄金的重要增持者，2023 年各国央行净购金量为 1 037.4 吨，占黄金总需求量的 21.2%。截至 2023 年年底，官方黄金储备前十位的国家分别为美国（8 133.5 吨）、德国（3 352.6 吨）、意大利（2 451.8 吨）、法国（2 437 吨）、俄罗斯（2 332.7 吨）、中国（2 235.4 吨）、瑞士（1 040 吨）、日本（846 吨）、印度（803.6 吨）、荷兰（612.5 吨）。

评析：以中国为例，中国外汇储备从 2000 年的 1 656 亿美元迅猛增长到 2014 年 6 月末的峰值 39 932 亿美元，15 年间增长了 23.11 倍；截至 2023 年 12 月末，中国外汇储备余额为 34 497 亿美元，仍然是全球第一大外汇储备经济体。因此我们必须强化中国外汇储备的管理。

9.1　国际储备概述

9.1.1　国际储备的含义

我们知道，一国国际收支账户不论顺差还是逆差，都将引起一国国际储备的变化。

国际储备（international reserve），是指各国政府为了弥补国际收支逆差和保持汇率稳定以及紧急支付的需要而实际拥有的国际上可以接受的资产。作为国际储备资产必须具有如下四个特征：

（1）公认性。国际储备资产应该是各国事实上普遍能够承认和接受的资产，仅在个别国家或者某一地区被承认和接受的资产，不能作为国际储备资产。因此，充当国际储备的货币都是可完全自由兑换的货币或国际货币。

（2）流动性。国际储备资产应该具有充分的流动性，这是指不仅储备资产能够在各种形式的金融资产之间进行自由兑换，而且货币当局能够在任何需要的时候无条件地获得并利用这些资产。

（3）稳定性。国际储备资产的货币价值必须相对稳定，不能因汇率、利率的变化而发生大幅度的价值下跌或损失。

（4）适应性。国际储备资产的性质与数量必须适应国际经济活动和国际贸易的发展要求。

在许多经济文献中，经常出现国际清偿力（international liquidity）的概念。国际清偿力，按照西方经济学家通常的说法，是指一国的中央银行为应付国际收支逆差和稳定货币汇率所持有的国际上普遍接受的资产。这种表述同国际储备概念的表述看上去没有什么区别，所以许多人就把国际储备与国际清偿力等同起来。实际上，国际储备与国际清偿力是有区别的。国际清偿力的内涵要广于国际储备。通常国际清偿力包括该国货币当局直接掌握的国际储备、货币当局拥有的外币资产、金融机构的外币负债、个人所持有的外汇和一国货币当局从国际金融机构和国际金融市场借款的能力。由于各国货币在国际货币体系中的地位和作用不同以及金融资产规模的差异，国际储备在国际清偿力中的比重表现出相当大的差异。例如，由于美元本身是第一位的国际储备货币，因此美国没有必要持有太多其他储备货币，在1995年美国的国际清偿力中，国际储备尚不到5%，金融机构的对外负债成为其最大的清偿力来源；同期作为第二大国际储备货币供应国的德国，国际储备在其国际清偿力中的比重也只有7%。非储备货币国的国际清偿力对国际储备的依赖比较强，如同期泰国国际储备占国际清偿力的比例高达38%，中国这一比例更高，达到60%。发达国家的情况有所不同，如澳大利亚的国际清偿力中占大比重的是外币负债，比重高达60%，而国际储备仅占16%。一国国际清偿力中，国际储备的比例越高，表明该国政府无条件运用的清偿能力越大，有保障的支付能力越强。

关于一个国家的国际储备，国际货币基金组织亦曾有如下定义：一国政府和中央银行所持有的黄金、外汇储备和特别提款权总额再加上该国在国际货币基金组织中的储备头寸。这种表述也说明了一国国际储备的构成要素。

9.1.2　国际储备的来源及构成

一国国际储备主要来源于经常账户、资本与金融账户顺差，中央银行在国内收购的黄金，国际货币基金组织分配等渠道。国际储备的主要构成包括：黄金储备、外汇储备、成员方在国际货币基金组织的储备头寸、国际货币基金组织分配给成员方尚未动用的特别提款权。

1）黄金储备

这是成员方政府持有的储备黄金。在金本位制下，黄金是最重要的国际储备形式。在第二次世界大战后的布雷顿森林货币体系下，黄金仍是货币汇率的基础，具有一般支付手段的职能，是最重要的国际储备形式。1978年4月1日生效的《国际货币基金协定》中虽已明确提出"黄金非货币化"，但由于黄金具有价值实体，其在20世纪一直被人们认为是一种最后的支付手段，发达的国际黄金市场使各国货币当局可以方便地通过市场买卖黄金以平衡国际收支差额。所以黄金储备在整个国际储备中所占比例越来越低，1990年为

4.78%，1995 年下降到 3.1%，1999 年只有 2.41%；但根据世界黄金协会（WGC）的有关统计数据，2000 年全球官方黄金储备规模为 3 072 亿美元，到 2008 年全球官方黄金储备规模达到 8 621 亿美元，2008 年比 2000 年增长了 180%，年均增速 13.8%；黄金储备在整个国际储备中所占比例大幅提高，2000 年与 2008 年分别为 13.7% 和 10.7%。与此同时，我们看到 2000 年全球官方黄金储备为 33 060 公吨，此后逐年递减，到 2008 年收缩到 29 553 公吨，减少了 10.6%。世界黄金协会公布的报告显示，截至 2014 年 3 月，全球黄金储备共计 31 876.8 公吨，其中欧元区国家（包括欧洲央行）黄金储备共计 10 787.1 公吨，占这些国家总储备的 56.2%；央行售金协议签署国的黄金储备共计 11 946.3 公吨，占这些国家总储备的 34.9%。世界黄金协会发布的 2018 年 3 月全球央行官方黄金储备情况，见表 9-1。

表9-1　　　　　　　　　　　全球央行官方黄金储备排名前十位

排名	国家或组织	数量（公吨）	黄金占外汇储备
1	美国	8 133.5	75.0%
2	德国	3 373.6	70.4%
3	国际货币基金组织	2 814.0	—
4	意大利	2 451.8	68.0%
5	法国	2 436.0	66.2%
6	俄罗斯	1 880.5	17.6%
7	中国	1 842.6	2.4%
8	瑞士	1 040.0	5.3%
9	日本	765.2	2.6%
10	荷兰	612.5	67.1%

资料来源　根据世界黄金协会（WGC）相关资料整理。

2018 年以来，全球央行购金节奏进一步加快。此轮增持周期至今已持续 5 年多，2017 年年末至 2023 年第一季度末，全球黄金储备量从 3.4 万吨上升至 3.57 万吨，升幅达 5%，目前全球官方黄金储备量已占黄金地上库存的五分之一；黄金储备余额占国际储备资产比重从 10.7% 上升至 14.8%，增加了 4.1 个百分点，已超过 21 世纪初的水平。本轮央行购金潮仍在延续，根据世界黄金协会数据，2023 年上半年央行净购金量达到 387 吨，创 21 世纪以来的历史新高。

2）外汇储备

这是成员方政府持有的或能控制的国外可兑换货币的存款和其他流动金融资产。外汇储备是当今国际储备的主体，其占国际储备的比例一般要在 90% 左右，从这个意义上说外汇储备就是国际储备。在 21 世纪前相当长的一段时间内，全球外汇储备的增速相对平缓。2000 年全球外汇储备的总规模也只有 19 363 亿美元，不足 2008 年中国保有的外汇储备规模。但进入 21 世纪后，全球外汇储备的规模快速并且加速扩展。国际货币基金组织2018年1月公布的数据显示，2014年全球外汇储备总量达到11.685万亿美元，创下纪录高点之后开始回落。图9-1描绘的是2000—2017年全球外汇储备规模的变化情况。

单位：亿美元

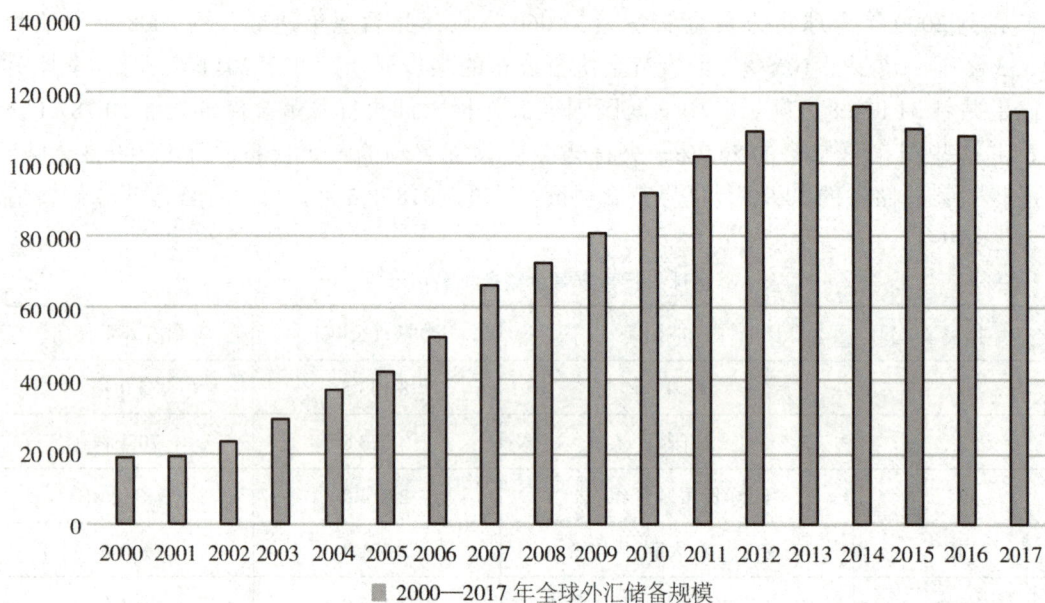

图9-1　2000-2017年全球外汇储备规模的变化

资料来源　根据IMF官方公布的外汇储备货币构成数据整理。

　　表9-2显示的是1993—2022年全球外汇储备规模和外汇储备排名前十经济体外汇储备规模。

表9-2　1993—2022年全球外汇储备规模和外汇储备排名前十经济体外汇储备规模　　　　　　　单位：10亿美元

排名 年份	1993	1995	2000	2005	2010	2012	2013	2014	2015	2016	2022
世界	1 033.4	1 389.8	1 936.1	4 320.3	9 265.4	10 953.1	11 685.5	11 592.1	10 920.7	10 714.7	12 764.1
1	98.5 (日)	183.2 (日)	354.9 (日)	834.3 (日)	2 862.3 (中)	3 331.1 (中)	3 839.5 (中)	3 859.2 (中)	3 345.2 (中)	3 029.8 (中)	3 189.7 (中)
2	77.6 (德)	85.0 (德)	168.3 (中)	821.5 (中)	1 061.5 (日)	1 227.1 (日)	1 237.2 (日)	1 231.0 (日)	1 207.0 (日)	1 188.3 (日)	1 178.3 (日)
3	62.4 (美)	75.4 (中)	96.1 (韩)	210.3 (韩)	444.7 (沙)	656.5 (沙)	725.3 (沙)	731.9 (沙)	616.1 (沙)	640.6 (瑞)	863.0 (瑞)
4	48.4 (新)	74.8 (美)	80.1 (新)	175.9 (俄)	443.6 (俄)	486.6 (俄)	496.1 (瑞)	505.5 (瑞)	567.1 (瑞)	535.4 (沙)	521.4 (印)
5	41.0 (西)	68.8 (新)	57.1 (德)	155.0 (沙)	291.5 (韩)	475.7 (瑞)	469.6 (俄)	361.1 (巴)	363.1 (韩)	366.3 (韩)	459.4 (沙)
6	36.8 (英)	50.1 (巴)	56.6 (美)	131.9 (印)	286.1 (巴)	369.6 (巴)	356.2 (巴)	358.8 (韩)	354.2 (巴)	362.5 (巴)	417.2 (韩)

续表

年份＼排名	1993	1995	2000	2005	2010	2012	2013	2014	2015	2016	2022
7	32.6（瑞）	42.0（英）	46.6（英）	116.1（新）	274.3（印）	323.2（韩）	341.6（韩）	339.4（俄）	334.3（印）	341.1（印）	317.1（巴）
8	31.3（荷）	36.4（瑞）	37.9（印）	74.0（墨）	225.5（新）	270.6（印）	276.5（印）	303.5（印）	319.8（俄）	317.5（俄）	287.7（新）
9	31.1（巴）	36.1（泰）	37.0（法）	70.1（马）	223.5（瑞）	259.1（新）	272.9（新）	256.6（新）	247.5（新）	246.4（新）	232.7（美）
10	27.5（意）	34.9（意）	35.5（墨）	56.3（阿）	167.5（泰）	191.3（阿）	194.7（阿）	190.9（墨）	173.5（墨）	173.5（墨）	202.3（泰）

资料来源　根据世界银行WDI及IMF数据整理。

2000—2020年全球外汇储备的货币构成状况见表9-3。

表9-3　　　　　　　　2000—2020年全球外汇储备的货币构成（%）

年份＼货币	2000	2002	2004	2006	2007	2008	2009	2010	2011	2012	2013	2014	2015	2016	2017	2018	2019	2020
美元	71.13	66.50	65.51	65.04	63.87	63.77	62.05	62.14	62.59	61.47	61.24	65.14	65.72	65.34	62.70	57.92	56.91	56.61
欧元	18.29	23.65	24.68	24.99	26.14	26.21	27.66	25.71	24.40	24.05	24.20	21.20	19.14	19.13	20.15	19.39	19.35	19.22
英镑	2.75	2.92	3.49	4.52	4.82	4.22	4.25	3.94	3.83	4.04	3.98	3.70	4.71	4.43	4.54	4.87	5.51	5.54
日元	6.06	4.94	4.28	3.46	3.18	3.47	2.90	3.66	3.61	4.09	3.82	3.54	3.75	3.95	4.89	4.15	4.34	4.22
瑞士法郎	0.27	0.41	0.17	0.17	0.16	0.14	0.12	0.13	0.08	0.21	0.27	0.24	0.27	0.16	0.18	0.13	0.14	0.16
其他	1.50	1.58	1.87	1.82	1.83	2.19	3.02	4.42	5.49	6.14	6.49	6.18	6.41	6.99	7.54	13.54	13.75	14.25
合计	100	100	100	100	100	100	100	100	100	100	100	100	100	100	100	100	100	100

资料来源　根据IMF官方公布的外汇储备货币构成数据整理。

由此可以看出，当代国际储备最显著的特点是国际储备日趋外汇化，外汇储备或储备货币日趋多元化。欧元启动后，世界外汇储备的币种结构发生了明显的变化，美元所占的比重有所下降，日元的比重明显下降，欧元的比重明显上升，已成为第二大储备货币。

3）成员方在国际货币基金组织的储备头寸

成员方在国际货币基金组织的储备头寸（reserve position IMF）是指在国际货币基金组织普通项目中，成员方可以自由提取使用的资产，包括向基金组织认缴份额中的外汇部分、基金组织为支付其他成员方的借款而使用的成员方货币的净额、基金组织从成员方的借款。

4）国际货币基金组织分配给成员方尚未动用的特别提款权

特别提款权是由国际货币基金组织分配给成员方的一种资产使用权利，可以用于成员方之间和成员方同基金组织之间的支付，所以也是国际储备的一个组成部分。

2016年1月27日，国际货币基金组织宣布，IMF2010年份额和治理改革方案已经生效。根据该方案，约6%的份额向有活力的新兴市场和发展中国家转移，中国份额占比将从3.996%升至6.394%，排名从第六跃居第三，仅次于美国和日本。中国份额占比提高后，需要出资认缴新增份额，份额认缴具体包括两个部分：一是外汇部分，即成员方需用特别提款权或基金组织可接受外币支付本国份额的25%，该部分是成员方储备资产的构成部分。这就是说，我国以外汇支付这25%的份额，其在国际收支平衡表中记录为外汇储备资产的减少和在国际货币基金组织的储备头寸增加。二是本币部分，即本国份额的75%由指定的存托机构（通常为成员方的中央银行）以成员方的本币支付。我国以人民币支付这75%的部分，其在国际收支平衡表中记录为央行其他国外资产和其他国外负债同时增加。

9.1.3 国际储备的作用

国际储备是一国国际金融实力的标志，它在国际经济活动中发挥着重要作用，主要表现为：

1）调节国际收支

国际储备的首要功能，在于它在一国国际收支发生困难时发挥着缓冲器的作用。具体地讲，当该国发生国际收支顺差时，就将这些顺差额充作本国的储备资产。而当该国出现国际收支逆差时，就可以动用国际储备来弥补这个缺口。这样，凡临时性的国际收支逆差就不必进行易于引发经济不稳定的调整行动。由于国际储备具有缓冲器的作用，即使是根本性的国际收支不平衡，也可以通过国际储备来减轻经济动荡的影响程度。

2）维持本国货币汇率的稳定

国际储备的盈余或逆差，反映着一国的国际支付能力，直接决定着该国货币的信誉，即其币值的坚挺或疲软，从而影响到本币的汇率。外汇储备可以代表一国政府干预外汇市场和具有维持汇率的能力，如一国货币发生贬值或贬值过快时，该国货币当局可以通过出售外汇储备买入本币来维持货币的稳定；另外还可以通过调节储备资产的构成，来避免和防止国际游资对本国货币的冲击。因此，国际储备是维持货币汇率的"干预资产"。充足的国际储备对一国树立本币的信誉和维持其汇率的稳定起着重要的作用。

3）一国对外借贷的信用保证

国际储备是一国对外借贷和进行国际融资的信誉保证。储备资产雄厚是吸引外资流入的一个重要条件，一国拥有的国际储备资产状况是国际金融机构和国际银团提供贷款时评估其国家风险的指标之一。当一国对外贸易状况恶化、外汇储备同时不充足时，其外部筹资能力注定要受到不良影响。另外，外汇储备实际上也代表着一国的还本付息能力，是债务国到期还本付息最可靠的物质与信用保证。一国外汇储备的充足程度，是该国争取外国政府贷款、国际金融机构信贷或在国际资本市场上进行融资十分重要的前提条件之一。

4）提高一国国际竞争能力的保证

一般来讲，一国货币的高估或低估都能为该国取得国际竞争的某种优势或利益。本币高估时能够用同一数量本币购买更多的外国商品或劳务，而本币低估则可以增强本国的出口竞争能力。要通过货币的高估或低估获取国际竞争的利益，就必须要求一国政府持有充足的国际储备；而对于国际储备货币的发行国而言，充足的国际储备是维持其关键货币地位所绝对必需的。

5）应对突发事件引起的紧急国际支付

一国可能出现地震、洪水、干旱等自然灾害，生产力遭到较大破坏，需要大量进口；也可能出现政治动荡，引起资本大量外逃；在国际金融市场竞争加剧、风险增加的时候，其他国家出现的经济、金融危机很容易传导到本国，也需要外汇储备来冲销外来冲击的不利影响。

9.2　国际储备管理

有效的国际储备管理是保证国际储备更好地发挥其功能的基本条件之一。国际储备管理是宏观经济管理的重要方面，与货币政策、外汇政策、金融政策联系紧密。进行国际储备管理的根本目的，就是使有限的国际储备更好地服务于国家经济发展的需要，即国际资产的规模水平、存放形式与国别、使用与变动，要有利于生产力的提供、资源的合理配置以及经济持续稳定的增长。一国国际储备管理涉及很多方面的事项，但最重要的是国际储备规模与结构两方面的管理：从战略的角度来看，国际储备管理主要是如何确定最适度的储备规模问题；从具体管理的角度来看，国际储备的管理主要是在规模适度的前提下，如何遵循安全性、流动性和盈利性有机结合的原则，安排好储备资产的结构问题。

9.2.1　国际储备的规模管理

1）国际储备规模管理的意义

国际储备规模管理就是通过有关管理规定和营运安排，使一国的国际储备数量保持在适度的水平上。国际储备对于一国国际收支平衡和汇率的稳定，对于促进一国经济的发展，意义十分重大。但并非持有的国际储备越多就越好。国际储备作用的发挥是以其储备规模适度为基础的。适度的国际储备规模，是由经济发展的客观需要决定的，是有客观标准的，是既能满足国家经济增长和对外支付的需要，又不因储备过多形成积压浪费的合理储备规模。控制国际储备的数量，保持适度的储备规模，对于发挥国际储备的作用，提高国际储备管理水平，促进国民经济健康发展，具有十分重要的意义。

（1）有利于保持国际收支平衡。国际储备作为调节国际收支的手段，其数量适度与否，是发挥调节作用的关键。国家必须保有一定数量的国际储备，这样才能既满足弥补国际收支逆差的一般需要，又满足因政治、战争、重大自然灾害等突发事件而形成的应急需要，同时又不致因储备数量过多而形成浪费。而要达到这样的水平，确保适度储备规模、加强对国际储备的管理是关键。

（2）有利于保持储备货币币值稳定、汇率稳定。汇率是经常变动的，经常变动的汇率会给国家持有的外汇储备价值带来影响。为避免由于外汇贬值带来的损失，国家必须加强对国际储备的管理以保持储备货币价值，稳定汇率。

（3）有利于一国国内经济均衡发展。一国的国际储备规模与一国内部经济平衡与否有密切关系。国际储备过多，会造成外汇资金的闲置与积压，给本国货币流通与物价水平带来不利影响，在浮动汇率制度下还很容易因汇率变动而蒙受贬值的损失，甚至还可能遭受国际投机资本的关注与冲击。要充分发挥国际储备对经济的稳定作用，就必须大力加强国际储备的规模管理。

（4）有利于维护国家对外清偿能力。国家保有一定数量的国际储备，目的是要满足国家对外支付和偿债的需要。为达到这种目的，必须加强国际储备管理，保持适度规模。因为一国国际储备水平过低，会使国家陷入支付困境，影响国家的对外信誉与借款能力。相反，如前所述，一国国际储备水平过高，超出平衡国际收支和对外支付的需要，就会形成外汇资源的浪费并易受国外通货膨胀对国内的冲击。

（5）有利于获取外汇收益。国家要充分利用所持有的国际储备资产，进行安全妥善的投资，尽量减少经常账户上闲置资金的数量，从而，既不会因储备数量不足、币种不适宜而影响对外支付，也不会因储备数量过多而形成积压浪费，影响经济发展。要达到这种目的与效果，也必须加强国际储备规模管理。

2）影响国际储备规模的主要因素

一国只有保持适度的国际储备规模，才符合本国的经济利益。但目前并没有一个世界各国普遍适用的确定适度国际储备水平的模式。探索影响一国的国际储备规模的因素，是研究这个问题的基础。影响一国国际储备规模的因素主要有：

（1）一国对外贸易状况。对外贸易水平是由该国对外贸易在国民经济中的地位、贸易条件和出口商品在国际市场上的竞争潜力等因素决定的。对外贸易的规模越大，它在国民经济中所处的地位和发挥作用的潜力越大，就需要越多的国际储备。所以，对外开放程度较高和对外贸易依赖程度较高的国家需要的国际储备规模也较大；相反亦然。一个在贸易条件上处于不利地位和出口商品缺乏竞争能力的国家需要较多的国际储备。对外贸易状况之所以是影响一国国际储备规模的首要因素，在于贸易收支往往是国际收支的决定因素，而国际储备的最基本作用是保持国际收支的平衡。

（2）汇率制度和外汇政策。实行什么样的汇率制度或货币体系对国际储备的规模有一定的影响。相比较而言，浮动汇率制对储备的需求比固定汇率制要小。因为在浮动汇率制下，汇率可随市场供求自由波动而减少对国际收支的冲击，各国不必保有更多的国际储备来承担调节国际收支不平衡的义务。但需要指出的是，汇率制度对储备的需求是不稳定的。由于浮动汇率对国际收支的调节不很显著，各国经常出现大量国际收支逆差，因而对储备的需求量仍可能很大。

执行什么样的外汇政策，对国际储备的规模也有影响。一国实行稳定汇率的外汇政策，需要的国际储备就比实行自由浮动汇率政策要多。因为稳定的汇率往往需要一国政府干预外汇市场才能实现，而干预外汇市场是需要有一定的国际储备的。

（3）货币地位。这是指一国货币是否处于储备货币地位而言的。一国货币如果处于国际储备货币地位，它可以通过增加本国货币的对外负债来弥补国际收支逆差，而不需要较多的储备；相反，则需要较多的储备。这也是美国等少数发达国家国际储备水平较低的一个重要因素。

（4）外汇管制的程度。在实行较严格的外汇管制的条件下，汇率、进口用汇和资本流动将受到管制，这在一定程度上能控制和利用居民的私有外汇，有能力控制进口，所需国际储备就少；相反，如果外汇管制较松弛，则需要较多的国际储备。

（5）持有储备的机会成本。一国政府的储备，往往以存款的形式存放在外国银行。将获取的储备存放在国外，会导致一定的成本。举例来说，若动用储备进口物资所带来的国民经济增长和投资收益率高于国外存款的利息收益率，其差额就构成持有储备的机会成本。再如，持有储备而导致国内货币供应量增加，物价上升，也构成持有储备的一种成本。因此，持有储备的相对（机会）成本越高，则储备的保有量就应越低。

（6）金融市场的发育程度。发达的金融市场能够为国家、企业与部门、个人提供方便的资产，以及外汇资产调整或置换的场所与时机，并能对物价、利率、汇率等经济信息形成较为真实的信号，便于国家、企业与部门、个人做出正确的投资或交易决策。因此，金融市场越发达，政府保有的国际储备便可相应越少。反之，金融市场越落后，调节国际收支对政府自有储备的依赖就越大。

（7）一国的国际信誉。如果一国获取国际信贷的信誉较高，有较强的对外筹措应急资金的能力，其所需国际储备量就可少些，因为依靠对外借款也能弥补对外收支差额；相反，则需要较多的国际储备。

（8）各国的协调合作程度。如果各国在经济、金融领域里的协调和合作较好，需要国际储备就少；反之则多。因为各国能联合干预国际经济、金融事务，所以无论是国际收支问题还是外汇汇率问题，都比较容易解决。先前的欧洲经济共同体就是一个例子。

此外，一国国际收支的调节机制、出口商品的供求弹性、外债的规模，特别是还本付息额等，都是影响储备需求量的因素，在确定最适当国际储备量的时候，都要加以考虑。

3）适度国际储备规模的确定

（1）确定适度国际储备规模的界限

适度的国际储备量在考虑上述诸多因素的基础上，要依据本国的经济发展和对外贸易及资本流动状况来确定。由于不同的国家在不同的发展阶段以及不同情况下对于国际储备水平的要求各不相同，一国的国际储备应该以多少为宜，并不存在一个确切的衡量标准。根据制约储备量因素不断变动的特点，各国在确定国际储备的水平时，通常总是确定出储备水平变动的上限和下限，从而将储备水平的变动控制在适宜的中间水平上或适宜的区间内。

一般来讲，一国的国际储备水平应根据该国的经济发展水平来确定下限，即保证该国最低限度进出口贸易总量所必需的储备资产，称为经常储备量或最低储备量。同时也应考虑其上限，即该国经济发展最快时可能出现的对外支付最大需要的储备资产量，称为保险储备量或最高储备量。下限是国民经济发展的临界制约点，如果达不到这一水平，一国的对外支付就会陷入困难境地；而上限是国民经济发展所需要的最高储备量，表明该国拥有充分的国际清偿能力。上限和下限之间，便是一国适量的国际储备区间。在这个区间内的任何一个水平线上，都可能是一国所持有的最佳储备量。但这一最佳储备量的确定是没有可靠的固定模式的，要不断根据各种因素的变动情况和科学的估算方法来确定。应该指出的是，最佳储备量或最适度储备量是一个区间或区域值，而不是一个点，不应是一个孤立的、固定不变的绝对数额。

（2）确定适度国际储备规模的常用方法

分析影响国际储备水平的因素，有的可以进行较为确切的量化描述，有的则只能用经济估算的方法来衡量。一般来说，有几个最基本的指标可供参考：

①一国国际储备量与国民生产总值之比。这一比例反映了一国的经济规模对国际储备量的需求。国际储备量要适应国民生产总值的变化，两者之间基本上呈正比例变化关系。根据这一比例关系，可大致估算一国的国际储备量。有材料表明，可供参考的适度指标数据占国民生产总值10%左右为宜。

②国际储备量与月平均进口额之比。这是最常用的参考指标。一国进口所需的外汇是对外支付最主要的部分。月平均进口额一定程度上反映了一国日常应必备的对外支付量。一般认为，一国的国际储备量大约相当于3个月的进口付汇额是较为适宜的。这也是国际货币基金组织常用的"3个月进口货价法"。当然，需要指出的是，因各国具体依赖进口的程度不同，采用这一方法也不能一概而论。

③国际储备量和对外债务总额之比。这一比例反映了一国的对外清偿能力和国际信誉。国际储备是支付外债本息的保证，所以国际储备应该与当年外债还本付息额具有一定的比例关系。一国负债规模要受清偿能力的制约。在通常情况下，一国外债规模越大，所需外汇储备就越多。经验表明，一国的国际储备量应相当于该国外债总额的30%为宜。当然，也有人认为，从发展中国家的统计数字来看，作为一般规律，国际储备中偿债准备至少应该满足当年还本付息额的30%左右。

④外商直接投资利润汇出额。外商直接投资利润汇出额的大小取决于被投资国的经济发展水平、利润率以及投资政策的优惠程度。根据我国的实际情况，外商直接投资企业的利润汇出比例通常为外商直接投资余额的10%～15%。

总之，国际储备基本上同物资储备一样，是国际收支的一种缓冲器。国际储备具有两面性：一方面使一国政府在国内经济的调节和控制上有更大的活动余地；另一方面持有国际储备要付出相应的代价。如持有过多的国际储备，就等于把相应的财富闲置或让渡给别人使用。因而，有效的国际储备规模管理应是在保证支付的前提下，保持适度规模，使持有储备资产所付出的代价尽可能减少。

9.2.2 国际储备的结构管理

1）国际储备结构管理的含义

所谓国际储备结构管理，是指一国如何最佳地分布国际储备资产，使黄金储备、外汇储备、在基金组织的净储备头寸和特别提款权四种形式的持有量之间保持适当的比例关系和处理好四种资产的安全性、流动性和盈利性三者关系问题。基金组织的净储备头寸和特别提款权变化很小，所以我们重点考察黄金储备与外汇储备。

由于当今世界国际储备中外汇储备占90%左右，因此，我们以下所论述的国际储备的结构管理，主要是外汇储备的结构管理。

2）外汇储备结构管理的意义

所谓外汇储备结构管理，是指对外汇储备中的币种构成、各种形式的储备货币占储备货币总额的比重、整个储备资产的保值与作用发挥等方面所做的有关规定和营运安排。实施外汇储备结构管理，对于保证外汇储备资产币种构成合理、安全保值、及时兑现以及获取收益等具有重要的意义。

启智增慧9-1 如何看待近期我国黄金储备变动

（1）保证储备货币币种构成合理。在实行多种货币储备体系下，在一定时期内，究竟确定哪些货币作为一国的储备货币，每种储备货币占多大比例较为适当，对外汇储备作用的充分发挥关系极大。因此，需要科学测算和合理安排。

（2）使外汇储备资产安全保值。所谓外汇储备资产的安全保值是指储备资产既能可靠存放又能保持原有的价值。各国在确定外汇储备资产存放的国家及银行、币种或信用工具时，一定要事先充分了解有关国家外汇管理、银行资信、信用工具种类、货币币种、主要货币汇率变动趋势等情况，能真正达到防范风险、安全保值的目的。

（3）保证外汇储备资产及时兑现。所谓储备资产的及时兑现是指储备资产能随时兑现、灵活调拨。要实现这一目的，就要求各国在安排外汇储备资产时，应根据对本年度外汇支付的时间、金额、币种的预测，将外汇储备作短、中、长不同期限的投资，使投资于各类信用工具的回收期限与未来对外支付的日期相衔接，并且能保证资金自由进出有关国家。只有通过外汇储备的结构管理，才能实现这一目的。

（4）可以使外汇储备资产获取收益。所谓储备资产的盈利性是指储备资产在保值的基础上有较高的收益。储备资产要盈利，就要进行有效的投资；要进行有效的投资，就必须具体分析各式各样的金融工具。在当前国际金融市场金融工具不断创新、层出不穷的情况下，更要认真分析各种金融工具的收益性与风险性，适当分散储备资产投资去向，力求收益较大、风险较小。

总之，实施外汇储备的结构管理，必须坚持储备资产的安全性、流动性、保值性、盈利性相结合的管理原则，实现储备资产多样化、风险分散化、分布合理化，充分发挥国际储备资产的作用。

3）外汇储备币种结构及其优化

外汇储备币种结构是指外汇储备的币种构成以及各币种在外汇储备总额中所占的比例。一国外汇储备中储备币种的选择、储备货币之间的比例确定及其结构优化要考虑以下几个重要因素：

（1）储备货币币种与本国对外贸易结构所需币种大体一致。保持储备货币币种与对外贸易用汇币种结构大体一致，这既适应了储备货币流动性的要求，满足了国家经济建设用汇的需要，也可减少货币兑换环节，防范汇率风险，同时也是考核外汇储备结构是否合理的重要标志之一。要根据本国对外贸易的结构及其他金融支付的要求来选择储备货币的币种，要在分析外贸商品流向、数量以及贸易支付习惯等因素的基础上，合理分布自己的外汇储备资产。

（2）储备货币币种与本国对外投资和外债还本付息的币种大体一致。本国对外投资是实现储备资产盈利性的需要，同时储备资产的作用之一是保证国家对外支付能力和国际信誉。在币种上是否满足以上需要，是衡量外汇储备币种结构是否优化的标志之一。

（3）储备货币币种与外汇市场上储备货币的汇率与利率走势需求的币种大体一致。这样，可以使多种储备货币按各种货币汇率、利率的走势以及不同货币间升值与贬值相互抵消的可能加以合理搭配，保证外汇储备不受损失并获得相应的收益。

（4）储备货币币种要满足本国汇率政策执行和干预市场的需要。如果本国货币在市场上受到某种储备货币的冲击，不利于本国货币的稳定时，一国货币当局需要动用储备货币，干预外汇市场，以支持本国货币汇率的稳定。适应这种形势需要，事先必须周密考虑各种储备货币的适度存量。

（5）储备货币的币种选择，要考虑储备货币发行国的经济、金融状况以及国际金融市场的发展状况。一般来讲，如果储备货币发行国的政治、经济、金融状况良好，其汇率走势趋于上浮，就应该提高此种货币在储备中的比重。

同样，衡量一国外汇储备中某种货币的比例是否适当，没有一个固定的公式或标准。这就要求一国货币当局必须根据本国经济政策的要求和经济发展的需要，在变化多端的外汇市场上，运用多种手段和工具，适时调整外汇储备中各种储备货币的比例，最大限度地避免风险，获取盈利。

4）外汇储备资产结构及其优化

外汇储备资产结构，是指外币现金、外币存款、外币短期证券和外币长期证券等资产在外汇储备中的地位。外汇储备资产的形式不同，其流动性、安全性及收益性就不同。

一般来讲，短期的、变现能力强的外汇储备资产，其流动性强，风险性较小，但收益水平低；而长期的、变现能力差的外汇储备资产，其流动性差，风险性也较大，但收益水平高。如何确定不同形式资产的比率，应根据本国的实际需要。一国持有储备资产的主要意图是应付对外支付需要，而谋求储备资产的增值只能是第二位的。因此，在考虑外汇储备资产合理分布时，要特别重视其变现能力因素。在确保储备资产能够充分满足国家对外支付的基础上，可将其划分为不同等级，并确定各等级的合理比例。一般可以分成三个等级：

一线储备（一级储备）。这主要是一国经常性对外支付所需的外汇储备，这部分储备资产必须保持高度的流动性，随时可以变现使用。这类储备的形式应为现金、活期存款、短期存款、短期债券、商业票据等。一线储备的数量要以满足国家对外支付需要为标准，应在全部外汇储备资产中占有相当比例。显然，一线储备的盈利性较低，风险性也较小。

二线储备（二级储备）。这主要是作为补充性的流动资产，用于一国在发生临时性或突发性事件时对外支付的保证。由于二线储备是用于不虞之需，因此对其管理可以以盈利性为主，主要应投资于中级国库券、债券等工具。

三线储备（三级储备）。这主要是用于长期投资部分的储备资产，包括各种形式具有较高收益的长期有价证券。三线储备资产的流动性差，风险相对也要高些，但其收益性好，可以弥补一线储备资产收益的不足。

国际储备管理是一项非常复杂并且有很强的技术性的工作。因此，要根据影响国际储备的因素变动情况，经常进行深入细致的研究，及时调整其储备数量及币种结构，以使储备资产的分布始终处于最佳状态。

9.3 中国的国际储备管理

9.3.1 中国国际储备的构成

中国在改革开放之前，实行的是计划经济体制，由于种种原因，对外经济交往很少，在对外贸易方面实行"量入为出、以收定支、收支平衡、略有节余"的方针。因此，国际储备问题在我国经济生活中并不显得重要。1978 年党的十一届三中全会以后，我国实行了对外开放、对内搞活的经济改革，对外经济贸易往来和吸收利用国外资金不断扩大，国内的外贸体制和外汇管理体制改革也不断推进，国际储备在国民经济中的重要性日益增强。1980 年，我国恢复了在国际货币基金组织和世界银行的合法席位后，按照规定缴纳了应缴份额，享有在国际货币基金组织外汇储备头寸的提取权和接受国际货币基金组织分配的特别提款权，纳入了世界储备体系。作为国际货币基金组织的会员国，我国的国际储备亦由黄金储备、外汇储备、在国际货币基金组织的储备头寸和国际货币基金组织分配的特别提款权余额四部分组成。1981 年我国正式对外公布国家黄金外汇储备，其中在国家黄金库存中划出 400 吨（约合 1 267 万盎司）黄金作为国际储备中黄金储备部分，以历年贸易和非贸易外汇收支的结存以及中国银行可动用的外汇头寸作为国家外汇储备。1980—2003 年，我国国际储备中的黄金储备只是作为整个国家黄金库存总量的一部分，划出后多年一直没有变化。直到 2008 年，我国黄金储备增加到 1 054 吨，但也只占当时世界黄金储备的 3.5%。近 10 年来我国黄金储备有很大增长，截至 2019 年 6 月末，我国黄金储备规模为 1 905 吨，国际货币基金组织储备头寸、特别提款权的余额自 1980 年以来也基本上没有多大变动，直到 2010 年二十国集团（G20）财长和央行行长会召开。在这次会议上，各国就国际货币基金组织的份额改革问题达成共识，在 2012 年之前向包括新兴经济体在内的代表性不足的国家转移 6% 以上的份额，而中国所占份额从第 6 位升至第 3 位。份额改革完成之后，中国 IMF 持有份额从 3.72% 升至 6.19%，超越德国、法国和英国，仅位列美国和日本之后。然而，美国国会迟迟没有批准 IMF 的改革计划。直到 2016 年 1 月 27 日，国际货币基金组织宣布 IMF2010 年份额和治理改革方案正式生效，这意味着中国正式成为 IMF 第三大股东。IMF 在一份声明中说，IMF 的《董事会改革修正案》从 2016 年 1 月 26 日开始生效，该修正案是 IMF 推进份额和治理改革的一部分。根据方案，约 6% 的份额将向有活力的新兴市场和发展中国家转移，中国份额占比将从 3.996% 升至 6.394%，排名从第 6 位跃居第 3 位，仅次于美国和日本。中国、巴西、印度和俄罗斯 4 个新兴经济体跻身 IMF 股东行列前 10 名。该方案生效后，IMF 份额将增加一倍，从 2 385 亿特别提款权（SDR）（约合 3 298 亿美元）增至 4 770 亿 SDR（约合 6 597 亿美元）。IMF 执董会成员将首次全部由选举产生。同时，该方案标志着 IMF 治理向着更好体现新兴市场和发展中国家话语权的方向迈出重要一步，并将增强 IMF 的信誉度、有效性和合法性。IMF 总裁拉加德在声明中说，改革使得 IMF 在快速变化的国际环境中能够更好地满足成员方需求。IMF 治理改革已经迈出重要一步，但这并非终点，改革还将继续。IMF 执董会 2010 年通过份额和治理改革方案。按照规定，IMF 份额和治理改革方案要实施，需要 188 个成员方中至少 85% 投票权的支持。美国是最大股东国，在这个问题上拥有一票否决权。改革后美国的投票权较之前的 16.75% 有所下降，但依旧保持超过 15% 的重大决策否决权。直到 2015 年 12 月中旬美国国会才批准该方案，导致改革被拖延数年。在中国增资 IMF 和人民币加入 SDR 问题上，中国人民银行时任行长周小川与 IMF 总裁拉加德保持了长期的合作关系，而且这种合作还将进行下去。2015 年 11 月 30 日，IMF 执董会决定将人民币纳入 SDR 货币篮子，SDR 货币篮子相应扩大至美元、欧元、人民币、日元、英镑5种货币，人民币在SDR货币篮子中的权重为10.92%，美元、欧元、日元和英镑的权重分别为41.73%、30.93%、8.33%和8.09%，新的SDR货币篮子已于2016年10月1日生效。业界专家分析认为，正是IMF执董会做出人民币入篮SDR的决定才推动美国国会通过了2010年改革方案。

中国人民银行2020年1月7日公布的数据显示，截至2020年12月末，中国外汇储备余额为32 165亿美元，较2018的30 727亿美元低位增加了1 438亿美元，升幅为4.68%。也因此，我国国际储备管理的主要内容是外汇储备管理。

9.3.2 中国外汇储备的构成

在1992年以前，我国的外汇储备一直由国家外汇库存和中国银行外汇结存两部分组成。因为中国银行作为我国国家的外汇专业银行，长期以来一直承担着经营国家外汇储备的任务，在对外支付过程中，中国银行的外汇头寸与国家外汇库存往往捆在一起使用。由于这种历史原因，在整个国家外汇储备的统计中，包括了中国银行外汇结存的部分，这也得到了国际货币基金组织的认可。但是，按照国际惯例，在外汇储备方面，一般国际上计算的标准不包括商业银行在经营外汇业务时的外汇结存，因为商业银行的外汇头寸属于对外负债，国家不能无条件地使用。事实上，中国银行外汇结存同国家外汇库存是性质完全不同的资金。国家外汇库存是国家的对外债权，国家拥有所有权，是国际收支经常账户的顺差逐步积累起来的，是国家用人民币买入的外汇，国家可以无条件地随时动用，其增减变化会相应增大或减少人民币的投放量，从而影响国内的货币流通状况；而中国银行的外汇结存是该行在国内外吸收的外汇存款、在国际金融市场筹集的外汇资金与该行外汇资本金之和减去其外汇贷款和投资的余额，是该行的资本金和对外负债，国家不能无条件动用。鉴于此，随着改革开放的不断深入，为更好地适应国际金融市场的发展，尽快与国际通用的惯例接轨，我国从1992年起启用新的外汇储备统计口径。按照新的外汇储备口径，外汇储备的增减仅包括国家外汇库存部分，中国银行外汇结存部分在资本与金融账户中反映。表9-4反映了1994—2023年中国外汇储备规模。

表9-4　　　　　　　　　　　　　　1994—2023年中国外汇储备规模　　　　　　　　　　　　单位：亿美元

年份	1994	1995	1996	1997	1998	1999	2000	2001	2002	2003
外汇储备规模	516	736	1 050	1 399	1 450	1 547	1 656	2 122	2 864	4 033
年份	2004	2005	2006	2007	2008	2009	2010	2011	2012	2013
外汇储备规模	6 099	8 189	10 663	15 282	19 460	23 992	28 473	31 811	33 116	38 213
年份	2014	2015	2016	2017	2018	2019	2020	2021	2022	2023
外汇储备规模	38 430	33 303	30 105	31 399	30 727	31 097	32 165	32 502	31 277	32 380

资料来源　根据国家外汇管理局发布的相关数据整理。

9.3.3　强化我国的外汇储备管理

1）客观看待当前我国外汇储备规模及其变动

截至 2023 年年末，我国外汇储备余额 32 380 亿美元，尽管已从峰值回落，但目前规模仍处于较高水平，相关变动也需要客观看待。当前我国外汇储备规模在世界范围内依然高居榜首。从 2016 年年末全球各国（地区）的外汇储备相对规模看，我国稳居首位。第二位日本为 1.16 万亿美元，第三位瑞士为 6 349 亿美元，巴西、印度、俄罗斯均为 3 000 多亿美元。在全球 10.7 万亿美元的外汇储备规模中，我国占 28%，日本和瑞士分别占 11% 和 6%。从对外支付能力和债务清偿能力看，我国外汇储备仍十分充裕。目前，全球无公认统一的标准衡量储备充足度。按照传统的衡量标准，在进口支付方面，外汇储备至少需要满足 3 个月的进口，2020 年为 4 000 亿美元左右的外汇需求。在对外债务偿还方面，外汇储备需要覆盖 100% 的短期外债，2020 年的本外币短期外债规模为 1.2 万亿美元左右，比 2017 年年末的不足 0.9 万亿美元明显上升，说明近一段时期内我国外债偿还压力较大。因此，总的来说，从当前我国的外汇储备规模看，国际支付和清偿能力依然很强，能够很好地维护国家经济金融安全。从外汇储备满足境内主体增持对外资产需求的角度看，储备变化本质上反映了我国对外资产持有主体的结构变化，是一个逐步发展的过程，也具有积极意义。近年来，随着我国企业、个人经济实力的增强，我国民间部门多元化配置资产的需求相应增加。

2）外汇储备下降导致外汇占款下降，以美元为锚的货币发行机制受到挑战

自 2001 年中国加入 WTO 之后，美元成为人民币发行之锚。特别是在中央银行通过控制基础货币从而达到控制货币总量的调控模式下，外汇占款成为中央银行基础货币投放的重要渠道之一。外汇占款的大量增加直接增加了基础货币量。中国加入 WTO 后，搭上了全球经济增长的快车，同半个世纪前的德国、日本一样，逐步积累美元储备。中国外汇储备在 2000—2014 年的 15 年间增长了 22.2 倍；在 1994—2012 年，我国一直实行强制结售汇制度，因此，"双顺差"形成的巨额外汇储备——外汇占款就成了中央银行发行货币之锚。外汇占款规模曾长期占基础货币的 90% 左右。中央银行的外汇资产（外汇占款中央银行口径）于 2014 年 5 月见顶，最高值为 27.30 万亿元人民币，而外汇储备从 2014 年 6 月末的峰值 39 932 亿美元，下降至 2020 年 12 月末的 32 165 亿美元，仍然是全球第一大外汇储备经济体。但随着外汇储备的下降，外汇占款不断减少，外汇占款规模占基础货币的比例已大幅下降到 60% 左右。中央银行原有的基础货币投放渠道受阻，以美元为锚的货币发行机制受到挑战。

3）外汇储备下降使基础货币投放渠道受阻，导致我国货币供给面临挑战

随着外汇储备的下降，外汇占款不断减少，中央银行原有的基础货币投放渠道受阻，我国银行系统内部的流动性几经紧张；M2 增速下降至个位数增长，商业银行体系信贷能力下降，为此中央银行自 2014 年起实施了多项流动性释放工具常备借贷便利（SLF）、中期借贷便利（MLF）、抵押补充贷款（PSL）等。截至 2017 年 12 月，SLF 期末余额 1 304.2 亿元人民币，MLF 期末余额 45 215 亿元人民币，PSL 期末余额 26 876 亿元人民币。到 2020 年年末，SLF、MLF、PSL 期末总余额大幅增长至 13.34 万亿元人民币。2023 年，央行 12

个月 MLF 均超额续作，其中 12 月操作量较到期量多 8 000 亿元，创历史新高。这些新型货币政策工具在一定程度上缓解了商业银行体系的流动性紧张，保证了商业银行信用创造及信贷释放。2018 年政府工作报告 9 年来首次未设 M2 增长目标，引发市场广泛关注。中国人民银行行长易纲称，长期以来 M2 作为一个主要指标起到了很好也很重要的作用。但我们也要看到一些新变化，市场深化和金融创新使得像 M2 这样的指标跟经济的走势的相关性变得比较模糊，这种相关性下降是一个规律性的事。针对这种新的问题和新的情况，针对新时代的高质量发展的要求，我们要更注意盘活存量，更注意优化货币信贷存量的结构。截至 2023 年年末，广义货币供应量（M2）余额为 292.3 万亿元，同比增长 9.7%。狭义货币供应量（M1）余额为 68.1 万亿元，同比增长 1.3%。流通中货币（M0）余额为 11.3 万亿元，同比增长 8.3%。全年现金净投放 8 815 亿元，同比少投放 5 047 亿元。

4）必须强化对外汇储备资产的有效营运管理

保持适度的外汇储备规模意义重大，确定出较为适度的外汇储备数量界限颇为不易，而最重要的是要有一套切实可行的管理措施与办法，把外汇储备规模或总量管理的目标落到实处，切实把外汇储备的供应保持在最适水平上，以促进本国对内和对外经济的健康发展。保持储备规模适度的具体措施很多，关键是要切实加强外汇储备资产的管理，包括加强外汇储备资产的总量、币种结构和营运调度的管理，而核心问题是确定并维持适度的外汇储备总量，保持其实际价值不受损失，并尽量使其在可能的条件下发生增值。总之，要坚持外汇储备资产安全性、流动性和盈利性的管理原则和处理好三者关系，实现保证偿债能力、保证国家非常时期需要、服从国家政治需要、维持价值、获取收益的外汇储备管理目标。为此，在实践中要注意强化与落实下列管理措施：

（1）应该进一步明确国家外汇储备的所有权和经营权。根据外汇储备的性质和国际上的一般惯例，我国的外汇储备属于国家，应归财政部所有，可以由国家委托中央银行具体经营管理。

（2）要建立健全外汇储备管理机构和强化管理职能。外汇储备的政策和规模确定之后，需要一个有效的储备资产管理体系。要健全相关管理机构，加强对储备规模的管理，真正重视外汇储备数额的确定与变动，层层把关、认真负责。同时，要建立一支具有较高政治与业务素质的管理人员队伍，造就一批训练有素的专门管理人才。

（3）要加强立法，建立健全必要的规章制度。要根据外汇储备资产的不同形式，制定不同的管理规定，如要重点制定储备币种、比例、投向的有关管理规定；要建立较为完善的数据统计与考核的指标体系；要重视有关经济信息的搜集与分析运用等。

（4）要实施较为完善的国际储备政策。储备规模的适度与否，与实施什么样的储备政策关系极大。例如，实施充足的外汇储备政策，过分强调储备的经济实力与保证作用，甚至认为外汇储备是多多益善的事情，而忽视储备资产的盈利性，就会使储备规模过大，造成资源的损失、浪费。

（5）要加强对外汇储备、外债规模的定量分析。凡事总有量，确定适度的外汇储备规模是当前我们正确认识与有效处理我国外汇储备问题的前提和关键。要重视适度货币量、适度外汇储备量、适度外债量的研究，通过定性与定量的综合分析，确定合理适度的外汇储备规模。要处理好外汇储备规模

启智增慧 9-2
中国外汇储备
投资情况概览

同外债规模之间的关系，权衡利弊，择优决策。

中国外汇储备必须始终按照多元化、分散化原则进行投资管理，维护外汇市场健康发展；完善外汇储备经营管理，提升运营管理现代化水平，保障外汇储备资产安全、流动和保值增值。

本章小结

国际储备，是指各国政府为了弥补国际收支逆差和保持汇率稳定以及紧急支付的需要而实际拥有的国际上可以接受的资产。

国际清偿力，是指一国的中央银行为应对国际收支逆差和稳定货币汇率所持有的国际上普遍接受的资产。国际清偿力的内涵要广于国际储备。通常国际清偿力包括该国货币当局直接掌握的国际储备、货币当局拥有的外币资产、金融机构的外币负债、个人所持有的外汇和一国货币当局从国际金融机构和国际金融市场借款的能力。由于各国货币在国际货币体系中的地位和作用不同以及金融资产规模的差异，国际储备在国际清偿力中的比重表现出相当大的差异。

一国国际储备主要来源于经常账户、资本与金融账户顺差，中央银行在国内收购黄金，国际货币基金组织分配等渠道。一国国际储备的主要构成包括：黄金储备、外汇储备、成员方在国际货币基金组织的储备头寸、国际货币基金组织分配给成员方尚未动用的特别提款权。

认真有效地进行国际储备管理，是保证国际储备充分发挥其功能的基本条件之一。国际储备管理是宏观经济管理的重要方面，与货币政策、外汇政策、金融政策联系紧密。进行国际储备管理的根本目的，就是使有限的国际储备更好地服务于国家经济发展的需要，即国际资产的规模水平、存放形式与国别、使用与变动，要有利于生产力的发展、资源的合理配置以及经济长久持续的增长。一国国际储备管理涉及很多方面的事项，但最重要的是国际储备规模与结构两方面的管理。从战略的角度来看，国际储备管理主要是如何确定最适度的储备规模问题；从具体管理的角度来看，国际储备管理主要是在规模适度的前提下，如何遵循安全性、流动性和盈利性有机结合的原则，安排好储备资产的结构问题。

必须强化我国的外汇储备管理。中国外汇储备必须始终按照多元化、分散化原则进行投资管理，保障外汇资产总体安全和保值增值。

关键概念

国际储备　国际清偿力　国际储备规模管理　国际储备结构管理　一线储备　二线储备　三线储备

综合训练

思考题
1）简答国际储备与国际清偿力的联系与区别。

2）发达国家与发展中国家在确定国际储备规模时考虑的因素有什么不同？

3）一国为什么一定要保持适度的国际储备量？

4）浅谈国际储备结构管理的现实意义。

5）试论国际储备的适度规模管理。

6）试论外汇储备结构的优化管理。

即测即评9

综合训练参考答案9

第10章

国际收支调节理论

目标引领

☑ 价值塑造

本章引导学生将国际收支调节理论和中国的对外经济交易实践相结合。通过对我国经常账户的分析，知晓其保持基本平衡且具有长期基础的理论渊源和现实背景。通过引导学生关注中国仍是外商投资兴业沃土，建立中国特色社会主义的制度自信。

☑ 知识传授

通过本章的学习，了解国际收支调节与管理是宏观经济管理的重要组成部分，在对外经济交往不断扩大的前提下保持国际收支的平衡发展，是国民经济持续、健康、稳定发展必不可少的条件；掌握国际收支失衡的判断标准；了解导致一国国际收支失衡的一般原因；掌握调节国际收支失衡的主要手段；知晓我国近年来国际收支变化及管理情况并运用国际收支调节理论解决现实经济生活中的国际收支失衡问题。

思维导图

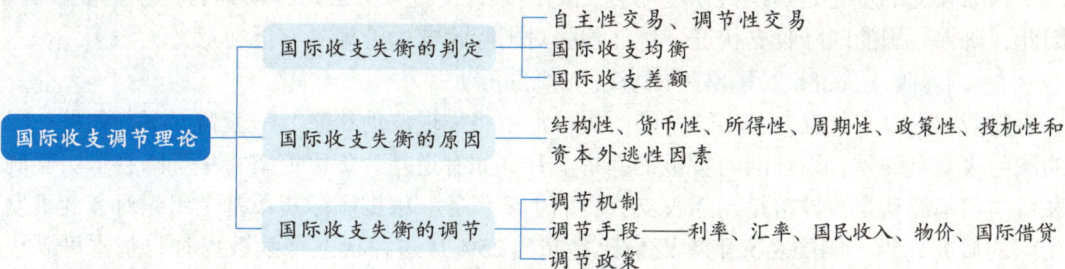

开篇导读

全球国际收支交易的失衡

全球经济失衡是一个和布雷顿森林体系相伴相生的经济现象，表现为发达国家长期存在着贸易逆差，而经济相对不发达国家长期存在贸易顺差，造成以不发达国家在实物上"补贴"发达国家且向其输出资本为特征的经济循环的事实。从全球经济一体化角度上看，其实质是全球国际收支交易的失衡。

历史上发生过两次严重全球失衡，第一次是20世纪20年代左右美国的崛起，英美之间呈现严重的失衡问题，最终带来了"大萧条"，并引发了战争；第二次是70年代日本的快速发展，美日之间失衡加剧，导致布雷顿森林体系崩溃和日本的衰退。当下全球关注的重点变为中美之间的失衡问题，失衡的一极以美国为代表，经常账户长期保持逆差；失衡的另一极以中国为代表，国际收支持续保持"双顺差"。虽然中美国际收支失衡显著不同，但却是造成全球国际收支失衡的最重要因素。

2000年以来中美经济关系的失衡是"金融国家"与"贸易国家"经济关系失衡的突出表现。因为美国和中国分别是发达国家和发展中国家中经济总量最大和增长速度最快的国家，由这两个国家通过分工、贸易和投资形成的世界分工与贸易结构几乎决定着其他国家在国际分工和贸易中的地位。因此，一旦这两个国家的内部经济或者对外经济关系出现失衡，那么世界经济失衡就在所难免。

评析：透过中美两国国际收支平衡表，依据国际收支调节理论，分析全球国际收支失衡的形成动因，在此基础上提出调节全球国际收支失衡的正确方向及相应的对策建议，无疑是我们本章学习的最大收获。

10.1 国际收支失衡的表现与原因

一国国际收支状况是一国对外经济交往活动的结果，是一国对内对外经济发展的综合反映。一国国际收支的实际发生状况决定了国际收支平衡表中数据的形成与变化。通过分析国际收支平衡表，可以了解一国国际收支的平衡情况，进而可以进一步查找国际收支失衡的原因，制定调节国际收支失衡的政策与措施。

10.1.1 国际收支的意义

国际收支的变化是一国经济运行变化的结果，反过来又会对经济运行产生重要影响。因此，研究一国的国际收支状况，进而加强对国际收支的管理具有重要意义。

1）国际收支状况直接影响一国货币汇率的波动

随着国际收支状况的变化，一国的货币汇率将呈现波动状态。一般情况下，如果一国的国际收支有顺差，则该国的货币汇率将上升；如有逆差，货币汇率将呈下降趋势。监测和辨别汇率波动是否异常是国际收支分析的主要任务。根据国际货币基金组织对各危机发生国的研究，当一国的名义汇率贬值比率超出25%且这种状态持续数周时，基本可以认定该国为货币危机发生国家。

2）国际收支全面反映了一国外部经济的均衡状况

国际收支是一国对外经济往来的缩影，利用国际收支统计中的相关数据，可以生成反映一国涉外经济状况的综合指标，如贸易条件指数、实际汇率偏离度、经常账户赤字可持续性、资本流动性风险和储备充足性指标等。

3）国际收支为一国分析经济内部失衡提供线索

经济的内外部均衡相互影响，内部失衡状况主要通过外部失衡来反映和放大。如贸易状况可以反映一国国内需求不足或膨胀，资本跨境流动可引发国内信贷扩张或金融膨胀等。国际收支为客观、全面评价内部经济发展进而调控宏观经济奠定了基础。

4）国际收支状况是一国制定货币金融政策的重要依据

随着国家间开放程度的扩大，各国在制定国内货币金融政策时，总是要充分考虑到国际收支状况，当国际收支处于逆差状态时，一般会采取紧缩性的货币金融政策；当国际收支处于顺差状态时，一般采取扩张性金融政策。

10.1.2　国际收支失衡的判定

按照复式记账原理编制的国际收支平衡表，其借贷双方余额总是平衡的。但是，这种平衡只是账面上的，事实上并不一定达到真正的平衡。例如，一国由于资产减少或负债增加所产生的收入，是财政收支的一种不健全现象，虽然在账面上国际收支是平衡的，但实质上却是不平衡的，因此，分析国际收支是否均衡，不能只从账面余额来考虑，必须明确国际收支不平衡的真正含义和判断依据。为了寻求这种判断依据或标准，人们常把国际经济交易按其性质分为自主性交易和调节性交易两类或分清是账面平衡还是真实平衡。

自主性交易，亦称事前交易，它是指经济实体出于某种经济目的而进行的交易。这类交易完全是为着某种经济动机而自发或自动进行的。例如，私人、企业或政府机构等出于某种经济目的，如追求利润，以其自主的独立经济活动为基础而进行的商品或劳务的输出与输入、政府或私人的援助、赠与、侨民汇款以及资本流动等。自主性交易的内容，实际上就是国际收支平衡表中的经常账户和资本与金融账户（扣除储备资产）所记载的交易。

例如，当一国的自主性交易发生逆差时，要从国外银行或国际金融机构获得短期资金融通或动用黄金、外汇来弥补，就是调节性交易。所谓调节性交易，亦称事后交易或补偿性交易，它是指为弥补自主性交易的差额而进行的交易。

把国际经济交易分成自主性交易与调节性交易，国际收支的均衡与否就有了判定依据。国际收支平衡是指自主性交易的借贷双方相等，不需要由调节性交易来弥补；国际收支失衡即不均衡是指自主性交易发生逆差或顺差，需要用调节性交易来弥补。一国的国际收支，如果必须以调节性交易维持均衡，则这种均衡只能是形式上的，因为调节性的交易在本质上是不能长久维持的，实际上仍是国际收支的不平衡。概括来讲，判断一国国际收支是否均衡，主要看其自主性交易是否均衡。如果在一国的国际经济交易中，其自主性交易基本相等，不依靠调节性交易来调节，说明这个国家国际收支是平衡的，否则就是不平衡的。依靠自主性交易平衡是主动平衡；依靠调节性交易平衡是被动平衡。

对于国际收支平衡概念的理解又可以区分为静态平衡和动态平衡两种。国际收支的静态平衡，指一国在一定时期内（一般为一年）自主性国际收支交易不存在顺差，也不存在逆差。

国际收支的动态平衡概念强调的是"一国国际收支交易的可持续性"，即以经济实际运行可能实现的计划期为平衡周期，保持平衡期内国际收支的平衡。其目标是：使一国在一定时期内的国际收支规模与结构均能促进该国经济持续健康发展；促进该国货币均衡汇率水平的实现和稳定；使该国国际储备达到或维持充足的最优水平。国际收支的动态平衡也被称为国际收支均衡。所谓国际收支均衡，是指国内经济处于均衡状态下的自主性国际收支平衡，即国内经济处于经济增长、充分就业、物价稳定下的自主性国际收支平衡，也就是我们通常所说的内外均衡。国际收支均衡是指经常账户差额可由正常的资本流量来弥补，而无须通过过度的贸易限制和对资本流入或流出的特殊刺激，或造成大规模的失业来实现。国际收支均衡是一国达到福利最大化的综合政策目标。在世界经济日渐一体化的同时，国际收支的调节就不仅仅要实现国际收支平衡，还要实现国际收支均衡这一目标。

根据以上目标，国际货币基金组织对国际收支均衡提出以下标准：

第一，在考虑到暂时性因素（如码头罢工、歉收）和生产能力不正常使用或失业、贸易条件持久的外生变化、对贸易和资本流动的过度限制或刺激等影响因素后，经常账户差额等于正常的资本净流量。

第二，是可维持的国际收支，亦称可维持的对外收支状况，即在一段时期内，在给定的汇率水平下，一国基本的国际收支经常账户差额与正常的资本净流量以及官方外汇储备的合理增长相一致。

第三，经常账户均衡的两个准则是：可维持性和适度性。前者是指经常账户逆差的可维持性，后者是指经常账户所包含的一国消费和储蓄的社会福利最大化。可维持性是经常账户均衡的基本标准，适度性则是最高标准。

在国际收支平衡的评判中，各国无论从理论上还是在实践中都非常重视经常账户，把经常账户状况作为国际收支平衡的首要评判标准。但国际收支均衡并非仅停留在用经常账户差额与资本与金融账户差额对比这一浅层水平上，而应深入到经常账户的决定因素——一国的投资和总储备水平中去衡量，从而将判断经常账户的可维持性和适度性问题转化为判断该国储蓄与投资关系是否可维持与适度。

国际收支平衡与充分就业、物价稳定、适度经济增长同列为一国宏观经济政策的四大目标。随着世界经济一体化的发展，各国经济开放程度提高，国际收支平衡对整个宏观经济运行有着越来越大的影响。

10.1.3　国际收支失衡的表现

国际收支失衡是与国际收支平衡相对的概念，在实际经济生活中，国际收支失衡是绝对的，平衡只是相对的。在国际金融的理论与实践中，人们更重视对国际收支失衡的分析研究。基于对国际收支平衡表的实际分析，按照人们的传统习惯和国际货币基金组织的做法，国际收支失衡可以按下列口径加以观察：

1）贸易收支失衡

贸易收支是指包括货物与服务在内的进出口之间的收支差额，这是传统意义上衡量国际收支失衡用得比较多的一种方法。即使在第二次世界大战之后出现的许多新的国际收支调节理论中，有的仍将贸易收支作为国际收支的代表。贸易账户实际上仅仅是国际收支的一个组成部分，在国际经济往来日益频繁的今天，贸易收支绝对不能代表国际收支的整体。但是，对某些国家来说，贸易收支在全部国际收支中所占的比重相当大（中国的这一比例在20世纪80年代约为70%），因此，出于简便，可将贸易收支作为国际收支的近似代表。另外，贸易收支在国际收支中还有它的特殊重要性。商品的进出口情况综合反映了一国的产业结构、产品质量和劳动生产率状况。因此，即使是美国这种资本与金融账户交易比重相当大的国家，也十分重视贸易收支的差额。

2）经常账户收支失衡

经常账户收支包括货物、服务、收入和经常转移收支。前两项构成经常账户收支的主体，国际货币基金组织特别重视各国经常账户的收支状况，虽然经常账户的收支不能代表全部国际收支，但它综合反映了一个国家的进出口状况（包括无形进出口，如劳务、保险、运输等），因而被各国广泛使用，并被当作制定国际收支政策和产业政策的重要依据。

3）资本与金融账户收支失衡

资本与金融账户收支反映了一国财富的变动及变动途径。在分析资本与金融账户收支时，重要的一点是考虑决定金融流量的诸因素。这些因素主要是指影响国外和国内资产的收益率和风险的各种因素，其中包括利息率、直接投资和其他投资的回报率、预计的汇率走势和税收方面的规定。同时应注意经常账户收支和资本与金融账户收支是互为融资的关系，因为资本与金融账户的差额可以准确反映出一国经常账户的状况和融资能力。

4）综合账户收支或总收支失衡

综合账户差额是指经常账户与资本与金融账户中的资本转移、直接投资、证券投资、其他投资账户所构成的余额，也就是将国际收支账户中的官方储备账户剔除后的余额。由于综合差额必然导致官方储备的反方向变动，所以可以用它来衡量国际收支对一国储备造成的压力。当一国实行固定汇率制时，综合差额的分析意义更为重要。因为，国际收支中的各种行为将导致外国货币与本国货币在外汇市场上的供求变动，影响到两个币种比价的稳定性。为了保持外汇市场上的汇率不发生变动，政府必须利用官方储备介入市场以实现供求平衡。所以，综合差额在政府有义务维护固定汇率制度时是极其重要的。在浮动汇率制度下，政府原则上可以不动用储备而听任汇率变动，或是使用储备调节的任务有所减轻，所以这一差额在现代的分析意义上略有弱化。但这一概念比较综合地反映了自主性国际收支的状况，是全面衡量和分析国际收支状况的指标，具有重大意义。

如上所述，分析、判断国际收支失衡的口径有许多种，但每种口径实际上仅仅反映了国际收支状况的一个方面，不可能就一项指标断言一个国家国际收支平衡或失衡以及国际收支状况是否良好。有的时候，分析、判断国际收支状况还要结合一个国家的经济结构和其在世界经济中的地位进行，如美国近年来贸易收支出现大量逆差，考虑到服务贸易、高新技术的发展，并不能简单地断言其国际收支存在严重的问题；但同样的情况如发生在发展中国家，即使综合账户处于平衡状态，也应考虑国际收支存在的结构性不平衡问题。

10.1.4　国际收支失衡的原因

国际收支失衡是绝对的，但导致一国国际收支失衡的原因是多方面的，主要原因有以下几个方面：

1）结构性的不均衡

一国经济结构的变化会对国际收支产生重要影响。世界各国由于地理环境、自然资源、劳动力数量、技术水平等条件不同，从而形成了各自不同的经济结构。一国的经济结构（主要是产业结构）如不能适应世界市场供求关系或国际分工结构的变化，就会引起国际收支不平衡。例如，当世界新的大范围的油田被发现与开采，原来以生产与输出原煤为主要外汇收入的国家的国际收支就要受到影响，就会产生结构性的不均衡。

2）货币性的不均衡

货币价值的变化会对国际收支产生多方面影响。在汇率水平一定的前提下，一国商品的货币成本和一般物价水平相对发生变动，高于或低于其他国家，就会引起国际收支的不平衡。例如，一国由于通货膨胀，物价普遍上涨，使其货币购买力明显下降，商品成本相对高于其他国家，该国商品输出必然受到限制，商品进口受到鼓励，就会导致国际收支发生逆差，产生货币性的不均衡。货币性的不均衡主要是由通货膨胀或通货紧缩引起的。

3）所得性的不均衡

一国国民收入水平变化会对国际收支产生影响。一国国民收入的增减变动，会影响该国国际收支的平衡。一般来讲，一国国民收入增加，其商品与劳务的输入、对外捐赠、旅游等非贸易支出会随之增加，从而导致国际收支出现逆差；反之，国民收入减少，国内需求减弱，物价下跌，则有利于出口，促使进口减少，就会减少国际收支逆差，使国际收支恢复平衡，甚至出现顺差。国民收入的变动，除经济周期影响外，大部分是由于经济增长产生的，所以具有恒久的性质，因此，这种所得性的不均衡被称为恒久性的不均衡。

4）周期性的不均衡

一国经济处于生产周期不同阶段会对国际收支产生不同的影响。由于种种原因，一国的经济，无论是否为市场经济，不会总是在一种均衡的状态下进行，相反会周而复始地经历繁荣、衰退、萧条、复苏四个阶段。经济循环的不同阶段，对国际收支有不同的影响。一般来讲，经济繁荣时期，出口增加，国际收支会出现顺差，在经济萧条期间，出口缩减，导致国际收支逆差。这种周期的影响，使得国际收支不平衡的两种状态交替出现，所以这种周期性的不均衡又被称为循环性的不均衡。

5）政策性因素

若一国所采取的经济政策不当或者是政策适宜而执行不力，也会引起国际收支失衡。如果一国货币政策和财政政策失调，货币过度发行或财政严重超支，均可能造成国内经济过热，需求过度膨胀，导致进口需求增加。如果汇率政策不同时做出相应调整，则会导致本币高估，出口下降，从而使一国国际收支状况严重恶化。

6）投机性和资本外逃性因素

短期投机资本大量流动或短期内资本大量外逃，会造成国际收支失衡。投机性资本流动是利用利率差和预期汇率变动来谋利的资本流动。某些投机可能会有助于市场稳定从而有利于国际收支平衡，如当某种货币的需求下降，投机者会买进该种货币而使汇率趋于稳定；某些投机可能会造成市场严重混乱而导致国际收支严重失衡，如投机者有意打压某种货币，造成该货币贬值，贬值又会进一步刺激投机，造成货币与外汇市场剧烈震荡，严重者甚至会引发金融危机，从而使一国国际收支严重失衡。资本外逃与投机偏好不同，它不是希望获利而是害怕损失。不稳定的投机和资本外逃具有突发性、数量大的特点，这对国际收支的平衡是极为不利的。

此外，导致国际收支失衡还有其他许多偶然性的随机因素，如突发的政治动乱、局部性战争、巨大的自然灾害等。

10.2　国际收支失衡调节

国际收支管理是宏观经济管理的重要组成部分，而国际收支管理的主要目标就是实现国际收支平衡。国际收支失衡，无论是顺差还是逆差，如不及时调整，都会对国民经济产生不良影响。如果国际收支长期存在大量顺差，会促使外汇储备过度增长，影响国内货币供应量，不利于控制通货膨胀，同时会促使本国货币对外汇率的上升，影响商品出口的竞争能力。相反，如果国际收支长期存在大量逆差，就会导致国际储备减少，币值下降，资本外流，削弱本国的经济实力，甚至会引发国际收支危机等。国际收支的均衡与否，对国民经济能否健康发展关系极大，因此，世界各国都十分重视国际收支的调节或管理工作。

10.2.1 国际收支的调节机制

国际收支的调节机制大致有两种情形：

1）国际收支的自动调节机制

所谓国际收支的自动调节，是指通过经济运行中市场机制的自发作用使国际收支失衡在某种程度上自动消除。

这种调节理论是 1752 年英国经济学家大卫·休谟以货币数量论为基础首先提出来的，描绘了在典型的国际金本位制下国际收支差额的自动调节过程。在金本位货币制度及在固定汇率制度下，如果一国国际收支发生逆差，该国对外汇的需求就会增加，外汇汇率就会上涨，用外汇偿还债务相对就不合算。因此，该国势必要直接输送黄金来清偿国外债务，这样，黄金就会外流，国内黄金存量减少，货币发行量收缩，国内物价就会下降，出口商品的竞争能力就可增强，从而扩大出口、减少进口，使国际收支恢复平衡。国际收支发生顺差时，也可以通过上述机制作用自动调节。在不同的货币制度下，这种自发调节过程作用的途径有所不同。关于在金本位货币制度下国际收支的自发调节作用，我们在本书第 5 章以表格方式提及，用文图形式归纳如下所示：

国际收支逆差→黄金流出→国内通货减少→收入和物价下降→出口增加、进口减少→利率同时上升→国外资本流入→国际收支趋向平衡。

国际收支顺差→黄金流入→国内通货增加→收入和物价提高→出口减少、进口增加→利率同时下降→国内资本外流→国际收支趋向平衡。

金本位制崩溃后，这种金本位自发调节论的主导地位大大削弱，在纸币制度下国际收支失衡还有无自发调节功能，许多人存有疑问。我们认为，在纸币流通制度及浮动汇率制度下，由于国际收支差额的客观存在和经济运行机制的内在作用，收支差额仍可自发引起汇率、物价、国民收入、利率、资本流动等因素的相应变动，使国际收支趋于平衡，实现一定程度的自动调节。例如，当一国对外贸易发生大量逆差时，外汇需求大于外汇供给，本币对外汇率下降。汇率下降有利于刺激出口、抑制进口，从而使贸易收支好转，国际收支状况改善。但是，浮动汇率制度下国际收支自动调节效果如何，要受多种经济因素共同制约，特别是受一国经济的市场化程度、管理体制和人们心理因素的制约，因此，调节的效果和作用存在着一定的局限性。纸币制度下国际收支的自发调节过程用文图形式归纳如下所示：

在纸币本位固定汇率制度下（以逆差为例）：国际收支逆差→外汇储备减少→货币供应减少→物价下降→出口增加、进口减少→利率同时上升→资本流入增加、资本流出减少→国际收支趋向平衡。

在纸币本位浮动汇率制度下（以逆差为例，假定进出口商品的价格需求弹性足够大）：国际收支逆差→外汇供给减少、外汇需求增加→外汇汇率上升→出口商品外币价格下降、进口商品本币价格上升→出口增加、进口减少→国际收支趋向平衡。

2）国际收支的主动调节机制

这种调节机制是指政府自觉主动地采取某种手段或政策措施对国际收支不平衡进行调节。这种自觉调节过程中所采用的某些经济手段或政策虽然与自动调节过程中某些经济因素相一致，但发挥的调节作用、控制程度或效果是不一样的。

10.2.2 国际收支的调节手段

由于引起国际收支不平衡的原因是多方面的，因此调节国际收支不平衡的手段也是多种多样的。

1）利用利率调节

利用利率调节就是货币当局通过提高或降低银行存款利率和贴现利率来调节国际收支失衡。提高利率，可以引起国外短期资本流入，抑制国内投资，减少对外支出，从而使国际收支逆差缩小；调低利率，会促使资本外流，扩大国内投资规模，增加货币供应量，从而使国际收支顺差减少。

2）利用汇率调节

利用汇率调节就是一国政府通过宣布货币法定升值或贬值的办法，即通过公然提高或降低本币与外币的兑换比率，使国际收支失衡得到改善。一般来讲，发生逆差时，可以实行货币贬值，使国际收支改善；发生顺差时，可以实行货币升值，使顺差减少。当然，汇率变动对国际收支和经济的影响是一个复杂的问题，能否达到促进出口、限制进口、改善收支的目的，还需要看其他经济条件是否具备，要做具体分析。

3）利用国民收入调节

利用国民收入调节就是一国通过控制国民收入的变化来影响国际收支。减少国民收入，居民手持货币减少，国内投资与消费减少，进口支出随之减少，有利于减少国际收支逆差并渐趋平衡；增加国民收入，导致进口增加，会抵消原来的国际收支顺差。

4）利用物价调节

物价水平下降，可以刺激出口，抑制进口，有利于减少国际收支逆差；物价水平上涨，会妨碍出口、刺激进口，会减少国际收支顺差。

5）利用国际借贷调节

利用国际借贷调节是一种权宜之计，主要是通过在国际金融市场上，或从国际金融机构，或从外国政府获得贷款，以暂时弥补国际收支差额。

10.2.3 国际收支调节政策

调节政策即策略，与调节手段虽有许多相近之处，但两者解决问题的角度和程度有所不同。调节手段多着眼于具体措施的执行上，调节政策多集中于大政方针的安排上。因此，各国政府经常采用各种不同的政策对国际收支加以调节，主要有经济政策、直接干预政策、国际经济合作政策、涉外经济预警政策等。

（1）经济政策。这主要是指采用财政政策和金融政策。采用财政政策是通过扩大或缩减财政开支和调整税率的方式，使国际收支趋于平衡。在国际收支逆差时，政府可以削减财政开支或提高税率、增加税收，迫使社会通货紧缩、物价下降，促进出口，抑制进口，消除国际收支不平衡；在顺差情况下，则可增加财政支出或降低税率、减少税收，刺激消费与投资，增加进口，减少国际收支顺差。采用金融政策，主要是通过利率、汇率手段来实现，前已述及。当然，为更好地调节国际收支，保持国民经济内部和外部综合平衡，一国常常需要把财政政策与金融政策配合运用。

（2）直接干预政策。这主要是指政府采用相应的行政管理手段。政府可以通过行政命令的办法，直接管制外汇自由买卖和贸易自由输出输入，以控制或调节国际收支。直接干预政策主要有财政、金融、贸易等管制政策。财政管制主要是通过关税壁垒来限制对外收支；金融管制主要是通过实行外汇管制和外汇干预措施来改善对外收支；贸易管制是贸易保护政策，实行"奖出限入"，以鼓励出口、增加收入，限制进口、减少支出等。

（3）国际经济合作政策。就整体而言，一国的顺差就是另一国的逆差，顺差国和逆差国均应对国际收支的不均衡负有调节责任。因此，目前世界上许多国家都力求采用国际经济合作的办法，从根本上解决国际收支不平衡的问题。目前主要在促进生产要素自由移动、恢复贸易自由、建立健全国际清算制度、协调经济政策等方面实行国际经济合作。

（4）涉外经济预警政策。随着国家间贸易与资本流动日趋频繁，国际收支交易的范围和数量不断扩展，国际收支对国民经济的影响也越来越大。1997 年的亚洲金融危机以及随后在巴西和俄罗斯出现的货币危机，使得国际社会和各国政府愈加重视国际收支统计在涉外经济分析和预警中的重要作用。预警政策所选预警指标应能够准确反映与国际收支有关的潜在金融风险，能对货币危机的发生进行有效预报，因此所选取的指标应具有客观性、超前性和可操作性，并应有相应的层次结构。按国际惯例，预警方式通常有信号法和理论模型法两种。信号法主要监测所选取的几个主要指标，参照相应的预警准则给出正常、关注或危险的信号；理论模型法主要根据发生危机国家预警指标和危机发生的因果关系建立理论预警模型，根据以现有指标值计算的危机指数来判断危机发生的概率。

10.3　中国国际收支状况

为了使我国经济健康协调发展，必须保持国内经济的综合平衡，而国内经济综合平衡的重要内容之一就是外汇收支平衡。要做到外汇收支平衡和国内经济综合平衡，一国必须对本国的国际收支状况有清醒的认识，必须加强国际收支的管理。

10.3.1　中国国际收支发展概况

我国国际收支状况是随着我国对外经济交往的不断扩大和国内经济、金融体制，特别是外汇管理体制的改革而变化的。我国国际收支出现"双顺差"，呈现收支总量持续增长的态势。外汇储备从 1994 年开始有较快增加，并在 1996 年突破 1 000 亿美元，2001 年突破 2 000 亿美元，2006 年突破 10 000 亿美元，2009 年年初突破 20 000 亿美元，2011 年年初突破 30 000 亿美元，2013 年年底达到 38 213 亿美元。我国国际收支的发展状况可分为以下几个阶段：

第一阶段：中华人民共和国成立初期至 1978 年。从 20 世纪 50 年代初开始，我国对外贸、外汇实行严格管制。在外汇方面，实行统收统支体制，国家对外汇资金的收付买卖、调拨转移、进出国境均纳入国家计划管理，与其他国家资本项目往来也非常有限。在这一阶段我国尚未编制国际收支平衡表，反映国际收支状况的只能是当时的"国家外汇收支表"。从这一阶段的国际收支状况来看，虽然收支量逐年增加，但收支规模是很小的，至1978年，全国外汇收入仅114.36亿美元，支出118.42亿美元。由于实行的是"统收统支、以收定支"的分配体制，每年的外汇收支基本平衡，国家外汇储备规模非常小。

第二阶段：1979—1993年。随着我国经济体制改革和对外开放的实施与逐步深入，我国对外经济交往在总量上快速增长，在形式上也呈现出多样化。1979年，我国对外汇体制进行了改革，开始实行外汇留成制度。1980年我国相继恢复了在国际货币基金组织和世界银行的合法席位，为满足国际货币基金组织的要求，开始编制国际收支平衡表，1985年9月正式对外公布了我国1982年至1984年的国际收支平衡表。

这一阶段我国国际收支状况的总体特征是：收支总量以较快的速度增加，1993年国际收支平衡表借贷方发生额合计是1982年的5.4倍，反映出我国对外开放程度的不断加深。但从差额及国家外汇储备的情况来分析，波动十分明显。从1982年到1993年的12年中，经常项目有8年顺差、4年逆差，相应地，8年国际收支总体顺差、4年逆差。由于国家外汇储备不能满足对外经济交往的需要，20世纪80年代初期我国曾不得不向国际货币基金组织借用救助性的贷款，此后则又经历了一个升降起伏的阶段，到1993年年底，国家外汇储备达到223.87亿美元。

第三阶段：1994—2000年。为了促进市场经济体制的建立和进一步扩大对外开放，1994年国家在财税、金融、投资、计划、外贸等领域出台了一系列改革措施，外汇体制改革也是这些改革措施的内容之一。在外汇领域，人民币汇率并轨，实行银行结售汇制度并建立了全国统一的银行间外汇市场，实现了人民币经常项目下有条件可兑换，1996年12月1日我国正式宣布人民币经常项目可兑换。随着这些改革措施的逐步落实，我国国际收支状况也有了显著变化。

这一阶段我国国际收支的总体特征是：经常账户和资本与金融账户持续"双顺差"；资本与金融账户总规模扩大，资本项目大量顺差成为国际收支总体顺差的最主要因素；服务和收益逆差逐年扩大（服务和收入项下从1993年起出现逆差，而且自1997年起逆差均超过200亿美元，其中约1/4的逆差来自服务贸易，3/4的逆差来自收入项下）；净误差与遗漏账户数额过大，且出现不断扩大的趋势；外汇储备持续大幅度增加；人民币汇率呈现稳中趋升的态势，到2000年年末，人民币汇率已由1994年并轨时的8.7000元/美元升至8.2981元/美元。

这一阶段，由于亚洲金融危机的爆发，1998年我国国际收支出现波动，主要反映在国际收支的结构由经常账户和资本与金融账户"双顺差"变为当年的资本与金融账户小幅逆差，逆差63.21亿美元。但国际收支状况总体基本良好，并保持健康发展的态势，到1999年资本与金融账户又由逆差转为顺差，当年顺差额76.42亿美元。应该说，亚洲金融危机使得全球经济增速放缓，对我国经济的负面影响也是明显的，但由于我国政府采取了积极有效的调控政策，国内经济持续平稳发展，国际收支平衡健康发展的格局并没有遭到破坏。

与此同时，我们也应该看到此阶段我国国际收支出现了值得注意的问题：经常账户顺差规模下降，以对外货物贸易顺差下降为主（1999年我国经常账户实现顺差156.67亿美元，与1998年相比下降47%）；服务贸易收支逆差有所扩大（1999年服务贸易支出较上年增加了 8%，在服务贸易收入与上年基本持平的情况下，服务贸易总体逆差增加 26 亿美元，比 1998 年上升 52%，成为我国经常账户顺差下降的另一重要原因）；资本与金融账户由逆差转为顺差，但顺差额下降（1999 年我国直接投资项下实现顺差 410.15 亿美元，与上年基本持平，新借外债趋缓、金融机构拆放和存放境外同业的金融资产大量增加是导致资本与金融账户顺差下降的主要原因）；收入项下存在较大逆差（1999 年收入项下逆差 179.73 亿美元，比上年增长 8%，2000 年我国收入项下的逆差依然维持在较大规模）。

第四阶段：2001—2013 年。这一阶段国际收支状况的总体特征是：经常账户（除 2012 年外）、资本与金融账户"双顺差"，即国际收支持续"双顺差"，外汇储备较快增长。2009 年后资本项下顺差占比总体上升。2003—2013 年，经常账户顺差累计 2.23 万亿美元，资本与金融账户（不含储备资产，下同）顺差累计 1.51 万亿美元，净误差与遗漏累计为 -0.18 万亿美元，储备资产（不含汇率、价格等非交易因素影响）增加 3.56 万亿美元。其中，2003—2008 年，经常账户顺差、资本与金融账户顺差占国际收支总顺差的 74% 和 26%，2009—2013 年上述占比分别为 48% 和 52%。这一方面是因为自 2009 年以来我国经常账户平衡状况改善；另一方面是由于主要发达经济体量化宽松货币政策（QE）增加了全球流动性，我国资本项下资金流入明显增多。我国积累的对外资产大部分体现为官方储备，2009 年后市场主体的对外资产占比上升。2003—2013 年，我国对外资产累计增加 5.09 万亿美元，其中，储备资产增幅占比达 70%，我国市场主体对外其他投资资产（对外贷款、境外存款、出口应收款等）增幅占比为 20%，直接投资和证券投资资产增幅占比分别为 8% 和 2%。其中，2003—2008 年，我国对外资产增加额的储备资产占比为 76%。2009—2013 年，储备资产增幅占比降至 65%；市场主体的其他投资和直接投资资产增幅占比分别为 24% 和 10%，较 2003—2008 年占比提升 9 个和 6 个百分点。对外资产的资金来源主要是稳定性较高的经常账户顺差和直接投资项下境外资本流入，2009 年后非直接投资渠道资本流入有所增多。2003—2013 年，我国经常账户顺差累计 2.23 万亿美元，直接投资项下境外资本净流入累计 1.85 万亿美元，相当于同期对外资产形成额的 44% 和 36%。此外，波动性较大的外国来华非直接投资（证券投资、境外借款等其他投资）合计贡献了 23%。其中，2003—2008 年，我国经常账户顺差相当于对外资产形成额的 53%；直接投资项下境外资本净流入和非直接投资净流入的贡献分别为 28% 和 14%。2009—2013 年，经常账户年均顺差较 2003—2008 年下降 6%，在对外资产形成中的贡献率下降至 36%；直接投资项下境外资本净流入年均规模增长 1.1 倍，贡献率上升至 43%；外国来华非直接投资净流入年均规模大幅提升 1.9 倍，贡献率升至 30%。

第五阶段：2014—2020 年。这一阶段我国国际收支状况的主要特征是：2014 年以来尤其是 2014 年下半年以来，我国经常账户顺差、资本与金融账户逆差的国际收支格局基本形成。2014 年下半年至 2015 年，我国经常账户顺差 5 045 亿美元，资本与金融账户逆差 5 835 亿美元，净误差与遗漏为 -2 940 亿美元，储备资产累计下降 3 731 亿美元。对外债务去杠杆化已开启并持续了一段时间，逐步释放了前期积累的短期资本流入风险。2014 年下半年至 2015 年年末，外国来华非直接投资累计净流出 3 468 亿美元，相当于 2003—2013 年持续净流入规模的 30%，相当于在 2009—2013 年主要发达经济体 QE 期间净流入规模的 43%。也就是说，过去 10 年左右的非直接投资净流入中已有三四成流出了我国。但在我国企业对外贸易总体提升、投融资渠道不断拓宽的情况下，此类境外融资缩减后预计仍将保留一个合理正常的规模。我国对外总资产继续增加，官方储备资产和市场主体对外资产"一降一升"。2014年下半年至2015年，我国对外资产总体增加了2 672亿美元。以前在人民币升值预期下，我国市场主体不愿意持有对外资产，但在人民币汇率双向波动环境下，增加对外资产的积极性大幅提升，成为储备资产下降的主要原因，这也是"藏汇于民"的必然过程。

2013—2016年，经常账户顺差与GDP之比年均2.1%，2017年为1.3%，比2012年之前更趋平衡。党的十八大提出，要使经济发展更多依靠内需特别是消费需求拉动。2013—2016年，最终消费支出对我国经济增长的年均贡献率为55%，总体呈现稳中有升的发展态势，2017年消费对经济增长的贡献率为58.8%。居民消费的增长必然带动居民储蓄水平的下降，有助于收敛我国储蓄高于投资的缺口（对应经常账户差额）。从具体项目来看，货物贸易保持一定规模顺差，近期在内需拉动下进口增长相对较快、顺差有所下降；服务贸易尤其是旅行项下逆差较快上升，主要体现了居民收入水平不断提升、出境政策更加便利、境外旅游留学等消费需求持续高涨的影响。2016年，我国出境人数达1.35亿人次，是2012年的1.6倍；出国留学人员达54万人，是2012年的1.4倍。跨境资本流动在双向波动中趋向稳定，有效应对了外部环境的重大变化。2013年，我国非储备性质金融账户顺差3 430亿美元，2014年出现514亿美元小幅逆差，2015、2016年分别为逆差4 345亿美元和4 161亿美元，2017年重新转为顺差1 486亿美元。

一方面，我国对外直接投资、证券投资和其他投资较快增长，2017年以来境内主体更趋理性，对外直接投资有所回落；另一方面，外国来华直接投资总体稳定，对外负债在经历一段时期去杠杆后恢复增长。我国跨境资本流动变化具有深刻的国际背景，同时也体现了国内基本面的支撑作用。2008年国际金融危机爆发以来，主要发达经济体实施极度宽松的货币政策，我国等新兴经济体普遍面临资本流入压力。但2014年以来国际环境发生重大转变，美联储退出量化宽松货币政策并启动加息进程，部分新兴经济体国内经济、政治等问题迭出，跨境资本开始从新兴经济体流出。在复杂严峻的国际环境下，我国政府始终坚持稳中求进的工作总基调，保持国内经济平稳运行和社会大局稳定，守住不发生区域性、系统性风险的底线，为我国跨境资本流动逐步企稳奠定了坚实的基础。国际收支风险总体可控，对外金融资产负债结构有所优化。我国基础的国际清偿能力持续较强，国际收支支付风险较低，经常账户持续顺差，外汇储备仍较充裕。外汇储备余额能够支付20多个月的进口，远高于"不低于3~4个月"的国际警戒标准；相当于本外币短期外债的3倍以上，远高于"不低于1倍"的警戒标准。同时，外债风险总体可控。2013年以来，外债余额先升后降再平稳恢复，释放了部分偿债压力。截至2017年二季度末，我国本外币全口径外债余额已连续5个季度增长，但仍低于2014年年末的历史较高水平。负债率、债务率、偿债率等衡量外债风险的指标持续处于国际警戒标准之内。此外，民间部门持有的对外资产比例由2012年年末的35%上升到2017年二季度末的53%，使其对外资产和负债的匹配度趋向改善，有利于防范相关风险。2017年二季度末，民间部门对外净负债1.40万亿美元，比2012年年末下降了1 225亿美元。

从对外资产来看，虽然以流动性较强的储备资产为主，但2005—2018年我国对外投资年均收益率为3.3%，与日本基本持平，高于英国（2.1%）、德国（3.0%），略低于美国（3.7%），而其他主要新兴经济体对外资产收益率基本低于3%。从对外负债来看，2005—2018年我国对外负债年均回报率为6.0%，明显高于美国的2.4%、日本的1.5%，韩国和南非分别为2.6%和3.9%，其他新兴经济体大多低于3%。在对外负债回报率相对较高的情况下，21世纪以来大部分年份我国投资收益为逆差，但近年来逆差规模均未超过2013年的历史高位，2019年上半年为小幅顺差。从总体来看，未来我国国际收支结构将更加成熟稳健。一方面，经常账户将保持基本平衡。在制造业基础完善和转型升级的背景下，货物贸易顺差将维持在合理水平；随着对外资产负债结构的优化，投资收益状况将总体改善。另一方面，我国对外开放新格局逐步形成，跨境资本将保持双向流动、基本平衡，国际收支逐渐迈向更加成熟的阶段。

2020—2023年，我国国际收支延续基本平衡的发展格局，外汇储备规模稳定在3.2万亿美元左右。2023年，经常账户顺差2 530亿美元，与国内生产总值（GDP）之比为1.4%，继续处于合理均衡区间。其中，货物贸易顺差5 939亿美元，为历史次高值，体现了我国持续推进产业升级以及外贸多元化发展的成效；服务贸易逆差2 078亿美元，居民跨境旅游、留学有序恢复但仍低于疫情前水平，生产性服务贸易发展势头良好。非储备性质的金融账户逆差与经常账户顺差保持自主平衡格局。其中，来华各类投资呈现恢复发展态势，外商直接投资延续净流入，第四季度规模稳步回升；外资对我国证券投资由2022年净流出转为净流入，第四季度投资境内债券明显提升向好；外债变化总体趋稳。境内主体稳步开展对外直接投资，对外证券投资趋稳放缓。2023年年末，我国对外净资产2.9万亿美元，较2022年年末增长20%。

10.3.2　改革开放40多年我国国际收支发展演变

改革开放以来，我国经济社会各方面都发生了天翻地覆的变化，涉外经济更是得到蓬勃发展，在国际收支数据上能够得到充分体现。

1) 改革开放推动中国经济全面融入世界经济体系，我国国际收支交易实现了从小变大、由弱变强的巨大飞跃

我国在全球贸易中的地位明显提升。国际收支平衡表数据显示，1982年我国货物和服务进出口总额为404亿美元，在全球范围内位居第20位。之后到2001年加入世界贸易组织的近20年间，货物和服务贸易总额年均增长14%；2001—2008年，对外贸易进入高速发展期，年均增速达26%；2009—2017年，对外贸易在波动中逐步趋稳，年均增长9%。据国际货币基金组织统计，2016年，我国货物和服务进出口总额为4.14万亿美元，在全球范围内位居第2位。

对外金融资产和负债规模稳步增长。改革开放以来，跨境直接投资先行先试，债券投资和贷款逐渐被政府允许，证券投资随着合格机构投资者制度的引入实现了从无到有的突破，近年来"沪港通""深港通""债券通"等渠道不断丰富，各类跨境投融资活动日益频繁。以直接投资为例，20世纪80年代国际收支统计的外国来华直接投资年均净流入二三十亿美元，90年代升至每年几百亿美元，2005年开始进入千亿美元，中国逐步成为全球资本青睐的重要市场。对外直接投资在2005年之前年均不足百亿美元，2014年突破千亿美元，体现了国内企业实力的增强和全球化布局的需要。国际投资头寸表显示，2017年年末我国对外金融资产和负债规模合计12.04万亿美元，自2004年有数据统计以来年均增

长17%。从2016年年末的各国数据比较来看，我国对外金融资产和负债规模在全球排第8位，并且是全球第二大净债权国。

2）改革开放促进国内经济结构和对外经济格局的优化，我国国际收支经历长期"双顺差"后逐步趋向基本平衡

我国经常账户顺差总体呈现先升后降的发展态势。1982—1993年，我国经常账户差额有所波动，个别年份出现逆差。但1994年以来，经常账户开始了持续至今的顺差局面。其中，1994—2007年，经常账户顺差与GDP之比由1%左右提升至9.9%，外向型经济特征凸显，在此期间这也带动了国内经济的快速增长。但2008年国际金融危机进一步表明，我国经济应降低对外需的依赖，更多转向拉动内需。2008年起我国经常账户顺差与GDP之比逐步回落至合理区间，2017年降至1.3%，说明近年来内需尤其是消费需求在经济增长中的作用更加突出，这也表现了内部经济结构优化与外部经济平衡的互为印证。

跨境资本由持续净流入转向双向流动。在1994年经常账户开启长期顺差局面后，我国非储备性质金融账户也出现了长达20年左右的顺差，"双顺差"一度成为我国国际收支的标志性特征。在此情况下，外汇储备余额持续攀升，最高接近4万亿美元。2014年以来，在内外部环境影响下，非储备性质金融账户持续了近3年的逆差，外汇储备由升转降，直至2017年外汇储备再度回升。上述调整也引起了我国对外资产负债结构的变化，2017年年末对外资产中储备资产占比为47%，较2013年年末下降18个百分点；直接投资、证券投资和其他投资占比分别上升10个、3个和5个百分点，体现了对外资产的分散化持有与运用。同时，2017年年末对外负债中的证券投资占比较2013年年末上升11个百分点，其他投资占比下降9个百分点，国内资本市场开放的成果有所显现。

3）改革开放增强了我国的综合国力和抗风险能力，我国国际收支经受住了3次较显著的外部冲击考验

改革开放以来我国国际收支状况保持总体稳健。历史上，国际金融市场震荡对我国国际收支形成的冲击主要有3次：一是1998年亚洲金融危机。当年我国非储备性质金融账户出现63亿美元小幅逆差，但由于经常账户顺差较高，外汇储备稳中略升。二是2008年国际金融危机以及随后的欧洲主权债务危机。我国国际收支"双顺差"格局没有发生根本改变，外汇储备进一步增加。三是2014—2016年美国货币政策转向。新兴经济体普遍面临资本外流、货币贬值问题，我国外汇储备下降较多，但国际收支支付和外债偿还能力依然较强、风险可控。

日益稳固的经济基本面和不断提升的风险防范能力是应对外部冲击的关键。首先，改革开放以来，我国经济实力不断增强，逐步成为世界第二大经济体，而且产业结构比较完整，为应对外部冲击奠定了坚实的经济基础。其次，我国国际收支结构合理，抗风险能力较强，经常账户持续顺差，在1982—2013年的储备上升时期，贡献了63%的外汇储备增幅，2014年以来也起到了对冲资本外流的作用；外汇储备持续充裕，1998年亚洲金融危机前已是全球第二位，2006年起超过日本跃居首位，我国储备支付进口、外债等相关警戒指标始终处于安全范围内。最后，我国资本项目可兑换稳步推进，人民币汇率形成机制改革不断完善，逆周期调节跨境资本流动的管理经验逐步积累，防范和缓解风险的效果

启智增慧 10-1
我国国际收支结
构的阶段演进

明显。

　　"十四五"规划"以国内大循环为主体、国内国际双循环相互促进"的新发展格局将为中长期国际收支保持平稳运行奠定坚实基础。在新发展格局下，国内市场主导国民经济循环特征将更加明显，经济增长的内需潜力不断释放，并且为其他国家提供的市场机会将会更加广阔，成为吸引国际商品和要素资源的巨大引力场；同时，我国将不断增强自主创新能力，维护产业链稳定，优化供给体系，既可以提升对国内需求的适配性，也可以保持国际竞争力，将使得我国货物和服务贸易呈现更加高质量的发展态势，促进经常账户总体维持在均衡合理区间。

启智增慧 10-2
我国经常账户保
持基本平衡具有
长期基础

　　展望未来，继续以习近平新时代中国特色社会主义思想为指导，更好统筹经济社会发展工作，扎实做好"六稳"工作，全面落实"六保"任务，坚持改革开放和风险防范统筹兼顾，推进更高水平的金融市场开放，积极应对外部冲击风险，努力维护国际收支基本平衡。

启智增慧 10-3
中国仍是外商
投资兴业沃土

10.4　国际收支理论

10.4.1　弹性分析理论

　　弹性论者把调整汇率作为调节国际收支的手段，因此，主要分析的是汇率变动对国际收支的影响。由于其对汇率的分析是围绕进出口商品的供求弹性展开的，所以被称为弹性分析法。这一理论产生于20世纪30年代，由英国经济学家马歇尔（A.Marshall）提出，后经英国经济学家琼·罗宾逊（J.Robinson）和美国经济学家勒纳（A.P.Lerner）等人发展而成。

　　弹性分析理论研究的主要问题，是货币贬值对贸易收支的影响，认为汇率变动通过对国内外产品之间的相对价格的影响而引起供给和需求在国内外产品之间的耗损，从而影响国际收支。这一分析的假定前提有四个：其他条件为已定，只考虑汇率变动对进出口商品数量和总值产生的影响；贸易商品的供给几乎具有完全弹性；小于充分就业和收入不变，因此进出口商品的需求就是这些商品及其替代品的价格水平的函数；没有资本流动，国际收支等于贸易收支，出口总值等于出口价格乘出口数量，进口总值等于进口价格乘进口数量，进出口值都用外币表示。在上述前提下，贬值能否改善贸易收支，取决于需求和供给的弹性。这里考虑四种弹性：出口商品的需求弹性、出口商品的供给弹性、进口商品的需求弹性、进口商品的供给弹性。所谓进出口商品的供求弹性，是进出口商品的供求数量对进出口商品价格变化的反应程度。弹性大，说明进出口商品价格在较大程度上影响进出口商品的供求数量；弹性小，说明进出口商品价格变化对进出口商品供求数量的影响较小。在假定供给具有完全弹性即在承认非充分就业、生产资源闲置可以使出口供给弹性无限大的前提下，贬值效果便取决于需求弹性。需求弹性是指价格变动所引起的进出口需求数量的变动。若数量变动大于价格变动，即需求弹性大于1；若数量变动小于价格变动，即需求弹性小于1。只有当贬值国进口需求弹性大于0（进口减少）与出口需求弹性大于1（出口增加）时，贬值才能改善贸易差额。如以 D_m 表示贬值国的进口需求弹性，D_x 表示出口需求弹性，则 $D_m + D_x > 1$，即进口需求弹性与出口需求弹性的总和大于1，这是贬值可以影响贸易差额的充分必要条件，也就是所谓的"马歇尔-勒纳条件"。举例来说，假设一国出口的需求弹性小于1，比如是1/4，即出口数量的增加只有价格下降的1/4，如果出口价格下降4%，出口数量仅增加1%，结果出口总值将减少3%。又假设进口的需求弹性为3/4，即国内价格上涨4%，进口数量就会减少3%，进口总值也将减少3%。由于这两种弹性之和等于1（1/4+3/4），进出口值按同一方向同一数量变动，所以贸易差额保持不变，得不到改善。如果 $D_m + D_x > 1$，贸易收支可以改善；如果 $D_m + D_x < 1$，贸易收支反趋恶化。

弹性分析理论探讨的另一主题是货币贬值即汇率变动对贸易条件的影响。所谓贸易条件就是商品交换比价，即一国出口商品物价指数与其进口商品物价指数之比。一国出口商品价格水平如果相对于进口商品价格来说下降了，就意味着贸易条件恶化了。商品贸易条件是同国际收支变化直接相关的。弹性分析论者认为，贸易条件同进出口商品的供求弹性有着密切关系：在供给弹性趋于无限大时，进口价格上升，出口价格不变，贸易条件将会恶化；在供给弹性等于0时，进口价格不变，出口价格上升，贸易条件可以改善；在需求弹性趋于无限大时，出口价格上升，进口价格不变，贸易条件可以改善；在需求弹性等于0时，出口价格不变，进口价格上升，贸易条件将会恶化。贬值对贸易条件的影响是不确定的，其效果要看供给需求弹性的大小。用 S_m 和 S_x 分别表示进口和出口商品的供给弹性，则当 $S_m S_x < D_m D_x$ 时，贬值可以改善贸易条件；当 $S_m S_x > D_m D_x$ 时，贬值会使贸易条件恶化；当 $S_m S_x = D_m D_x$ 时，贬值后贸易条件不变化。

弹性分析理论的重要贡献在于，它正确地指出了只有在一定的进出口供求弹性的条件下，货币贬值才能有改善贸易收支的作用与效果，纠正了货币贬值一定有改善贸易收支作用与效果的片面看法。特别是这种理论揭示了工业发达国家的进出口多是高弹性的工业制成品，所以在一般情况下，货币贬值的作用较大；相反，发展中国家的进出口多是低弹性的商品，货币贬值的作用则不大，发展中国家只有改变进出口商品的结构，由出口低弹性的初级产品转为出口高弹性的制成品，才能改善国际收支的状况。

弹性分析理论也存在着很大的局限性：①这一理论是一种局部均衡分析，只考虑贬值对进出口贸易的影响，而假定"其他一切条件不变"，实际上其他条件并非不变，贬值会影响非贸易商品价格等，从而整个国民收入和支出都会发生变动。②这一理论是一种静态分析，忽视了汇率变动效应的"时滞"问题。因为各种时滞因素的影响，事实上在短期内贬值并不能立即引起贸易数量的变化，贬值效应的变化轨迹多为"J形曲线"。③这一理论把国际收支仅局限为贸易收支，未考虑劳务进出口和国际资本移动，而劳务进出口和国际资本移动在现代国际收支中显然具有重要的地位和作用。④这一理论以小于"充分就业"（即国内外都有大量闲置资源未被充分利用）为条件，假定贸易商品的供给具有完全的弹性，不符合现实情况，它适用于生产周期的危机与萧条阶段，而不适用于生产周期的复苏与高涨阶段。况且，从生产初级产品的各国出口来看，供给的弹性确实是有限的。

10.4.2 吸收分析理论

吸收分析理论是 20 世纪 50 年代初美国经济学家亚历山大（S.S.Alexander）提出来的，这一理论强调收入和吸收在国际收支中的关键作用，是以凯恩斯的国民收入方程式 $Y = C + I$（国民收入=消费+投资）为前提。这是假定在封闭型经济条件下，如果引入对外贸易即实行开放型经济，则：

$$Y = C + I + X - M \text{（X与M分别表示出口与进口）} \tag{10-1}$$

由此导出：

$$X - M = Y - (C + I) \text{（国际收支=总收入-总支出）} \tag{10-2}$$

亚历山大把总支出称为总吸收（A），因此，吸收分析理论也被称为支出分析理论。吸收分析理论认为，一国的国际收支差额（B）就是国民收入与国内吸收的差额，即 $B = Y - A$。如果总吸收等于总收入就是国际收支平衡；如果总吸收大于总收入就是国际收支逆差；如果总吸收小于总收入就是国际收支顺差。既然国际收支逆差是总吸收大于总收入，调节国际收支的方法无非或是增加收入或是减少支出，或是扩大收入与减少支出二者兼用。

吸收分析论者提出了两种目标、两种工具的理论模式：内部平衡目标——非贸易商品市场处于供求相等的均衡状态；外部平衡目标——贸易商品的供求相等。要同时达到内部平衡和外部平衡这两种目标，就必须同时运用支出转换政策和支出变更（吸收）政策这两种工具。运用吸收政策主要是指通过紧缩性的货币政策和财政政策来减少对贸易商品的过度需求，纠正国际收支逆差。但吸收政策也会减少对非贸易商品的需求，由于价格刚性，需求的减少将导致供给过多，所以还要运用转换政策来消除非贸易商品的过度供给，抵消吸收政策的不利影响。这样，贸易商品与非贸易商品供求都相等，就整个国家来讲，总吸收等于总收入，从而达到内部平衡和外部平衡。

吸收分析论者在强调一国最终要通过改变收入或吸收来调节国际收支的同时，也重视货币贬值对国际收支的影响。但他们认为这种影响也是通过贬值对国民收入和吸收的影响来起作用的，贬值的效果取决于贬值对实际国民收入所引起的变化、贬值对吸收的直接影响等因素。在非"充分就业"的情况下，贬值刺激国外对出口商品的需求，使闲置资源转向出口部门，从而扩大出口，改善国际收支。同时，出口增加引起国民收入和国内吸收的增加，只要吸收的增加小于收入的增加，国际收支就可以得到改善。在"充分就业"的情况下，由于没有闲置的资源来扩充生产，国民收入不能增加，因而贬值只能通过压缩吸收来改善贸易收支。吸收减少，可以促使进口商品的国内需求下降，从而减少进口，使出口商品的国内需求下降，从而增加出口商品的数量，达到扭转国际收支逆差的目的。但吸收减少会减少对非贸易商品的需求，这就需要采用支出转换政策使非贸易商品的供需相等，以保持内部平衡。

吸收分析理论的重要贡献在于，它把国际收支同国内经济联系起来，为实施通过调整国内经济来调整国际收支的对策奠定了理论基础。这一理论具有强烈的政策配合的含义，一般来说，贬值一定要通过货币政策和财政政策的配合来压缩国内需求，把资源从国内吸收中解放出来转向出口部门，才能成功地改善国际收支。吸收分析理论把国际收支调节的重点放在国内需求水平上而不是相对价格水平上，这是它同弹性分析理论的主要区别。同时，吸收分析是建立在一般均衡基础上的，比起弹性分析建立在局部均衡的基础上，也是前进了一步。吸收分析理论的主要局限性在于，只以国际收支的贸易项目为主要研究对象，忽视了在国际收支中处于重要地位的国际资本流动等因素。同时，这一分析将贬值作为出口增加的唯一原因，并作为其理论的假设前提，也不符合实际状况。

10.4.3 货币分析理论

这是20世纪70年代前后随着货币主义的兴起而出现的国际收支调节理论。这一理论的代表人物是美国经济学家蒙代尔（A.Mundell）和加拿大经济学家约翰逊（H.G. Johansen）。

货币分析理论认为，国际收支失衡从根本上说是一种货币现象。影响国际收支的根本因素是货币供应量，只有保持货币供给的增加与真实国民收入的增长相一致，才可以保持国际收支的平衡与稳定。这一理论用数学公式表示则为：

$$M_d = YPr \tag{10-3}$$

货币需求（M_d）是收入（Y）、价格（P）和利率（r）的稳定函数。

一国的货币供给（M_s）来源于国内通过银行体系所创造的信用部分（D）和来自国外经由国际收支所获得的盈余——国际储备部分（R）即 $M_s = D + R$，移项则 $R = M_s - D$，假定在长期内货币需求等于货币供给，即 $M_d = M_s$，则货币分析理论的基本方程式为：

$$R = M_d - D$$

这一理论强调国际收支对国际储备的影响。国际收支逆差（国际储备的流失）是由国内货币供给过多引起的；国际收支顺差（国际储备的增加）是由货币需求过度造成的。货币供给与需求之间的差额反映在国际收支平衡表中的"储备项目"变化上，所以国际收支是与货币供求相联系的一种货币现象。货币需求如果从国内货币供给得不到满足，只能靠从国外取得资金来满足，恢复货币供需平衡，从而使国际收支平衡。随着国外资金流入和货币供给增加，货币供给大于需求，国际收支就会出现顺差。随着国际收支顺差的出现，人们会扩大商品进口和国外投资，从而资金流向国外，国内的货币供给就会减少，随着这些活动的增加，国际收支将逐渐出现逆差。

货币分析理论并不强调货币贬值的作用，而是强调货币政策的运用。因此，货币分析理论突出地把货币供给区分为国内来源和国外来源两部分，在既定的货币需求下，一国金融当局需要决定的是，这一需求究竟是靠国内来源（银行体系创造信用）还是靠国外来源（国际收支盈余）来满足。在部分准备金制度下，一国银行体系既能创造信用也能收缩信用，这就取决于一国执行什么样的货币政策。只要金融当局调节货币供给达到适当水平，国际收支就会趋于平衡。货币分析理论，实际上是休谟的"物价与金币流动机制"的改进与发展，这一理论的主要贡献在于，强调了国际收支顺差或逆差将会引起货币存量的变化，从而影响一国的经济活动。这一理论较前述两种理论的进步之处，还在于它考虑了资本移动因素对国际收支的影响。这一理论的主要缺陷在于，它把货币因素看成是决定性的，而把收入水平、支出政策、贸易条件和其他实物因素看成是次要的，这就颠倒了国际经济的因果关系。此外，它忽视了短期国际收支不平衡所带来的影响。在相当长的时期内，货币需求函数是相当稳定的，这从历史的资料来看是正确的，但在短期内货币需求并不是很稳定的。

本章小结

一国国际收支状况是一国对外经济交往活动的结果，是一国对内对外经济发展的综合反映。一国国际收支的实际发生状况决定了国际收支平衡表中数据的形成与变化。通过分析国际收支平衡表，可以了解一国国际收支的平衡情况，进而可以进一步查找国际收支失衡的原因，制定调节国际收支失衡的政策与措施。

概括来讲，判断一国国际收支是否均衡，主要看其自主性交易是否均衡。如果在一国的国际经济交易中，其自主性交易基本相等，不依靠调节性交易来调节，说明这个国家国际收支是平衡的，否则就是不平衡的。依靠自主性交易的平衡是主动平衡；依靠调节性交易的平衡是被动平衡。

对于国际收支平衡概念的理解又可以区分为静态平衡和动态平衡两种。国际收支的静态平衡，指一国在一定时期内（一般为一年）自主性国际收支交易不存在顺差，也不存在逆差。

国际收支的动态平衡概念强调的是"一国国际收支交易的可持续性"，即以经济实际运行可能实现的计划期为平衡周期，保持平衡期内国际收支的平衡。其目标是：使一国在一定时期内的国际收支规模与结构均能促进该国经济持续健康发展；促进该国货币均衡汇率水平的实现和稳定；使该国国际储备达到或维持充足的最优水平。国际收支的动态平衡也被称为国际收支均衡，即国内经济处于均衡状态下的自主性国际收支平衡，即国内经济处于经济增长、充分就业、物价稳定下的自主性国际收支平衡，也就是我们通常所说的内外均衡。国际收支均衡是一国达到福利最大化的综合政策目标。在世界经济日渐一体化的背景下，国际收支的调节不仅仅要实现国际收支平衡，还要实现国际收支均衡这一目标。

国际收支管理是宏观经济管理的重要组成部分，而国际收支管理的主要目标就是实现国际收支平衡。国际收支失衡，无论是顺差还是逆差，如不及时调整，都会对国民经济产生不良影响。如果国际收支长期存在大量顺差，会促使外汇储备过度增长，影响国内货币供应量，不利于控制通货膨胀，同时会促使本国货币的对外汇率上升，影响商品出口的竞争能力。相反，如果国际收支长期存在大量逆差，就会导致国际储备减少，币值下降，资本外流，削弱本国的经济实力，甚至会引发国际收支危机等。国际收支的均衡与否，与国民经济能否健康发展关系极大，因此，世界各国都十分重视国际收支的调节或管理工作。

关键概念

自主性交易　调节性交易　一国国际收支交易的可持续性　国际收支均衡　国际收支的自动调节　直接干预政策　弹性分析法　马歇尔-勒纳条件　吸收分析理论

综合训练

思考题

1）国际收支失衡的判断依据是什么？
2）国际收支失衡的主要表现有哪些？

3）引起国际收支失衡的主要原因有哪些？

4）国际收支失衡可能带来的后果有哪些？

5）国际收支失衡如何调节？

即测即评 10

综合训练参考答案 10

第 11 章

内外均衡调节理论

目标引领

☑ 价值塑造

　　本章引导学生从内外均衡的视角，了解新兴市场国家宏观经济政策组合调整的理论和实践，深入思考并探讨中国宏观经济所面对的内外均衡冲突和政策选择难题。号召学生投身国家治理的火热实践，在履行使命担当的基础上，建立中国特色社会主义的理论自信。

☑ 知识传授

　　通过本章的学习，了解开放经济内外均衡冲突的含义及政策搭配思想；掌握丁伯根法则、有效市场分类原则和斯旺图形的基本原理；基本掌握蒙代尔–弗莱明模型的原理，理解在不同汇率制度下，国际资本流动对财政政策和货币政策有效性的影响；理解 AD-AS 模型分析框架下宏观政策的中长期效应；理解两国蒙代尔–弗莱明模型条件下，一国宏观政策对他国的溢出效应。

思维导图

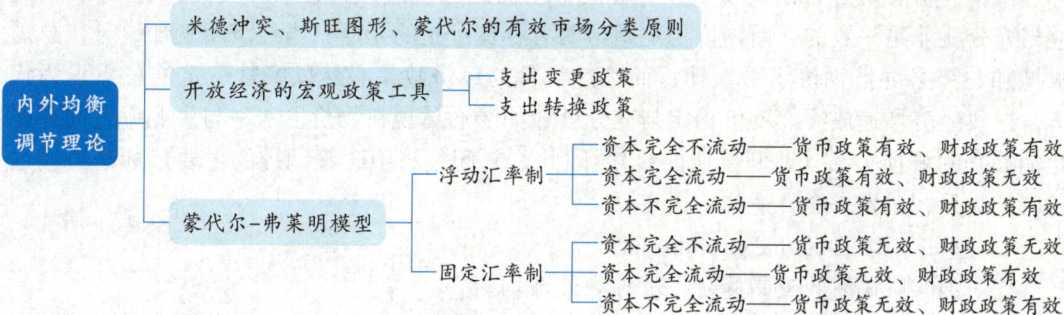

开篇导读

美联储货币政策与全球经济、金融失衡

　　自从 2023 年秋天美联储暗示降息可能性以来，华尔街交易员、经济学家、市场中的交易者，几乎所有人都开始纠结于一个问题：美联储什么时候开始降息？2023 年年末，由于美国通胀快速下降，市场押注美联储将激进降息，在 2024 年 3 月首次降息，年内降息 7 次。

　　2024 年披露的美国劳工部数据显示，美国 3 月 CPI 同比上升 3.5%，为 2023 年 9 月以来最高水平，也高于市场预估的 3.4%。环比上升 0.4%，与上月持平，但也高出市场预期。

核心 CPI 同比、环比分别上升 3.8%、0.4%，与上月持平。3 月美国新增非农就业 30.3 万人，为 2023 年 5 月以来高点。

随着美国经济表现出惊人的活力，市场转而关注另一个问题：美联储今年还能兑现点阵图暗示的 3 次降息吗？甚至，美联储年内到底会降息吗？美股美债投资者也开始调整投资策略。

美联储主席鲍威尔的立场相对温和。他多次表示最近关于就业增长和通胀数据并没有实质性改变总体情况：稳定的经济增长，强劲但正在重新平衡的劳动力市场，物价在有时崎岖不平的道路上向 2% 下降。

评析：如果我们稍微注意一下国际经济形势，就会发现在多数情况下，各个国家政府的宏观经济政策是不同与多变的。各国政府为什么要进行宏观经济管理？为什么在不同的经济环境下要采取不同的宏观经济政策？它们拥有哪些政策工具？如何选择与搭配这些政策工具以实现它们的政策目标？本章将对这些问题进行解答。

11.1　开放经济的宏观政策目标

11.1.1　内部均衡与外部均衡

1）内部均衡（internal equilibrium）

当一国同时实现经济增长、物价稳定和充分就业时，就称为内部均衡。

在封闭经济中，宏观政策调控的目标包括经济增长、物价稳定和充分就业，这三个目标囊括了经济合理运行的主要条件。在内部均衡的三个目标中，经济增长属于长期目标，它与充分就业是一致的，而物价稳定则与两者存在一定的矛盾：当经济增长加快时，总需求增加，势必导致物价水平上升；而稳定物价的经济政策必然以牺牲一定的总需求为代价，导致经济增速放缓。物价稳定与充分就业的矛盾体现在物价上涨率与失业率之间存在此消彼长的替换关系（菲利普斯曲线）。因此，封闭经济中政策调控的主要目标是协调这三者的关系，确定一个合适的均衡点。

2）外部均衡（external equilibrium）

当一国实现国际收支平衡时，就称为外部均衡。

在开放经济中，一国经济与外界密切相关，除了内部均衡的三个目标之外，宏观政策调控还要保证国际收支平衡，即一国或地区与世界其他国家或地区之间在一定时期内全部经济活动往来的收支基本持平、略有顺差或略有逆差。由于国际收支状况会对经济增长、物价稳定和充分就业产生影响，因此在开放经济中，宏观政策的调控变得更为复杂。例如，当国际收支处于逆差时，本币贬值，政府为了稳定汇率，会动用外汇储备进行干预，这将引起货币供给减少、利率上升，从而导致经济增速回落，失业增加；反之，当国际收支处于顺差时，持续增加的外汇储备存量会引起货币供给增加，从而导致物价上涨、通货膨胀，而且，长期顺差还将导致国际关系恶化，引起经济摩擦。

因此，一国经济的均衡是在内部均衡和外部均衡基础上实现的总体和全局均衡。

11.1.2　内部均衡与外部均衡的关系

英国经济学家詹姆斯·米德（J.Meade）于 1951 年在其名著《国际收支》中首次提出了固定汇率制下宏观经济目标内外均衡的冲突问题。[①]米德用了 A、B 两国的例子来解释内外均衡的矛盾问题：[②]当 A 国发生国内支出的自发性收缩时，会对 A 国和 B 国都产生紧缩性影响，并使国际收支变得有利于 A 国而不利于 B 国。在这种情况下，A 国需要使国内支出出现政策性膨胀，一方面阻止国内的萧条，另一方面抑制国内对进口商品需求的下降，从而有利于 A 国贸易差额的变动。就 A 国而言，这里并不存在内外均衡的矛盾。但如果 A 国听任贸易差额朝有利于自己的方向变化，B 国就将面临严重的政策冲突。也就是说，为了实现内部均衡，B 国必须使国内支出发生政策性膨胀；为了实现外部均衡，B 国却需要使国内支出发生政策性紧缩，以在 A 国对 B 国出口商品需求发生下降的情况下限制 B 国对进口商品的需求。稳定国民收入的膨胀性政策将使国际收支失衡加剧，而恢复国际收支平衡的紧缩性政策又会加剧国民收入的萎缩。

米德认为，在固定汇率制下，政府无法运用汇率政策手段调控国内外需求，只能运用影响国内总需求的政策手段来平衡内外收支，因此，宏观调控难以内外均衡兼顾，就会产生内外均衡的冲突。表 11-1 列举了固定汇率制下，一国所面临的内外经济状态的组合。

表11-1　　　　　　　　固定汇率制下，一国所面临的内外经济状态的组合

组合	内部经济状况	外部经济状况	内外均衡关系
1	通货膨胀	国际收支逆差	一致
2	经济衰退/失业增加	国际收支顺差	一致
3	经济衰退/失业增加	国际收支逆差	冲突
4	通货膨胀	国际收支顺差	冲突

在第 1 种组合下，要实现内部均衡，应采取减少总需求的政策，这会通过边际进口倾向的作用使进口减少，在出口不变的情况下使经常账户顺差增加，从而改变原有的国际收支逆差状况，使其趋于均衡。

在第 2 种组合下，要实现内部均衡，应采取增加总需求的政策，这会通过边际进口倾向的作用使进口增加，在出口不变的情况下使经常账户逆差增加，从而改变原有的国际收支顺差状况，使其趋于均衡。

因此，这两种组合属于内外均衡的一致，即政府追求内部（或外部）均衡时对总需求的调控措施同时对外部（或内部）均衡产生了积极的影响。

在第 3 种组合下，要实现内部均衡，应采取增加总需求的政策，这会通过边际进口倾向的作用使进口增加，在出口不变的情况下使经常账户逆差增加，从而使原有的国际收支逆差状况进一步恶化，使其距离均衡目标越来越远。

[①]　MEADE J E.The theory of international economics policy［M］．London：Oxford University Press，1951.
[②]　米德．国际收支［M］．李翀，译．北京：首都经济贸易大学出版社，2001：116-126.

在第4种组合下，要实现内部均衡，应采取减少总需求的政策，这会通过边际进口倾向的作用使进口减少，在出口不变的情况下使经常账户顺差增加，从而使原有的国际收支顺差状况进一步恶化，使其距离均衡目标越来越远。

因此，后两种组合属于内外均衡的冲突，即"米德冲突"。"米德冲突"指政府在追求内部（或外部）均衡时对总需求的调控措施使外部（或内部）均衡状况恶化，距离目标更远。我国在1979—1999年间，就曾经发生过内外均衡的冲突，见表11-2。

表11-2　　　　　　　1979—1999年间我国内部均衡与外部均衡的冲突表现[①]

观察年份	政策手段	政策目标	冲突表现
1979—1983	紧缩性政策	抑制经济过热	国际收支顺差
1985—1989	扩张性政策	促进经济发展	国际收支逆差
1986—1988	人民币贬值	改善国际收支	国内通货膨胀
1992—1999	扩张性政策	促进经济发展	国际收支逆差

内外均衡冲突的根源在于经济的开放性。对于一个开放经济体而言，既要在经济运行中保持自身的相对稳定，避免通货膨胀、高失业及经济衰退等现象，又要防范由于经济的开放性导致资源在国家间的自由流动而产生的经济失衡问题。因此，内外均衡的目标实际上就是开放经济的内在稳定性和合理开放性之间的平衡。而一般情况下，内在稳定性和合理开放性所要求的政策工具的调整方向是相反的，实现某一均衡势必会导致另一均衡的恶化，这就形成了内外均衡的冲突。

米德分析的局限在于使用固定汇率制，而且也没有考虑资本流动对内外均衡的影响。20世纪70年代以来，随着浮动汇率制的出现，内外均衡的关系更为复杂。一方面，汇率的自由浮动以及资本的自由流动可以自发地调节国际收支；但另一方面，国际收支的失衡也会引起汇率的频繁波动和资本的大规模流动，这使得各国的经济政策受到更多的制约，内外均衡之间的相互冲突加深。

11.2　开放经济的宏观政策工具及其搭配

11.2.1　开放经济的宏观政策工具

1）支出变更政策（expenditure-changing policies）

支出变更政策是旨在调控总需求规模的政策，是指政府运用货币和财政政策手段，调节消费、投资和政府购买的规模，直接影响总需求，进而调节内部均衡。同时，支出变化通过边际进口倾向影响进口，还可以通过利率来影响资本流动，进而调节外部均衡。

货币政策是指一国中央银行通过改变货币供给影响利率进而影响总需求的政策。它分

---

① 姜波克. 国际金融新编［M］. 上海：复旦大学出版社，2008：116.

为扩张性货币政策和紧缩性货币政策。扩张性货币政策是指增加货币供给、降低利率，这会引起投资增加、国民收入提高，进而引起进口增加；同时由于利率水平的下降，还会导致国际短期资本外流。同理，紧缩性货币政策则是指减少货币供给、提高利率，这会引起投资减少、国民收入下降、进口减少和国际短期资本流入。

财政政策是指一国政府通过改变政府支出和税收进而影响总需求的政策。它分为扩张性财政政策和紧缩性财政政策。扩张性财政政策是增加政府支出或减少税收的政策，这会通过乘数效应使国民收入增加，进而引起进口增加。反之，紧缩性财政政策则是减少政府支出或增加税收的政策，这会通过乘数效应导致国民收入减少，进口也随之下降。

2）支出转换政策（expenditure-switching policies）

支出转换政策是旨在改变总需求结构的政策，是指通过影响本国贸易品的国际竞争力以改变支出构成，进而改变总需求的结构，使本国收入相对于支出增加，主要包括汇率政策和直接管制政策两种。

汇率政策属于狭义的支出转换政策，是指政府通过改变汇率，可以使支出在国内商品和进口商品之间转换，以调节国际收支。例如，当本币升值时，本国商品相对于外国商品变得更贵，这会使支出从本国商品转向外国商品，造成进口增加、出口减少，总需求减少，有利于国际收支顺差国实现外部均衡。反之，当本币贬值时，支出从外国商品转向本国商品，根据马歇尔-勒纳条件，出口增加，进口减少，总需求增加，有利于国际收支逆差国实现外部均衡。

直接管制政策属于广义的支出转换政策，包括关税政策、进出口配额等贸易管制政策和外汇兑换管制、汇率管制和资本流动管制等金融管制政策。一般来说，直接管制政策作用时间短、见效快，但是会在一定程度上有损市场效率，导致资源配置扭曲。

直接管制政策与汇率政策的不同之处在于：直接管制政策是针对特定的国际收支项目的，而汇率政策是同时作用于所有国际收支项目的普遍性控制政策。

11.2.2 开放经济的宏观政策工具搭配原理

1）丁伯根法则（Tinbergen's law）

1969 年的第一届诺贝尔经济学奖得主、荷兰经济学家丁伯根（J.Tinbergen）最早提出了将政策目标和政策工具结合在一起的正式模型，并经过推算得出了有关论断。

要实现 N 种独立的政策目标，至少要有 N 种相互独立的政策工具，这就是丁伯根法则。

假定经济体有两个政策目标 T_1 和 T_2，它们的理想状态分别是 T_1^* 和 T_2^*，同时还有两种政策工具 I_1 和 I_2。令政策目标是政策工具的线性函数，则有：

$$\left.\begin{array}{l} T_1 = a_1 I_1 + a_2 I_2 \\ T_2 = b_1 I_1 + b_2 I_2 \end{array}\right\} \tag{11-1}$$

从数学上看，只要 $a_1/b_1 \neq a_2/b_2$，即两种政策工具线性无关，就可以解出目标最优时对应的 I_1 和 I_2 的水平：

$$\left.\begin{array}{l} I_1 = (b_2 T_1^* - a_2 T_2^*)/(a_1 b_2 - a_2 b_1) \\ I_2 = (a_1 T_2^* - b_1 T_1^*)/(a_1 b_2 - a_2 b_1) \end{array}\right\} \tag{11-2}$$

如果 $a_1/b_1=a_2/b_2$，即两种政策工具线性相关，则意味着当局只有一种独立的政策工具，无法实现两个不同的政策目标。

2）蒙代尔的有效市场分类原则

蒙代尔对于政策协调的研究基于的前提是政策工具的决策机构分散化和信息不完全，例如，财政政策的制定属于财政部，而货币政策的制定则由中央银行管辖，在这种情况下无法按照丁伯根法则描绘的那样获得最优的选择，只能遵循次优标准。因此，蒙代尔得出的结论是：如果每个政策工具都被合理地指派给某个政策目标，并且在该目标偏离其最佳水平时按一定规则进行调控，那么在分散决策的情况下仍有可能实现理想目标。

进一步地，针对每种工具应指派何种目标，蒙代尔提出了"有效市场分类原则"：每一目标应当指派给对这一目标有着相对最大的影响力、因而在影响政策目标上有相对优势的政策工具。如果政策工具指派不当，经济可能会产生波动并距离均衡目标越来越远。据此，蒙代尔在分析了财政政策和货币政策影响内外均衡的不同效果的基础上，提出了以财政政策实现内部均衡目标、以货币政策实现外部均衡目标的指派方案。

蒙代尔的"特定工具实现特定目标"这一思想，解决了固定汇率制下因政策工具不足而产生的"米德冲突"问题，确立了开放经济条件下政策调控的基本思路——针对内外均衡目标，确定不同政策工具的指派对象，并尽可能地进行协调以实现内外一致均衡。

相对于丁伯根法则，蒙代尔的"有效市场分类原则"是一种更为一般化的方法，由于分散决策和不确定性是调控决策中普遍性的特征，因此它更适合现实的客观经济环境。从某种意义上说，丁伯根法则是蒙代尔方法的一种特例：当不存在信息不完全和不同的决策者之间有一个统一的协调者时，两者的政策含义才是完全相同的。

11.2.3 开放经济的宏观政策工具搭配运用

在搭配运用政策工具以实现内外均衡的方案中，最有影响力的莫过于蒙代尔提出的财政政策与货币政策的搭配模型和斯旺提出的支出变更政策与支出转换政策的搭配模型了。

1）财政政策与货币政策的搭配

蒙代尔提出的财政政策与货币政策的搭配模型如图11-1所示。其中，横轴表示财政政策，以预算为代表，向右表示财政政策扩张、预算增加；向左表示财政政策紧缩、预算减少。纵轴表示货币政策，以货币供给为代表，向上表示货币政策扩张、放松银根；向下表示货币政策紧缩、收紧银根。IB曲线表示内部均衡，在这条线上国内经济达到均衡。这条线的左边，表示国内经济衰退和失业增加；这条线的右边，表示国内通货膨胀。EB曲线表示外部均衡，在这条线上国际收支达到平衡。这条线的上边，表示国际收支逆差；这条线的下边，表示国际收支顺差。IB曲线和EB曲线的斜率都为负，表示当一种政策扩张时，为达到内部均衡或外部均衡，另一种政策必须紧缩；或一种政策紧缩时，另一种政策必须扩张。

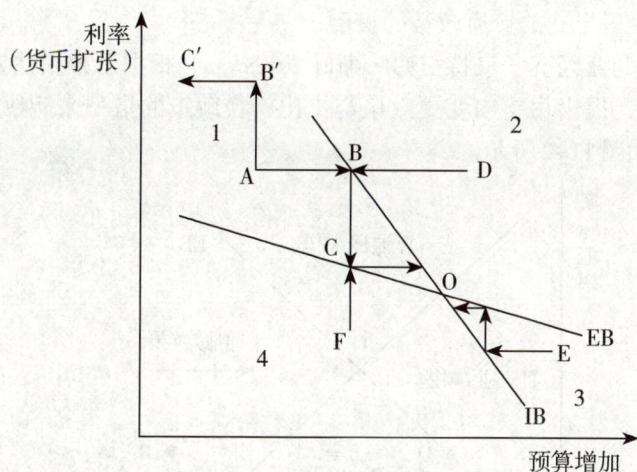

图11-1　财政政策与货币政策的搭配模型

　　IB曲线比EB曲线更为陡峭，是因为财政政策对保持内部均衡更有效，而货币政策对保持外部均衡更有效。但这并不是说财政政策只影响内部均衡，而货币政策只影响外部均衡。例如，当政府预算支出缩减时，国民收入减少，导致进口减少，经常账户顺差；同时，在货币政策不变的情况下，利率上升，形成资本账户逆差。显然，初始的预算变动对内外均衡都产生了影响，只不过对国内经济变量的影响更大而已。同样，由于国际短期资本流动对利率相当敏感，所以货币政策在实现外部均衡时更为有效。只有选择影响力较强的政策工具对相应变量进行调节，才能以最小的代价实现内外均衡，这正是蒙代尔的有效市场分类原则的实践应用。IB曲线和EB曲线的交点O表示内外均衡同时实现。

　　根据蒙代尔的分析，如果经济的起点为区间1的A点，此时国内宏观经济和国际收支双双失衡，应采取扩张性财政政策来抑制经济衰退，使A点向B点移动。同时，采取紧缩性货币政策来解决国际收支逆差，使B点向C点移动。扩张性财政政策与紧缩性货币政策的如此反复搭配使用，最终会使A点收敛于O点，实现国内经济和国际收支同时均衡。如果政策当局使用的政策与之相悖，用紧缩性财政政策来解决外部失衡，会使A点向B′点移动，再用扩张性货币政策来解决内部失衡，就会使B′点向C′点移动，这样的调节过程是发散的，离内外均衡的最终目标O点越来越远。

　　同样，我们还可以推广到其他三个区间中的D、E和F三点，调整路径如图11-1所示，最终都收敛于内外均衡点O。财政政策与货币政策具体的搭配组合见表11-3。

表11-3　　　　　　　　　　　　　　　财政政策与货币政策搭配

区间	内部经济状况	外部经济状况	财政政策	货币政策
1	经济衰退/失业增加	国际收支逆差	扩张	紧缩
2	通货膨胀	国际收支逆差	紧缩	紧缩
3	通货膨胀	国际收支顺差	紧缩	扩张
4	经济衰退/失业增加	国际收支顺差	扩张	扩张

2）支出变更政策与支出转换政策的搭配

1955年，澳大利亚经济学家特雷弗·斯旺（T.Swan）根据丁伯根法则对开放经济的宏观调控进行了分析，提出用支出变更政策与支出转换政策的搭配来解决内外均衡的冲突，即"斯旺图形"，如图11-2所示。

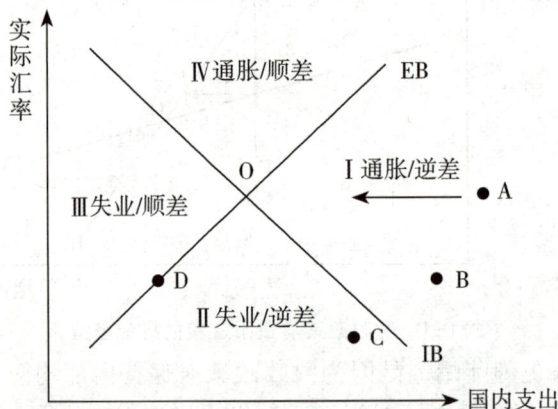

图11-2　支出变更政策与支出转换政策的搭配

如图11-2所示，横轴表示消费、投资和政府购买所衡量的国内支出，代表支出变更政策；纵轴表示用直接标价法衡量的本国货币实际汇率，代表支出转换政策。实际汇率上升表示本币贬值，实际汇率下降表示本币升值。在斯旺的理论框架中，并未涉及国际资本的流动，因此，外部均衡是指经常账户收支平衡，而非国际收支平衡。

IB曲线表示内部均衡，是充分就业和物价稳定时实际汇率与国内支出水平的结合。IB曲线的斜率为负，因为当本币贬值时，出口增加，进口减少，要维持内部均衡需要减少支出。在IB曲线的左边，有失业压力，因为对于既定的汇率水平，国内支出水平低于实现内部均衡所需的国内支出；同理，在IB曲线的右边，有通货膨胀压力，因为国内支出水平高于实现内部均衡所需的国内支出。EB曲线表示外部均衡，是经常账户收支均衡时实际汇率与国内支出水平的结合。EB曲线的斜率为正，因为当本币贬值时，出口增加，进口减少，经常账户顺差，要维持外部均衡需要扩大支出进而增加进口。在EB曲线的左边，经常账户顺差，因为国内支出水平低于实现外部均衡所需的国内支出；同理，在EB曲线的右边，经常账户逆差，因为国内支出的水平高于实现外部均衡所需的国内支出。IB曲线和EB曲线的交点O表示内外均衡同时实现，这是一国的理想状态。

假设一个经济体从内外失衡的A点出发，即国内通货膨胀与经常账户收支逆差并存，通过采取支出紧缩性政策削减国内支出，压缩总需求，抵制通货膨胀并改善收支逆差等方法，使A点向O点方向靠近，实现内外均衡。但是，如果经济失衡点不是对称地处于IB和EB曲线之间，如点B和点C，政策的搭配就变得十分重要。在B点，外部失衡程度比内部失衡严重得多，应大幅削减支出，使B点向D点移动，这样，虽然解决了外部失衡，内部却出现了失业，因此必须辅以本币贬值的支出转换政策。同理，如果经济初始在C点运行，也必须采用支出扩张性政策和本币贬值搭配组合，才能使C点向O点方向靠近，实现内外均衡。表11-4列出了在各个区间支出变更政策和支出转换政策实现内外均衡的搭配组合。

表 11-4　　　　　　　　　　　　　支出变更政策和支出转换政策的搭配

区间	经济状况	支出变更政策	支出转换政策
I	通胀/逆差	紧缩	贬值
II	失业/逆差	扩张	贬值
III	失业/顺差	扩张	升值
IV	通胀/顺差	紧缩	升值

可见，斯旺图形阐明了这样一个道理：要实现内外均衡的双重目标，只有依赖政策搭配才行，单一的政策工具是无法实现的。但是，由于斯旺图形没有考虑到资本流动和汇率制度，因此并不能完全解决"米德冲突"的问题。

11.3　开放经济的宏观政策短期效应分析

美国经济学家弗莱明（J.Fleming）和蒙代尔分别于 1962 年和 1963 年发表了《固定和浮动汇率制下的国内金融政策》（Domestic financial policy under fixed and flexible exchange rates）和《固定和浮动汇率制下的资本流动和稳定政策》（Capital mobility and stabilization policy under fixed and flexible exchange rates），在汉森（Hansen）和希克斯（Hicks）所提出的 IS-LM 模型中加入了国际收支均衡的分析，构建了 IS-LM-BP 模型，即蒙代尔-弗莱明模型（Mundell-Fleming Model），这也是蒙代尔获得 1999 年诺贝尔经济学奖的重要学术成就之一。蒙代尔-弗莱明模型既是分析开放经济偏离均衡时政策搭配的工具，又是分析不同政策手段调节效果的工具。蒙代尔-弗莱明模型奠定了开放经济条件下的宏观政策分析的基本框架，在西方文献中被称为开放经济下宏观分析的母机（workhorse）。

11.3.1　蒙代尔-弗莱明模型分析框架的基本前提

蒙代尔-弗莱明模型的分析基于以下前提：

1）开放的小国经济

"小国"的含义是说该国的经济情况和政策变动都不足以影响世界经济。从另一方面看，该国可以从世界金融市场借款而不会影响到国际利率水平，是国际利率水平的接受者。

2）总供给曲线具有无限弹性，是水平的

这是指短期总供给可以随总需求的变化迅速调整，该国均衡的产出水平由总需求决定。

3）资本充分自由流动

资本充分自由流动则各国之间不存在利差，任何的利率差异都会被资本自由流动所消除。但我们在后文的分析中，也加入了资本完全不流动和不完全流动这两种情况。

4）静态的汇率预期

静态的汇率预期即预期的汇率变化率为零，投资者风险中立。

5）国内外价格水平不变

国内价格 P 和国外价格 P^* 均保持不变，这是凯恩斯粘性价格思想的继承。因此，名义汇率与实际汇率同比例变动。

11.3.2　蒙代尔-弗莱明模型的基本内容

蒙代尔-弗莱明模型的基本分析由三条曲线组成：IS曲线、LM曲线和BP曲线，分别表示产品市场均衡、货币市场均衡和国际收支均衡。

1）产品市场均衡——IS曲线

我们用 Y 来表示由实际GDP衡量的产出水平（国外产出水平为 Y^*）；C 表示消费，与可支配收入（$Y - T$）正相关；I 表示投资，与国内利率 i 负相关；G 表示政府购买，是由政策制定者决定的外生变量；NX 表示净出口，与本币名义汇率 e（直接标价法）正相关，与国内产出 Y 负相关，与国外产出 Y^* 正相关。IS曲线的表达式如下：

$$Y = C(Y - T) + I(i) + G + NX(e, Y, Y^*) \tag{11-3}$$

等式的左边表示总产出，右边表示总需求。当产品市场均衡时，总产出等于总需求。扩张性财政政策使IS曲线右移；紧缩性财政政策使IS曲线左移。

2）货币市场均衡——LM曲线

L 表示实际货币需求，与国内收入 Y 正相关，与国内利率 i 负相关。M 表示名义货币供给，是由中央银行决定的外生变量。由于价格水平 P 不变，所以 M 也表示实际货币供给。LM曲线的表达式如下：

$$L(Y, i) = M \tag{11-4}$$

等式的左边表示货币需求，右边表示货币供给。当货币市场均衡时，货币需求等于货币供给。扩张性货币政策使LM曲线右移；紧缩性货币政策使LM曲线左移。

3）国际收支均衡——BP曲线

国际收支账户包括经常账户和资本账户两部分。其中，经常账户收支由贸易决定，即净出口，用 $NX(e, Y, Y^*)$ 表示；资本账户收支是由国内外利差决定的，用 $CF(i, i^*)$ 表示。在这里，CF 衡量的是国际资本流动，与国内利率 r 正相关，与国外利率 r^* 负相关。BP 表示国际收支，当它大于零时，意味着国际收支盈余或顺差；当它小于零时，意味着国际收支赤字或逆差；当它等于零时，国际收支平衡，即外部均衡。BP曲线的表达式如下：

$$NX(e, Y, Y^*) + CF(i, i^*) = BP \tag{11-5}$$

本币汇率贬值会引起经常账户盈余，使BP曲线右移；本币汇率升值会导致经常账户恶化，使BP曲线左移。

4）IS-LM-BP模型

IS-LM-BP模型是凯恩斯主义宏观经济模型在开放经济下的拓展，因为在封闭经济条件下，$NX=0$，$CF=0$，$BP=0$，就是凯恩斯主义的IS-LM模型。

由于BP曲线的形状是由资本的流动性决定的，因此我们先来探讨一下资本的流动性。当资本完全不流动时，也就是国际资本对国内利率的变动毫无反应，BP曲线代表经常账户平衡，是一条垂线。当资本完全流动时，即国内已经不存在任何形式的外汇管制，资本流动将弥补任何形式的经常账户失衡，国际收支状况由资本账户状况决定，BP曲线是一条水平线。而更一般的情况是资本不完全流动时，BP曲线具有正的斜率，向右上方倾斜。这是因为，随着国内收入增加，进口会增加，导致国际收支恶化，为了实现国际收支平衡，需要提高利率，用资本项目盈余来弥补经常账户赤字。此时，如果国际资本对国内利率变动的反应灵敏，则BP曲线比LM曲线更为平坦；反之，如果国际资本对国内利率变动的反应不太灵敏，则 BP 曲线比 LM 曲线更为陡峭。

图 11-3 和图 11-4 衡量了当资本完全不流动和资本完全流动时宏观经济的一般均衡；而图 11-5 和图 11-6 描述的则是资本不完全流动时宏观经济的一般均衡。

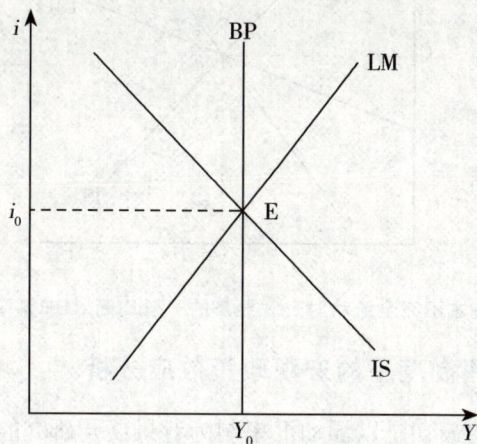

图11-3 资本完全不流动时宏观经济的一般均衡

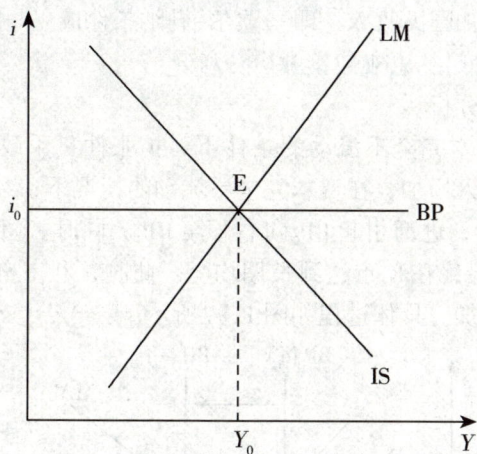

图11-4 资本完全流动时宏观经济的一般均衡

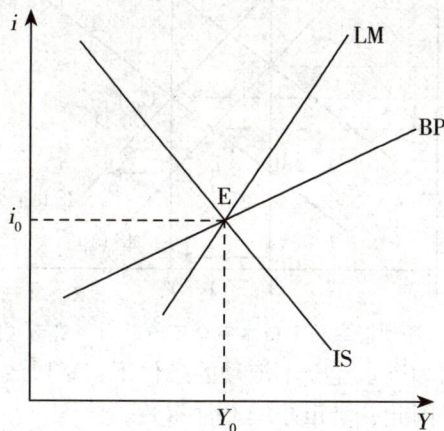

图11-5 资本不完全流动时宏观经济的一般均衡（BP斜率小于LM斜率）

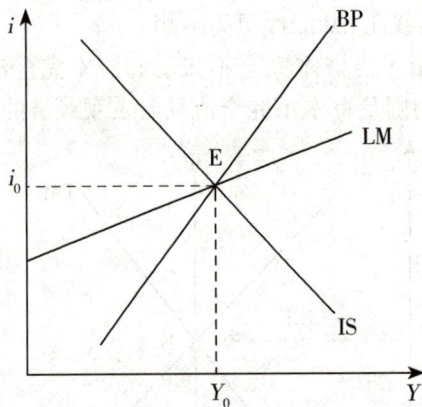

图11-6　资本不完全流动时宏观经济的一般均衡（BP斜率大于LM斜率）

11.3.3　浮动汇率制度下的宏观政策效应分析

蒙代尔-弗莱明模型最初是以浮动汇率制为背景展开研究的。在浮动汇率制下，国际收支失衡会导致汇率自动调整，货币当局不对外汇市场进行任何干预。假定本币贬值可以改善经常账户收支，增加国民收入，即马歇尔-勒纳条件成立。

1）资本完全不流动时的宏观政策效应分析

（1）货币政策效应分析

在浮动汇率制和资本完全不流动的条件下，扩张性货币政策使LM_0向右移动至LM_1，引起利率下降，国民收入增加，在资本完全不流动的情况下，经常账户出现赤字，国际收支恶化，导致本币贬值，进而引起BP_0向右移至BP_1。同时，货币贬值和国民收入增加导致IS_0向右移动到IS_1，最终在E_2点达到长期均衡。此时，利率有所回升，但仍低于初始水平；国民收入进一步增加。具体过程如图11-7所示。

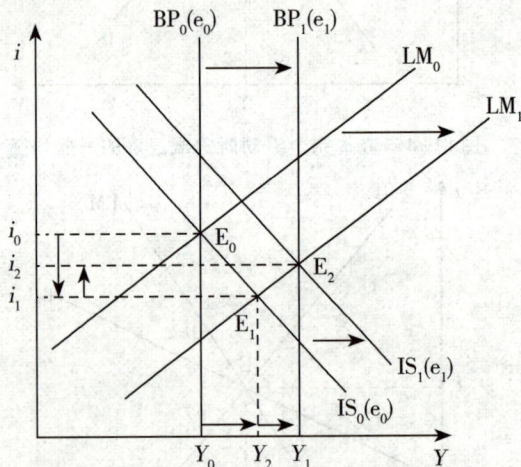

图11-7　浮动汇率制下资本完全不流动时的货币政策效应分析

可见，在浮动汇率制和资本完全不流动的条件下，货币政策扩张会导致本币贬值、利率下降和国民收入增加。因此，货币政策非常有效。

（2）财政政策效应分析

在浮动汇率制和资本完全不流动的条件下，扩张性财政政策使IS_0向右移动至IS_1，引起利率上升，国民收入增加，在资本完全不流动的情况下，经常账户出现赤字，国际收支恶化，导致本币贬值，进而引起BP_0向右移至BP_1。同时，货币贬值进一步扩大了财政政策的扩张效应，IS_1向右移动至IS_2，最终在E_2点达到长期均衡，利率和国民收入均高于初始均衡。具体过程如图11-8所示。

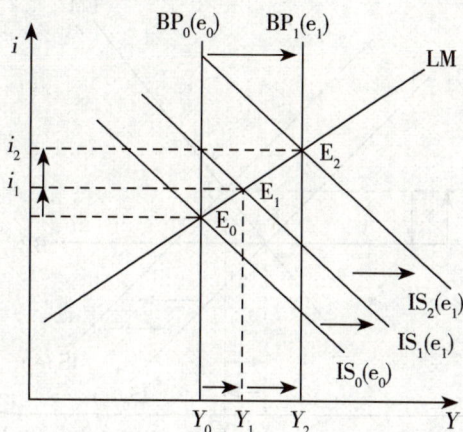

图11-8　浮动汇率制下资本完全不流动时的财政政策效应分析

可见，在浮动汇率制和资本完全不流动的条件下，财政政策扩张会导致本币贬值、利率上升和国民收入增加，财政政策非常有效。

2）资本完全流动时的宏观政策效应分析

（1）货币政策效应分析

在浮动汇率制和资本完全流动的条件下，扩张性货币政策使LM_0向右移动至LM_1，引起利率下降，国民收入增加，资本账户和经常账户双双恶化，国际收支出现赤字，导致本币贬值，引起IS_0向右移动至IS_1，最终在E_1点达到长期均衡。此时，利率回到初始均衡水平，国民收入进一步增加。具体过程如图11-9所示。

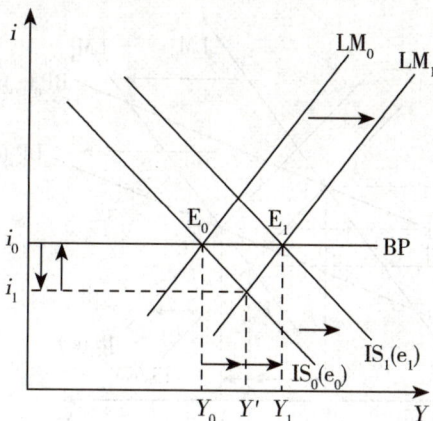

图11-9　浮动汇率制下资本完全流动时的货币政策效应分析

可见，在浮动汇率制和资本完全流动的条件下，货币政策扩张会导致本币贬值、利率不变和国民收入增加。因此，货币政策非常有效。

（2）财政政策效应分析

在浮动汇率制和资本完全流动的条件下，扩张性财政政策使IS_0向右移动至IS_1，引起利率上升，国民收入增加，短期均衡E_1在BP之上，说明利率上升引起的资本账户盈余大于收入增加导致的经常账户赤字，国际收支盈余，本币升值。本币升值将导致IS_1移回至IS_0，回到初始均衡，利率和国民收入均恢复到初始均衡。具体过程如图11-10所示。

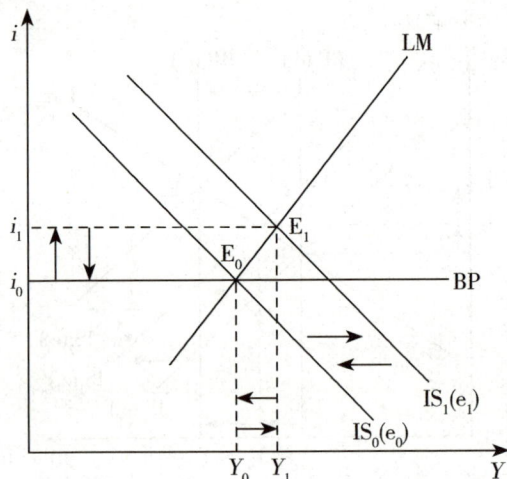

图11-10 浮动汇率制下资本完全流动时的财政政策效应分析

可见，在浮动汇率制和资本完全流动的条件下，财政政策扩张对利率和国民收入均无影响，仅能造成本币升值。因此，财政政策完全无效。

3）资本不完全流动时的宏观政策效应分析

（1）货币政策效应分析

在浮动汇率制和资本不完全流动的条件下，扩张性货币政策使LM_0向右移动至LM_1，引起利率下降，国民收入增加，资本账户和经常账户双双恶化，国际收支出现赤字，导致本币贬值，BP_0向右移至BP_1，同时IS_0向右移动至IS_1，最终在E_2点达到长期均衡。此时，利率水平比短期均衡有所回升，但仍低于初始均衡，国民收入进一步增加。具体过程如图11-11所示。

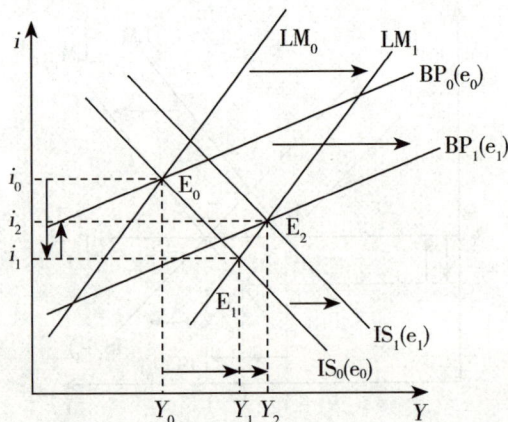

图11-11 浮动汇率制下资本不完全流动时的货币政策效应分析

可见，在浮动汇率制和资本不完全流动的条件下，扩张的货币政策能引起本币贬值、利率上升和国民收入增加。因此，货币政策非常有效。

（2）财政政策效应分析

如果BP斜率小于LM，在浮动汇率制和资本不完全流动的条件下，扩张性财政政策使IS_0向右移动至IS_1，引起利率上升，国民收入增加，短期均衡E_1在BP之上，说明利率上升引起的资本账户盈余大于收入增加导致的经常账户赤字，国际收支盈余，本币升值。本币升值将导致BP_0向左移至BP_1，同时IS_1向左移至IS_2，最终在E_2点达到均衡。此时，利率和国民收入都比短期均衡的水平有所回落，但均高于初始均衡水平。具体过程如图11-12所示。

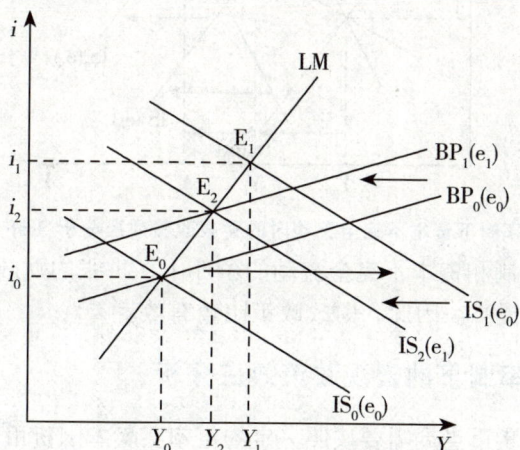

图11-12　浮动汇率制下资本不完全流动时的财政政策效应分析（BP斜率小于LM斜率）

如果BP斜率等于LM斜率，在浮动汇率制和资本不完全流动的条件下，扩张性财政政策使IS_0向右移动至IS_1，IS_1与LM的交点仍然处于BP之上，国际收支均衡。此时，利率和国民收入都比初始均衡水平提高。具体过程如图11-13所示。

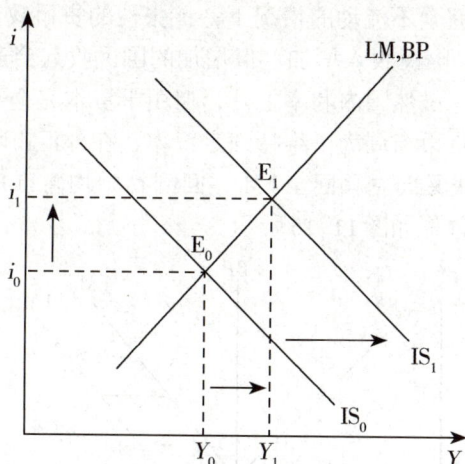

图11-13　浮动汇率制下资本不完全流动时的财政政策效应分析（BP斜率等于LM斜率）

如果BP斜率大于LM斜率，在浮动汇率制和资本不完全流动的条件下，扩张性财政政策使IS_0向右移动至IS_1，利率上升，国民收入增加。IS与LM的交点E_1处于BP之下，说明收入增加导致的经常账户赤字大于利率上升引起的资本账户盈余，国际收支出现赤字，本币贬值。本币贬值将导致BP_0向右移至BP_1，同时IS_1向右移至IS_2，最终在E_2点达到均衡。

此时，利率和国民收入都进一步提高。具体过程如图11-14所示。

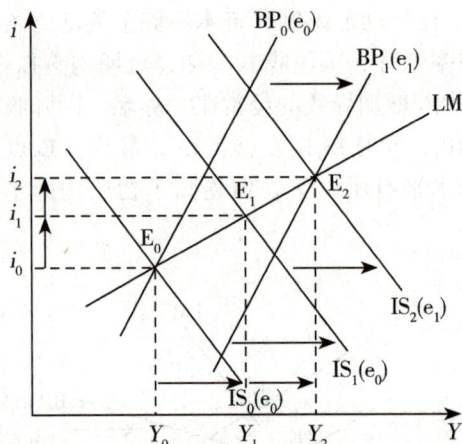

图11-14　浮动汇率制下资本不完全流动时的财政政策效应分析（BP斜率大于LM斜率）

可见，在浮动汇率制和资本不完全流动的条件下，扩张的财政政策能引起本币升值，利率和国民收入均有所提高。因此，财政政策比较有效。

11.3.4　固定汇率制下的宏观政策效应分析

在固定汇率制下，货币当局需要按照一定的汇率买卖本国货币来调节外汇市场上本币的供求，以稳定汇率。因此，外汇储备受国际收支状况的影响，货币当局不能控制货币供应量。

1）资本完全不流动时的宏观政策效应分析

（1）货币政策效应分析

在固定汇率制和资本完全不流动的情况下，扩张性的货币政策会导致LM_0曲线向右移动至LM_1，导致利率下降、国民收入增加。但增加的国民收入会通过边际进口倾向的作用引起经常账户赤字。而且，虽然国内利率上升，但由于资本完全不流动，所以国际收支逆差，本币面临贬值压力。货币当局为了维持固定汇率，在外汇市场上进行干预，这将导致货币供应量减小，LM_1曲线又向左移回至LM_0，回到初始均衡点E_0，利率和国民收入均恢复到初始均衡状态。具体过程如图11-15所示。

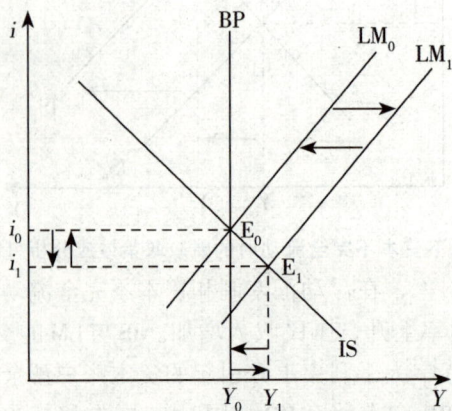

图11-15　固定汇率制下资本完全不流动时的货币政策效应分析

可见，在固定汇率制和资本完全不流动的情况下，政府无法独立使用货币政策来实现其经济均衡的目标。因此，货币政策在长期是无效的。

（2）财政政策效应分析

在固定汇率制和资本完全不流动的情况下，扩张性财政政策会导致 IS_0 曲线向右移动至 IS_1，导致利率上升、国民收入增加。但增加的国民收入会通过边际进口倾向的作用引起经常账户赤字。而且，虽然国内利率上升，但由于资本完全不流动，所以国际收支逆差，本币面临贬值压力。货币当局为了维持固定汇率，在外汇市场上进行干预，这将导致货币供应量减小，LM_0 曲线向左移动至 LM_1，形成新的均衡点 E_2，利率进一步升高，国民收入恢复到初始均衡状态。具体过程如图 11-16 所示。

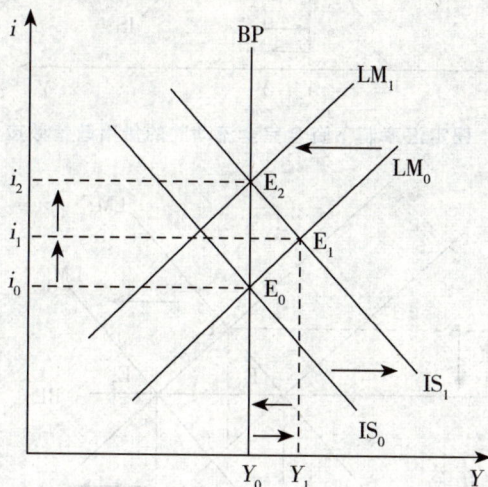

图11-16　固定汇率制下资本完全不流动时的财政政策效应分析

可见，在固定汇率制和资本完全不流动的情况下，财政政策只能影响短期的产出水平，而在长期只会对利率水平产生影响。因此，财政政策在长期是无效的。

2）资本完全流动时的宏观政策效应分析

（1）货币政策效应分析

在固定汇率制和资本完全流动的情况下，扩张性的货币政策会导致 LM_0 曲线向右移动至 LM_1，导致利率下降。在资本完全流动的情况下，扩张性货币政策引起的利率下降会导致资本迅速外流，本币贬值。为了维持固定汇率，货币当局在外汇市场上进行干预，这将导致货币供应量减小，LM_1 曲线又向左移回至 LM_0，回到初始均衡点 E_0，利率和国民收入均恢复到初始均衡状态，抵消了货币政策的扩张效果。具体过程如图 11-17 所示。

可见，在固定汇率制和资本完全流动的情况下，货币政策即使在短期也不能对经济产生影响。因此，货币政策无效。

（2）财政政策效应分析

在固定汇率制和资本完全流动的情况下，扩张性的财政政策会导致 IS_0 曲线向右移动至 IS_1，国民收入增加，引起经常账户赤字。同时，国内利率上升，引起资本流入，资本账户得以改善。货币供应量增加，从而使 LM_0 曲线向右移动至 LM_1，形成新的长期

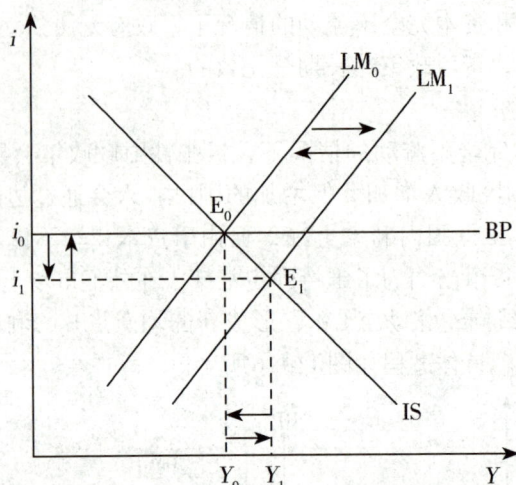

图11-17　固定汇率制下资金完全流动时的货币政策效应分析

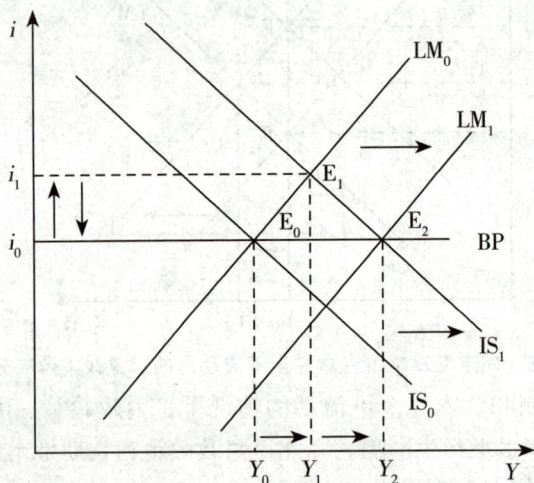

图11-18　固定汇率制下资本完全不流动时的财政政策效应分析

均衡点 E_2，利率恢复到初始均衡状态，国民收入由 Y_0 增加到 Y_2。具体过程如图 11-18 所示。

可见，在固定汇率制和资本完全流动的情况下，财政政策在长期对利率水平没有影响，但会带来国民收入的大幅增加。因此，财政政策非常有效。

3）资本不完全流动时的宏观政策效应分析

（1）货币政策效应分析

在固定汇率制和资本不完全流动的情况下，扩张性的货币政策会导致 LM_0 向右移动至 LM_1，短期导致利率下降，产出增加。利率机制引起资本外流，资本账户恶化；收入机制引起进口增加，经常账户恶化。因此，共同导致国际收支逆差。同时，国际收支逆差会减少外汇储备，引起货币供应量下降，从而使 LM_1 又移回至 LM_0，回到初始均衡。具体过程如图 11-19 所示。

可见，在固定汇率制和资本不完全流动的情况下，货币政策只能在短期影响产出水平，而长期不能对实际产出有任何影响。因此，货币政策在长期是无效的。

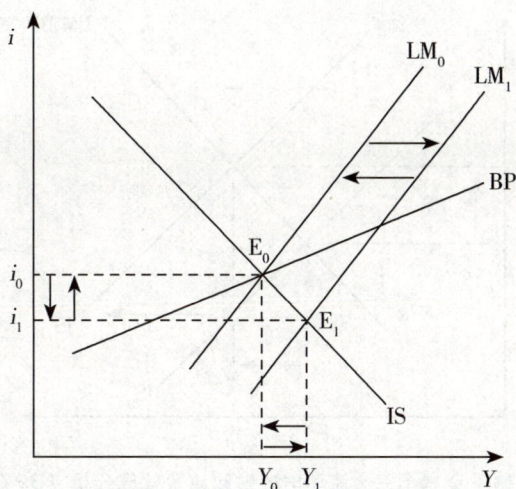

图11-19　固定汇率制下资本不完全流动时的货币政策效应分析

（2）财政政策效应分析

如果 BP 斜率小于 LM 斜率，在固定汇率制和资本不完全流动的情况下，扩张性的财政政策会导致 IS_0 曲线向右移动至 IS_1，国民收入增加，引起经常账户赤字；国内利率上升，引起资本流入，资本账户得以改善。此时，IS_1 与 LM_0 相交于短期均衡点 E_1。由于 E_1 在 BP 曲线的上方，因此国际收支顺差，也就是利率上升引起的资本账户的改善大于国民收入增加引致的经常账户恶化。同时，国际收支顺差会增加外汇储备，引起货币供应量增加，从而使 LM_0 曲线向右移动至 LM_1，形成新的长期均衡点 E_2，国民收入进一步增加至 Y_2；利率回落，但仍高于初始状态。具体过程如图11-20所示。

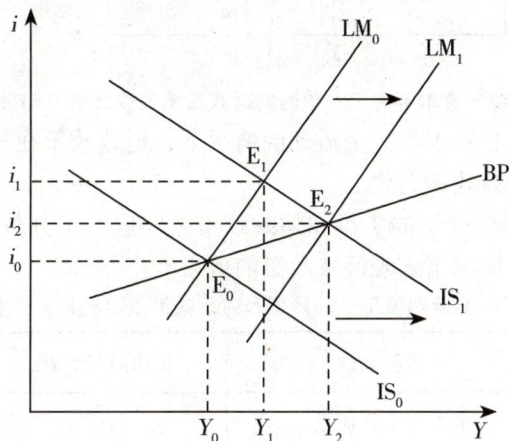

图11-20　固定汇率制下资本不完全流动时的财政政策效应分析（BP斜率小于LM斜率）

如果 BP 斜率和 LM 斜率相等，即两条曲线重合，利率机制的作用和收入机制的作用刚好互相抵消，则扩张性财政政策的短期效果和长期效果一致：产出增加，利率上升。具体过程如图11-21所示。

如果 BP 斜率大于 LM 斜率，利率机制的作用小于收入机制的作用，则扩张性财政政策在短期会引起国际收支逆差，从而使 LM_0 曲线向左移至 LM_1，国民收入回落，但仍高于初始状态；利率进一步升高至 i_2。具体过程如图11-22所示。

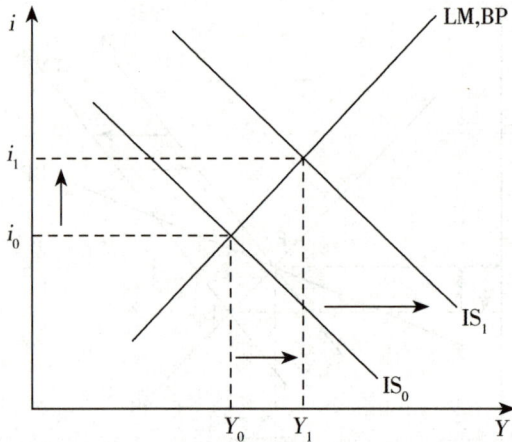

图11-21　固定汇率制下资本不完全流动时的财政政策效应分析（BP斜率等于LM斜率）

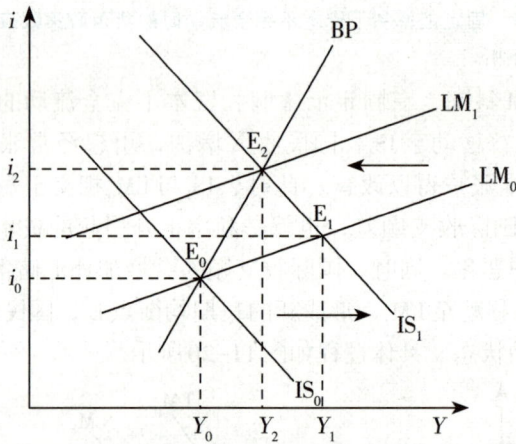

图11-22　固定汇率制下资本不完全流动时的财政政策效应分析（BP斜率大于LM斜率）

可见，在固定汇率制和资本不完全流动的情况下，财政政策在短期和长期都能对实际产出产生影响。因此，财政政策有效。

以上我们对不同汇率制度下的货币和财政政策效应进行了分析，表11-5对分析结果进行了汇总，表示在不同情况下宏观经济政策的效果。

表11-5　　　　　蒙代尔-弗莱明模型中的货币和财政政策效应的比较分析

汇率制度	资本流动性	货币政策效果	财政政策效果
浮动汇率制	资本完全不流动	有效	有效
	资本完全流动	有效	无效
	资本不完全流动	有效	有效
固定汇率制	资本完全不流动	无效	无效
	资本完全流动	无效	有效
	资本不完全流动	无效	有效

根据以上分析可知，在资本完全流动时，固定汇率制下货币政策失效，而浮动汇率制下财政政策失效，这正是蒙代尔-弗莱明模型所孕育的"三元悖论"思想。

11.3.5 蒙代尔-弗莱明模型的评价

蒙代尔-弗莱明模型完整而深刻地分析了在开放经济条件下，财政政策和货币政策在不同的资本流动状况下的作用效果，开创性地把资本市场和资本流动引入宏观经济分析框架中，分析了宏观政策工具的比较静态效果。

但是，该模型也存在一定的局限性：首先，蒙代尔-弗莱明模型的最重要特征是流量模型，其认为经常账户失衡可以由资本流动来抵消，而忽略了资本流入引起的外国居民持有的国内资产存量的增加因素。这显然不利于资本市场均衡的处理，因为利差变动的存量效果并没有考虑在内。其次，模型假定马歇尔-勒纳条件成立，而模型本身描述的是短期的情况，马歇尔-勒纳条件在短期内很难成立，J曲线效应明确说明从货币贬值到经常账户改善之间存在较长的时滞。最后，模型假定价格水平不变和汇率静态预期，前者表明它是一种非充分就业的均衡分析，没有考虑长期价格的调整；后者在固定汇率制下可以成立，但在浮动汇率制下则是无法成立的。另外，模型还存在忽视长期预算约束以及着眼于总需求而忽略总供给等局限性。蒙代尔本人在《国际宏观经济模型的发展：回顾与展望》一文中，也展望了模型的未来前景：模型应对真实利率和名义利率进行必要的区分；需要考虑经济增长和预期因素；还应纳入国际转移支付理论的诸多特征以及国际债务问题；在分析税收体系变化引起的财政政策冲击时，模型应将供给方面的激励效果纳入考虑范围等。[①]

尽管如此，蒙代尔-弗莱明模型仍具有重要的理论意义和实际意义，是开放经济下宏观经济分析的重要方法。

11.4 开放经济的宏观政策中长期效应分析

在蒙代尔-弗莱明模型中，关于价格的假定沿袭了凯恩斯的粘性理论，没有涉及价格调整的问题，因此可以看作是短期的情况。而在中长期内，需求变动会带来价格的变化，这必然会导致分析结论有很大的不同。

11.4.1 开放经济条件下的宏观政策中长期效应分析框架

在中长期时间内，宏观经济的一般均衡必须同时考虑总供给和总需求两部分，它们同时决定了一国的总产出和一般价格水平，因此，中长期的宏观政策效应分析应在总需求-总供给模型（AD-AS模型）中进行。图 11-23 描述了 AD-AS 模型开放条件下宏观经济的一般均衡。在均衡状态下，总需求 AD、短期总供给 SAS 和长期总供给 LAS 交于一点，Y_0 表示经济的自然产出或潜在产出水平，P_0 表示均衡状态下的价格水平。

---

① 蒙代尔. 蒙代尔经济学文集：3卷 [M]. 向松祚，译. 北京：中国金融出版社，2003：144.

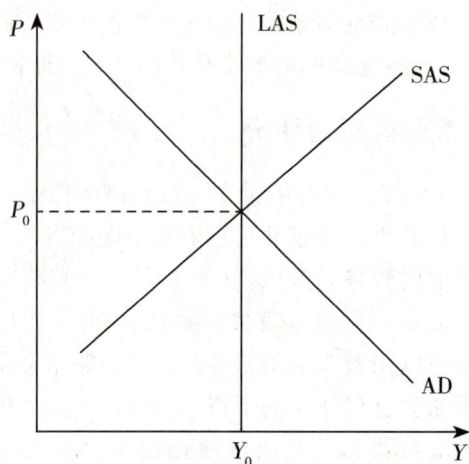

图11-23 AD-AS模型下宏观经济的一般均衡

在蒙代尔-弗莱明模型中，所有的分析只考虑了总需求问题（说明任何影响IS或LM的因素都会对AD产生相同的影响），也就是假定了企业的产出对于给定的价格水平具有无限弹性。实际上，蒙代尔-弗莱明模型只是AD-AS模型的一个特例，其特殊性就在于SAS是一条水平线，即凯恩斯式的供给曲线。

11.4.2 浮动汇率制下的宏观政策中长期效应分析

1）货币政策中长期效应分析

如图11-24所示，在浮动汇率制下，扩张性货币政策引起货币供给增加，导致LM向右移动，AD_0也向右移动至AD_1。同时，本币贬值使本国商品的竞争力提高，净出口增加，这会引起IS向右移动，总需求再次右移，即从AD_1向右移动至AD_2。此时，物价上涨、产出增加。随着时间的推移，预期价格水平会上升，工人会要求更高的名义工资，而企业也会要求更高的价格水平，所以SAS会向左移动，最终，AD和SAS再次交于LAS之上。产出水平与初始均衡相等，物价水平高于初始状态。因此，在浮动汇率制下，扩张性货币政策在中长期并不能影响国内产出水平，是无效的。

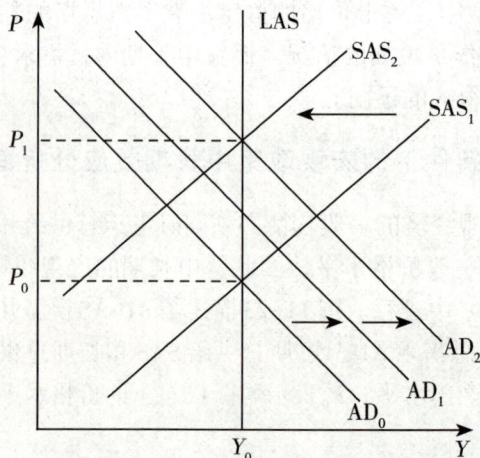

图11-24 浮动汇率制下扩张性货币政策的中长期效应分析

2）财政政策中长期效应分析

如图 11-25 所示，在浮动汇率制下，扩张性财政政策会导致 IS 向右移动，导致利率上升，AD_0 也向右移动至 AD_1。由于国内利率提高会引起国际资本大量流入，导致本币升值，本国出口商品的竞争力下降，净出口减少，使得 IS 和 AD_1 又移回到原来位置。此时，价格水平和国内产出均回到初始均衡。因此，在浮动汇率制下，扩张性财政政策在中长期并不能影响国内产出水平，是无效的。

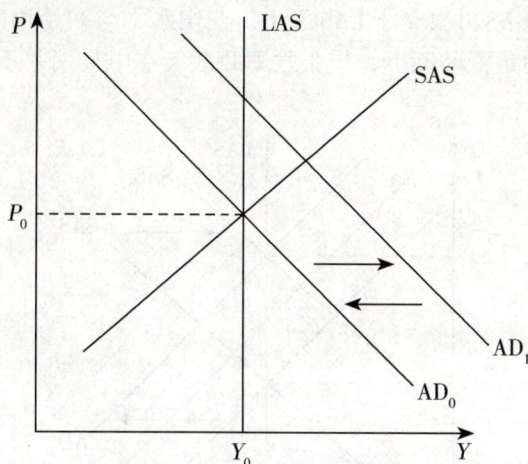

图 11-25　浮动汇率制下扩张性财政政策的中长期效应分析

11.4.3　固定汇率制下的宏观政策中长期效应分析

1）货币政策中长期效应分析

如图 11-26 所示，在固定汇率制下，扩张性货币政策引起货币供给增加，导致 LM 向右移动，AD_0 也向右移动至 AD_1。同时，货币供给增加会带来国内利率的降低，这将导致国际资本外流，本币面临贬值压力。为了维持固定汇率，货币当局需要在外汇市场进行干预，使国内货币供给减少，使 LM 和 AD_1 都移回到原来位置。产出和价格均回到初始均衡。因此，在固定汇率制下，扩张性货币政策在中长期并不能影响国内产出水平，是无效的。

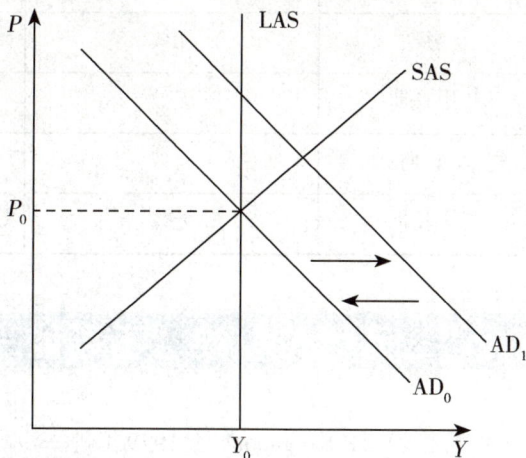

图 11-26　固定汇率制下扩张性货币政策的中长期效应分析

2) 财政政策中长期效应分析

如图11-27所示，在固定汇率制下，扩张性财政政策会导致IS向右移动，导致利率上升，AD_0 也向右移动至 AD_1。由于国内利率提高会引起国际资本大量流入，本币面临升值压力，货币当局为了维持固定汇率，需要在外汇市场进行干预，因此，货币供给增加，LM右移，使得总需求再次右移，即从 AD_1 向右移动至 AD_2。随着时间的推移，预期价格水平会上升，工人会要求更高的名义工资，而企业也会要求更高的价格水平，所以SAS会向左移动，最终，AD和SAS再次交于LAS之上。产出水平与初始均衡相等，物价水平高于初始状态。因此，在固定汇率制下，扩张性财政政策在中长期并不能影响国内产出水平，是无效的。

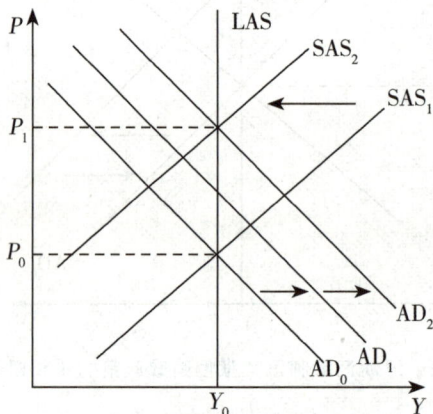

图11-27　固定汇率制下扩张性财政政策的中长期效应分析

可见，不论在浮动汇率制下还是固定汇率制下，财政和货币政策在中长期对国民产出都没有影响，这与蒙代尔-弗莱明模型所分析的短期效果是不同的。我们把AD-AS模型的分析结论与上一节IS-LM-BP模型（原始模型，资本完全流动）的分析结论加以对比，可以得到表11-6。其中，政策是否有效是针对其能否影响国民产出而言的。

表11-6　　　　宏观政策短期效应和中长期效应的比较分析

宏观政策工具	衡量时期	浮动汇率制	固定汇率制
财政政策	短期	无效	有效
	中长期	无效	无效
货币政策	短期	有效	无效
	中长期	无效	无效

11.5　"三元悖论"或"不可能三角"

美国经济学家保罗·克鲁格曼（P.Krugman）于1979年进一步将"在资本完全流动时，固定汇率制下货币政策失效，而浮动汇率制下财政政策失效"的蒙代尔-弗莱明模型所孕育的"三元悖论"思想，形式化为"不可能三角"（impossible trinity）模型，即克鲁格曼"三角形"，如图11-28所示。三角形的三个顶点分别代表各国金融政策的一个基本目标，即货币政策独立性、汇率稳定性和资本完全流动性。货币政策独立性，是指一国货币当局拥有通过宏观稳定政策进行逆周期调整的能力。主要考察一国能否利用货币政策来影响产出与就业。汇率稳定性，是指保持汇率水平稳定，同时保障本国汇率免受投机性冲击、货币危机的威胁。资本完全流动性，是指不限制国际短期资本流动，允许资本自由流动。但这三个目标却永远无法同时实现：选择三角形的任意一边，意味着追求其两端的政策目标，则该边以外顶点上的政策目标就只能放弃。这种情形被称作克鲁格曼"三元悖论"或"不可能三角"。

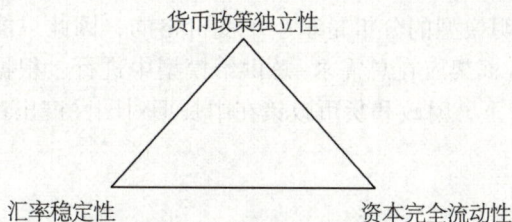

图11-28　克鲁格曼"三角形"

表11-7给出了"三元悖论"或"不可能三角"在当今国际金融体系下的表现。

表11-7　　"三元悖论"或"不可能三角"在当今国际金融体系下的表现

金融体系	汇率稳定性	资本完全流动性	货币政策独立性
金本位制度	实现	实现	放弃
布雷顿森林货币体系	实现	放弃	实现
牙买加国际货币体系	放弃	实现	实现
中国香港	实现	实现	放弃
中国	实现	放弃	实现
欧盟	实现	实现	放弃

本章小结

在开放经济条件下，宏观政策的目标包括内部均衡和外部均衡两方面。内部均衡是指经济增长、物价稳定和充分就业；而外部均衡则指国际收支平衡。一国经济的理想状态就是同时实现内外均衡。内部均衡和外部均衡是互相影响的，如果政府追求内部（或外部）均衡时对总需求的调控措施同时对外部（或内部）均衡产生了积极的影响，就是内外均衡的一致；反之，如果政府在追求内部（或外部）均衡时对总需求的调控措施使外部（或内部）均衡状况恶化，距离目标越来越远，就是内外均衡的冲突，即"米德冲突"。

宏观政策工具主要包括支出变更政策和支出转换政策，前者是对总需求的总量进行调节，后者是对总需求的结构进行调节。支出变更政策主要是指财政政策和货币政策，支出转换政策则指汇率政策和直接管制政策。

针对"米德冲突"，丁伯根提出了著名的丁伯根法则：要实现N种独立的政策目标，至少要有 N 种相互独立的政策工具。但是，丁伯根法则没有明确指出每种政策工具有无必要在决策中侧重于某一政策目标的实现，蒙代尔提出的关于政策指派的"有效市场分类原则"弥补了这一缺陷。蒙代尔在分析了财政政策和货币政策影响内外均衡的不同效果的基础上，提出了以财政政策实现内部均衡目标、货币政策实现外部均衡目标的指派方案。

蒙代尔–弗莱明模型是开放经济条件下宏观政策分析的基本框架，既是分析开放经济偏离均衡时政策搭配的工具，又是分析不同政策手段调节效果的工具。它在凯恩斯主义的 IS-LM 模型中加入了国际收支均衡的这一外部均衡目标，构建了 IS-LM-BP 模型，在资本自由流动的前提下对开放的小国进行了分析。根据蒙代尔–弗莱明模型的分析可知，货币政策在浮动汇率制下有效，在固定汇率制下无效，而财政政策则刚好相反。

由于蒙代尔–弗莱明模型的分析是基于不变价格的，因此只能反映短期的情况。在中长期，宏观政策的分析框架应在总需求–总供给模型中进行。根据分析可知，不论在浮动汇率下还是在固定汇率下，财政和货币政策在中长期对国民产出都没有影响，因此两者在中长期都是无效的。

关键概念

内部均衡　外部均衡　米德冲突　丁伯根法则　有效市场分类原则　斯旺图形　"三元悖论"或"不可能三角"

综合训练

思考题

1）开放经济下的宏观调控目标与封闭经济下的有何不同？
2）如何理解内外均衡之间的关系？
3）简述蒙代尔的政策搭配理论。
4）为什么实行固定汇率制的国家需要更多依赖财政政策？
5）"三元悖论"或"不可能三角"对新兴市场国家的经济开放有何启示？
6）根据 IS-LM-BP 模型，分别分析不同汇率制度下财政政策和货币政策的短期效应。

即测即评 11　　　　　综合训练参考答案 11

第 4 篇

国际金融危机

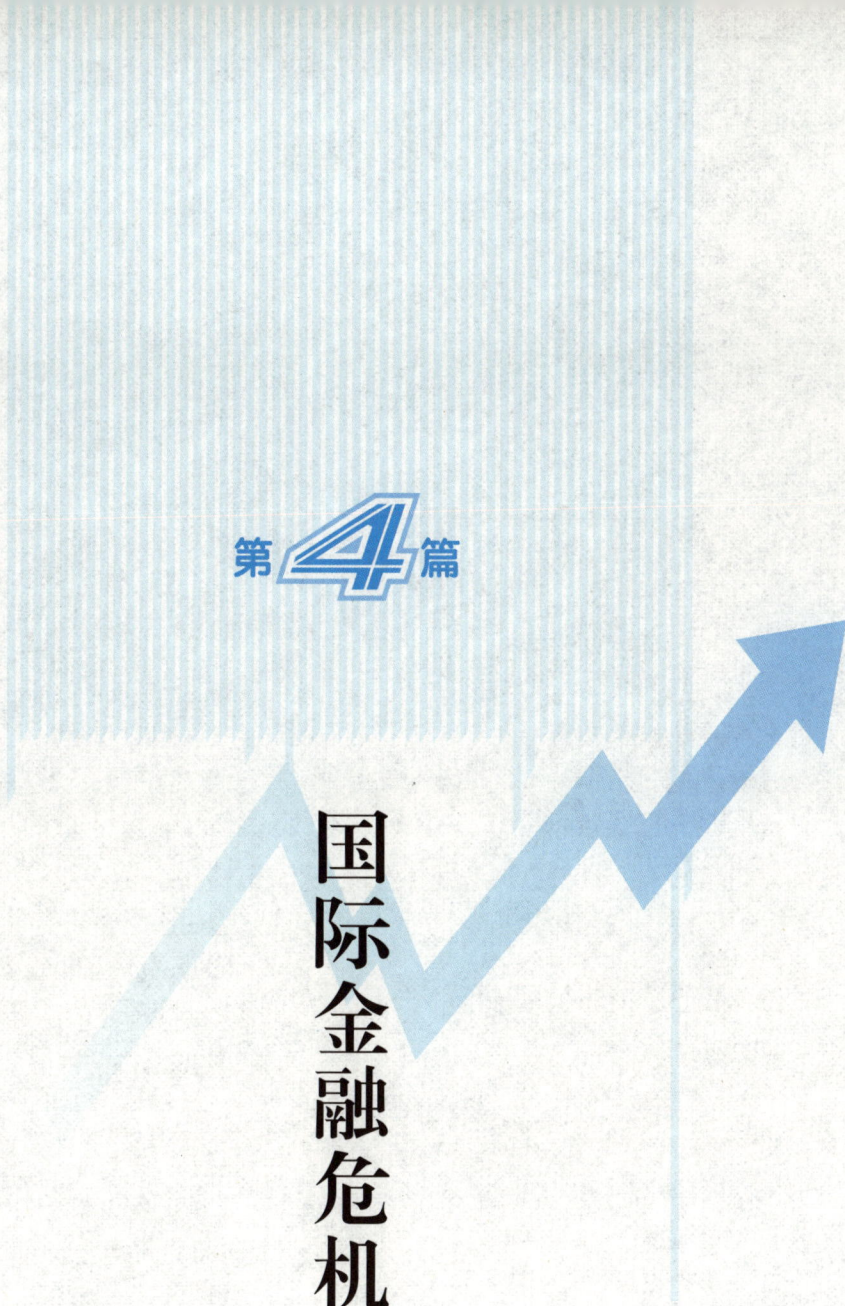

第12章

国际资本流动

目标引领

☑ 价值塑造

在省部级主要领导干部推动金融高质量发展专题研讨班开班式上，习近平总书记强调"要通过扩大对外开放，提高我国金融资源配置效率和能力，增强国际竞争力和规则影响力"，同时要求"稳慎把握好节奏和力度"。本章引导学生在资本流动视角下，关注中国金融开放的伟大实践。

☑ 知识传授

通过本章的学习，掌握国际资本流动的一般概念，明确资本流动的分类，了解资本流动的动因。本章同时介绍了关于金融危机的一般概念，要在理解金融危机的基础上认识国际资本流动和金融危机之间的关系。

思维导图

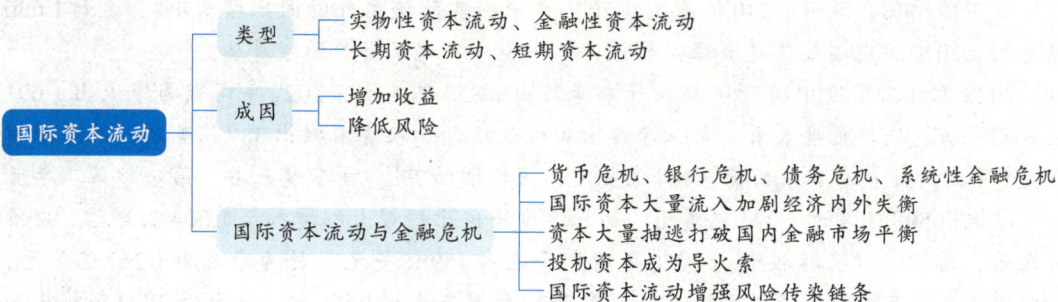

国际资本流动
- 类型
  - 实物性资本流动、金融性资本流动
  - 长期资本流动、短期资本流动
- 成因
  - 增加收益
  - 降低风险
- 国际资本流动与金融危机
  - 货币危机、银行危机、债务危机、系统性金融危机
  - 国际资本大量流入加剧经济内外失衡
  - 资本大量抽逃打破国内金融市场平衡
  - 投机资本成为导火索
  - 国际资本流动增强风险传染链条

开篇导读

2008年全球金融危机爆发以来中国跨境资本流动状况

2008年全球金融危机爆发以来，国际资本流动形势和管理政策发生了较大变化：一方面，随着主要经济体非常规货币政策的推出与退出，国际资本流动出现了大起大落的剧烈波动，新兴市场和发达国家都受到较大影响；另一方面，国际社会对跨境资本流动管理的态度和立场发生改变。20世纪八九十年代，国际货币基金组织主张资本账户开放，但因亚洲金融危机爆发而被迫搁置了资本项目可兑换的动议。不过，基金组织仍对资本管制持保留态度。全球金融危机发生之后，基金组织转而逐渐认可对无序资本流动采取管理措施，提出了宏观审慎的跨境资本流动管理的政策框架。欧盟部分成员甚至还酝酿过引入金融交易税，抑制短期资本流动。在上述国际背景下，中国跨境资本流动经历了剧烈震荡。

　　2008年年初到2013年年末的24个季度中，我国总体维持了国际收支经常项目、资本与金融项目"双顺差"格局，外汇储备资产持续大幅增加。其间，只有7个季度资本与金融项目（含净误差与遗漏）是逆差，但这些间歇性的资本外流均小于当期经常项目顺差，故没有减少外汇储备资产。从年度数据来看，6年中，除2012年资本净流出外，其他各年均为"双顺差"。2008—2013年，经常项目顺差累计1.40万亿美元，资本净流入0.87万亿美元，外汇储备资产新增2.25万亿美元。

　　2014年年初到2017年年末的16个季度中，除了2014年一季度外，其他各季度资本与金融项下均为净流出，外汇储备资产大幅下降。而且，2014年三季度至2017年一季度的11个季度中，除2015年二季度外，有10个季度的资本外流超过了当期经常项目顺差，导致外汇储备资产减少。从年度数据来看，我国已形成经常项目顺差、资本与金融项目逆差的国际收支新格局。2014—2017年，经常项目顺差累计0.91万亿美元，资本净流出1.45万亿美元，外汇储备资产减少0.58万亿美元。资本与金融项目逆差超过经常项目顺差，成为前期我国外汇储备下降、人民币汇率贬值的主要原因，这意味着人民币汇率具有资产价格属性，容易呈现顺周期波动和汇率超调。

　　2018年短期资本流动又恢复了净流出1 376亿美元，比上年下降1.5%，但是基础性国际收支顺差比上年下降3.2%，这导致我国短期资本净流出占基础国际收支顺差之比上升至88%，比2017年的60%有所上升，这意味着我国实际上短期资本流动的压力与上一年相比加大了。

　　而进入2020年，情况得以逆转。联合国贸发局会议发布《全球投资趋势监测》报告，2020年中国吸收外资逆势上涨，超过美国成为全球最大的外资流入国。2020年流入美国的外资下降49%，降至1 340亿美元。2020年中国实际使用外资同比增长4%，达到1 630亿美元。2020年中国经济是全球主要经济体中唯一实现正增长的经济体。

　　2023年前三季度中国跨境私人资本净流出1 853亿美元，2022年同期为净流出1 691亿美元。从总流动角度来看，前三季度中国吸收境外私人资本撤出389亿美元，同比增加48%，中国对外私人资本投资1 464亿美元，同比增加2%。分季度来看，第一、第二季度分别净流出508亿美元、341亿美元，第三季度净流出规模大幅增加至1 004亿美元。分项目来看，前三季度直接投资由2022年同期净流入469亿美元逆转为净流出1 267亿美元，主要因为来华直接投资规模大幅下降，由2022年同期流入1 524亿美元降至2023年前三季度仅流入155亿美元。2023年前三季度证券投资净流出987亿美元，比2022年同期减少62.3%，究其原因，一方面，受美联储加息、地缘政治局势升温与欧美银行业动荡等一系列因素影响，投资者避险情绪明显；另一方面，中国经济呈现向好的态势、对外开放稳步推进，以及政府多措并举活跃资本市场，增强了资本市场对外资的吸引力。2023年前三季度其他投资为净流入471亿美元，同比下降14.9%，这主要是因为贷款项净流入下降，其净流入规模为63亿美元，同比下降77.4%。

　　评析：在当今世界上，经济的开放性不仅体现为商品和劳务的国际流动，更突出地体现为资本的国际流动。而近30年来，国际资本流动越来越与实际生产、交换相脱离并具有自己独立的规律，构成了当今开放经济运行新的外部环境。在经济全球化背景下，国际资本流动在促进国际贸易发展、提高全球经济效益的同时，也为金融危机的产生提供了丰富的土壤。

12.1 国际资本流动概述

国际资本流动是指资本从一个国家或地区转移到另一个国家或地区。它反映在一国国际收支平衡表的资本与金融账户上。在当今世界中，国际资本流动对全球经济的稳定和发展发挥着重要作用。

12.1.1 国际资本流动的类型

国际资本流动可依据不同的角度进行分类。

1）依据资本流动与实际生产和贸易的关系可分为实物性资本流动与金融性资本流动

实物性资本流动是指与贸易、生产等实物经济发生直接联系的资本流动，如进出口贸易融资及其结算所产生的国际资本流动、与国际直接投资相联系的国际资本流动等。

金融性资本流动是指与实际贸易、生产没有直接联系的国际资本流动，如在国际存贷市场上进行的与国际贸易支付不发生直接联系的银行存贷活动，在国际债券市场和股权市场上发生的不以获取企业控制权和管理权为目的的证券投资或间接投资，在外汇市场上与商品进出口没有直接联系的外汇买卖，在衍生品市场上与套期保值无关的衍生品交易等。

实物性资本流动和金融性资本流动的主要区别在于：①从资本流动的主体来看，前者多以跨国公司为主，后者多以跨国金融机构为主。②从资本流动的形式来看，前者可以是货币形式，也可以是专有技术、专利权和商标权等形式，而后者仅限于货币形式。③从资本流动的成因来看，前者与企业理论有着密切的联系，属于国际投资学的范畴，而金融性资本始终在国际金融市场上活动，始终保持货币金融形态。近年来国际金融资本的发展非常快，而且越来越呈现出脱离实物经济的特点。国际金融学研究国际资本流动的重点在于国际金融资本的流动。

2）依据资本使用期限的长短可分为长期资本流动与短期资本流动

长期资本流动是指期限在一年以上，甚至不规定到期期限的资本的跨国流动，它主要包括国际直接投资、国际间接投资以及中长期国际信贷这三种金融活动。

（1）国际直接投资

国际直接投资是指那些以获得国外企业的实际控制权为目的的国际资本流动。国际直接投资的具体方式包括在东道国开办独资企业、收购合并外国企业、与东道国企业合资开办企业、对国外企业进行一定比例以上的股权投资以及利润再投资等。

国际直接投资实际并不限于国家间的资本流动，它还包括企业的管理权和方法、生产技术、市场营销渠道、专利权和商标权等多种无形生产要素的转移，这时它不涉及资本在国家间的实际流动。自20世纪80年代以来，特别是在某些政治风险比较高的国家，这种类型的国际直接投资非常普遍，已经成为一种很重要的国际直接投资形态。

（2）国际间接投资

国际间接投资又称国际证券投资，是指通过购买各种有价证券（主要是股票、债券等）进行的国际性投资。证券投资与直接投资的主要区别在于，证券投资者动用货币资金购买企业或金融机构发行的有价证券，目的是获得利息、股息以及有价证券增值带来的资本利得，投资者并不直接参与企业的生产经营决策，对企业没有有效的控制权。直接投资的目的则是在获取企业经营利润的同时，追求并保留对企业的管理权和控制权。

直接投资和证券投资在有些情况下会发生转化。例如，购买股票一般情况下属于证券投资，但是假如投资者是出于控股或兼并的目的购买股票达到一定比例时，就会获得对该企业的实际控制权。这样，证券投资就转化为直接投资。

（3）中长期国际信贷

中长期国际信贷主要包括政府信贷、国际金融机构贷款、国际商业银行贷款和中长期出口信贷等。

政府信贷是一国政府利用财政资金向另一国政府提供的具有经济援助性质的贷款。国际金融机构贷款是世界银行、国际货币基金组织等国际金融机构向其成员方提供的贷款。国际商业银行贷款可以由一家银行，也可以由几家银行组成国际银团来提供，又称辛迪加贷款。这类贷款的用途一般不受贷款限制，借款人可以灵活运用，但要承担相对较高的市场利率和其他杂费，资金成本较高。中长期出口信贷是指国家为支持和扩大本国商品的出口所给予补贴或信贷担保的方法，以解决本国出口商资金周转困难或满足国外进口商对本国出口商支付贷款需要的一种融资方式。

短期资本流动是指期限在一年或一年以下的资本流动。短期资本流动的形式多种多样，如现金、活期存款、国库券、大额可转让定期存单、商业票据、银行承兑汇票等短期金融资产的交易。此外，短期持有长期金融资产的行为，如投机性的股票交易等，也可以形成短期资本的流动。

从性质上看，短期资本流动主要有以下五种类型：

（1）银行资金调拨和拆借。为开展国际业务，银行间经常会有跨越国界的资金调拨和拆借。资金调拨发生在总行和分行及代理行之间或分行与分行之间，资金拆借指各国商业银行之间进行的短期资金融通行为。

（2）短期贸易融资。尽管国际贸易的短期贸易融资是国际传统的短期资本流动形式，但随着各国经济开放程度的提高和国际经济活动的多样化，短期贸易资本在国际资本流动中的比重不断下降。

（3）套利性资本流动。套利活动往往会涉及多种货币。只要买进和卖出的市场在不同国家，就会出现短期资本的流动。

（4）投机性资本流动。由于金融开放和金融创新，目前国际投机资本的规模越来越大，投机活动越来越盛行。

（5）保值性或避险性资本流动。这是指生产经营者为了对正常经济活动的预期利润进行保值交易或金融资产持有者为了资金的安全而进行资金调拨所形成的短期资本流动。套期保值的目的是防范价格变动的风险而不是利用市场价格变化谋利。

除此之外，政府有关部门和货币当局进行的市场干预活动、一国政治经济形势的急剧变化引发的资本外逃等通常也以短期资本大规模跨国界流动的形式出现。

12.1.2　国际资本流动的成因

引起国际资本流动的最基础原因是国际资本供求关系的调整。从资本供给的层面分析，发达的工业化国家在经济发展过程中所不断积累起来的过剩资本是国际资本的基础供给。国际资本的直接来源则是各国的国际收支差额，特别是储备货币发行国的国际收支差额，如美国就长期存在国际收支逆差，这实际上为国际金融市场提供了连续不断的美元供给。此外，为了刺激经济的发展，许多国家都倾向于采取信贷膨胀政策，整个世界的信贷总量因此大大扩张。国际金融市场的发展和深化也进一步加速了信用扩张过程，尤其是欧洲货币市场的出现，由于其不受任何国家金融法规的管制，没有法定存款准备金的规定，因此信用创造机制在该市场上得以充分展开，其信用创造乘数远远高于任何国内金融市场。

从资本需求的层面来分析，广大发展中国家由于经济落后和储蓄不足，出口收入不足以支付进口所需；国内建设资金缺乏，而投资需求巨大，特别需要外资来弥补国民经济发展过程中的资金缺口，从而形成对国际资本的持续需求。同时，随着国际金融市场的发展，国际投资者，尤其是以对冲基金为代表的机构投资者，在进行投机性交易时也需要巨额资本，这又形成了对国际资本的巨大的投机性需求。

除了供给与需求这一基本因素外，具体来说，影响国际资本流动的还有以下两个动机：

（1）增加收益

国际资本流动的流量理论认为追求更高的收益是资本流动的最根本的动机。资本收益率的差异一般是由资金供求的不平衡、各国经济发展的阶段不同、金融市场管制不同等因素造成的。例如，不同国家的不同资金供求情况决定了各国金融市场上的利率水平有高有低，而国与国之间的利率差异是国际资本流动的根本原因之一。国际资本流动在追求高额利润的同时，又发挥了其自身调节资金总量在各国分配中的作用。又如，收益率的差异还表现在离岸金融市场与国内金融市场受管制的程度不一样。离岸金融市场由于受管制程度低，能够提供更优惠的利率。这使得在相同的资金供求情况下，一国国内市场上的资金更容易被吸引到离岸金融市场上。

由于国家间的资本流动会涉及不同货币的兑换，因此，汇率的变化最终也会影响到实际收益。汇率变动中所蕴含的收益和风险是并存的，这使得大量短期投机资本不再满足于被动地从各国货币的此消彼长中抵消风险或获得一定额外的收益，而是主动地捕捉随时变化的汇率变动机会来投机获利，甚至用自己的雄厚实力或人为地散布谣言去攻击一国货币而牟利，这已经成为当今国际金融领域内的突出现象。

（2）降低风险

各国间各种资产收益率的相关性较一国国内低得多，这样在国际范围内配置资产就能有效地降低风险。这是因为各国经济发展的不一致性，尤其是经济尚未融合到世界经济中的广大发展中国家，它们的经济状况有很大的独立性，这样，即使这些国家资产的风险相对较大，也因风险类别的差异而往往能够有效抵消资产组合中其他资产的风险，从而也会对投资者有较大的吸引力。另外，国家间投资活动存在着汇率风险。在一国国内进行的投资活动的收益及本金必须用该国货币计价，这样在该国货币汇率发生变动时会导致这些投资活动风险非常大，这一风险在一国国内是无法解决的。如果持有多个国家的资产，一国货币的贬值常常伴随着另一国货币的升值，多国货币汇率的变化就能相互抵消。国际金融市场上国家风险的出现，也使得投资者尽可能避免将资金全部投向一个国家。

12.2 国际资本流动与国际金融危机

国际资本流动在逐利动机下迅速发展的过程中，实现了资源在更大范围内的合理配置。对于资金匮乏的发展中国家，外资注入可以提高经济发展水平、促进国内金融市场成长，但国际资本流动也会对相关国家，尤其是发展中国家产生负面影响，特别是短期投机资本更被视为引发金融危机的原因之一。

12.2.1 国际金融危机类型

《新帕尔格雷夫经济学大辞典》将金融危机定义为全部或部分金融指标——短期利率、资产价格（证券、房地产、土地）、商业破产数和金融机构倒闭数——的急剧、短暂和超周期的恶化。

根据国际货币基金组织在1998年《世界经济展望》中的分类，金融危机大致可以分为以下四种类型：

（1）货币危机。货币危机又被称为国际收支危机，它的含义有广义与狭义两种。从广义来看，一国货币的汇率变动在短期内超过一定幅度（有学者认为该幅度为15%~20%），就可以被称为货币危机。从狭义来看，货币危机是与对汇率波动采取某种限制的汇率制度相联系的，主要发生于固定汇率制下。它是指市场参与者在对一国固定汇率失去信心的情况下，通过外汇市场抛售该国货币，导致该国固定汇率制崩溃、外汇市场持续动荡的带有危机性质的事件。有些研究对货币危机与金融危机不加以区分，但学者一般认为二者之间是有区别的。货币危机主要发生在外汇市场上，体现为汇率的变动。金融危机的范围更广，还包括发生在股票市场上和银行体系等国内金融市场上的价格波动以及金融机构的经营困难与破产等。货币危机可以诱发金融危机，一国国内因素引起的金融危机也会导致该国货币危机的发生。

（2）银行危机。银行危机是指银行过度涉足高风险行业，导致资产负债严重失衡，呆账过多而使资本运营呆滞，从而破产倒闭的危机。银行危机按照不同的标准可以有不同的分类。按危机的性质，可分为银行体系危机和单个银行危机；按危机的起因，可分为内生性银行危机和外生性银行危机；按危机的程度，可分为以流动性紧张为特征的银行危机和以丧失清偿力为特征的银行危机，大多数发展中国家的银行危机通常是一种流动性危机。随着2007—2009年美国金融危机的爆发，在金融危机的生成和传导中，非银行的金融机构同样扮演着重要的角色，因此在对金融危机类型进行划分时，可将银行危机延伸为金融机构危机。

（3）债务危机。债务危机是指一国内部的支付系统严重混乱，不能按期偿付所欠外债。所欠外债既包括主权债，也包括私人债等。衡量一个国家外债清偿能力有多个指标，其中最主要的是外债清偿率指标，即一个国家在一年中外债的还本付息额占当年或上年出口收汇额的比率。一般情况下，这一指标应该保持在20%以下，超过20%就说明外债负担过重。

（4）系统性金融危机。系统性金融危机，也被称为全面金融危机，是指主要的金融领域都出现严重混乱，如货币危机、银行危机、债务危机同时或相继发生。

12.2.2　国际资本流动与国际金融危机的关系

从20世纪90年代以来发生的几次金融危机来看，国际资本流动与国际金融危机的关系主要表现在如下几个方面：

（1）国际资本大量流入加剧经济内外失衡

20世纪90年代金融危机的共性是危机爆发前都出现了巨额外资的流入。在墨西哥金融危机爆发前的1993年，墨西哥外资流入占其国内生产总值比例高达8%，为历史最高水平。在亚洲金融危机爆发前的1994—1995年，泰国、马来西亚、印度尼西亚、菲律宾和韩国等亚洲五国外资流入为各自国内生产总值的6%~8%。巨额资本流入新兴市场后，刺激其经济发展，资本急剧增加，良好的示范效应吸引了更多的资本流入。

相对于国际资本流入的规模而言，一些新兴市场容量过于狭小，国内工业体系不够完整，巨额外资流入后，只能大量流向房地产等非生产和贸易部门，导致房地产的价格迅速攀高，形成泡沫，侵蚀实体经济。

在一些新兴市场国家，金融监管相对滞后，对金融机构的约束力薄弱。国际金融市场有利的融资条件和大量国际资本的涌入，刺激银行积极参与国际金融市场活动，金融资产总量迅速扩张，并过度投入畸形繁荣的证券市场和房地产市场，出现贷款质量不高、坏账居高不下的现象。在其他突发事件的影响下，金融领域的问题打击了市场信心，加速了资本抽逃。

因此，对于经济和金融市场体量狭小的新兴市场来说，在宏观调控机制及金融监管手段不完备的情况下，放任巨额私人资本的自由流入，对其结构和期限不进行适当控制，必然增加国内外宏观经济失衡的可能性，在一定条件下为外部冲击引致金融危机埋下隐患。

（2）资本大量抽逃打破国内金融市场平衡

各类资本流动性的提高，使国际资本在不同国家的调整变得非常容易，国际资本可以因微小利差而迅速进入一个国家，也可以因内外部环境的突然变化而迅速撤离。但是，对于长期习惯大量资金流入的国家来说，突然出现的外资流入减少甚至净流出，会导致其经济体的应变能力下降，进而打击其实体经济。

私人资本流动的逆转破坏了原来建立在外资流入基础上的金融市场供求平衡，打击了金融市场信心，导致资金紧张，利率攀升。此外，在一些新兴市场国家，由于外债管理松弛，外债总量和结构失控，债务水平过高，短期资金比例过大，外债与国内投资期限错配，借短放长。这样，在内部经济基本因素恶化、外来冲击加剧的背景下，国内部门又必须偿付短期债务，从而成为打破外汇市场供求均衡的关键因素，导致货币突然贬值，出现货币危机。

例如，2015年美国经济复苏向好，加息预期高企，美元指数一度飙升，突破100。

新兴市场国家资本加速流出，出现自1988年以来的首次资本净流出，流动性急速收紧，货币随之大幅度贬值。2015年9月29日，马来西亚林吉特暴跌至1997年以来最低水平，之前一年林吉特对美元贬值近30%，成为全球表现最糟糕的货币。在美国加息预期、原油价格暴跌的国际环境下，除林吉特外，俄罗斯卢布、巴西雷亚尔、南非兰特、土耳其里拉等新兴市场国家货币普遍贬值至历史低位，系统性金融风险上升。

启智增慧 12-1
新兴市场货币走软，经济体面临更高风险溢价压力

金融市场环境的恶化及汇率、利率的剧烈变动，加剧了新兴市场金融机构的经营困难，导致其资产质量恶化，流动性降低，甚至陷入金融危机。

（3）投机资本冲击成为金融危机爆发的导火索

1997年的亚洲金融危机起源于泰铢在投机资本冲击下的大幅度贬值，国际投机资本对新兴市场的冲击成为引发金融危机的导火索。

国际投机资本，也被称为游资或热钱，是指投资者意图在短期内改变或扭转资本移动方向的短期国际资本，其目的是获取正常投资收益之外的资本利得。投机资本具有规模大、停留时间短、反应灵敏、破坏性强等特点。

国际投机资本冲击一国金融市场主要体现在外汇市场上。在固定或有限灵活钉住汇率制下，国际投机资本借助一些突发性经济金融事件冲击一国货币汇率，通过大量抛售该国货币，压低其货币汇率，动摇货币持有者对货币汇率稳定的信心，最后引发货币持有人把该货币资产全面转换为外币资产。因此投机资本对一国货币的冲击表现在国际金融市场上投机力量与被冲击国的中央银行围绕一个相对固定的汇率水平或一个确定的汇率波动幅度进行冲击与反冲击的争夺。这种冲击的直接结果是投机者的无功而返或是固定水平或固定波动幅度的被迫放弃。当相对固定的钉住汇率水平或波动幅度难以为继而不得不与强势货币脱钩时，通常会引起货币信心及整体经济的巨大震荡。

启智增慧 12-2
把握节奏力度扩大金融开放

投机资本冲击容量狭小的新兴市场具有很强的破坏性，导致汇率风险的直线上升。在汇率由相对固定转向浮动的过程中，外汇交易商及其他金融机构面临巨大的市场交易风险。

显然，资本流动的国际化在为世界经济和贸易发展带来前所未有发展机遇的同时，也带来了全球化的风险，导致金融危机在世界范围的快速蔓延。

（4）国际资本流动增强金融风险传染链条

启智增慧 12-3
欧美央行缓加息步伐，国际资本流动呈现新动向

伴随着国家间的资本流动，各国金融市场中的交易者不再局限于本国的居民。当作为非居民的金融机构大量持有本国的金融资产时，本国金融市场中的风险事件就可能会传导到其他国家。在美国的次贷危机中，大量欧洲银行因持有次贷产品而遭受巨大的损失，使得肇始于一国局部市场的风险迅速传导到全球。

12.3　加强国际资本流动管理

鉴于国际资本流动风险的不断上升，以及国际资本流动与金融危机相关性的不断凸显，一些新兴市场国家在总体上开放资本与金融账户的同时，又采取不同的管理措施，对资本流入或流出进行不同程度的限制。

12.3.1　对资本流入的管理

国际资本大量流入容易导致国内信贷急剧扩张和本币实际汇率上升，并由此产生其他一系列经济问题。为了控制资本流入的不利影响，一国可采取的政策工具包括货币政策、财政政策、汇率政策以及国际资本流动管制政策。

从货币政策的角度，可实行紧缩措施缓解资本流入对国内信贷扩张的压力。具体来说，可调整法定存款准备金率、进行公开市场操作、改变再贴现率和施行其他中和政策。

从财政政策的角度，要控制大规模资本流动的不利影响可以考虑采取紧缩的财政政策，或者直接对国际资本流动征税。

从汇率政策的角度，大量的资本流入会造成本币实际汇率上升，让名义汇率实现某种变动，可以减轻资本流入对货币当局的压力。

国际资本流动管制政策大致可分为直接控制型和间接控制型，在多数情况下，不同的控制手段是混合使用的。直接资本流动管制是对一些跨国界的资本交易进行有选择性的控制审批。间接资本流动管制是运用市场化的手段增大跨境资本的成本，如对特定的资本流动征税、实施双重或多重汇率等。

12.3.2　对资本流出的管理

限制资本流出的主要目的是减轻货币贬值和外汇储备下降的压力，以帮助货币当局赢得时间，从容调整宏观经济政策。

对资本流出进行管理的有效措施包括针对特定交易征税，通过直接资本流动管制措施限制资本流出的合法性，通过间接资本流动管制措施提高资本流出的成本等。

12.3.3　资本管制的成本

在控制资本流动的过程中，不同管理手段会受到一些具体条件的制约，面临一定的管制成本。

首先，管制的有效与否取决于经常账户和资本账户分离的程度。实现这一分离需要有一套复杂的规则，以界定哪些交易分属经常账户和资本账户交易，并确立对居民进行外汇交易和非居民进行本币交易的管制。

其次，资本管制行为通常涉及限制某些涉外金融交易或对其征税，影响了国内金融市场的竞争，挫伤了资本回流的积极性，降低了国内金融体系的效率，无法分散风险。

最后，管制会造成或加剧经济的扭曲，增加调整经济的成本，而且随着资本管制效力的减弱，不适当的宏观经济政策只有靠加强管制来持续，结果使潜在的扭曲不断加剧。

12.3.4　资本流动的监管

各类短期资本的投机行为在市场力量的驱使下，通过操纵局部市场，破坏市场秩序，严重影响金融市场的稳定。因此，有效防范金融危机必须从对国际资本尤其是国际投机资本流动的有效监控和管理入手。但是资本大范围的跨国流动，大大降低了单个国家宏观经济政策的有效性和资本流动风险的控制能力。因此，只有国际社会积极沟通，加强协调和合作，特别是要更好地发挥国际货币基金组织、世界银行、国际清算银行等国际多边金融机构的作用才能更有效地防范国际资本流动的风险，防范金融危机的爆发。

本章小结

国际资本流动是指资本从一个国家或地区转移到另一个国家或地区。它反映在一国国际收支平衡表的资本与金融账户上。

依据资本流动与实际生产和贸易的关系可将国际资本流动分为实物性资本流动与金融性资本流动。实物性资本流动是指与贸易、生产等实物经济发生直接联系的资本流动。金融性资本流动是指与实际贸易、生产没有直接联系的国际资本流动。

依据资本使用期限的长短可将国际资本流动分为长期资本流动与短期资本流动。长期资本流动是指期限在一年以上，甚至不规定到期期限的资本的跨国流动，它主要包括国际直接投资、国际间接投资以及中长期国际信贷这三种金融活动。

短期资本流动是指期限在一年或一年以下的资本，短期资本流动的形式多种多样，如现金、活期存款、国库券、大额可转让定期存单、商业票据、银行承兑汇票等短期金融资产的交易。此外，短期持有长期金融资产的行为，如投机性的股票交易等，也可以形成短期资本的流动。

除了供给与需求这一基本因素外，影响国际资本流动的原因还有增加收益和降低风险。

金融危机被定义为全部或部分金融指标——短期利率、资产价格、商业破产数和金融机构倒闭数——的急剧、短暂和超周期的恶化。金融危机大致可以分为货币危机、银行危机、债务危机和系统性金融危机。

国际资本流动与金融危机的关系主要表现在如下几个方面：国际资本大量流入加剧经济内外失衡；资本大量抽逃打破国内金融市场平衡；投机资本冲击成为金融危机爆发的导火索；国际资本流动增强金融风险传染链条。

控制国际资本流动的不利影响包括对资本流入的管理和对资本流出的管理。在进行管理的同时，要注意管制的成本。只有国际社会积极沟通，加强协调和合作，才能更有效地防范国际资本流动的风险，防范金融危机的爆发。

关键概念

国际资本流动　实物性资本流动　金融性资本流动　长期资本流动　短期资本流动
金融危机　货币危机　银行危机　债务危机　系统性金融危机

综合训练

思考题

1）短期资本流动的形式包括哪些？
2）长期资本流动的形式包括哪些？
3）金融危机可分为哪些类型？

4）国际资本流动与金融危机的关系是什么？

5）在当前的背景下，银行危机有哪些引申的含义？

6）货币危机和银行危机的区别和联系是什么？

即测即评 12

综合训练参考答案 12

第13章

金融危机理论

目标引领

☑ **价值塑造**

本章引导学生关注金融危机理论在当前国际环境下的适用性与表现，了解我国外债平稳增长的基本事实与企业跨境融资的基本概况。

☑ **知识传授**

通过本章的学习，了解货币危机理论的理论框架和主要内容，了解三代货币危机理论模型对货币危机的分析特点。本章还介绍了货币危机传染理论和国际债务危机理论，需要掌握与传染有关的概念，掌握衡量外债风险的指标，了解外债的经济影响。

思维导图

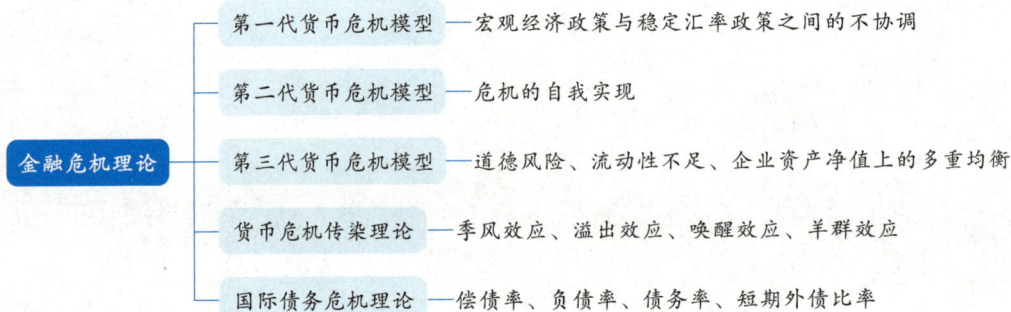

金融危机理论
- 第一代货币危机模型 —— 宏观经济政策与稳定汇率政策之间的不协调
- 第二代货币危机模型 —— 危机的自我实现
- 第三代货币危机模型 —— 道德风险、流动性不足、企业资产净值上的多重均衡
- 货币危机传染理论 —— 季风效应、溢出效应、唤醒效应、羊群效应
- 国际债务危机理论 —— 偿债率、负债率、债务率、短期外债比率

第13章

金融危机理论

本章小结

第一代货币危机模型开创了从经济理论角度揭示货币危机的根源和本质的先例，即危机的根源在于宏观经济基础变量（如过度扩张的财政货币政策）的不断恶化或宏观经济政策与稳定汇率政策间的不协调，而不是由于货币投机商的恶意操作所致。该模型也指出了当经济基础变量不断恶化时危机的必然性和可预测性，解释了危机发生时本币大量贬值的合理性。

第二代货币危机模型中，政府不再是在投机攻击或货币危机发生时居于被动的地位，政府的政策目标不再是单一地维持固定汇率制，而是根据维持固定汇率制的成本和收益的比较进行相机抉择，政府在这个模型中处于主动的地位，尽可能使其维持固定汇率制的成本最小，放弃固定汇率制是央行在做出分析比较后的结果，并不一定是储备耗尽的结果。

第三代货币危机讨论的是以银行、企业、外国债权人等微观主体行为为基础的开放经济金融危机理论。它主要包括道德风险模型、流动性不足模型和企业资产净值基础上的多重均衡模型。

货币危机的传染是指对一个国家货币冲击成功之后，其他国家的货币受到的投机压力增大。传染通常被划分为两类：第一类是纯粹传染，即通过经济基本面的传染，反映各国经济相互依赖中货币危机的溢出效应。第二类是在信息不对称和不完全情况下，由金融恐慌、"羊群行为"或风险厌恶增加等非理性行为引发的传染。

衡量外债风险的常用指标为偿债率、负债率、债务率、短期外债比率。

外债增加的四个国内因素：投资增加、储蓄减少、政府支出增加、税收减少。政府对外借债源自三种需要：增加外汇储备、为经常项目逆差融资、为私人资本流出提供外汇。

关键概念

第一代货币危机模型　第二代货币危机模型　第三代货币危机模型　道德风险　流动性不足模型　企业资产净值基础上的多重均衡模型　传染　季风效应　溢出效应　唤醒效应　羊群效应　偿债率　负债率　债务率　短期外债比率

综合训练

思考题

1）衡量一国对外债务的指标包括什么？其具体含义是什么？
2）金融危机传导过程中的溢出效应的含义是什么？其两种表现方式分别是什么？
3）政府增加外债的动机是什么？
4）一国外债增加的国内因素有哪些？
5）一国外债规模与结构管理的方法有哪些？

即测即评 13　　　综合训练参考答案 13

第 14 章

典型案例及启示

目标引领

☑ 价值塑造

本章以次贷危机为切入点，接续引导学生思考美元霸权的相关问题。中国已不可避免地对世界政治经济格局产生深刻影响，应积极主动地参与国际利益的协调和分配，从推动实现内外平衡的角度，谋划我国在未来国际金融体系中的空间和地位，扩大能够提升国家竞争力的战略投资，使人民币成为国际金融体系中的一极。

☑ 知识传授

通过本章的学习，了解债务危机、货币危机以及综合性金融危机的三个典型案例，能够运用各种金融危机理论分析重大国际金融事件，能够了解不同类型的国际金融危机发生的机制及其对经济的影响，能够从金融危机的案例中获得有用的启示。

思维导图

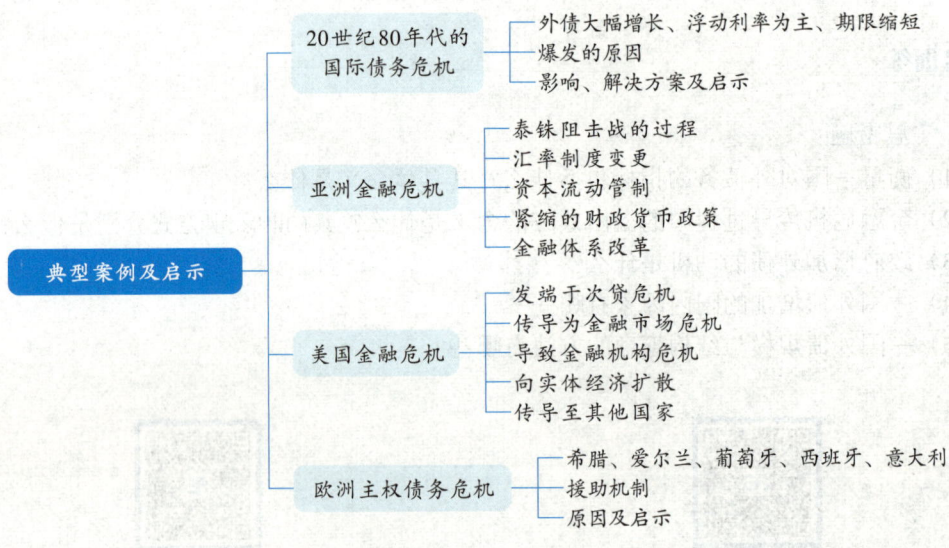

典型案例及启示
- 20世纪80年代的国际债务危机
  - 外债大幅增长、浮动利率为主、期限缩短
  - 爆发的原因
  - 影响、解决方案及启示
- 亚洲金融危机
  - 泰铢阻击战的过程
  - 汇率制度变更
  - 资本流动管制
  - 紧缩的财政货币政策
  - 金融体系改革
- 美国金融危机
  - 发端于次贷危机
  - 传导为金融市场危机
  - 导致金融机构危机
  - 向实体经济扩散
  - 传导至其他国家
- 欧洲主权债务危机
  - 希腊、爱尔兰、葡萄牙、西班牙、意大利
  - 援助机制
  - 原因及启示

开篇导读

2023年以来，受美联储加息缩表、美国国债供给大幅增加、美国财政可持续性下降等因素影响，美国10年期国债收益率由2023年年初的3.8%一度飙升至5%，创2008年金融危机以来新高。美国10年期国债收益率飙升成为国际金融市场的重要扰动因素，引发

金融资产价格大幅波动。

美国国债是国际投资者进行金融资产配置的重要标的之一，收益率飙升加剧国债价格下跌，引发全球金融市场震荡。美国联邦存款保险公司（FDIC）数据显示，截至2023年第三季度末，美国银行业持有投资证券的未实现亏损增加至6 839亿美元。其中，大部分亏损缘于美债收益率上涨造成的价格下跌效应。2023年3月，美国硅谷银行由于持有的美国国债资产浮亏过大而爆发挤兑危机。

美国10年期国债收益率飙升，推高了金融市场中长期利率定价基准，与之密切相关的利率敏感性资产，公司债、住房按揭贷款、资产支持证券、居民住宅和商业地产等也面临较大的价格下跌压力，风险外溢影响显著提高。

美国10年期国债收益率提高增加了无风险资产吸引力，引发投资者调整资产组合配置。股票、债券市场的"跷跷板"效应进一步强化，跨境资金延续回流美国态势，增持美国国债和金融机构存款成为主要配置策略。另外，美国国债是市场主体拆借的重要增信抵押品，国债收益率飙升会降低抵押品价值，间接产生去杠杆和流动性紧缩效应。

美债收益率抬升带动欧元区、英国及日本等主要发达经济体的国债收益率联动上涨、利率中枢上移，引发全球股票等金融资产价格调整。

评析：20世纪80年代以来，在金融自由化、金融创新浪潮的影响下，金融危机也变得日益经常化和全球化。1982年国际债务危机首先在拉美爆发，绵延了20年之久。80年代中期以后，美国经历了一场持续10年的储贷协会危机，日本也在90年代初泡沫经济崩溃之后陷入了长期衰退。90年代，先有在金融衍生品市场投机失败的巴林事件和大和事件，继而发生了北欧银行危机。1993年爆发涉及10余个发达国家的欧洲货币危机。1994年被称为新兴市场国家典范的墨西哥发生了新兴市场时代的第一次大危机。在此之后，亚洲金融危机、俄罗斯金融危机、阿根廷金融危机、次贷危机、欧债危机……国际金融领域似乎始终没有真正平静过。

14.1　20世纪80年代的国际债务危机

20世纪70年代初，石油价格不断上涨，许多非产油发展中国家出现了严重的贸易赤字。与此同时，石油输出国组织的贸易顺差大大增加，其成员在欧洲银行积累了大量的存款资金，这些银行由于拉美等发展中国家的高利率而纷纷将资本贷出。而拉美国家由于急需外来资金弥补贸易赤字，所以用政府主权作为担保大肆借入资本。随着20世纪70年代末工业化国家反通货膨胀政策引起国际利率的大幅度增加，拉美国家债务利息负担不断加重。1982年8月20日，墨西哥政府宣布无力偿还到期的外债本息，要求推迟30天，由此引发了全球性的发展中国家的债务危机。至1983年年末，共有32个发展中国家表示无力按期偿还外债本息。

14.1.1　债务危机前发展中国家的外债概况

发展中国家是在20世纪70年代末和80年代初大规模利用国际金融市场举借外债的。这一时期的外债具有如下特点：

第一，非产油发展中国家外债总额大幅增长，详见表14-1。整个发展中国家的对外债务总额在1973—1983年迅速增长，年平均增长率超过了21.4%。偿债率在1979年达到国际标准警戒线，即20%，从1981年开始持续高于警戒线。整个非产油发展中国家的外债还表现出了高度集中的特征，外债的45%集中于拉美国家，而拉美国家的70%又集中于巴西、墨西哥和阿根廷三国。这些特征都使得国际信贷面临巨大风险。

表14-1 非产油发展中国家的外债状况

年份	1973	1974	1975	1976	1977	1978	1979	1980	1981	1982	1983
外债总额（亿美元）	1 300	1 610	1 910	2 230	2 910	3 430	4 060	4 900	5 780	6 550	6 942
债务率（%）	115	105	122	126	132	132	121	115	128	151	158
偿债率（%）	16	14	16	15	16	19	20	18	22	25	22

第二，债务以浮动利率负债为主，详见表14-2。对表中的数据进行观察可以发现发展中国家的债务结构特点，即以浮动利率负债为主，这意味着发展中国家极易因世界利率的改变而导致债务负担加重。

第三，债务期限出现缩短的趋势。贷款期限的缩短意味着发展中国家的借款主要应用于临时性需要，而不能转化为长期生产资本，因此外债使用的长期效益降低。

第四，债务以向私人贷款者借款为主，主要是在国际金融市场上向商业银行借款，官方贷款比重较小。私人贷款一般是商业性的，这意味着发展中国家的资金来源不太稳定，易受世界市场上供求状况变动的影响。

表14-2 部分国家/地区1980—1981年的浮动利率负债比率

国家/地区	浮动利率负债比率（%）
阿根廷	58.3
巴西	64.3
哥伦比亚	39.2
智利	58.2
墨西哥	73.0
秘鲁	28.0
委内瑞拉	81.4
整个拉美地区	64.5

14.1.2　债务危机爆发的原因

大量的债务并不意味着必然会爆发债务危机。国际债务危机的爆发既有外部原因，也有内部原因。从外部原因来看，20世纪70年代以来的债务条件对发展中国家不利，外来冲击进一步恶化了其国际收支状况。从内部原因来看，大多数发展中国家都缺乏有效的外债管理，未能合理利用所借资金来促进出口的快速增长。具体来看，导致这一危机的原因如下：

第一，国际债务条件对发展中国家不利。国际债务条件在 20 世纪 70 年代时发生了变化。20 世纪 70 年代初，大量的石油美元进入欧洲货币市场，发展中国家可以以较低的利率借入贷款。之后，随着各国反通胀政策的实施，国际利率水平大幅度上升，在浮动利息借款的背景下，发展中国家的借款成本不断提高。

第二，外来冲击进一步恶化了发展中国家的国际收支状况。发展中国家的国际收支不仅未能因利用外资而获得显著改善，而且还因为一系列因素使原有的国际收支恶化。1979 年石油价格第二次上升，使得非石油产出国的石油进口支出大幅增加。1980 年开始的世界经济衰退，使发展中国家原材料商品的出口价格与出口数量都明显下降。

第三，发展中国家未能合理利用所借资金来促进出口的快速增长。首先，发展中国家一般都面临着外汇短缺的局面，因此以外币计价的债务偿还必须以出口的高速增长为前提条件，而发展中国家在利用外资时没有重视这一点。例如，墨西哥将举借的外资大量投入到规模庞大的基础设施建设；阿根廷实行的是进口替代的工业化发展战略，试图通过筹措资金来发展国内工业，这一战略导致对出口的忽视。在墨西哥和阿根廷实施的利用外债的战略中，即使通过举借外债建设的项目都经营得很好，也不能必然带来出口的上升，从而给外债的偿还带来困难。其次，由于金融改革滞后，在发展中国家不断吸引外资发展本国经济的同时，大量资本也因为本国利率过低等金融抑制现象而外逃。1976—1985 年间，外债负担最重的 15 个发展中国家有 9 个具有严重的资本外逃现象。大量的资本外逃使发展中国家的经济得不到快速发展，大量举借的外债发挥不了应有的作用，并且国民收入的增长也没有达到预期的水平，最终使其无力偿还债务。最后，最为重要的是，即使对于能够利用到的资金所形成的投资项目，也普遍存在管理不善、经营效率低下等问题。以上三重因素的存在，导致发展中国家在利用外资的过程中难以形成稳定的偿债资金来源。

14.1.3 国际债务危机的影响

债务危机严重干扰了国际经济关系发展的正常秩序，是国际金融体系紊乱的一大隐患，尤其是对危机爆发国的影响更是巨大，给这些国家的经济和社会发展造成了严重的后果。

1）国内投资规模大幅缩减导致经济增长减慢或停滞

首先，为了还本付息的需要，债务国必须大幅度压缩进口以获得相当数额的贸易盈余。因此，为经济发展和结构调整所需要的原材料、技术和设备等的进口必然受到严重抑制，从而造成企业生产投资的萎缩，甚至正常的生产活动都难以维持。

其次，债务危机的爆发，使得债务国的国际信誉大大降低，进入国际资本市场的难度加大，获得的直接投资也会大量减少。

最后，危机爆发后国内资金的持有者也纷纷抽回国内投资，这不仅加剧了国家的债务负担，也使得国内的投资资金减少，无法维持促进经济增长应有的投资规模。

2）通货膨胀加剧

发生债务危机的国家政府往往会将出口置于国内需求之上，造成国内产品供应危机，并且债务国政府往往会采取扩大国内债务发行规模和提高银行利率等办法来筹措资金。但筹措到的资金相当大一部分是被政府用于从民间购买外币偿还外债，必然造成国内市场货币流通量增多，通货膨胀不可避免。为制止资本外流和通货膨胀，政府会大幅提高利率，使投资进一步下降，同时本币贬值使企业的进口成本急剧升高。这些又会加剧危机对经济增长的负面影响。

3）影响了国际金融体系的正常运行

债权国与债务国同处于一个金融体系之中，债权国若不及时向债务国提供援助，就会引起国际金融体系的进一步混乱，从而影响世界经济的发展。对于那些将巨额债务集中在少数债务国身上的债权国银行来说，一旦债务国无力支付债务，必然使其遭受严重损失。债务危机中，债务国的外债绝大部分是从西方尤其是美国的商业银行中获得的，债务不能按期偿付立刻使这些银行的正常运营出现困难，并且也威胁到了国际金融市场的稳定。以美国为例，1982年年末，它最大的九家商业银行共向拉美国家提供了510亿美元的贷款，这相当于这些银行自有资金总额的176%。在这种情况下，债权人不得不参与债务危机的解决以使国际金融体系正常运行。

14.1.4 债务危机的解决方案

从20世纪80年代初开始，对债务危机的解决方案经历了一个演变的过程。对债务危机的解决方案的变化，是同对债务危机性质认识的不断深化相联系的。

1）债务危机初期解决方案（1982—1984年）

债务危机爆发后，美国等国家与IMF一道制定紧急援助计划。这一解决方案的核心是将债务危机视为发展中国家暂时出现的流动性困难，因此只是采取措施使它们克服这一资金紧缺。这一方案一方面由各国政府、商业银行、国际机构向债务国提供大量的贷款以缓解资金困难，另一方面将现有债务重新安排，主要是延长偿还期限，并不减免债务总额。这一方案要求债务国实行紧缩的国内政策，以保证债务利息的支付，因此对发展中国家来说还是比较苛刻的。

2）贝克计划（1985—1988年）

对债务危机的初期解决方案并没有使债务国摆脱债务负担，这使得人们发现债务危机不是一个暂时的流动性问题，而是债务国现有的经济状况不具有清偿能力。债务危机的解决必须与发展中国家经济的长期发展相结合。

在此背景下，1985年9月，美国财政部长詹姆斯·贝克提出了新方案——贝克计划，即通过安排对债务的新增贷款、将原有债务的期限延长等措施促进债务国的经济增长，同时也要求债务国调整其国内政策。

在贝克计划的执行中，采取了一些重要的金融创新手段，例如债务资本化、债权交换和债务回购等。债务资本化是指债权银行按官方汇率将全部债务折合成债务国货币，并在债务国购买等值的股票或直接投资取得当地企业的股权，这一过程也被称为债务–股本互换。债权交换是指债权人按照一定的折扣将所持债务交换成附有担保品的其他债务，这种交换需要新债券具有更高的信用等级。债务回购是指债务国以一定的折扣用现金购回所欠的债务。这些金融创新对随后的债务危机解决方案有重要影响。

3）布雷迪计划（1989年以后）

20世纪80年代以后，产生了一个发展中国家债务的二级市场，在该市场内，债权银行可以按面值折现把所欠贷款卖给第三方。同时，由于1986年石油价格下跌，一些严重依赖石油出口的债务国负担加重，如果没有债务减免，就无法解决债务危机。

1989 年 3 月，美国财政部长尼古拉斯·布雷迪提出了一个解决债务危机的新方案——布雷迪计划。在布雷迪计划中，解决债务危机的主要内容仍是鼓励债务国实行市场化改革和采取稳健的经济政策，但是也承认现有的债务额大大超过了债务国的偿还能力，因此要在自愿的、市场导向的基础上，对原有债务采取各种形式的减免。随后美国副财长戴维·马福德制定了一个减免 39 个主要债务国所欠 3 400 亿美元中 700 亿美元的目标，IMF 和世界银行也专门拨出 240 亿美元专款用于贷款，支持那些成功地进行了债务减免计划谈判的国家。

布雷迪计划不仅减免了债务国的债务负担，更为重要的是，它提高了债务国的信用，增强了市场对债务国的信心。在 1990 年之后，美国利率显著下降，这一方面减轻了债务国的负担，另一方面促使了国际资金寻求能获得高收益的场所，对发展中国家尤其是债务危机发生国的资金流入也恢复了。与此同时，债务国进行的贸易自由化、私有化、降低通胀率等措施也初见成效，到了 1992 年，债务危机已基本宣告结束。

14.1.5　债务危机的启示

债务危机的教训表明，国际资本流动在客观上能够起到平衡国际收支的作用，但在主观上受市场机制的驱动，资金在一般情况下只流向高收益、低风险的国家或地区。一旦投资利润受到威胁，私人贷款资金会立即撤离和转移，从而起到加剧国际收支失衡的作用。

发展中国家，尤其是高负债的发展中国家，在外部融资能力急剧下降的情况下，因为不具备发达国家那样有效的汇率调节机制，所以没有其他选择，只能依靠紧缩国内总需求及调整经济结构来强制调节国际收支失衡。实际上，在 20 世纪 80 年代的债务危机中，几乎所有的发展中债务国都是通过紧缩国内经济、牺牲国内充分就业和经济增长目标以实现外部国际收支平衡来度过债务危机的。对重债务国而言，IMF 和世界银行的政策以及商业银行的减债措施和继续提供贷款的条件都相当苛刻，应该说，发展中国家为解决债务危机所付出的代价是极其昂贵的。

启智增慧 14-1
全球债务总额不断攀升，政府财政可持续性面临新考验

14.2　亚洲金融危机

1997 年爆发的亚洲金融危机是一场范围广、影响大的世界性的货币危机。1997 年，泰国央行因无法抵御国际游资对泰铢的攻击而宣布放弃钉住美元的固定汇率制，实行浮动汇率，并将贴现率上调，从而引发泰铢危机。随后，菲律宾、马来西亚、中国台湾等都相继宣布实行浮动汇率制。接着爆发了韩元危机，使得东南亚货币再次全面贬值，加重了亚洲金融危机。最终亚洲货币的大幅度贬值也引起了美欧国家股市和汇市的全面剧烈波动，并引发了俄罗斯金融危机，使得亚洲金融危机超出了地域范围，具有世界性。

14.2.1　国际游资的货币攻击策略

货币攻击的历史可以追溯到 19 世纪末和 20 世纪初的金本位时期。当时全球资本高速流动，如果某国传出政治经济的负面消息，很容易引发投资者对其黄金储备进行攻击。只是由于金本位制度相对稳定，调节机制也较为完善，加之各国全力干预，才压制了投机者的攻击。随着经济全球化的发展，交易技术的不断进步以及衍生品市场的日益繁荣，当代的货币攻击呈现出立体化的特征。国际炒家在货币、外汇、股票和金融衍生品市场同时对一种货币发起进攻，使固定汇率制崩溃，而国际炒家则从金融动荡中获利。当代货币攻击主要从以下线路展开：

1）在即期外汇市场上卖空本币

国际炒家先借入目标国的本币，其主要来源于目标国国内的货币市场、国际金融市场，以及抛售的目标国的股票或债券。国际炒家为了控制借款的成本，会采取渐进的方式逐步吸入，直到手中握有足够多的本币，再集中抛售，打压本币汇率。国际炒家一般会选择在目标国的经济金融有负面消息传出之时对其进行抛售，或者散布谣言，带动其他投资者进行效仿。一旦目标国货币贬值，炒家就可以用低价购回本币进行偿还，本币汇率价差扣除借款所需利息就是炒家的利润。

上述过程中，国际炒家能够获得本国货币是货币攻击的关键。如果非居民能够容易地在本国货币市场获得本币，或者目标国的国际化程度很高，非居民更容易从离岸金融市场获得本币，或者非居民能够方便地持有及出售本国的股票、债券，实施该种供给就会更容易。

2）在远期外汇市场上抛售本币

国际炒家在远期外汇市场上出售所攻击货币的远期合约，如果远期合约到期之日所攻击的货币贬值，国际炒家通过交割合约就可以获利。远期抛售攻击目标国的货币，将使其远期汇率下跌，同时也会对即期汇率进行打压。从远期合约签订到交割日，国际炒家无须真正交易就能形成对本币的攻击，成本极低。当然，如果交割日本币汇率没有下降，炒家也会面临损失的风险。此外，国际炒家还可以利用本币外汇期货合约的空头，买入本币看跌期权等，待本币贬值之时交割合约获利。

3）在汇市和股市联合发动攻击

国际炒家在目标国即期外汇市场卖空目标国本币的同时，还可以卖空股票，积累股指期货的空头头寸。目标国央行为了限制炒家获取本币，一般会采取提高短期利率的方式来提高炒家的资金成本。利率上升会对股市形成打压。一旦股价下跌，炒家就可以通过低价回购股票和交割股指期货来获利。

在实际操作中，国际炒家往往是以上两种或三种方法一起使用。这样的立体供给方式可以充分利用利率、汇率、股票、股指期货之间的联动关系，来保证赚取高收益。如果被攻击货币贬值，则可以在外汇市场获利。如果被攻击货币没有贬值，由于在这一过程中，目标国央行为保卫汇率会推高短期利率从而对股市形成打压，则炒家可以从股市中获利。

14.2.2　泰国爆发货币危机的原因

亚洲金融危机中，泰国之所以成为国际投机资本率先攻击的对象，主要根源在于其自身。在1997年泰国爆发货币危机的前10年里，泰国经济高速增长的背后潜藏着过度依赖外资、贸易逆差过大等问题，详见表14-3。

表14-3   泰国经济基本面情况（%）

年份 项目	1990	1991	1992	1993	1994	1995	1996	1997	1998	1999
实际GDP增长	11.2	8.6	8.1	8.3	8.0	8.1	5.7	-2.8	-7.6	4.6
失业率	2.2	3.1	2.8	2.6	2.6	1.7	1.5	1.5	4.4	4.2
通货膨胀率	5.8	5.7	4.1	3.3	5.1	5.8	5.9	5.6	8.2	0.4
财政余额/GDP	4.8	3.9	2.4	1.7	2.8	3.2	0.7	-1.8	-2.7	-2.5
经常账户余额/GDP	-8.3	-7.5	-5.5	-4.9	-5.5	-8.0	-8.0	-2.0	12.5	9.8

开放资本账户后，资本大量流入催生了股市和楼市泡沫，并加剧了信贷扩张。跨境借款几乎不受限制，造成短期外债过高。由于实行泰铢钉住美元的固定汇率制，1996年美元升值带动泰铢升值，重创了泰国的出口，造成经济下滑。

外部经济失衡、资产价格泡沫、金融部门脆弱、基本面负面冲击，给国际炒家以可乘之机。政局动荡、政府频繁更替也削弱了泰国应对危机的能力。

14.2.3　泰铢阻击战的过程

1997年2月，以索罗斯的量子基金为代表的国际投机资本大量做空泰铢，到2月14日，泰铢跌至10年来最低点——1美元兑换26.18泰铢。泰国央行坚决反击，在外汇市场上大量购入泰铢，同时提高短期利率，使投机资本的成本大幅提高。在这两项措施的作用下，泰铢汇率很快稳定。但泰国央行也付出了代价，一方面，外汇储备被大量耗尽；另一方面，高利率对国内经济的负面影响逐步显现。国际炒家此役虽遭挫，但他们由此断定，泰国政府虽然会死守固定汇率制但实力却不足，从而坚定地要做空泰铢。

早在1997年年初，国际炒家就开始了大量买美元卖泰铢的远期外汇交易，分阶段抛空远期泰铢。同年2、3月份，银行间市场上类似的远期外汇合约需求量激增，高达150亿美元，引发投资者纷纷效仿。到了5月中旬，国际炒家又开始在即期市场中大量抛售泰铢，至5月底，泰铢已经下跌至1美元兑换26.6泰铢。此时泰国央行开始反击，一是干预远期市场，大量卖出远期美元，买入泰铢；二是联合新加坡、中国香港和马来西亚货币当局干预即期外汇市场，耗资100亿美元购入泰铢；三是严禁国内银行拆借泰铢给国际炒家；四是大幅提高隔夜拆借利率。国际炒家针锋相对，于6月初继续抛售美国国债筹集资金对泰铢进行打压。经过几轮交锋，至1997年6月泰国央行的外汇储备仅剩下60亿~70亿美元。随后泰国财政部长的辞职加剧了市场的恐慌情绪。6月28日，泰国外汇储备减少至28亿美元，干预能力几近枯竭。当局被迫于7月2日宣布放弃固定汇率，导致泰铢暴跌。7月28日，泰国向IMF发出救援请求。泰铢贬值标志着亚洲金融危机全面爆发。

14.2.4　货币危机的解决方案

1）汇率制度变更

亚洲国家多是外向型经济国家，20世纪70年代起多实行钉住美元的固定汇率制。固定汇率制能够降低汇率的不确定性，同时促进物价水平和通货膨胀预期的稳定。但是20

世纪90年代以来，这种汇率制度的弊端逐渐暴露出来。在固定汇率制下，一国必须要么牺牲本国货币政策的独立性，要么限制资本的自由流动，否则容易引发货币和金融危机。但是这两种选择都不利于本国经济的发展，因此需要变更汇率制度。

泰国是最先进行汇率制度变更的国家。随后马来西亚、韩国和印度尼西亚等国家也纷纷宣布放弃固定汇率制，采取浮动汇率制。汇率制度变为浮动汇率制以后，不可否认初期货币贬值会给经济带来严重的影响，但是从长远来看浮动汇率制的实行利大于弊。

浮动汇率制解决了货币高估的问题，减少了外汇储备的损失。货币的贬值增强了该国商品的国际竞争力，能够刺激出口，抑制进口。泰国在1999年6月的出口额比1998年同期增长了5.8%。浮动汇率制可以保证货币政策的独立性，使各国货币当局可以利用利率杠杆促进经济增长。

总之，亚洲金融危机后实行的汇率制度变更会给各国带来积极的作用，但是亚洲各国经济问题的解决还需要其他各项经济制度的配套改革。

2）适度的资本流动管制

亚洲金融危机证明了资本流动的程度越高越容易遭受冲击。以泰国为例，在钉住汇率制下全面放开了资本项目，固定不变的汇率水平使国际货币投机成为一件风险极低的事情，因此这种钉住汇率下的货币很容易成为投机者的目标，各国应该适当地进行资本流动的管制。在危机期间，亚洲各国采取了多种措施来限制资本的流动。

（1）征收托宾税来限制资本的流动性

托宾提出对所有与货币兑换有关的国际证券和外汇即期交易征收税率统一的国际税，以交易成本的提高减少国际资本的不稳定流动，并降低国际证券价格和汇率的波动。马来西亚、菲律宾等都以托宾税的方式限制其短期资本大量内流，并取得了良好效果。

（2）限制远期外汇交易和非贸易性的外汇交易

菲律宾禁止国内银行进行非交割出售美元的过期交易；马来西亚限制非贸易性的外币掉期交易，规定银行为外国投机者进行的掉期交易额必须以200万美元为限；泰国则要求出口商将美元存放在外汇户头的期限从180天下降到120天。

（3）禁止非居民以本币进行投机或可能转化为投机的融资活动

新加坡政府不允许非居民以新元在境外市场进行直接或证券投资，不允许以新元进行第三国贸易。当新加坡公司正在被接管或进行金融投资时，禁止非居民用本币认购证券。新加坡政府还规定了新元的贷款范围。

（4）通过政府入市操作

这是中国香港采取的对付危机的手段，即调高同业拆借利率以增加投机成本，同时提高外汇储备利率吸引资本流入，采用这种方式避免了采取行政手段对市场可能造成的负面影响，对稳定市场信心，维护金融秩序起到了很好的作用。

3）实行紧缩性的财政货币政策

亚洲金融危机后，各国开始实行浮动汇率制，为了尽快稳定汇率，各国都采取了紧缩性的财政货币政策。紧缩性财政政策的主要措施是削减财政开支。马来西亚政府限制1998年的财政支出只能比1997年增加1.5%，并决定延缓实施一批大型建设项目。在紧缩性货币政策方面，政府主要是通过提高利率、增大货币回收量来稳定币值、抑制物价上涨。泰国的利率从危机前的5%上升到17%，韩国的隔夜拆借利率从12%上升到32%，马来西亚的利率水平从5%上升到10%。利率的大幅度提高可以恢复市场信心，在一定程度上减少了资本外流，增加了投机者短期内做空的成本，减弱了人们的通胀预期。

紧缩性的财政货币政策在短期内可以解决货币危机问题，即解决货币贬值、汇率超调以及货币贬值带来的通货膨胀。但是，从长期来看，这种紧缩性的措施会阻碍经济增长。在紧缩的背景下，高利率会直接冲击各地本已陷入泡沫状态的经济，进一步扩大了不良债权，银行紧缩信贷又导致消费和投资的下降。所以在很短的时间之后，亚洲各国又转向扩张性的财政货币政策。

4）金融体系改革

亚洲金融危机之后，各国都对国内的金融体系进行了大刀阔斧的改革，包括短期内的金融体系重组和长期的加强金融监管。

危机后，亚洲国家银行体系的不良资产规模巨大，各国政府对破产的金融机构进行了清理合并以及政府收购，对脆弱的金融机构注入政府资金，提高资本充足率并鼓励其进行合并重组，同时通过存款保险的形式恢复市场信心。泰国、印度尼西亚、马来西亚注入550亿美元资金改组金融机构，普遍鼓励和推行了银行的合并。

金融体系的重组为其健康发展奠定了基础，但是要彻底解决亚洲国家金融领域的问题，加强金融监管是不可少的。亚洲金融危机之后，各国都认识到了金融监管的必要性，因此对金融监管机构进行了改革：首先完善了金融监管的主体设置，对监管机构的职能范围进行了重新设定。以韩国为例，1998年成立了统一的金融监管委员会，结束了原来四个机构分立监管的局面。统一的监管机构可以节约成本，并且在危机到来时能够迅速反应，有利于危机的预警、预防和处理。其次制定明确的监督原则，加强监督水平。亚洲各国在危机后制定了市场性、开放性、国际性、法制化和透明化的原则，加强监管水平。总之，亚洲金融体系的改革确实取得了一定的成功，各国经济恢复并开始发展，但是这种改革还需要不断持续下去，并同时与国际接轨才能使亚洲的金融业得到长足的发展。

14.2.5 亚洲金融危机的启示

1）谨慎推进金融市场开放

因为成功实施出口导向型经济发展战略，1990年年初，泰国崛起成为亚洲"四小虎"之一。然而，当泰国雄心勃勃地为争取成为区域国际金融中心而加快金融开放步伐时，却因市场制度不完善、经济基本面状况恶化，招致了货币攻击。扩大对外开放并不必然会倒逼出必要的对内改革和调整，而且由于金融市场超调的特性，金融开放与贸易开放对实体经济的影响也不可以简单类比外推。前者的影响具有高度的不确定性，因此金融开放需要大胆设想、小心求证。资本账户开放不可孤立进行，需要一系列改革协同推进。在这方面，泰国显然缺乏足够的准备。

2）货币攻击从资本流入开始

一方面，前期大量资本流入，尤其是短期资本流入，导致了金融的脆弱性；另一方面，投机者发起货币攻击，都要通过在岸或离岸市场获得目标国的本币资产，才能够做空本币。所以，防止资本流动冲击的工作，应该始于资本流入之时，特别是当经济繁荣时，会对国际资本产生巨大的吸引力，而这也往往会埋下未来资本集中流出的隐患。如果对外开放的金融市场存在诸多扭曲，则有可能被投资者蓄意利用，加倍放大，加大东道国的金融脆弱性。对此，发展中国家必须居安思危、防患于未然。同时，一旦遭受货币攻击，增加投机者获取本币的成本或者限制其获取本币的能力是重要的阻击手段。

3）固定汇率制度易受攻击

一系列原因导致在资本自由流动条件下固定汇率制度的内在不稳定性。不仅由于经济基本面恶化引致的过度扩张的宏观经济政策会最终导致固定汇率制崩溃（第一代货币危机模型），而且会受私人部门预期的影响，使经济由好的均衡转向坏的均衡，政府由支持固定汇率制转向放弃固定汇率制，引发预期自我实现的多重均衡危机（第二代货币危机模型），还会由于政府对企业和金融机构的隐性担保引发道德风险，造成过度投机性投资和资产价格泡沫，并因泡沫破裂和资本外逃导致危机（第三代货币危机模型）。泰国金融危机是基本面问题演变成流动性危机，中国香港的危机则是传染效应的多重均衡危机。无论怎么解释货币攻击发生的原因，固定汇率制的直接结果往往就是汇率高估，随后成为国际炒家的攻击目标。

汇率高估会增大市场对本币的贬值预期，为国际炒家做空本币提供便利条件。有研究表明，在危机爆发前，泰铢和港币都表现出高估。固定汇率制在经济发展初期发挥了重要作用，但随着金融市场化改革的推进，在条件具备的情况下增大汇率弹性以防止汇率高估，则是避免被攻击的有效手段。

4）充足的外汇储备是捍卫货币的重要但非根本保证

外汇储备越多，货币当局在外汇市场维护本币汇率的能力越强。但是，不能自恃外汇储备体量大就放松对货币攻击的警惕。理论上，即使一国的外汇储备能够应付外债和进口支付，一旦居民信心发生动摇，争相把本币兑换成外币，再多外汇储备也可能耗尽。特别是短期资本流入形成的外汇储备，更不能作为应对货币攻击的屏障，因为一旦形势发生逆转，这部分外汇储备会首先被消耗掉。另外，尽管泰国外汇储备曾经比较充裕，但投机者有针对性的策略仍使之沦为"自动提款机"。这表明，高额外汇储备并不能对投机者起到绝对的阻遏和威慑作用。

5）政府正确施策是应对货币攻击的关键

国际炒家在外汇市场展开大规模进攻，即使未形成垄断，也已占据市场的主导地位。此时，政府干预正是要维护公平和竞争的自由经济原则。但要成功应对货币攻击，需注意以下几个方面：一是多方协调应对攻击。货币攻击往往是立体化攻击，要仔细分析外汇市场、股票市场、衍生品市场之间的联动性，正确运用政策组合进行应对。中国香港的经验是在汇市、股市和期市联合进行反击。当时中国香港还成立了跨市场趋势监察小组，负责证券及期货运作的联合交易所、期货交易所、中央结算公司、证监会、新成立的财经事务局以及中国香港金管局，都派代表加入到小组中，以共同密切监控市场形势、交换看法，对炒家的攻击行为进行预判并研究制定应对措施。二是完善市场制度。在宏观手段受限的情况下，从微观制度安排入手来抵挡国际炒家的攻击是合乎逻辑且有效的。中国香港"任七招"推出后，明显增强了联系汇率制度的稳健性，防止了资本外逃造成的本币贬值。应完善金融市场交易制度，特别是完善交易报告制度，做到知己知彼，不打无准备之仗。泰国正是因为交易报告制度不完善，政府无法对炒家的进攻进行准确分析，最后被洗劫一空。坊间甚至有传闻，如果不是6月份泰国财长辞职助长了炒家气焰，7月初再坚持几天到交割日，境外炒家就爆仓了。而保卫港币成功的关键，就在于了解对手底牌。港府在反击之前就已经对炒家的资金布局和攻击策略进行了摸底，每天需要多少资金干预都心中有数，在反击时能做到有的放矢和精准出击。三是底部的干预才能够增加胜算。非常之时当用非常之策。在全面评估形势后，港府出手十分果断，动用外汇储备和养老基金大量买入权重股，立竿见影，迅速稳定住了股市，稳定了投资者心理预期，为港币保卫战取得最终胜利发挥了关键性的作用。最终股市上涨，盈富基金获得了可观的利润，也降低了港府救市的成本。

14.3　2007—2009 年美国金融危机

2007 年 2 月爆发的美国金融危机，被经济学家冠以"第二次世界大战以来最为严重的金融危机""百年一遇的金融危机"。这场金融危机最初爆发于美国经济领域的房地产市场，之后迅速蔓延到美国的货币市场、资本市场，接着引发了美国国内金融机构的危机，继而冲击全球，导致国际金融机构危机和国际金融市场危机，并触发部分国家的债务危机，从而上演了一场全球性、综合性的国际金融危机。

14.3.1　美国金融危机发端于次贷危机

1）房市泡沫下次级抵押贷款市场膨胀

自 2000 年网络股泡沫破灭和"9·11"事件后，美国经济出现衰退迹象。为了刺激总需求和避免经济大幅衰退，美联储自 2001 年起不断地大幅调低利率，将联邦基金利率从 6.5% 逐步降低至 1%，向市场注入流动性以推动经济复苏。

在流动性充裕而制造业和服务业尚缺乏投资机会的情况下，大量资金进入了房地产市场，直接促进了房地产市场 2001—2005 年的繁荣，房价屡创新高。

美国的住房抵押贷款分为三类：优质贷款（prime loan）、Alt-A 贷款（alternative A）和次级抵押贷款（subprime loan）。次级住房抵押贷款是相对于优质住房抵押贷款而言的，也被称为次级贷款或简称为次贷，是主要面向信用记录欠佳、收入证明缺失、负债较重的客户提供的高风险高收益的贷款。次贷在美国多由商业银行以外的一些专业性的房地产金融机构（如住房抵押贷款公司）发放。在市场繁荣时期，贷款的发放条件和审核程序非常宽松，次贷市场迅速膨胀。根据 Inside Mortgage Finance 提供的资料，2001 年次贷占全部住房抵押贷款的比例仅为 8.6%，到 2006 年该比率上升到 20%，并且次贷证券化的比例逐渐上升，至 2006 年次贷的证券化率已达 80.5%，说明住房抵押贷款公司的风险大部分都通过证券化的途径转移出去，该年次级抵押贷款余额的规模已达 1.5 万亿美元。

2）金融衍生产品的创新

金融市场大规模的金融创新带来了复杂多样的金融衍生产品。以次贷为基础资产所生成的一系列金融衍生产品充当了信用风险传递和扩散的链条，是美国次贷危机形成和传导中的关键环节。

（1）住房抵押贷款支持证券（MBS）。MBS 的创设是通过发起人（住房抵押贷款机构）发起，设立独立的特殊目的实体（SPV），将所发放的抵押贷款真实出售给 SPV，以实现发起人与风险资产相隔离。而后由 SPV 以所购买的抵押贷款作为资产池，以该资产池的未来现金流偿还投资者利息和本金，发行 MBS，原本信用和价值较低的次贷获得了较高的信用等级，而相应的违约风险也转由购买 MBS 的投资者承担。住房抵押贷款金融机构由于进行了贷款的真实出售，将大量按揭贷款转出资产负债表，并迅速获得现金流而不再承担贷款违约的风险，这样便促进了道德风险的滋生和大批次贷的发放，但次贷的证券化过程并未止于 MBS。

（2）担保债务凭证（CDO）。由于中间级 MBS 信用评级相对较低，流动性较差，投资银行往往以中间级 MBS 为基础进行新一轮证券化，被称为担保债务权证。CDO 也是设立 SPV 购买某种证券池，并以证券池内的资产和未来现金流为抵押品而发行的一种证券化产品，其资产组合很分散，包括 MBS 等证券化产品、垃圾债券、新兴市场债券、银行贷款等高风险固定收益资产的分散性组合，其资产组合彼此间相关性较小，以便于达到充分分散风险的要求。CDO 产品在定价时依据复杂的计量理论衡量风险，在房价一路走高时，产品定价时只需盯模无须盯市，而当房价下挫时，这种多层次的定价体系出现崩溃而将导致价格大幅下跌。但由于 CDO 产品资产池的分散化并通过破产隔离、信用增强等手段，获得了较高的信用评级。特别是高级 CDO，获得了等同于美国国债的 AAA 的最高评级，受到了国际众多大型商业银行、养老基金、保险公司等金融机构的追捧。中间级 CDO 和股权级 CDO，多由投资银行和对冲基金持有。

（3）信用违约互换（CDS）。信用违约互换是次贷危机中扮演重要角色的另一重要衍生金融工具。这是一种信用衍生产品，用来交易风险资产的信用风险的衍生金融工具，买方向卖方定期支付保费，如果合同中指定的第三方参照实体（通常是特定的债券、贷款等）在合同有效期内发生违约时，买方将获得来自卖方的赔付，类似于卖方向买方提供一种信用保险。由于 CDO 等证券化产品的信用风险较高，保险公司和对冲基金等金融机构通过发售 CDS，为 CDO、MBS 的持有者提供违约担保。CDS 的买方只需支付较少的保费便能够在 CDO 违约后获得 100% 的赔偿。这在为证券化产品持有者提供风险对冲工具的同时，也将保险公司等机构纳入次级抵押贷款的风险链条中，市场风险再度扩散。

事实上，CDS 还在很大范围内被用作投资、套利或进行纯粹的赌博性投机。2003—2007 年，美国信用衍生产品合同的年度复合增长率达到 100%。全球 CDS 市场未清偿余额由 2001 年 6 月底的 6 315 亿美元飙升至 2007 年年末的 62.2 万亿美元，增长了 97.5 倍，这一数字大大超过了作为其投保参照实体（如 CDO）的价值总额，甚至超出了 2007 年全球 GDP 的规模。

3）房价下跌和利率上升引发次贷危机

2003 年美国经济开始复苏，为防止通货膨胀反弹，从 2004 年 6 月到 2006 年 6 月，美联储连续 17 次上调联邦基金利率，由 1% 升至 5.25%。基准利率的上升逐渐刺破了美国房地产市场泡沫，房地产价格的上升势头在 2005 年夏季末停止。自 2006 年起美国房价一路下滑，至 2008 年 9 月，美国平均房价比起 2006 年 7 月已跌了超过 20%。房价走低使购房者以往通过抵押房产借新债还旧债的还款方式无以为继，且由于利率的提高，购房者也无法通过再融资的方式偿还贷款。更糟糕的是，2004—2005 年发放的采取 ARM 浮动利率计息的次贷在 2007 年开始陆续进入利率重新设定期，需要根据现时的市场利率重新计息。利率的大幅提高使次级购房者难以承受，次贷以及部分 Alt-A 贷款的推迟偿还率和违约率大幅上升，许多贷款者因还不起贷款而失去了房屋的所有权。住房抵押贷款金融机构和商业银行发放的抵押贷款出现大面积坏账，而收回的抵押物价值大幅缩水，信贷危机初现端倪。

由于贷款人无力还贷，房屋丧失赎回权比例提高，意味着贷款发放机构将处置更多作为抵押品的房屋，二手房存货大大增加，带动了房屋价格下跌；另外，由于风险暴露，贷款人纷纷提高房屋放贷标准，贷款者取得贷款的难度也增大，按揭贷款和证券化活动陷于停滞，房屋需求下降。这种供求关系的变化进一步导致房价的下跌，并形成恶性循环。受到危机第一波冲击的是发放大量次贷的房地产金融机构。它们未能将其资产负债表上的贷款完全证券化，因此必须承受这些不良债权的违约成本。美国第二大次贷发放机构新世纪金融公司由于无力偿还高达84亿美元的流动性债务，2007年4月申请破产保护，标志着美国次贷危机的开始。

14.3.2　次贷危机传导为金融市场危机

1）次贷危机蔓延为资本市场危机

由于房地产金融机构在房地产繁荣时期的过度放贷，2007年春天，美国次贷行业开始崩溃，超过20家次贷供应商宣布破产、遭受巨额损失或寻求被收购。由于美国进行了大范围的资产证券化，如前文所述，80%以上的次贷都打包做成证券化产品销售出去，与次贷相关的现金流已散布于各类结构性金融产品（MBS、CDO、CDS）之中，证券化使贷款中的信用风险已从放贷机构中转移出去，反过来促使它们更加盲目扩大贷款规模。而事实证明，证券化只能转移风险而不能使风险消失。于是次贷所形成的巨大的信用风险通过证券化的方式转移到了金融市场中的资本市场。自2007年7月起，标准普尔和穆迪公司分别下调了612种和399种抵押贷款债券的信用等级，成为次贷危机迅速蔓延的导火线。评级被下调后，次贷相关证券产品的价格大幅缩水，购买这类金融产品的众多机构（商业银行、养老基金、保险公司、对冲基金、投资银行等）损失惨重，资本市场危机开始显现。

2）由资本市场危机升级为货币市场危机

从2007年四季度起，诸多大型国际金融机构报告了次贷相关产品的资产减值和大面积亏损，市场信心开始动摇，金融机构纷纷在市场上抢先抛售低品质的资产变现，同时银行为修补资产负债表而纷纷进行再融资，流动性紧张的状况逐步呈现。

美国多数金融机构所实行的"以市定价"，即按照公允价值定价，其核心在于金融机构应参照市场价格来确定所持金融资产的账面价值来调整资产负债表。当证券价格大幅缩水时，应该在资产负债表上进行大额的资产减记，利润表中则出现大额的账面亏损。同时，金融机构不得不主动降低杠杆比率，一种方式是吸收股权投资扩充自有资本，另一种方式便是出售风险资产。当众多金融机构同时进行"去杠杆化"，争先抛售低品质资产来变现时，便会进一步压低资产价格，引发市场信心动摇，同时造成未出售资产账面价值进一步下跌，机构在更低水平上进行新一轮的去杠杆化的恶性循环，流动性危机爆发。

金融体系本身流动性的充裕是金融体系其他功能得以正常发挥的基础。流动性的降低直接阻碍了金融体系的正常运转，从而引发全面的货币市场危机。2008年9月，雷曼兄弟公司申请破产保护，货币市场大幅动荡，次贷危机剧烈升级为全面的信贷紧缩。金融机构在去杠杆化和满足资本要求的压力中大幅降低风险资产的比重，同时也为了避免风险而纷纷收紧信用放款，这也进一步促使面临基金赎回压力的投资机构和其他类型的投资者抛售资产套现，资产价格进一步下跌。此时一方面，由于银行之间彼此的不信任，相互贷款意愿极低，导致伦敦同业拆借利率迅速上升；另一方面，投资者对市场感到极度恐慌，纷纷出售资产转而买入美国短期国债来避险，美国短期国债的收益率迅速下降。市场整体的信用违约风险非常高，货币市场中的短期信贷、短期证券以及票据贴现业务陷于瘫痪，信贷紧缩的局面使金融体系几乎崩溃。

14.3.3　金融市场危机导致金融机构危机

次贷危机对金融体系功能的最大打击是造成了货币市场流动性的萎缩。人们开始意识到一些深陷次贷问题的机构可能因资产大幅贬值和流动性问题而破产，投资者信心一落千丈，更加引发对金融机构的忧虑和恐惧，导致金融机构的危机。纷纷倒下的美国五大投行就是此次危机的牺牲品。

美国作为经济大国和金融大国，其市场的开放性和完善性吸引了众多的投资者参与其中。而美国的金融体制一直被认为是目前世界上发展最为完善和成熟的。其繁荣的金融市场、丰富的金融产品和众多的金融机构使其成为吸引投资者的关键因素。他国的金融机构、投资银行和企业等机构投资者也纷纷进入美国资本市场，许多国家的投资者手中都不同程度地持有美国的债券、股票等金融产品。而与其关系最为密切的欧洲金融市场，其运作体系和互相依赖性决定了欧洲多国必先受到美国金融危机的冲击。

众多国家的金融机构互相持有头寸，当金融危机爆发时，持有住房抵押债券的金融机构遭受了巨大的风险。投资无法收回造成的巨额亏损，迫使部分金融机构通过回收贷款和抛售金融产品的方式来降低损失，减小风险。巴塞尔协议规定，银行的资本充足率不得低于8%。因此，不少商业银行为了保持资本充足水平，通过减少对其他市场的贷款来挽回流动性损失。众多金融机构的倒闭造成了金融市场的波动，股市下跌，而在不能及时得到贷款和资金的情况下，越来越多的金融机构陷入瘫痪，最终导致倒闭或破产。花旗银行2007年四季度的亏损高达100亿美元，其他如法国巴黎银行、瑞士信贷第一波士顿银行等均有不同程度的亏损。除了大型商业银行和投资银行，美国的中小商业银行倒闭事件不断，单单在2008年就有12家银行倒闭。

14.3.4　金融危机向实体经济扩散

至此，综合性的金融危机已显现出来。在信贷紧缩的局面下，实体经济部门获得直接融资和间接融资的渠道均大范围受阻，从而进一步导致金融危机向实体经济传导。在间接融资领域，商业银行面临亏损加大和流动性不足的挑战，向实体部门提供融资的意愿和能力下降。受全球信贷紧缩影响，2008年美国贷款发放总额大幅下降55%，降至7 640亿美元，为1994年以来的最低水平。美联储2009年2月发布的报告指出，美国银行业尽管获得了政府资金援助，但65%的国内银行仍对大中型企业施行非常严格的商业及金融放贷标准；大部分国内银行对信用卡消费和其他个人消费仍执行紧缩的信贷政策；没有一家银行放宽住房抵押贷款标准。而在直接融资领域，危机波及公司债市场、股票市场、商业票据市场，股市大幅下挫，债券新发行市场严重萎缩，企业融资成本提高。例如，商业票据市场是美国企业日常经营流动资金的重要来源，而货币市场共同基金是商业票据的主要购买者。危机中由于市场恐慌，货币市场基金遭遇凶猛的赎回潮，甚至部分货币市场基金跌破净值，间接造成了企业和银行发行的大量商业票据无人购买，发行商丧失了融资能力。自 2007 年夏季起至 2008 年 10 月 1 日为止，商业票据流量萎缩了 2.2 万亿美元，创下三年来的最低点，30 天商业票据的利率曾飙升到 4.3% 的高位。金融部门的整体信贷紧缩，使微观经济实体的融资成本提高，获得融资的能力急剧下降，这对实体经济产生了广泛而深刻的影响。企业的日常经营活动因缺乏资金支持受到威胁、投资活动被延缓或取消、企业利润率缩窄；居民消费贷款申请难度加大，被迫缩减消费开支。同时，居民和企业获取融资的可能性大幅下降，投资下降、消费萎缩，这又将通过乘数效应使 GDP 成倍减少，引致危机的爆发。

14.3.5　金融危机由美国向其他国家传导

次贷危机在美国爆发后，很快在国际上传导和扩散开来，逐渐酝酿成全球性的金融风暴，而危机对世界各国的发展过程不尽相同。

（1）危机向欧洲、日本等发达国家传导的主要作用渠道是金融机构对次贷相关证券产品的购买。这些金融产品的买卖，使根源于美国次级抵押贷款市场的风险迅速散布和植根于各世界经济发达国家大型金融机构的资产负债表中，欧洲、日本等经济体几乎与美国同时陷入困境。跨国金融机构在美国市场遭受重大损失，不得不调整投资组合来应对危机的冲击。在这种情况下，美国为了保证国内金融市场的稳定，大量抽回海外投资，导致国际金融市场的进一步恶化。

（2）发展中国家和新兴市场国家对次贷衍生品的购买普遍较少，金融体系所受到的直接投资损失较小，但它们所受到危机影响的严重程度并不低。危机向这些国家的主要传导机理在于贸易溢出效应和金融溢出效应。

本轮危机贸易溢出效应的最主要作用机理是"收入效应"，即危机发生后全球经济出现收缩，特别是美国等发达国家内需大幅下降，导致其贸易伙伴国的外需下降。外需下降不仅通过净出口的直接减少影响 GDP 增速，而且还会引发相关的消费和投资下滑，并共同作用于国民经济，导致这些国家国民收入下降，从而将进一步引发这些国家的进口下降，形成连锁反应，数倍地放大对世界经济的影响。可以说，贸易溢出效应的影响范围波及全球各国，无一幸免，而受到冲击最大的是外贸依存度较高和严重依赖外部需求的国家。例如，严重依赖制造业出口的东亚诸国，由于出口市场的崩溃，各国经济运行受到严重影响。

美国次贷危机对发展中国家和新兴市场国家的金融溢出效应主要体现为金融体系中的流动性冲击和国际资金流向的突然逆转给本国金融体系带来的压力。国际资本流向的逆转既是金融溢出效应的主要体现，也是危机传播至新兴市场国家的最为猛烈的渠道。欧美等国的大型银行在次贷危机中损失惨重，业绩急剧恶化，不得不大规模去杠杆化和修复资产负债表。这一过程必然需要补充资本和缩减资产，从而引发各银行大幅对外回收贷款、收缩业务和停止新增贷款的"撤资潮"。这使那些严重依赖跨境银贷的新兴经济体危机重重，影响最为严重的是东欧国家及一些独联体国家。

14.3.6　综合性国际金融危机的形成

在 2007 年 4 月至 2008 年 3 月间，当次贷危机还在局部范围内传染的时候，人们仍主要关注于次贷危机的形成机理，并以挽救金融市场为主要措施。随着 2008 年 9 月华尔街一系列投资银行和金融机构的破产及倒闭，全球性金融海啸的特征日益明显，继而传导至西欧银行体系，演变为欧美金融危机，并进一步波及实体经济且引发一系列的次生灾害。随着危机向发展中国家和新兴市场国家扩散，各国救市规模不断扩大，一些国家债务的比重随之大幅度增加，以致超出了本国的清还能力，进而导致债务危机。2009 年年末的迪拜债务危机以及 2010 年年初的希腊主权债务危机，引发了以欧洲各国债务危机为主导的新一轮金融危机，直接威胁了欧元区经济和政治的稳定。迪拜于 2009 年 11 月宣布重组旗下主权投资公司迪拜世界，并寻求延迟 6 个月偿还债务。2009 年，希腊政府赤字占 GDP 比例超过了 12%（西班牙 10%、爱尔兰 10.75%、美国 10.6%），这些国家的债务危机引起了全球资本市场的新一轮震荡。至此，此次金融危机成为涵盖了银行危机（金融机构危机）、金融市场危机、货币危机、债务危机以及实体经济危机等共同形成的综合性国际金融危机。毋庸置疑，本轮危机对世界经济的负面影响将更为深远且广泛，世界经济、金融、贸易格局也因此发生了变迁，因此本次危机被称为自 1929 年以来最为严重的危机。

14.3.7　美国金融危机的启示

考察这场金融危机，我们初步发现本次危机正呈现出一些新特征。毫无疑问，危机中表现出的这些新的经济特征对以往的金融危机理论提出了挑战，主要表现在：

（1）金融创新将金融领域中的小风险通过杠杆效应放大成破坏性的全球金融危机。这次危机中表现出的一些较小的金融领域的风险能迅速放大成破坏性的大危机，这在以往的危机中很少发生。这主要是源于在这次危机中，一些金融机构通过负债融资和保证金交易的双重杠杆方式投资包括次贷信用衍生品在内的金融衍生产品。这种高杠杆的投资能够放大金融风险，在以往的金融危机理论中较少提及。

（2）滞后的金融监管机制而非银行导致金融系统内在的不稳定。从危机源头次级贷款的发放看，一些金融机构由于缺乏监管，有意放松对贷款人贷款资质的审查而发放了大量的次级贷款；在次级贷款通过证券化转为次级债券的过程中，监管失控导致了金融机构存在着大量的担保过度问题；另外，在围绕次级贷款和次级债券进行的一系列衍生过程中，每个环节的信用评估是相互脱节的。这些直接造成了金融系统的不稳定性，而不是以往理论模型中认为的银行导致了金融系统的内在不稳定。

（3）危机在全球的传导主要是通过金融衍生品的销售而不是投资（机）资金的冲击。这次金融危机的发生地在美国，危机的发生和传导不是由于受到了美国以外的投资（机）资金的冲击，危机在全球的传导和扩散主要是美国国内名目繁多的金融衍生品在全球的大规模销售造成的。

（4）政府反危机中的大规模国有化政策。面对这次金融危机，美国及西欧国家最后都采取了大规模国有化的反危机措施，这种发达经济体大规模国有化的反危机举措在以往的危机中没有出现，西方金融危机理论也较少论及通过大规模的国有化来防范和化解危机。

启智增慧 14-2
从次贷危机看
美元霸权

14.4 欧洲主权债务危机

在欧债危机全面爆发之前，北欧小国冰岛和一些中东欧国家就爆发了主权债务危机的苗头。2008 年，受美国次贷危机影响，被过度开发的冰岛金融业全面缩水，三大银行因资不抵债被政府监管，银行巨额债务转化为主权债务，导致冰岛"破产"。而中东欧国家由于经济改革的需要，外债一直维持在一个较高的水平，在美国次贷危机的波及下，财政赤字不断增加，主权债务问题进一步突出。如 2009 年，乌克兰就因为违约风险骤增，被下调了主权债务评级。

北欧和中东欧国家主权债务问题爆发后，并未造成大范围的危机。原因在于，这些国家经济体量和债务规模相对较小，国际货币基金组织和欧盟及时施救，同时，这些国家不处于欧元区中，可以通过调节货币政策来缓解危机。真正拉开欧洲主权债务危机序幕的是 2009 年 10 月爆发的希腊主权债务危机事件。

14.4.1 欧债危机的爆发

2009 年 10 月 20 日，希腊政府宣布 2009 年的财政赤字预计达到当年 GDP 的 12.7%，远高于欧盟允许的 3% 的上限；希腊政府债务总额达到 3 000 亿欧元，占 GDP 的比重高达 113%，远超出欧盟规定的 60% 的上限。2009 年 12 月，全球三大评级机构惠誉、标准普尔和穆迪相继下调希腊主权信用评级，长期展望为负面。在此背景下，希腊国债收益率和主权信用违约掉期价格持续上涨，希腊政府的再融资成本大幅提高，其主权债务存在较大的违约风险。

希腊主权债务危机的爆发标志着欧债危机的爆发开始进入蔓延阶段。危机爆发之初，欧盟及欧洲央行对于是否援助希腊持观望态度。主要依靠希腊政府开展自救性财政紧缩计划、继续发行新的国债来偿还已有债务、制定《增长与稳定计划》等。但是危机并没有得以缓解，反而愈演愈烈，甚至开始蔓延到欧元区的其他国家。

14.4.2 欧债危机的深化

从 2010 年开始，欧洲多个国家主权债务问题进一步恶化，以葡萄牙、意大利、爱尔兰、希腊、西班牙为典型代表。它们的共同特点是，财政赤字和政府债务超过上限，经济结构失衡，缺乏长期增长动力。整个劳动力市场僵化，高福利制度造成了高昂的成本。

（1）希腊

2010 年 5 月，希腊有 85 亿欧元的债务到期，由于政府无力按期足额偿还债务，希腊政府于 2010 年 4 月向 IMF 和欧盟申请 450 亿欧元的援助。希腊成为第一个申请援助的欧元区国家。2010 年 5 月，欧盟决定与国际货币基金组织共同设立欧洲金融稳定基金 4 400 亿欧元。欧元区成员国财政部长召开特别会议，决定与国际货币基金组织一起在 3 年内为希腊提供总额达 1 100 亿欧元的贷款。这些救助措施缓解了希腊 5 月面临的偿债压力，暂时化解了风险。

然而，希腊的债务危机形势依旧严峻。为了取得援助，希腊政府同意采取财政紧缩计划，这导致习惯了高福利待遇的希腊连续爆发了3次全国性的大罢工，经济继续呈现进一步衰退的景象，希腊主权信用评级也继续被下调。2011年10月，希腊再次爆发了债务危机，受到这一波危机影响的国家范围继续扩大。

（2）爱尔兰

就在各方对希腊展开援助的同时，爱尔兰的主权债务问题开始浮出水面。同样受美国次贷危机的影响，爱尔兰房地产市场泡沫破灭，银行的坏账大幅增加。爱尔兰政府为了维护本国金融稳定，大量举债，援助濒临破产的银行，使得财政赤字占GDP的比重迅速增加到32%。

面对爱尔兰严重的债务危机局面，国际三大评级机构相继下调了爱尔兰相关机构的信用评级，进一步引发了市场对经济的担忧，爱尔兰5年期国债信用违约掉期费率创下历史新高，爱尔兰主权债务危机正式爆发。

2011年11月11日，爱尔兰10年期国债收益率逼近9%，创下欧元诞生以来的最高水平。爱尔兰政府在金融市场的融资成本已经高得难以承受，正式请求欧盟和国际货币基金组织提供救助。同年11月28日，爱尔兰政府同意接受850亿美元的救助，但是这一救助的附加条件也是极为严厉的。反对救助计划的爱尔兰民众不时举行抗议活动，但爱尔兰政府不畏艰难，在实施财政紧缩、整顿银行体系的同时，采取积极措施刺激经济增长。

（3）葡萄牙

葡萄牙是第二个受到希腊债务危机影响的国家。次贷危机后，葡萄牙的失业率一直处于11%以上。长期的高福利开支，政府鼓励过度消费加上投资泡沫，葡萄牙政府的债务水平不断提高。为了避免步入债务危机的泥沼，葡萄牙政府制订了一个3年期紧缩开支和减少政府债务的方案。该计划在葡萄牙议会没有获得通过，直接导致了时任总统苏格拉底的下台。政局的动荡加剧了岌岌可危的经济形势，葡萄牙在国际金融市场上主权信用评级也被进一步调低。葡萄牙政府最终向欧盟和国际货币基金组织请求财政救助，获得了780亿欧元的贷款。这一纾困计划的附加条件同样是严厉的财政紧缩。葡萄牙政府财政紧缩计划在国内也受到了极大的阻力。

（4）西班牙

西班牙是首批加入欧元区的国家之一，也是欧元区第四大经济体。西班牙GDP总额位于欧洲前列，但人均水平在欧洲并不算高。美国次贷危机之后，西班牙的债务水平虽然也超过了上限，但起初还是比较平稳的。

随着危机的进一步恶化，西班牙的债务问题逐渐暴露出来。西班牙的问题同样起源于房地产市场，OECD数据显示，2000—2008年，西班牙房价涨幅高达150%，同期欧元区平均涨幅仅为60%。西班牙每年新建住房也在这段时间创下历史新高。随着房地产泡沫的破灭，银行业开始面临严重亏损，坏账持续增加。虽然西班牙政府设立了银行业有序重组基金来推进储蓄银行的整合，但情况仍然不容乐观。

造成西班牙银行业危机的另一个原因是政府债务。由于担心银行救助成本高于预期，国际三大评级机构纷纷下调西班牙的主权债务评级。西班牙银行持有大量本国国债，随着国债评级被降，银行问题资产增加。

（5）意大利

意大利经济总量在欧元区排第三位。加入欧元区后，意大利采取了紧缩的财政政策，以便满足欧元趋同标准的要求。意大利的经济也受益于低利率和低通货膨胀率。但是，意大利也没有摆脱债务危机的侵袭。2010—2012年间，意大利政府尽管实施了紧缩政策，财政赤字有所下降，但是政府债务还是不断飙升，占到GDP的127%，仅次于希腊。

在国债市场上，意大利的10年期国债收益率一度超过7%。为了应对债务问题，意大利政府出台了一系列的改革措施，削减赤字、紧缩财政。虽然意大利做出了种种努力，但市场的信心却在不断恶化，随着主权信用评级的下调，意大利的债务危机也开始逐渐显现。

债务危机在欧洲持续多年，直到2013年6月，IMF公布了对希腊经济的第三次评估报告。该报告指出，希腊政治形势稳定，联合政府矢志改革，公众支持率不再下跌，经常项目逆差正在快速减少，劳动力市场改革提升了出口竞争力，经济景气指数出现了改善。其他几个危机国的经济也出现了向好的趋势，欧债危机摆脱了最危险的时刻，总体形势趋于缓和。

14.4.3 欧债危机的援助机制

为了应对债务危机，欧盟、欧洲央行和国际货币基金组织等相关各方积极努力。欧盟创立了欧洲稳定机制，运行新的监管框架，不断向希腊等国启动紧急救助。欧洲央行在危机中实施了宽松的货币政策操作，推出长期再融资操作，提升市场流动性，减少金融市场波动。国际货币基金组织主要承担了提供救助资金、监督金融改革以及引导全球舆论的作用。

欧债危机的援助框架是一个以欧盟、欧洲央行以及国际货币基金组织为主的多层次援助体系。

（1）以欧盟为主导的援助机制

欧盟实施的欧洲稳定机制是欧债危机援助的核心政策。该机制成立于2012年10月，是在欧洲金融稳定机制和欧洲金融稳定基金的基础上成立的。债务危机爆发后，欧洲金融稳定机制和欧洲金融稳定基金对希腊、葡萄牙、西班牙分别实施了贷款援助，在提升危机国纾困能力、遏制债务危机的蔓延上有一定的成效。但限于其临时性，两者都没能提供根本性解决方案。鉴于此，欧盟最终通过了永久性的危机解决机制——欧洲稳定机制。

在欧洲稳定机制框架下，首先要针对国家的具体情况决定救助规模，然后以欧洲稳定机制为主体，多次分批发放援助资金。受援国为满足援助附加条件的要求，要针对财政整顿计划进行改革。如果财政计划执行不力，则可能暂停甚至取消对受援国的援助。

除此之外，欧盟还推出了多层次的财政体系改革。通过《欧元附加公约》加强各国的竞争力和趋同性，促进各国经济治理改革和经济融合，防止欧盟内部不平衡的过度累积。其次，修改《稳定与增长公约》，采取自动罚款程序防止各个成员国违反赤字或债务的规定。出台了《欧洲经济货币联盟稳定、协调和治理公约》（又称《财政契约》）加强财政整治，推动货币联盟迈向财政联盟。最后建立"欧洲学期"，加强对各成员国财政状况和经济改革的事前监督，使财政监督和结构性改革同步进行。

（2）以欧洲央行为主体的宽松货币政策操作机制

债务危机期间，欧元区内部经济增长疲弱，通货紧缩压力加剧，传统货币政策渠道受阻。债务负担重的经济体国债收益率不断上涨。货币政策向实体经济的信贷传导渠道不通畅，贷款投放下降，利率上升。货币市场资金成本的下降并没有引起实体经济资金成本的同步下降，惜贷现象十分明显。

欧债危机爆发后，欧洲央行多次下调基准利率，大幅提高商业银行备用贷款便利的规模，承诺以固定利率和全额满足流动性的方式进行公开市场操作。这些常规性的货币政策操作虽然有些成效，但随着欧债危机的恶化，基准利率已经降无可降，公开市场操作效果减弱，货币政策陷入流动性陷阱。

因此，欧洲央行采取了一系列非常规货币政策，主要包括强化信贷支持系列、证券市场计划以及量化宽松政策系列。其中强化信贷支持系列主要通过延长操作期限，扩大抵押品范围，签订货币互换协议等方式，加强常规公开市场操作中的长期再融资操作，为银行体系提供较长期限的流动性支持。证券市场计划指欧洲央行直接在二级市场上以买断的方式直接购买重债国债券，帮助欧元区市场恢复直接融资功能。欧洲央行于2015年1月出台约1.1万亿欧元的量化宽松政策，来缓解通缩的压力。

一系列非常规货币政策操作卓有成效，缓解了市场流动性的紧张，降低了政府债券的收益率，活跃了银行间市场，为宏观经济的稳定做出了重要贡献。但是，非常规的货币政策也可能会导致道德风险、未来通胀风险加剧以及独立性等问题。

（3）以国际货币基金组织为主体的贷款援助机制

在欧债危机中，国际货币基金组织主要通过三种方式参与危机救援：一是充当最后贷款人，通过备用信用安排或中期贷款等对危机国直接提供贷款，用于缓解危机国的资金紧张局面；同欧盟合作，推动非营利性的国际金融组织欧洲稳定机制的建立；三是发布报告，对潜在危机进行预警，持续关注已发生的危机，引导国际舆论。

在本次救援中，国际货币基金组织主要担任辅助性角色。这主要是因为，危机发生国资金缺口巨大，难以依靠特别提款权满足资金需求。欧元区一体化程度较高，区域治理水平高，区域性的援助机制更加了解状况，更为有效，也更能着眼于欧元区的长久发展。

14.4.4 欧债危机的原因分析

欧债危机的爆发是由内部和外部多种因素共同导致的，这些因素错综复杂，增加了欧债危机治理的难度，导致债务危机不断发展蔓延。

1）外部影响因素

（1）次贷危机的冲击

次贷危机爆发后，迅速蔓延至全球，全球经济衰退，欧元区很多国家都受到了负面影响。首先，欧洲的金融体系和美国联系紧密，欧洲银行体系是美国最大的次级债债主，持有大量的抵押贷款支持证券和住房贷款抵押证券。次贷危机爆发后，欧洲银行业蒙受巨大损失，迫使各国政府向国内银行体系注资，导致债务攀升。其次，面对金融危机的冲击，为了提振经济，各国也普遍采取了扩张性的政策，加剧了财政负担。最后，欧元区国家的旅游、房地产和金融投资等行业受到金融危机的影响，财政收入大幅缩水，助推了债务危机的发生。

（2）国际游资和评级机构落井下石

欧债危机爆发后，国际三大信用评级机构一再下调希腊等危机国的各种国际评级。在市场信息不对称的情况下，国际三大信用评级机构的评级结果对债权人和投资者具有重要的影响，对金融产品的定价起到决定性作用。以希腊为例，每一次评级的下调，都会导致融资成本的提升。市场对希腊、对整个欧元区的信心也随着评级的下调而逐渐丧失，资金大量外逃。2009—2011年，国际三大信用评级机构轮番调低危机国家的信用等级，将欧债危机推向一个又一个高潮。从希腊到爱尔兰再到葡萄牙和西班牙，国际三大信用评级机构往往在这些国家偿债高峰到来之前发布危机预警，降低其信用评级，导致危机在短期内进一步恶化。

国际游资趁机大量做空欧元，逼迫欧元贬值。同时，国际游资还利用信用违约互换和信用违约掉期做空套利，通过操纵葡萄牙、意大利、爱尔兰、希腊、西班牙的CDS头寸，使其价格大幅波动，获取了巨额利润。CDS代表债务的违约风险，随着其价格飙升，市场认为希腊等国的违约风险加大，大大提高了债务危机国的融资成本，导致资金进一步紧缺，债务危机进一步恶化。

这些不利的外部因素对欧债危机的爆发具有重大的推动作用。然而，欧债危机的根源仍然在欧元区的内部。外部因素只是起到推波助澜、促进危机提前到来的作用。深入探讨内部因素，有利于对债务危机的真正理解。

2）内部原因

欧债危机的爆发主要还是欧元区的内部出现了问题。欧债危机最严重的五个国家属于欧元区经济中相对落后的国家，经济结构单一，更多依赖劳动密集型的制造业出口和旅游业，缺乏持续的经济增长动力。欧洲中央银行的建立统一了货币政策，但各国仍然保有独立的财政政策，二者的矛盾减弱了各国宏观调控的能力，一些国家不顾本国经济实际，长期推行高福利政策，加重了政府的财政负担。欧元区国家崇尚金融自由化，开放的金融环境吸引了大量的国际投资者。但是欧元区的监管与金融创新不相适应，也为欧元区的经济发展埋下了隐患。以下将对欧债危机爆发的内部深层次原因进行分析。

（1）经济结构单一

欧元区内部除了德国和法国等少数几个国家外，大多数国家都存在经济结构不合理、产业结构单一、缺少支柱性产业等现象。尤其是危机发生国，经济结构单一，以服务业为主，对外需依赖程度较高，缺乏稳健的经济持续增长动力。希腊的旅游业和农业占GDP的比重达到17%和12%，出口产品主要是橄榄油和葡萄等农产品和初级加工品，缺少高附加值的技术密集型产品，抵御外部冲击的能力差。西班牙和葡萄牙的经济也是主要依赖劳动密集型产业，产业结构单一、不合理，当它们加入欧元区后，劳动力成本优势丧失，而这些国家又没能对产业结构及时调整优化，产业竞争力不断下降，容易受到世界经济波动的冲击。2008年美国次贷危机之后，这些国家就深受其害，陷入了经济衰退的泥潭。

（2）财政赤字和政府债务管理不善

在欧元区统一的货币制度下，各国国债利率趋同，凭借德国和法国的实力和信誉，其他国家也享受到了低成本的融资。希腊等国依靠低利率刺激下的信贷和消费，采取扩张型的财政政策来推动经济增长，但这是不可持续的。经济运行良好时，累积的债务和赤字可以被强劲的增长掩盖。当衰退来临，银行收缩信贷，政府不得不削减开支偿还债务，则会使经济进一步恶化。经济恶化使政府收入减少，救助支出增加，政府的资金缺口扩大，偿债能力下降。

在低利率环境降低了政府的融资成本、扩大了政府的融资规模后，欧元区并不具备具有强制执行力的财政约束力。2011年，欧元区的主要国家财政赤字和政府债务占GDP的比重基本都远超警戒线。

（3）高福利政府与经济实力不匹配

欧洲各国大多数是多党制民主国家，为了争取民意的支持，普遍倾向于承诺较高的福利待遇。这些社会保障福利需要极大的财政支出，且难以消减，对各国经济都造成了沉重的负担。

一个国家能提供怎样的福利待遇是由其经济实力和财政收支决定的，福利供给水平应该和经济发展水平相协调。若二者相脱节，就会危害经济社会发展。首先，高福利政策下较高的失业救济，使得人们更容易接受甚至主动选择失业，导致劳动力市场结构性失业扩大；其次，在欧洲人口老龄化的背景下，各国劳动力的工资水平过高，且仍在不断增长，养老金支出也不断增加，导致政府不能投入足够的资金来发展经济，财政面临极大压力。

2007年，退休金占GDP的比重，希腊为10.5%，葡萄牙为12.9%，西班牙为10.8%，德国为6.9%。到了2010年，希腊男性公务员的人均退休金额达到人均年收入的15.2倍，葡萄牙为8.7倍，西班牙为14.3倍，而德国仅为7.7倍。希腊总的社会福利支出占政府总支出的比例高达41.6%。高福利政策和退休支出已经成为困扰各国财政支出的一个重要因素。

14.4.5 欧债危机的启示

欧债危机的爆发，暴露出欧元区方方面面的问题，正是这些问题导致欧债危机，对欧洲经济社会产生了巨大的冲击。借鉴欧债危机的经验和教训，全面审视经济发展过程中的相关问题，对于经济长期可持续发展具有重要意义。

（1）区域货币金融合作应审慎开展

欧元区国家的经济基础都很好，由于历史和地域的原因，各国在经济和文化上都不存在太大的差异。欧元区设立之初，经过了长期的准备，制定了各种详细的制度准则。即便如此，在具备如此良好基础的条件下，欧元区仍然暴露出了各种各样的问题，最终爆发了欧债危机。因此，各国在参与金融货币合作时，应在政治互信的基础上，增强救助机制和金融预警机制的建立，完善本国的信用评级改革，审慎推进单一货币联盟的建立。

（2）加大债务的整治力度

政府债务规模过大，负担过重，是欧债危机爆发的导火索，这也使世界各国意识到了控制政府债务规模的重要性。财政赤字不断增加，导致债务风险不断集聚，若不能及时治理，则会进一步转嫁、演变。各国应根据自己的经济社会实践，控制、化解本国的债务风险，健全债务风险预警机制，明确各级政府的债务责任，加强与社会资本的合作。

（3）货币政策和财政政策应协调运用

财政政策和货币政策是一国进行宏观调控最重要的工具，若二者不能协调运用、相互配合，调控效力会大打折扣。欧元区成立后，整个欧元区的货币政策由欧洲中央银行统一制定，这就使得希腊等国丧失了运用货币政策的权力，当面对国内经济增长疲软等问题时，单纯依靠财政政策调控，不能达到预期的效果，因此，对债务危机的治理也无能为力。这就充分显示出，对于一个国家而言，财政政策和货币政策协调配合具有重要意义。

（4）社会保障政策稳步推进

经济发展的根本目的是提高人民的福祉，随着经济发展水平的提高，必然要相应地提高整个社会的保障水平。但是，社会福利水平也要和经济承受能力相适应。社会福利水平具有刚性，一旦提高就很难降低下来。若一味提高福利水平，把过多的资源用于社会保障体系，经济发展将因为投入不足而丧失活力和动力。这无疑将导致经济发展的停滞甚至倒退，社会保障体系也会因为失去支撑而无法维系。

本章小结

20世纪80年代债务危机爆发的原因包括：国际债务条件对发展中国家不利；外来冲击进一步恶化了发展中国家的国际收支状况；发展中国家未能合理利用所借资金来促进出口的快速增长。

债务危机的教训表明，国际资本流动在客观上能够起到平衡国际收支的作用，但一旦投资利润受到威胁，私人贷款资金会立即撤离和转移，从而起到加剧国际收支失衡的作用。发展中国家只能依靠紧缩国内总需求及调整经济结构来强制调节国际收支失衡，代价巨大。

在当代，投机资本冲击一国的固定汇率制时，往往采取立体式的攻击策略。亚洲金融危机给我们的启示是：谨慎推进金融市场开放；货币攻击从资本流入开始；固定汇率制易受攻击；充足的外汇储备是捍卫货币的重要但非根本保证。

2007—2009年美国金融危机的爆发显示出了与以往的金融危机不同的一些新特征：金融创新将金融领域中的小风险通过杠杆效应放大成破坏性的全球金融危机；滞后的金融监管体制而非银行导致金融系统内在的不稳定；危机在全球的传导主要是通过金融衍生品的销售而不是投资（机）资金的冲击；政府反危机中的大规模国有化政策。

关键概念

贝克计划　布雷迪计划　汇率制度变更　托宾税　次级住房抵押贷款　信用违约互换

综合训练

思考题

1）简述国际债务危机爆发的原因及其解决方案。

2）简述亚洲金融危机爆发的原因及其解决方案。

3）简述亚洲金融危机爆发的启示。

4）简述美国金融危机的传导过程。

5）欧洲主权债务危机的根源是什么？

即测即评 14

综合训练参考答案 14

主要参考文献

[1] 穆萨 A A.国际金融 [M]. 廉晓红，等译. 北京：中国人民大学出版社，2008.

[2] 克鲁格曼 P.国际经济学 [M]. 海闻，译. 北京：中国人民大学出版社，2002.

[3] 林德特 P.国际经济学 [M]. 李克宁，等译. 北京：经济科学出版社，1992.

[4] 多恩布什 R.如何开放经济 [M]. 范家骧，等译. 北京：经济科学出版社，1999.

[5] 米德. 国际收支 [M]. 李翀，译. 北京：首都经济贸易大学出版社，2001.

[6] 蒙代尔. 蒙代尔经济学文集：第3卷 [M]. 向松祚，译. 北京：中国金融出版社，2003.

[7] 奥博斯特弗尔德，若戈夫. 高级国际金融学教程 [M]. 刘红忠，李心丹，陆前进，等译. 北京：中国金融出版社，2002.

[8] 比尔宾 K.国际金融 [M]. 王忠晶，译. 北京：中国税务出版社，2006.

[9] 贝克特 G J，霍德里克 R J.跨国金融管理 [M]. 蔡庆丰，郭春松，陆怡，译. 北京：机械工业出版社，2015.

[10] 科普兰 L S.汇率与国际金融 [M]. 刘思跃，叶永刚，等译. 北京：机械工业出版社，2011.

[11] 艾特曼 D，斯通西尔 A，莫菲特 M.国际金融 [M]. 刘园，等译. 北京：机械工业出版社，2012.

[12] 梅尔文 M.国际货币与金融 [M]. 范立夫，马妍，译. 大连：东北财经大学出版社，2003.

[13] 陈岱孙，厉以宁. 国际金融学说史 [M]. 北京：中国金融出版社，1991.

[14] 陈建梁. 新编国际金融 [M]. 北京：经济管理出版社，2002.

[15] 陈雨露. 国际金融 [M]. 北京：中国人民大学出版社，2015.

[16] 何璋. 国际金融 [M]. 北京：中国金融出版社，2005.

[17] 黄梅波. 国际金融学 [M]. 厦门：厦门大学出版社，2009.

[18] 姜波克. 国际金融新编 [M]. 上海：复旦大学出版社，2001.

[19] 李富有. 国际金融学 [M]. 西安：西安交通大学出版社，2005.

[20] 刘军善，王月溪. 国际金融学 [M]. 大连：东北财经大学出版社，2005.

[21] 刘舒年. 国际金融 [M]. 北京：对外经济贸易大学出版社，2003.

[22] 刘伟，李刚，李玉志. 外汇交易 [M]. 大连：东北财经大学出版社，2015.

[23] 刘玉操. 国际金融实务 [M]. 大连：东北财经大学出版社，2005.

[24] 刘园，吴莹. 外汇交易与管理 [M]. 北京：首都经济贸易大学出版社，2007.

[25] 钱荣堃，陈平，马君潞. 国际金融 [M]. 成都：四川人民出版社，2000.

[26] 秦凤鸣，徐涛. 国际金融学 [M]. 北京：经济科学出版社，2008.

[27] 史燕平. 国际金融市场 [M]. 北京：中国人民大学出版社，2004.

[28] 孙刚，王月溪. 国际金融学 [M]. 大连：东北财经大学出版社，2011.

[29] 王爱俭. 国际金融概论 [M]. 北京：中国金融出版社，2015.

[30] 王曼怡. 国际金融新论 [M]. 北京：中国金融出版社，2009.

[31] 奚君羊. 国际金融学 [M]. 上海：上海财经大学出版社，2008.

[32] 叶蜀君. 国际金融 [M]. 北京：清华大学出版社，2014.

[33] 易纲，张磊. 国际金融 [M]. 上海：格致出版社，上海人民出版社，2008.

[34] 朱叶. 跨国公司金融 [M]. 上海：复旦大学出版社，2011.

[35] 李本. 中国IMF份额跃居全球第三 推行区域金融合作 [J]. 瞭望东方周刊，2010 (11).

[36] 李建军，甄峰，崔西强. 人民币国际化发展现状、程度及展望评估 [J]. 国际金融研究，2013 (10).

[37] 王月溪. 解读中国国际收支平衡表——结构特征、形成动因、调整方向及政策建议 [J]. 管理世界，2003 (4).

[38] 张耿. G20宏观经济政策协调的波动性基础 [J]. 国际观察，2013 (5).

[39] 陈小林. 金融危机：演进历史与西方理论 [J]. 财经科学，2009 (10).

[40] 李成，马凌霄. 金融危机理论研究及其给我国金融安全的启示 [J]. 西安财经学院学报，2006 (4).

[41] 林艳红，潘宏胜. 国际金融危机以来全球经济失衡的变化及其前景 [J]. 经济社会体制比较，2009 (4).

[42] 曾芳琴. 次级债危机的蔓延机制及影响 [J]. 中国货币市场，2007 (8).

[43] 黄晓龙. 全球失衡、流动性过剩与货币危机 [J]. 金融研究，2007 (8).

[44] 史健忠. CDO对美国次贷危机影响分析 [J]. 上海财经大学学报，2008 (6).

[45] 张志前，喇绍华. 欧债危机 [M]. 北京：社会科学文献出版社，2012.

[46] 王凡一. 欧元国际化对欧债危机的影响及对中国的启示 [M]. 北京：社会科学文献出版社，2019.

[47] 谢世清. 欧债危机的根源与援助 [M]. 北京：经济科学出版社，2018.

[48] 李向阳. 布雷顿森林体系的演变与美元霸权 [J]. 世界经济与政治，2005 (10).

[49] 白钦先，张敖. 美元霸权的危机转嫁机制研究——一个简单的数理模型 [J]. 财贸经济，2011 (9).

[50] 金观平. 把握节奏力度扩大金融开放 [N]. 经济日报，2024-01-22.

[51] 金观平. 中国仍是外商投资兴业沃土 [N]. 经济日报，2024-03-29.